Debora

hänssler

Jörg Dieterich

Geliebter Zappelphilipp

Hyperaktive Kinder verstehen und leiten

Dr. Jörg Dieterich, Jahrgang 1968, verheiratet.
Hochschulassistent und Leiter der Beratungsstelle für Kinder und Jugendliche am Hochschulinstitut für Psychologie und Seelsorge in Freudenstadt.

Hänssler-Paperback
Bestell-Nr. 393.785
ISBN 3-7751-3785-8

Internet: www.haenssler.de
E-Mail: info@haenssler.de
Umschlaggestaltung: Krüger & Ko.
Titelillustration: Heinrich Hoffmann (Original)
Satz: M. Stiegler, Druck & Design, Orsingen
Druck und Bindung: Ebner ULM
Printed in Germany

Inhaltsverzeichnis

Vorwort

Lieber Leser, zu Anfang eine Frage: Darf ich „du“ zu Ihnen – zu dir sagen? Ich nehme dein „Ja” vorweg und werde dich dieses Buch über duzen. Mir fällt das Duzen insofern leicht, weil ADHS eine Störung ist, die tief in das familiäre Umfeld eindringt, bis in die Intim-Sphäre. Da will ich nicht mehr künstliche Distanz aufbauen als notwendig, und deshalb duze ich dich. Bitte betrachte das nicht als Unverschämtheit - so ist es nicht gemeint.

Die Arbeit an diesem Buch fiel für mich in eine schwere Zeit. Ich habe selbst in dieser Zeit mit einer schweren Depression kämpfen müssen und erlebte dadurch beispielsweise den Aspekt der medikamentösen Behandlung von ADHS und der Nebenwirkungen aus einer ganz neuen Position. Ich habe mit Medikamenten Erfahrungen gesammelt, die auch bei ADHS verschrieben werden; das hat mir sehr geholfen. Außerdem ist mir wieder die unglaubliche Zerbrechlichkeit der Menschen aufgefallen, was dann vor allem das Kapitel über eine „biblische Behandlungsform” der ADHS sehr bereicherte.

Ich bin den vielen Menschen, Lehrern, Müttern und Vätern dankbar, die mir ihre Kinder in Obhut gegeben haben, damit ich eigene praktische Erfahrungen gewinnen konnte. Gerade dann, wenn man viel mit Kindern arbeitet, verlernt man schnell das Danken dafür, dass Eltern und Kinder zu einem Vertrauen entwickeln. An dieser Stelle deshalb ein herzliches Dankeschön!
Vielen Dank auch an meine Seminaristen und Studenten, die mit mir gemeinsam so intensiv und häufig über diese Thematik diskutierten. Vor allem der biblische Aspekt dieses Buches wurde hierdurch wesentlich beeinflusst. Biblische Aussagen über ADHS zu treffen ist so schwer, dass man sich des gemeinschaftlichen Konsenses versichern sollte, bevor man hier Aussagen macht. Dieser Konsens wurde von uns intensiv gesucht und ich habe eine naturgetreue Darstellung der Ergebnisse versucht.

Dass Gott die Kinder besonders liebt, sollte uns allen eine Herausforderung sein, sie in besonderem Maße zu schätzen. Falls es durch dieses Buch gelingt, die Kinder - nicht nur ADHS-betroffene, sondern alle Kinder! - besser kennen zu lernen und zu achten, in ihnen sogar Vorbilder zu sehen, dann hat sich der Zweck dieses Buches bereits erfüllt.

Jörg Dieterich,
Freudenstadt 16.1.2001

Ich widme dieses Buch meinem geschätzten Lateinlehrer
Herrn Volker Schnell am Friedrich Schiller Gymnasium
in Fellbach (b. Stuttgart).
Er hat mir viel Liebe zu Kindern beigebracht.

Erster Teil

Ätiologie und Diagnostik der ADHS

Kapitel 1

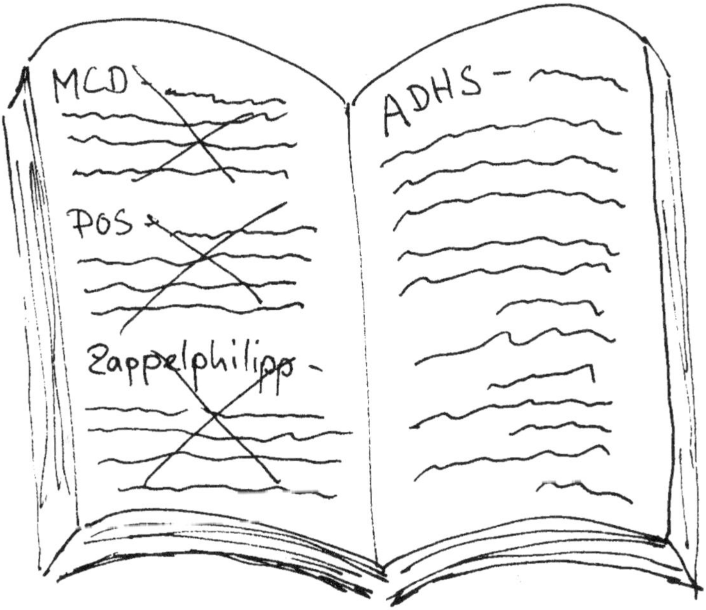

ADHS ist ein Bild der Wirklichkeit

Lieber Leser, wir haben es bei der ADHS mit einem Phänomen zu tun, das äußerst verzweigt erscheint. Ich finde, bei solchen Phänomenen ist es wichtig, die Ruhe zu bewahren und die Sache gründlich anzugehen. Deshalb erschrick nicht, wenn hier zunächst noch gar nicht so viel von ADHS die Rede sein wird! Du liest im richtigen Buch, habe nur etwas Geduld.

Die gründliche Auseinandersetzung mit der Aufmerksamkeits-Hyperaktivitätsstörung (im Folgenden immer mit ADHS bezeichnet) erfordert zu Beginn, dass man nach der Bedeutung dieses Begriffes fragt. Wir haben es bei ADHS mit einem Begriff zu tun, der ein uraltes Phänomen mit einem neuen Buchstabenkürzel beschreibt. Rund 50 Beschreibungen kennt man[1]. Diese große Anzahl ist insofern besonders interessant, als sie uns sofort und zentral in das „Mark" der ADHS einführt. Wir haben es bei der ADHS nämlich mit einem *hypothetischen Konstrukt* zu tun. Hypothetische Konstrukte haben es fast immer an sich, dass man sie auf vielerlei unterschiedliche Weise bezeichnet und sie auch in der Geschichte bereits unterschiedliche Bezeichnungen trugen. Warum das so ist und was das Wesen und die Besonderheit der hypothetischen Konstrukte ist, soll uns jetzt mal gründlicher interessieren.

1. ADHS ist ein hypothetisches Konstrukt

Zunächst ein Beispiel:

Angenommen, du[2] hast Kopfschmerzen und möchtest das jemand erzählen, so sagst du: „Ich habe Kopfschmerzen". Dein Gegenüber hat mit dieser Äußerung allerdings ein Problem: denn er kann damit im Grunde relativ wenig anfangen, weil er weder weiß, *wo* du diese

---

1 Vgl. Martin, G.L. (2000): *Kinder mit Aufmerksamkeitsdefizit und Lernschwäche - Diagnose und Behandlung.* In: Dieterich, J. (Hg.)(1999): *Streiflichter zur Seelsorge bei Kindern und Jugendlichen.* Freudenstadt (IPS). Eine umfangreiche Darstellung des Begriffes findet sich bei Ernst, M. (1995): *Neuroimaging in Attentiondeficit/Hyperactive Disorder.* In: Nadeau, K.G. (Hg.): *A comprehensive Guide to Attention Deficit Disorder in Adults.* New York (Brurmer & Maze Inc.)

2 In der Gemeinschaft zwischen Autor und Leser kann man sich siezen, duzen oder die peinliche Frage der Anrede zu vermeiden suchen. Ich wage in diesem Buch einmal das „du".

Kopfschmerzen hast, noch *wie stark* du die Schmerzen empfindest, noch *woher* die Kopfschmerzen rühren. Wenn dein Gegenüber dann mitleidig fragt: „Sind sie schlimm, Deine Kopfschmerzen?", so wirft er dir das Verständigungsproblem gleichsam wieder zurück, und du hast jetzt wieder ein Problem, denn wie willst du diese Frage beantworten? Sagst du „ja, sehr", so wird dein Gegenüber vielleicht denken: „Naja, der ist ja sowieso immer ein bisschen wehleidig", sagst du aber: „nein, nur leicht", so könnte es sein, dass dein Gegenüber denkt: „Oh, ich kenne sie als eine tapfere Frau, sie wird wohl untertreiben". Mit einem Wort: Du hast bezüglich der Schwere deiner Kopfschmerzen echte Beschreibungsnot.

Diese Not besteht zunächst darin, dass Kopfschmerzen einen Zustand beschreiben, der ein subjektiv (also von jedem Menschen verschieden) wahrgenommenes Phänomen ist. Der eine empfindet Kopfschmerzen schnell als „schmerzhaft", ein Indianerhäuptling dagegen würde gemäß dem Spruch „Der Indianer kennt keinen Schmerz" dieselben Kopfschmerzen wohl kaum wahrnehmen und nicht einmal mit einer Wimper zucken, wenn man ihn fragt, ob er Kopfschmerzen hat.

Ja mehr noch: woher wissen wir überhaupt, ob es möglich ist, bei einem anderen Menschen von *denselben* Kopfschmerzen zu reden? Wir können uns ja nicht in das Gehirn des anderen hinein versetzen [3]. Wir können nur darüber *reden*, mit Worten, deren Bedeutung nicht immer bei jedem Menschen gleich ist [4]. Die Schwierigkeit der

---

3 Das Beispiel der Kopfschmerzen benutzt übrigens Edmund Husserl in seiner Phänomenologie als klassisches Beispiel für die Problematik, bestimmte Phänomene wirklich zu *verstehen* und infolgedessen entwickelt er sein phänomenologisches Vorgehen. Vgl. hierzu beispielsweise Danner, H. (1998): *Methoden geisteswissenschaftlicher Pädagogik*. München (Reinhardt); Lassahn, R. (1995): *Einführung in die Pädagogik*. Heidelberg (Quelle & Meyer); Tschamler, H. (1996): *Wissenschaftstheorie*. Bad Heilbrunn (Klinkhardt).

4 Wir münden hier in das wissenschaftstheoretisch bedeutsame Problem der Sprache ein. In der Wirklichkeit gibt es kein einziges Wort, das für jeden Menschen die exakt gleiche Bedeutung hat. Also kann ich aus prinzipiellen Gründen durch das Gespräch nie zu einer einheitlichen Beschreibung der Welt gelangen. Das ist für die Wissenschaft ein immenses, wenn auch oft unterschätztes Problem. Den Bücherwürmern unter meinen Lesern empfehle ich hierzu Ryle, G. (1970). *Begriffskonflikte*. Göttingen (Vandenhoeck & Ruprecht); Wittgenstein, L. (1993): *Tractatus logico-philosophicus*. Frankfurt (Suhrkamp).

Sprache bei der Beschreibung der Dinge bringt uns bereits mitten in die Problematik aller hypothetischen Konstrukte hinein.

Doch bleiben wir noch ein bisschen am Kopfschmerzbeispiel. Wir sind noch nicht befriedigt: der Gedanke, Kopfschmerzen nicht messen und vergleichen zu können, ist schon ein wenig deprimierend. Was könnten wir unternehmen, um den Grad der Schmerzen dem Gegenüber möglichst objektiv darstellen und mitteilen zu können?
Naja, wenn man jemand anderem etwas möglichst genau darzustellen versucht, gibt man ***Maße*** an: Grad Celsius, Ohm, Watt, Rockwell, Fahrenheit, Oechsle - das sind alles sowohl Maßeinheiten als auch Namen der Erfinder dieser Einheiten. Was haben diese Menschen erfunden? Sie haben in ein bisher objektiv unbeschreibbares Phänomen mit Hilfe eines bestimmten Kriteriums ein Maß hereingebracht, mit dem ich einem anderen mitteilen kann, wie hart der Stahl für meinen Hobel sein soll, wie kühl mein Riesling temperiert werden soll, wieviel Leistung meine Glühbirne haben soll usw.

Wir benötigen Kriterien.

Und dasselbe könnten wir in unserem Kopfwehbeispiel machen. Wir entwerfen eine ***Skala***, auf der man den Schweregrad der Schmerzen beschreiben kann. Damit kommen wir aber an neues Problem: was genau soll diese Skala messen? Wir benötigen irgendwelche *Kriterien*, denen wir „Kopfschmerzen" zuordnen und anhand deren man dann die Skala einteilen kann. Was hilft dir ein Meterstab ohne Maßeinteilung! Je mehr Schmerzkriterien wir dabei in unsere Skala aufnehmen, um so größer wird die Aussagekraft unserer Skala und um so genauer und objektiver beschreibt sie.
Das Ganze hat aber auch einen Nachteil: je mehr Kriterien wir aufnehmen, umso größer wird auch die *Komplexität* des Beschreibungsverfahrens, das wir durchführen müssen, um zu unserem Skalenwert zu kommen.
Wenn du beispielsweise hundert Kriterien in dein Schmerzmess-

verfahren aufnimmst, so ist die Genauigkeit deiner Skala wohl recht hoch, aber du brauchst extrem mehr Zeit zur Einordnung, als wenn du beispielsweise nur zwei Kriterien aufnehmen würdest – im letzteren Fall wäre aber die Genauigkeit der Skala sehr niedrig. Das kann man so aufmalen:

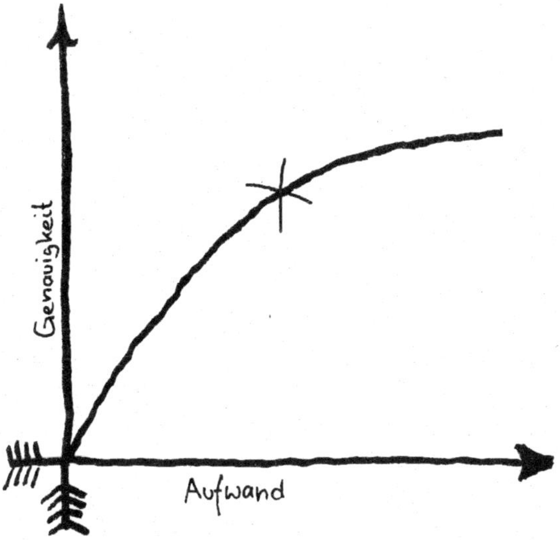

Abb.: 1

Das ganze Verfahren mit den Maßskalen läuft also auf einen *Kompromiss* zwischen der Genauigkeit der Skala und dem Aufwand des Beschreibungsverfahrens hinaus. Wir müssen unsere Schmerzkriterien in einem vernünftigen Maß halten [5], um eine möglichst günstige Balance zwischen Komplexität und Aussagekraft zu erreichen. Wir legen also mehr oder weniger willkürlich fest: „So und so und so und so (= vier Kriterien) definieren wir die Schmerzkriterien für

5 Viele Wissenschaftstheoretiker haben die Geeignetheit dieses Verfahrens übrigens prinzipiell angezweifelt, einfach deshalb, weil es ihnen entweder zu ungenau erschien oder weil sie Messskalen für subjektiv empfundene Phänomene generell für ungeeignet hielten. Sie haben stattdessen andere Verfahren entwickelt, wie zum Beispiel den „hermeneutischen Zirkel" oder die phänomenologische Epoché. Vgl. hierzu: Dieterich, J. (Hg.) (1999): *Streiflichter zur Wissenschaftstheorie*. Freudenstadt (IPS).

Kopfweh", und dann ist es möglich, aufgrund dieser Definition eine Beschreibung des Kopfschmerzes auf einheitlichem Niveau zu erhalten. Objektiv ist diese Beschreibung schon - und zwar bezüglich der vier Kriterien. Trifft sie aber auch tatsächlich das, was jedermann unter Kopfschmerzen versteht? Oder trifft diese Skala vielleicht nur eine bestimmte Unterart von Kopfschmerzen, die möglicherweise gerade recht häufig auftaucht (wenn z.B. Fön im Voralpenland ist)? Die Schwierigkeit bei der Beschreibung von bestimmten, oftmals zwischenmenschlichen Phänomenen liegt darin begründet, dass mit ansteigender Zahl der Beschreibungskriterien zwar die Genauigkeit des Beschreibungsverfahrens steigt, aber ebenfalls auch der Aufwand. Wenn Du die Genauigkeit steigern willst, musst du die Anzahl der Kriterien erhöhen. Aber: absolute Objektivität erreichst du dennoch nie.

Und du weißt noch nicht einmal, ob die Kriterien, die du aufgenommen hast, genau das Phänomen beschreiben, das du erlebst. Vielleicht beschreiben sie das Phänomen ja nur, wie *du* es (von deinem Standpunkt aus) siehst? Und selbst wenn viele Personen an der Beschreibung des Phänomens mitarbeiten würden: es ist immer nur eine Beschreibung, wie diese Menschen es sehen, und nie das Phänomen selbst. Und selbst wenn *alle* Menschen an der Beschreibung mitarbeiten würden, wäre es immer noch nur das beschriebene und nicht das reale Phänomen.

Wir müssen uns festlegen.

Es gibt bestimmte Phänomene (die übrigens ganz besonders häufig beim Verhalten und Erleben des Menschen anzutreffen sind), über die wir nur dann differenziert reden können, wenn wir uns darüber geeinigt haben, was wir darunter verstehen, damit wir erst messen können, in welchem Maß das, worüber wir reden, überhaupt vorhanden ist. Ohne eine solche Einigung wissen wir nicht, was der andere meint. Mit ihr haben wir eine relative Übereinstimmung erzielt. Fassen wir solche Phänomene anhand bestimmter Kriterien in Messskalen, so sind diese zwar in Grenzen objektiv, aber wir wissen

nie, ob sie auch tatsächlich das jeweilige Phänomen exakt beschreiben.
Wir müssen uns also - wohl oder übel - festlegen. Erst dann haben wir die Chance, das Phänomen (wissenschaftlich) zu untersuchen. Denn erst wer weiß, was er meint, kann nach dessen Ursachen fragen. Und erst wenn man die Ursachen kennt, kann man Vorhersagen treffen. Und erst wenn die Vorhersagen zuverlässig zutreffen, kann man daran gehen, das Phänomen zu verändern.

Zurück zum Beispiel: Angenommen, du definierst Kopfschmerzen anhand eines einzigen Kriteriums: „Verspannungen im Nacken-Hals-Bereich". Dann hast du sofort eine wunderbar objektive Skala: Anhand des Muskeltonus kannst du feststellen, wie groß die Verspannung ist und infolgedessen auch, wie stark der Kopfschmerz ist. Du kannst dann auch nach den Ursachen fragen. Du findest z.B. heraus, dass Verspannungen im Hals-Nackenbereich entstehen, wenn man falsch am Schreibtisch sitzt. Nun kannst du diese Ursache auf ihre Zuverlässigkeit hin überprüfen: Wie oft bekommt jemand wie starke Verspannungen, wenn er falsch am Schreibtisch sitzt? Und infolgedessen hast du dann die Möglichkeit, die Kopfschmerzen zu verändern, indem du beispielsweise einen anderen Schreibtisch-Stuhl verwendest.
So weit, so gut. Wenn du diesen Regelkreis (Fassung eines subjektiven Phänomens Kopfschmerz in objektiv messbare Kriterien: Ursachenfindung - Manipulation - Erfolgsüberprüfung) jedoch verallgemeinern und immer anwenden willst, bekommst du Schwierigkeiten: Wärst du beispielsweise Arzt und ein Patient würde bei dir über Kopfschmerzen klagen, und du rietest diesem Patienten, sich einen anderen Stuhl zuzulegen, so könnte es sein, dass du Glück hast und die Kopfschmerzen tatsächlich weggehen (weil der Patient wirklich krumm am Schreibtisch sitzt). Es könnte jedoch auch genauso gut geschehen, dass die Kopfschmerzen sich dadurch überhaupt nicht verbessern (weil dein Patient vielleicht nachts mit den Zähnen knirscht usw.).

Es gibt bestimmte Phänomene (meist zwischenmenschlicher Natur), die wir nur dann zuverlässig beschreiben können und über die wir uns nur dann differenziert unterhalten können, wenn wir uns gewissermaßen „künstlich" auf eine bestimmte Anzahl von Kriterien einigen, anhand derer wir in Zukunft ein Phänomen beschreiben möchten. Diese Kriterien definieren gewissermaßen ein Netz, mit dem wir fischen gehen: Alles, was kleiner ist als die Maschen des Netzes, interessiert uns nicht. Alles, was größer ist, in unserem Netz hängen bleibt, entspricht unserer Definition und „ist" dann das, was wir festgelegt haben (aber ab welcher Größe ist ein Fisch ein Fisch?). Wir haben damit nicht alle Fische gefangen, unser Beschreibungsnetz fasst nicht das Phänomen an sich, aber es definiert wenigstens die Mindest-Größe der Fische, es legt dem Phänomen Skalen an. Dass mit diesem Netz u.U. auch Schuhe, alte Dosen usw. gefangen werden, allgemeiner: dass mit solchen Skalen manchmal Sachen beschrieben werden, die mit dem Phänomen gar nichts zu tun haben, ist sozusagen der Preis dafür, dass wir überhaupt „fischen" können.

Hypothetische Konstrukte

Ein solches Vorgehen nennt man in der wissenschaftlichen Sprache: ein „hypothetisches Konstrukt" bilden. In der Wissenschaft entsprechen hypothetische Konstrukte sozusagen dem, was in der Fischerei Schleppnetze sind. Solche Konstrukte finden wir besonders in den Sozialwissenschaften und deren praktischen Disziplinen (wie beispielsweise der Psychotherapie, der Rechtsprechung, der Erziehung): *Intelligenz* ist beispielsweise ein solches Konstrukt. Man hat im Laufe der Zeit festgestellt, dass manche Menschen irgendwie „schlauer", „gewitzter", „redseliger" als andere sind.
Bevor man sich nicht über eine genauere Beschreibung dieses Phänomens geeinigt hat, kann man auch nicht wissen, ob der andere dasselbe meint, wenn er von „schlau" usw. spricht. Deshalb werden die Kriterien für ein Phänomen, nun „Intelligenz" genannt, festgelegt und nun kann man darüber reden und messen und jeder meint dabei dasselbe - nämlich das, was definiert wurde. Vorsicht: das, was definiert wurde, ist nicht unbedingt das, was es tatsächlich *ist*. Konnte

man „schlau" nicht messen, weil man nicht genau wusste, was schlau ist, so kann man Intelligenz nun messen, ihre Ursachen erforschen, sie sogar manipulieren.

Hypothetische Konstrukte beschreiben Phänomene, die in der Welt geschehen, die uns jedoch ohne das Hilfsmittel des hypothetischen Konstruktes nur höchst vage Kommunikation darüber ermöglichen. Die Grundproblematik der hypothetischen Konstrukte liegt dabei darin, dass wir letztendlich nie wissen, ob die Kriterien, mit denen wir das Phänomen beschreiben und ermessen möchten, diejenigen sind, die das tatsächliche Phänomen ausmachen. Wir haben sie immer lediglich angenommen und festgelegt. Konsequenterweise stehen dann die nachfolgenden Aktivitäten auch auf dünnem Eis: Wenn die Kriterien festgelegt wurden, kann man die Ursachen zwar suchen und kann sie in einen statistisch korrekten Zusammenhang bringen. Aber wir haben damit nur die Wirkzusammenhänge *innerhalb* des jeweiligen hypothetischen Konstruktes beschrieben und noch lange nicht das Phänomen *an sich*, das uns in der Realität begegnet. Dasselbe gilt für die Aktivitäten der Vorhersage und Beeinflussung des Phänomens: immer bewegen sich diese Erkenntnisse im Rahmen des hypothetischen Konstruktes.

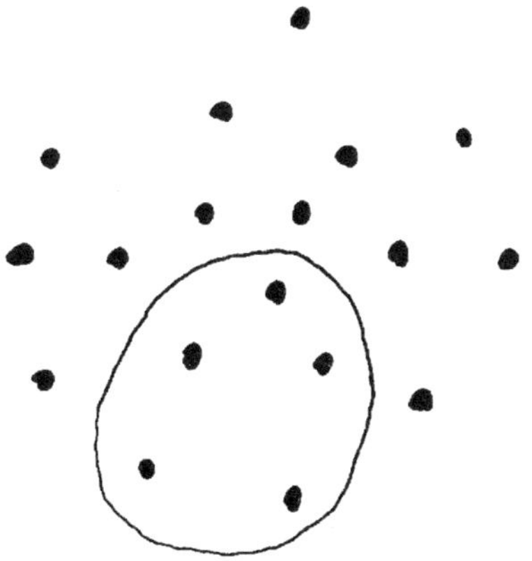

Abb.: 2

Auf dem Bild kannst du das „plastisch“ sehen. Ein hypothetisches Konstrukt (der Kreis) integriert bestimmte Kriterien (die kleinen Kleckse), andere lässt es - willentlich oder unwillentlich - draußen.

Ein anderes hypothetisches Konstrukt ist beispielsweise die *Depression*. Sie ist eine Beschreibung dessen, was man unter dem Phänomenkreis „Traurigsein” verstehen könnte. Auch hier werden Kriterien zur Messung angelegt [6] und je nach dem, welche Kriterien festgelegt werden, kann eine unterschiedliche Ursachenfindung und Therapie stattfinden. Der tatsächliche Behandlungserfolg der real empfundenen Depression ist davon abhängig, wie genau die Kriterien des hypothetischen Konstruktes der tatsächlichen Realität, dem Traurigsein des betroffenen Individuums in seiner Lebenswirklichkeit entsprechen. Stehen sie in hoher Übereinstimmung, so ist der therapeutische Erfolg wahrscheinlicher, als wenn die Kriterien in keiner Übereinstimmung stehen.
Hypothetische Konstrukte liegen bei überraschend vielen psychischen Störungen vor [7]. Sie werden immer dann notwendig, wenn ein bestimmtes Phänomen *lediglich quantitativ* und nicht qualitativ von einem als normal empfundenen Zustand unterscheidbar ist, oder wenn die *Ursache* für ein bestimmtes Phänomen *nicht bekannt* ist, oder wenn man ein *subjektives* Phänomen beeinflussen will.

Um solch ein hypothetisches Konstrukt handelt es sich auch bei der ADHS. Auch mit diesem Begriff versucht man, etwas das uns in der Realität begegnet, in Worte zu fassen. Man tut dies, weil man darüber reden will, weil man seine Ursachen kennen lernen will und weil man es beeinflussen will.

---

6 übrigens - je nach wissenschaftlicher oder außerwissenschaftlicher Couleur - ganz unterschiedliche Kriterien...

7 Ross schreibt schon 1986 diesbezüglich beispielsweise: „*...dealing with symptoms or syndromes as if they were specific diseases reflects a trend in psychiatry to regard mental illness as biological entites*“ (Ross, C. (1986): *Biological tests for mental illness: their use and misuse.* Biological Psychiatry 21, 431-435).

FAZIT *Hypothetische Konstrukte* werden benötigt, um über ein Phänomen der Realität

- reden zu können,
- Ursachen vermuten zu können,
- Beeinflussungsmöglichkeiten entwickeln zu können.

Bevor wir uns nun der Frage zuwenden, mit welchen Kriterien ADHS definiert wird (wie das „Netz" aussieht, mit dem man ADHS-Fische aus dem Schwarm der „normalen" Fische herausfischt), werden wir noch untersuchen, warum es für ADHS im Laufe der Zeit so viele unterschiedliche hypothetische Konstrukte anderen Namens gab.

2. Warum gab es für die ADHS so viele Namen?

Jetzt, wo wir das Wesen eines hypothetischen Konstruktes kennen, wird es uns auch leicht, die Ursache dafür zu finden, warum man der ADHS so viele Namen gegeben hat. Die Antwort ist, dass man keinesfalls für *dasselbe* Phänomen unterschiedliche Namen wählte, sondern dass die Namen jeweils Bezeichnungen für unterschiedliche Kriteriensammlungen sind, die mehr oder weniger dem ähneln, was heute unter dem Überbegriff ADHS zusammengefasst ist. Grafisch kann man dies an folgendem Bild verdeutlichen:

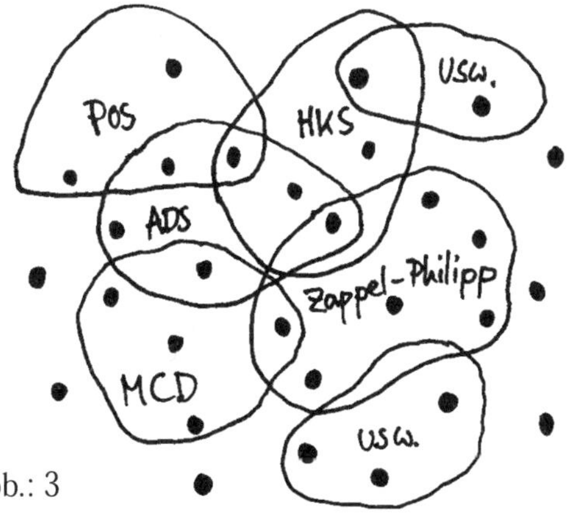

Abb.: 3

Hier findest du ein paar Bezeichnungen, die dem ähneln, was wir gerade als ADHS bezeichnen, es sind aber nicht *dieselben* Kriterien gemeint. Da ist z.B. die **M**inimale **C**erebrale **D**ysfunktion (oder auch als **M**inimal **B**rain **D**isorder bezeichnet) - ein Begriff, der vor dem Terminus ADHS oftmals zur Bezeichnung gewählt wurde. Oder die **P**sycho-**O**rganische **S**törung, ein Überbegriff, der heute noch beispielsweise in der Schweiz verwendet wird.
Und da ist der Zappel-Philipp, der zum Banner einer großen deutschen Selbsthilfeorganisation bei ADHS gewählt wurde (www.zappelphilipp.de) und der auf den Frankfurter Nervenarzt Dr. Heinrich Hoffmann zurückgeht [8]. Die Bezeichnungen meinen nicht dasselbe, aber sie meinen Ähnliches. Warum wandeln sich die Bezeichnungen? Nun, wir haben eben festgestellt, dass man hypothetische Konstrukte braucht, um darüber reden zu können, um Ursachen vermuten zu können und um Beeinflussungen vornehmen zu können. Wenn mindestens eines dieser drei Elemente nicht möglich ist, wird man den Namen des hypothetischen Konstruktes abändern.

Untersuchen wir diesen Vorgang des Begriffswechsels beispielhaft am Terminus MCD. Man hat, ein wenig salopp formuliert, irgendwann festgestellt, dass manche Kinder „irgendwie zappelig" sind und „nicht gescheit lernen können" usw. Darüber wollte man reden, das wollte man untersuchen und man wollte es beeinflussen. Weil der Symptomkreis „irgendwie zappelig" doch sehr vage ist, hat man einen genaueren Kriterienkatalog zusammengestellt und diesen mit MCD bezeichnet. Eines der Kriterien, wohl das wichtigste, war die Vermutung (das wäre nun schon eine Ursache), dass das Kind bei der Geburt unter einer Sauerstoffunterversorgung litt und deshalb bestimmte Hirnareale *minimal* (von dort stammt der Begriff) geschädigt worden seien.

---

8 Der schrieb bereits 1845 das bekannte Gedicht: „'Ob der Philipp heute still / wohl bei Tische sitzen will?' / Also sprach in ernstem Ton / der Papa zu seinem Sohn, / und die Mutter blicket stumm / auf dem ganzen Tisch herum. / Doch der Philipp hörte nicht, / was zu ihm der Vater spricht. / Er gaukelt / und schaukelt, / er trappelt / und zappelt / auf dem Stuhle hin und her. / 'Philipp, das missfällt mir sehr'"

Es ist nicht so, dass die Betroffenen qualitativ von „Gesunden" unterscheidbar sind (sie sind nicht blind, gelähmt o.ä. - das wäre eine qualitative Unterscheidbarkeit), sondern sie werden lediglich *graduell* von anderen Personen unterschieden. Mit der Vermutung der minimalen Schädigung des Gehirns hatte man ein Kriterium, das das Phänomen sowohl auf Ursächlichkeit als auch auf Beeinflussung hin untersuchbar machte. Man hat festgestellt, dass eine Sauerstoffunterversorgung während der Geburt tatsächlich zu dem führen kann, was man dann als MCD bezeichnete. Und demzufolge wären dann beispielsweise gezielte Maßnahmen angesagt, die diese Unterversorgung vermeiden helfen.
Tatsächlich gab es aber auch Kinder, die trotz einer Sauerstoffunterversorgung während der Geburt eben gerade *keines* der sonstigen Kriterien der MCD erfüllten (sie konnten sich trotzdem konzentrieren, waren nicht überaktiv usw.), und genauso gab es Kinder, die die übrigen Kriterien der MCD erfüllten, nur eben *keine* Sauerstoffunterversorgung während der Geburt erlitten hatten.
Und so wurde der Kriterienkatalog der MCD durch die Erforschung seiner Kriterien als nicht genau zutreffend erkannt, und ein neuer Katalog mit anderen Kriterien wurde fällig - der ADHS-Katalog. Von diesem Katalog erhofft man nun, dass seine Kriterien das Phänomen besser, zutreffender beschreiben. Es ist aufgrund der typischen Beschaffenheit hypothetischer Konstrukte allerdings durchaus wahrscheinlich, dass der Terminus ADHS nicht der letzte Überbegriff für diesen Symptomkreis sein wird.
Steinhausen demonstriert den Sachverhalt verschiedener Schnittmengen anhand anderer Konstrukte wie folgt [9]:

Bevor wir uns dem aktuellen Überbegriff der ADHS zuwenden, soll

9 Diese Grafik wird in der einschlägigen Literatur öfters zitiert, ich füge sie eher der Vollständigkeit halber ein. Vgl. Steinhausen, H.-C. (Hg.) (1995). *Hyperkinetische Störungen im Kindes- und Jugendalter.* Stuttgart, Berlin, Köln (Kohlhammer), 13.

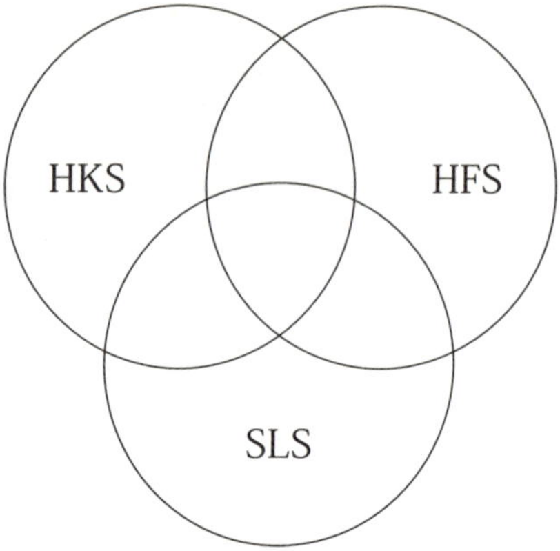

HKS Hyperkinetisches Syndrom
HFS Hirnfunktionsstörungen
SLS Spezifische Lernstörungen

Abb. 4: Die Beziehungen von hyperkinetischen Störungen, Hirnfunktionsstörungen und spezifischen Lernstörungen

noch einmal (weil besonders wichtig) wiederholt werden, warum hypothetische Konstrukte überhaupt notwendig sind. Sie dienen zunächst der vereinfachten Kommunikation (jeder, der den Terminus ADHS hört, kann nachschlagen, was mit ihm festgelegt wurde). Sie dienen darüber hinaus auch der Forschung, indem sie gleichzeitig Ursachen (in der Fachsprache sind das die Ätiologien) vermuten und diese der Erforschung offen legen. Und sie dienen letztlich auch als Hinweise für mögliche Therapien (dem, was weiter oben immer wieder auch mit „Beeinflussung" als Aufgabe der Wissenschaft bezeichnet wurde). Und jetzt, nachdem wir uns mit dem Hintergrundwissen darüber, was ein hypothetisches Konstrukt ist, gestärkt haben, können wir uns auch den eigentlichen Kriterien des ADHS-Konstruktes nähern.

FAZIT

> *Hypothetische Konstrukte* werden nötig, wenn man über ein Phänomen kommuniziert oder es erforscht werden soll, dessen Ausmaß, dessen Ursachen und dessen Beeinflussungsmöglichkeiten nicht bekannt sind.
> - In diesen Konstrukten wird definiert, welche Kriterien man für das Phänomen relevant erachtet,
> - gleichzeitig legen sie Vermutungen über die Ätiologie und die Manipulation nahe, die dadurch der wissenschaftlichen Forschung (oder der außerwissenschaftlichen Spekulation) zugänglich gemacht werden.
> - Viele als psychische Störungen (auch dieser Terminus ist ein hypothetisches Konstrukt) definierte Phänomene sind ihrerseits wiederum hypothetische Konstrukte, darunter auch die ADHS.
> - Dabei weisen sie lediglich quantitative Differenzen zu dem als „normal" empfundenen Zustand auf.

3. Die Kriterien der ADHS

Wenn im Folgenden die Kriterien der ADHS aufgezählt und beschrieben werden, so wird schnell das in der Zusammenfassung vielleicht etwas abstrakt Klingende konkret. Du wirst nämlich bei der Lektüre der Kriterien höchstwahrscheinlich sofort an irgendeine Person denken (vielleicht gar an dich selbst), von der du sagen könntest, dass sie mit Sicherheit ADHS habe. Das liegt daran, dass die Kriterien für ADHS sich lediglich quantitativ, graduell von dem unterscheiden, was wir als normal bezeichnen. Die Grenze, ab wann man von ADHS spricht, ist Bestandteil des hypothetischen Konstruktes. Sie ist willkürlich gesetzt. Das ist hier nicht als Kritik gemeint, aber man sollte es einfach wissen. Hinzu kommt, dass die einzelnen Kriterien nur schwer richtig objektiv gehandhabt werden können - sie sind nur schwer operationalisierbar und Interpretationen (und infolgedessen Fehldiagnosen) sind möglich.

Aufgrund der Beschaffenheit der Kriterien wird es dann auch verständlich, warum es kein Test-, Diagnose- oder Befragungsverfahren speziell für ADHS gibt - die Kriterien sind einfach zu „schwammig"[10]. Ich stelle dir aber im Laufe dieses Buches eine gründliche Befragungstechnik vor, mit der du wohl recht gut arbeiten kannst.
Die Besonderheiten der Kriterien für ADHS sollte man vor der Lektüre des folgenden Abschnittes kennen. Im Folgenden findet sich die Zusammenfassung der Kriterien, die die zwei maßgeblichen Bewertungsmanuale für das ADHS definiert haben[11]. Ich habe es nicht für richtig gehalten, lediglich den Text des DSM IV und ICD-10 hier wiederzugeben (das wäre ja nichts Neues, der vollständige Text ist im Anhang abgedruckt), genauso wenig halte ich jedoch eine tabellarische Darstellung unter Reduktion der einzelnen Begrifflichkeiten für sinnvoll [12] (denn etwas Komplexes wird nicht dadurch einfacher, dass man es mit wenigen Worten beschreibt).

Hermeneutik

Ich glaube, der beste Weg zum Verständnis dessen, was mit ADHS gemeint ist, ist der hermeneutische Weg. Wie geht Hermeneutik? Auf dieselbe Weise, wie du versuchst, einen komplizierten Zeitungsartikel zu lesen: zunächst liest du den Artikel selbst (hier im Anhang die Auszüge aus dem DSM IV und dem ICD-10), danach liest du eine Zusammenfassung von jemand, der den Artikel auch schon gelesen hat (z.B. die nun folgenden Abschnitte oder andere Beschreibungen in anderen Büchern), danach diskutierst du vielleicht mit einem Gesprächspartner das bisher Gelesene durch und dann vergleichst du

---

10 Etwas „wissenschaftlicher" formuliert: ein Test wäre von vornherein als nicht valide (valide ist etwas, wenn es das misst, was es zu messen vorgibt) zu betrachten, weil die Kriterien nicht objektiv operationalisierbar sind. Auch die Reliabilität (dass der Test bei gleicher Ausgangssituation immer die gleichen Ergebnisse bringt) ist deutlich in Frage gestellt.

11 *Diagnostisches und Statistisches Manual psychischer Störungen* DSM IV (1996). Göttingen, Bern, Toronto, Seattle (Hogrefe), 115-123; *Internationale Klassifikation psychischer Störungen* ICD-10 (1993). Bern, Göttingen, Toronto, Seattle (Huber).

12 Wie dies beispielsweise von Holowenko versucht wird (vgl. Holowenko, H.(1999): *Das Aufmerksamkeits-Defizit-Syndrom (ADS). Wie Zappelkindern geholfen werden kann.* Weinheim (Beltz), 27ff.).

das so Erarbeitete mit dem ursprünglichen Text (also dem DSM IV oder ICD-10). Man könnte diesen Vorgang als eine Art aufsteigende Spirale des wachsenden Verständnisses beschreiben - in nichts wesentlich anderem besteht der sog. „hermeneutische Zirkel", man kann es nur wesentlich komplizierter formulieren.
Ich wiederhole noch einmal die Verstehens-Spirale.

Um ein möglichst fundiertes Verständnis der Kriterien der ADHS zu entwickeln, solltest du folgende Schritte befolgen:

1. *Lies und reflektiere die Beschreibungen nach DSM IV und ICD-10 im Anhang,*
2 *lies und reflektiere die Zusammenfassung beider Beschreibungen im folgenden Abschnitt,*
3. *versuche, jemand das bisher Verstandene zu erklären und diskutiere darüber.*
4. *Vergleiche nun das Ergebnis mit der Beschreibung der ADHS im DSM IV und ICD-10 usw.*
5. *Wenn du magst, setze diese Spirale bei Schritt 1 fort, usw.*

Im Folgenden werden wesentliche Kriterien bei der Beschreibung der ADHS dargestellt.

3.1 Das Kriterium der Unaufmerksamkeit in Situationstypen

Die wichtigen Kriterien zuerst: ADHS meint, dass ein Mensch ein Verhalten von *Unaufmerksamkeit* zeigt, das sich auffällig von anderen Menschen unterscheidet. Das ist an sich nichts Besonderes, jeder Mensch ist hin und wieder unaufmerksam. Bei ADHS wird aber eine Unaufmerksamkeit gemeint, die nicht an spezielle Situationen gebunden ist, sondern sich sogar auf Situationen beziehen kann, von denen man eigentlich annehmen könnte, dass der Betroffene gerade dort aufmerksam sein sollte (beispielsweise bei seiner Lieblingsbeschäftigung).
Um dieser Besonderheit gerecht zu werden, haben sowohl DSM IV als auch ICD-10 festgelegt, dass *mindestens zwei Situationstypen*

vorhanden sein müssen, in denen Unaufmerksamkeit kontinuierlich auftritt. Solche Situationstypen können beispielsweise die „Schule" und der „Freizeitbereich" sein. Die Situationstypen sind sowohl im DSM IV als auch im ICD-10 mit dem Kriterium der *Auffälligkeit* verzahnt.

Was bedeutet „auffällig"? Solange ein Kind nur in Mathe und Physik, oder nur beim Zähneputzen und Fingernägelschneiden unaufmerksam ist, ist das noch lange nicht in diesem Sinn auffällig. Nein, gemeint ist beispielsweise, dass ein Kind praktisch alles, was mit der Schule zusammenhängt, total unaufmerksam behandelt. Es vergisst sein Schulmäppchen, es träumt in Mathe und „guckt" in Deutsch nur „in die Schweiz". Es erledigt seine Hausaufgaben nicht recht, kann nicht ohne häufige Unterbrechungen an einer Aufgabe bleiben, bekommt komplizierte Aufgaben nicht durchstrukturiert und organisiert usw. Bei Situationstypen ist also immer ein ganzer Komplex von Situationen aus einem bestimmten Kontext gemeint.

Die Verbindung der Kriterien Unaufmerksamkeit, Auffälligkeit mit mehreren Situationstypen macht schon eine Art Ursachenhypothese möglich. Die Situationsunabhängigkeit der Unaufmerksamkeit kann nur dann entstehen, wenn sie gerade *nicht* etwas ist, was jedem Menschen widerfährt (weil er mal müde ist, keine Lust hat, irgend etwas anderes im Kopf hat usw.), sondern wenn die Unaufmerksamkeit bei einem Betroffenen quasi ein „genereller Defekt" ist. Somit muss der Ursprung der Unaufmerksamkeit also auf eine somatische Störung zurückzuführen sein, deren Behebung zur Behebung der Unaufmerksamkeit führen wird.

3.2 Das Kriterium der Beurteilung durch mehrere Personen

Die bisher genannten wie auch die folgenden Kriterien für ADHS weisen ein einheitliches Merkmal auf: sie lassen sich je nach Beobachter und Blickwinkel *unterschiedlich interpretieren*. Lehrer, die meist mit vielen Schülern gleichzeitig zu tun haben, sehen ein Individuum anders als dessen Eltern. Der Arzt, der gezielt beobachten muss, betrachtet einen Patienten anders als der Jungscharleiter

seine Jungs beim Geländespiel. Das Risiko einer subjektiven Betrachtung und vorschnellen Diagnose ist gerade bei subjektiv interpretierbaren Kriterien immer gegeben. Man hat deshalb festgelegt, dass zur Diagnose immer mehrere Urteile über die jeweiligen Einzelkriterien aus unterschiedlichen Lebenswelten des betroffenen Kindes eingeholt werden sollen. Wenn man die Urteile unterschiedlich engagierter und gearteter Menschen summiert, die dazu noch verschiedene Lebensbereiche des betroffenen Kindes kennen, so kann man aus dieser Summe eine Art „Urteilsmittelwert" bilden und so die Subjektivität weitgehend kompensieren.
In diesem Zusammenhang ist eine Besonderheit zu vermerken, auf die das DSM IV hinweist. Dort wird gesagt, dass die Untersuchung der Kriterien der ADHS unglücklicherweise oftmals einem „Vorführeffekt" unterliegt. Soll der Therapeut ein evtl. von den Kriterien der ADHS betroffenes Kind dahingehend untersuchen, so kann es geschehen, dass ihm ein vollständig aufmerksames, konzentriertes Kind gegenübersitzt und der Therapeut sich fragt, ob hier nicht das „falsche" Kind zur Untersuchung gebracht wurde. Überprüft er dann das Verhalten des Kindes in seiner eigenen Praxis beispielsweise dadurch, dass er dem Kind ein interessantes Spielzeug gibt und dessen Spielverhalten beobachtet, so kann es geschehen, dass sich das Kind selbst in einer fremden Situation vollkommen in seine Spielwelt hineinversetzt und selbstvergessen eine längere Zeit spielen kann – es zeigt mithin ein Verhalten „normaler" Kinder.
Und solch ein Kind soll ADHS haben? Das DSM IV macht aus dieser Eigenschaft ein Kriterium, indem es formuliert, dass Aufmerksamkeits- oder Überaktivitäts-Auffälligkeiten weder zeitlich kontinuierlich noch ausschließlich innerhalb bestimmter Lebensbereiche auftreten, sondern wechseln können. Aber es macht daraus auch eine Auflage, indem es empfiehlt, sich bei der Diagnose nicht auf die eigenen Augen zu verlassen, sondern auf die Aussagen möglichst vieler Kenner des betroffenen Kindes. Hier gibt das DSM IV eine versteckte Ursachenvermutung ab. Gerade weil die Symptome sowohl bezüglich ihres Auftretensortes als auch bezüglich der Auftretenszeit wechseln können, kann die Ursache für die Symptome

nicht an der jeweiligen Umgebung oder bestimmten Zeitpunkten festgemacht werden, sondern muss anderswo gesucht werden.

3.3 Das Kriterium der (fehlenden) Überaktivität

Das, was man in der Umgangssprache gerne als das typische Merkmal der ADHS begreift, die „Hyperaktivität", ist tatsächlich nicht unbedingt immer in dieser Störungsdefinition notwendig vorhanden. Die Kriterienbandbreite schwankt hier

von einem Typus, der nur das Merkmal der Unaufmerksamkeit zeigt (ICD-10: F98.8; DSM IV: 314.00)

über einen Typus, der beide Merkmale zeigt (ICD-10: F90.0; DSM IV: 314.01) bis hin

zu einem Typus, der nur das Merkmal der Hyperaktivität zeigt (ICD-10: F90.1; DSM IV: 314.01).

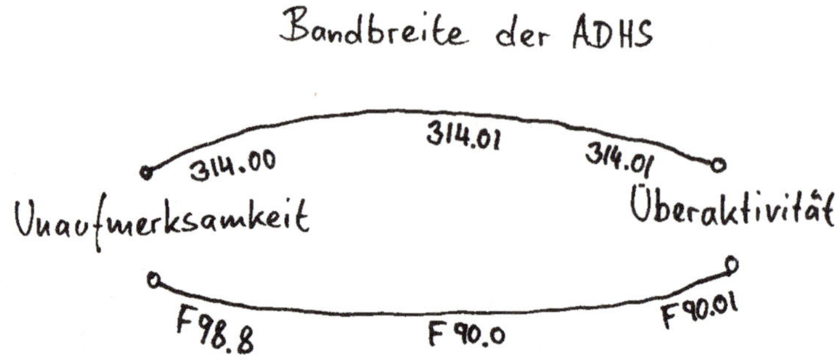

Abb. 5

Hyperaktivität

Unter Hyperaktivität versteht man definitionsgemäß mehrerlei. Sie steht zunächst im Zusammenhang mit dem Kriterium der *Unerwünschtheit.* Hyperaktiv ist ein Kind definitionsgemäß dann, wenn es in einer Situation ruhig sein soll, dies aber nicht fertig bringt. Es *kann* nicht ruhig sein. Das Stichwort „können" ist dabei besonders wichtig und bereitet in der Diagnose dieselben Schwierigkeiten, wie sie beim Kriterium der Unaufmerksamkeit auftreten. Die Frage ist: Ist das Kind zappelig, weil es nicht ruhig sein *will* (weil es beispielsweise viel lieber auf dem Pausenplatz kicken würde, als eine HuS-Stunde „abzusitzen" usw.), oder weil es nicht ruhig sein *kann* (aufgrund einer Art innerer Unruhe, einer Art Motor, der nur auf Hochtouren laufen kann)?

Diese Entscheidung ist natürlich schwer zu treffen. Sie wird aber noch weiter dadurch erschwert, dass die Ursache für ein „Nicht-Können" möglicherweise auf fremde Einflüsse zurückzuführen ist, die mit der Definition der ADHS gar nichts zu tun haben (etwa wenn eine Predigt für das Kind einfach unverständlich ist und es deshalb nur natürlich ist, wenn es herumzappelt).

Die Definition der ADHS legt fest, dass Hyperaktivität nur dann vorliegt, wenn das Kind nicht ruhig sein *kann*. Hyperaktivität müsste demgemäß auch in Situationen auftreten, wo das Kind sogar gar nicht hyperaktiv sein *will* (beispielsweise dann, wenn es besonders gerne Eisenbahn spielt, aber irgendwie dennoch nicht lange bei diesem Spiel bleiben kann).

Eine solche Erscheinungsform wird auch mit *Impulsivität* bezeichnet. Impuls könnte man frei mit „Einschlag" übersetzen. Es handelt sich also um etwas, was quasi von „außen" in die Befindlichkeit des Kindes eintritt, dem es willenlos ausgesetzt ist und das sein Verhalten dadurch gegen seinen Willen beeinflusst. Das kann sich auch in verbalen Äußerungen zeigen (z.B. wenn es sich im Unterricht freut, eine Antwort zu wissen, und mit dieser Antwort herausplatzt, bevor überhaupt die Frage fertig formuliert wurde).

Bedenkt man diese Kriterien konsequent, so müsste sich, wenn sie erfüllt sind, beim Kind eigentlich eine Art von Bewusstsein dafür entwickeln, dass es seine Aktivität offenbar nicht in dem Maß willentlich beeinflussen kann, wie es dies situationsgebunden normalerweise tun könnte. Eigentlich müsste das Kind also in gewisser Weise darunter leiden.

Hier wird wieder eine Ursachenhypothese für Hyperaktivität deutlich. Hyperaktivität ist etwas, das offenbar nicht unter dem willentlichen Einfluss des Kindes steht. Das Kind „kann nichts dafür".

Ursache der Hyperaktivität scheint also eher ein somatischer Defekt zu sein und muss für die Forschung auf dem somatischen Gebiet gesucht werden.
Wie gesagt, Hyperaktivität muss nicht unbedingt Bestandteil der ADHS sein.
Fehlt sie, spricht man von ADS (also einer **A**ufmerksamkeits**D**efizit**S**törung).
Ist nur die Hyperaktivität beobachtbar, so spricht man von HKS (**H**yper**K**inetische**S**törung).
Sind beide Kriterien erfüllt, was übrigens am häufigsten auftritt, so spricht man von der ADHS (**A**ufmerksamkeits**D**efizit**H**yperaktivitäts**S**törung).

3.4 Das Kriterium des frühen Beginns

Der kritische Leser könnte nach der Darstellung der bisherigen Kriterien einwenden, dass solche Kriterien auch die Folge eines bestimmten sozialen Umfelds sein könnten. Salopp gesagt: wenn das Kind schlecht erzogen wird, könnten sich diese Kriterien auch ohne die Hypothese eines somatischen Defekts erklären. Tendenziell verweigert zumindest das ICD-10 diese Option. Es führt nämlich den *frühen Beginn* als Kriterium ein. Auftreten muss das jeweilige Verhalten bereits zu einem Zeitpunkt, wo die Einflüsse des Umfelds noch gar nicht zu dem gezeigten Verhalten führen konnten. So gesehen wäre dieses Kriterium am deutlichsten dann erfüllt, wenn das Kind gerade geboren wurde und bereits dann schon - durch verschiedene Personen beobachtbar - ein deutlich von anderen Säuglingen verschiedenes Verhalten zeigt. Naja, ganz so streng ist das ICD-10 nicht, aber es legt zumindest fest, dass das Verhalten in aller Regel bereits in den ersten fünf Lebensjahren beobachtbar sein soll.

Das DSM IV verfolgt mit seiner Definition ein etwas andersartiges Ziel und impliziert damit bezüglich der Ursachen für ADHS zumindest tendenziell auch eine andere Hypothese. Was die Erscheinungszeit angeht, so legt das DSM IV die Störung in den Bereich des Kleinkindalters, der Kindheit oder der Adoleszenz - ein recht breites

Altersspektrum. Es legt sich zeitlich nur insofern fest, als es definiert, dass die Kriterien für die ADHS zum Zeitpunkt der Diagnose bereits mindestens sechs Monate lang erfüllt sein müssen.

Damit signalisiert das DSM IV zumindest eine gewisse Offenheit gegenüber dem zu Beginn dieses Abschnitts gestellten Einwand, ADHS könne auch durch das Umfeld erzeugt werden. Diese etwas freiere Definition des DSM IV lässt sich vielleicht dadurch erklären, dass - etwas verkürzt formuliert - bei der Formulierung des DSM IV eher die Psychologen beteiligt sind und bei der Formulierung des ICD-10 eher die Mediziner. Mediziner haben einen eher somatisch orientierten Hintergrund, die Ursachen für Störungen werden naturgemäß eher auf somatischem Bereich gesucht. Die Psychologie ist dagegen die Wissenschaft vom Verhalten und Erleben des Menschen und seiner Umwelt - da muss man mögliche Umwelteinflüsse schon stärker ins Kalkül ziehen.

Ein Diagnose-Hindernis:
Beide Manuale weisen auf ein schwerwiegendes Diagnose-Hindernis hin. Eigentlich soll man die Kriterien der ADHS möglichst früh feststellen können, andererseits sind gerade im frühen Kindesalter die Verhaltensweisen gar nicht so deutlich erkennbar. Weil man nämlich ein Kind mit drei, vier Jahren in der Regel nicht zwingt, sich dauerhaft einer Aufgabe zu widmen oder sich über längere Phasen hinweg ruhig zu verhalten, so kann man auch nicht erkennen, ob es das könnte, wenn es dies müsste.
Ich habe den Eindruck, als würden sich an dieser Stelle beide Manuale ein wenig „verheddern". Auf der einen Seite ist es nicht üblich, kleine Kinder zu langer Konzentration und ruhigem Verhalten zu zwingen. Kinder lernen dieses Verhalten in diesem Alter auch nicht und würden es demzufolge auch kaum zeigen, selbst wenn sie es von ihren späteren Möglichkeiten her könnten. Auf der anderen Seite soll aber die Diagnose möglichst früh einsetzen, also zu einem Zeitpunkt, wo die allermeisten, auch die „gesunden" Kinder dieses Kriterium erfüllen würden. Wie also soll man erkennen, ob ein Kind

dieses Kriterium von ADHS erfüllt, wenn sowieso nahezu alle Kinder in diesem Alter dieses Kriterium erfüllen?
Die Kriterien sollen eben „sehr stark ausgeprägt" (ICD-10, 276) oder in einem „unangemessenen Ausmaß" (DSM IV, 122) erfüllt sein, aber wie lässt sich das operationalisieren, wenn man nicht festgelegt hat, was unter „sehr stark" oder einem „unangemessenen Ausmaß" zu verstehen ist? Wie dem auch sei, die Probleme der Diagnose besprechen wir in einem gesonderten Kapitel.

3.5 Zusätzliche Kriterien, die nicht unbedingt erfüllt sein müssen

Erfüllt ein Kind die oben genannten Kriterien, so ist seine Gesamtsituation sicherlich immer wieder in spezifischen Bereichen besonders schwierig. Je nach Ausprägung der obigen Kriterien können unterschiedliche Bereiche besonders beeinträchtigt sein. Deshalb treten die folgenden Kriterien auch nur bedingt in Erscheinung - je nach Gesamtsituation eben.

3.5.1 Schulische Gefährdung

Wenn ein Kind gerade im schulischen Bereich die oben genannten Kriterien zeigt, ist es nahezu unweigerliche Folge, dass es Probleme mit den Lehrern bekommt. Lehrer sind in erster Linie dafür da, Kinder in ihren Fächern auszubilden, und zwar nach Möglichkeit in bestem Maß. Ein Kind, das den Unterricht durch sein Verhalten stört, wird von einem Lehrer in aller Regel zunächst in der ihm geläufigen Art behandelt. Wenn ein Kind dauernd seine Hausaufgaben nicht richtig macht, in Klassenarbeiten nur unvollständige Leistungen bringt, den Unterricht durch Überaktivität stört usw., reagiert der Lehrer bzw. das Kollegium normalerweise mit Strafmaßnahmen.
Nimmt das Verhalten des Kindes überhand, steigert sich der Grad der Strafmaßnahmen. So kann die schulische Situation eskalieren. Die vorschnelle Schuldzuschiebung auf den Lehrer bzw. das Kollegium wäre dabei insofern inkonsequent, als wir ja bereits oben festgestellt haben, dass es auch für Fachleute sehr schwierig ist, zwischen einem Nicht-Können und einem Nicht-Wollen des Kindes zu unter-

scheiden. *Will* ein Kind nicht aufpassen, so ist eine geeignete Strafe durchaus korrekt, man müsste dem Lehrer in solch einer Situation eher einen Vorwurf machen, wenn er nicht mit Strafmaßnahmen reagiert. *Kann* das Kind dagegen nicht aufpassen usw., so nützt eine Strafe auch nichts.

3.5.2 Probleme mit Gleichaltrigen

Erfüllt ein Kind die erstgenannten Kriterien tatsächlich in unnormalem Maß, so besteht durchaus die Wahrscheinlichkeit, dass andere Kinder eben auch registrieren, dass das betreffende Kind „nicht normal" ist. Menschen reagieren auf von ihnen als abnorm empfundenes Verhalten in aller Regel ähnlich: in einer Bandbreite von vorsichtiger Distanz und Misstrauen bis hin zur kategorischen Ablehnung des betreffenden Gegenübers. Normen dienen zum Erhalt einer möglichst sicheren Lebensführung, abnormes Verhalten wird also zunächst von Menschen eher als potentiell bedrohlich gesehen. Wenn sich gleichaltrige Kinder von einem als abnorm empfundenen Kind isolieren, es ablehnen oder gar aggressiv behandeln, so ist dieses Verhalten durchaus verständlich. Wenn ein Kind nun aber nicht ruhig mitspielen kann (obgleich es das gerne tun würde), wenn es nicht normal kommunizieren kann (obwohl es dies will), so erscheint dem betroffenen Kind das abstoßende Verhalten der anderen als ungerecht - und diese Interpretation ist ebenso verständlich wie das ablehnende Verhalten. Ein Dilemma entsteht, das in seiner Folge zu einer immer stärker „verkorksten" Situation führen kann. Folgestörungen beim betroffenen Kind können auftreten, die in sich wieder einem neuen Krankheitsbild entsprechen[13].

3.5.3 Störung des Erwachsenenverhaltens

Dass die Probleme, die mit ADHS beschrieben werden, in der Kindheit zu Verhaltensveränderungen führen können, die sich bis weit ins Erwachsenenalter hinziehen, liegt eigentlich auf der Hand. Wer als Kind ein anderes Sozialverhalten erwirbt als die übrigen Kinder, hat

---

13 Beispielsweise soziale Phobie, Störung des Sozialverhaltens, Störung mit Oppositionellem Trotzverhalten, aber auch Essstörungen, Enuresis, Enkopresis usw.

es besonders schwer. Denn das andersartige Verhalten bewirkt eine über lange Zeit hinweg erfolgende „Sonderbehandlung"[14] des Betroffenen. So kann das Kind nicht lernen, wie ein „normales" Sozialverhalten aussieht, und es dann natürlich auch nicht zeigen. Dies führt zu einem Teufelskreis, der bis weit ins Erwachsenenalter dauern kann. Die ADHS stellt besonders auf diesem Gebiet also nicht unbedingt nur ein Problem für Kinder und Jugendliche dar, sondern auch für Erwachsene, die in ihrer Kindheit mit den ADHS-Problemen zu kämpfen hatten oder die Probleme der ADHS bis ins Erwachsenenalter mitschleppen.

4. Was ist die ADHS?

Für ein Sachbuch ist das beinahe eine unverschämte Abschnittsüberschrift. Du als aufmerksamer Leser wirst mir aber zustimmen, dass diese Überschrift vor dem Hintergrund des bisher Gesagten durchaus eine ganz neue Gewichtung bekommt. Hier wird jetzt nämlich *gerade nicht* eine supereinfache „Instant"-Definition auf den Tisch geknallt (wie das unglücklicherweise immer wieder versucht wird). Nein, die Überschrift bringt das Dilemma der ADHS und der anfangs erläuterten „hypothetischen Konstrukte" insgesamt auf den Punkt. Auf der einen Seite beobachtet man etwas, das „irgendwie nicht normal" ist, aber wenn man es dann in eherne Kriterien gießen möchte, findet man keine festen Formen.

Wir können also sagen, was mit ADHS gemeint ist, aber niemals genau das abbilden, was uns in der Realität tatsächlich begegnet. Der Versuch, ein hypothetisches Konstrukt in Kriterien zu fassen, gleicht einem Fass mit löchrigem Boden oder auch der wunderschönen Stadt Venedig. Was ist mit diesen beiden Metaphern gemeint?

Die Realität der ADHS (aber auch jedes andere Phänomen) gleicht dem Inhalt dessen, was man in dem Fass sammeln möchte. Das Fass stellt das Kriterium dar. Da unser Fass aber einen löchrigen Boden hat, müssen wir unter das erste Fass ein zweites Fass setzen, das aber

---

14 ... ob dies jetzt eine deutliche Abgrenzung vom Betroffenen ist oder eine besonders intensive Zuwendung von Seiten wohlmeinender Lehrer oder Erzieher usw., spielt gar keine Rolle. „Normal" wird die Behandlung eines von den Problemen der ADHS betroffenen Kindes in den seltensten Fällen sein.

wieder einen löchrigen Boden hat usw. Je gründlicher wir das Konstrukt erfassen möchten, umso mehr „Fässer", Kriterien benötigen wir und müssen am Schluss doch feststellen, dass ganz unten immer noch etwas „herausläuft".
Die zweite Metapher: Venedig, auf hölzernen Pfählen in Morast gebaut. Bei Venedig gibt es keinen Felsgrund und für die Erbauung der Stadt hat man deshalb die Fundamente der Häuser auf hölzernen Pfählen errichtet, die man in den Morast getrieben hat. Je länger diese Pfähle sind, umso sicherer ruht das Fundament. Der Grund, warum Venedig versinkt, liegt einfach darin, dass es keine Pfähle gibt, die 10 Kilometer lang sind, sondern eben höchstens 30 Meter oder so. Man musste deshalb irgendwann beschließen, dass die Länge der Pfähle wohl ausreichen wird, und wenn nicht, dann hat man ein Weltkulturerbe unter Wasser. Jedes Jahr sinkt Venedig ein Stück tiefer, denn die Stadt ist auf Morast gebaut.
Genauso ist es, wenn man ein hypothetisches Konstrukt errichten will. Man muss Pfosten in einen morastigen Grund treiben. Die Pfosten stellen die Kriterien dar, die Häuser sind Beschreibungen des Phänomens, das man fassen möchte, und der Morast ist die Realität. Egal, wie lang die Pfosten sind, sie genügen nie, um eine stabile Beschreibung des Phänomens zu erhalten; so sinkt unser Gebäude, unsere „Konstruktion", unser hypothetisches Konstrukt unweigerlich wieder in den Morast zurück. Das ist die Tragik der Wissenschaft, ja mehr noch: das ist die Tragik unseres gesamten Wissens. Wir sind gezwungen, unser Wissen auf Pfosten zu stellen, die in den Morast getrieben sind. Je mehr Pfosten wir in diesen Grund eintreiben, umso stabiler wird unser Fundament, aber auch umso langwieriger, aufwendiger und komplizierter wird der ganze Vorgang[15]. Und schlussendlich wird unser Wissen in der Realität versinken, wie Venedig im Meer.

---

15 Dass tatsächlich unser gesamtes Wissen auf solchen „Pfählen" ruht, ist natürlich keine aus der Luft gegriffene Behauptung von mir. Sie ist eine der wesentlichen Erkenntnisse der als wissenschaftliche Disziplin betriebenen sog. „Wissenschaftstheorie". Im Systemkomplex wissenschaftstheoretischer Modelle nennt man sie natürlich nicht „Pfähle", sondern bezeichnet sie mit dem Begriff „Axiom". (Eine gut verständliche Einführung in den Axiombegriff bietet beispielsweise Prechtl, P.; Burkhard, F.-P. (Hg.): *Philosophie Lexikon*. Stuttgart, Weimar 1996 (Metzler), 55.)

Bei der Fassung unseres Wissens geht es immer um einen Kompromiss zwischen Aufwand und Tragfähigkeit des Ganzen. In der Balance dieses Kompromisses liegt ein Qualitätsfaktor wissenschaftlicher Forschung [16].

4.1 Die Beschreibung der ADHS durch das DSM IV

Ich bin der Auffassung, dass der Kompromiss, den das DSM IV bei der Beschreibung der ADHS gewählt hat, ein besser ausgewogener Kompromiss ist als der, den das ICD-10 wählt. Diese Auffassung gründet sich hauptsächlich auf die Genauigkeit, mit der das DSM IV das Phänomen zu beschreiben versucht. Die auch vom ICD-10 formulierten Hauptkriterien werden im DSM IV noch weiter ausdifferenziert; das kommt der Beobachtung - wie ich finde - sehr zugute.

Im ersten Abschnitt dieses Kapitels wurde eine Grafik gezeigt, die die Relation zwischen dem Aufwand, der Aussagekraft und der Anzahl der Kriterien bei der Konstruktion einer Skala für Kopfschmerzen gezeigt hat. Diese Grafik kann jetzt auch anhand der beiden diagnostischen Manuale bezüglich der ADHS gezeigt werden:

16 Das Gleichnis der Stadt Venedig stammt übrigens nicht von mir (obwohl ich es gerne erfunden hätte). Karl Popper hat es in seiner „Logik der Forschung" verwendet, um sowohl das Dilemma der Wissenschaft zu erläutern als auch die Notwendigkeit seiner eigenen wissenschaftstheoretischen Methode und hier besonders die Begrifflichkeit der „vorläufigen Wahrheiten" zu begründen (Vgl. Popper, K.(1994): *Logik der Forschung.* Tübingen (Mohr)).

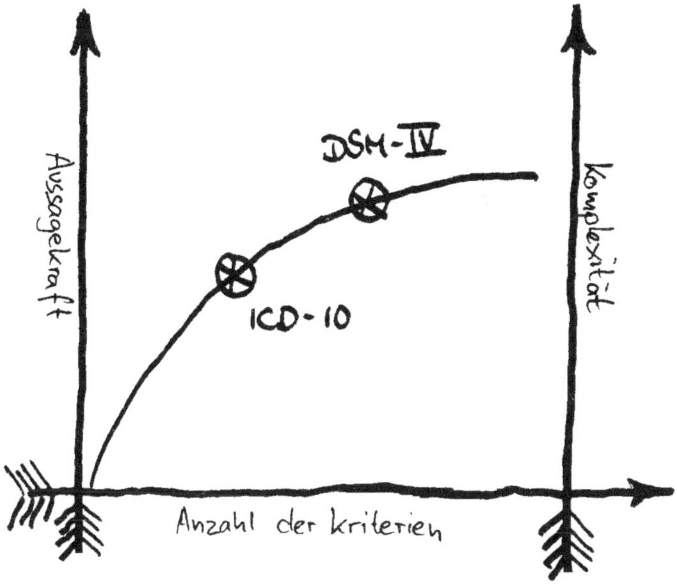

Abb. 6

Anhand der Grafik und des bisher Erläuterten können wir nun die „Kriterienliste" des DSM IV besser verstehen. Das genaue Verständnis der einzelnen Hauptkriterien und Ausdifferenzierungen entsteht am günstigsten mit der oben beschriebenen Methode des hermeneutischen Zirkels:

Ebenso, wie von mir selbst kleine Bemerkungen in der nachfolgenden Liste eingefügt wurden, könntest auch du mit der im Anhang angegebenen Liste verfahren..., das erhöht das Verständnis enorm!

Hier wird die Skala quantifiziert & die Schwere der Störung festgelegt: 6 Punkte erfüllt: ADHS liegt vor >6 Punkte erfüllt: "Schwere" entsteht	A. Entweder Punkt (1) oder Punkt (2) müssen zutreffen: (1) sechs (oder mehr) der folgenden Symptome von Unaufmerksamkeit sind während der letzten sechs Monate beständig in einem mit dem Entwicklungsstand des Kindes nicht zu vereinbarenden und unangemessenen Ausmaß vorhanden gewesen:
Das ist eines der Hauptkriterien	Unaufmerksamkeit (a) beachtet häufig Einzelheiten nicht oder macht Flüchtigkeitsfehler bei den Schularbeiten, bei der Arbeit oder bei anderen Tätigkeiten, (b) hat oft Schwierigkeiten, längere Zeit die Aufmerksamkeit bei Aufgaben oder beim Spielen aufrechtzuerhalten, (c) scheint häufig nicht zuzuhören, wenn andere ihn/sie ansprechen, (d) führt häufig Anweisungen anderer nicht vollständig durch und kann Schularbeiten, andere Arbeiten oder Pflichten am Arbeitsplatz nicht zu Ende bringen (nicht aufgrund oppositionellen Verhaltens oder von Verständnisschwierigkeiten),
Die mit (Buchstaben) gekennzeichneten Punkte differenzieren die Hauptkriterien weiter aus	(e) hat häufig Schwierigkeiten, Aufgaben und Aktivitäten zu organisieren, (f) vermeidet häufig, hat eine Abneigung gegen oder beschäftigt sich häufig nur widerwillig mit Aufgaben, die längerandauernde geistige Anstrengungen erfordern (wie Mitarbeit im Unterricht oder Hausaufgaben), (g) verliert häufig Gegenstände, die er/sie für Aufgaben oder Aktivitäten benötigt (z.B. Spielsachen, Hausaufgabenhefte, Stifte, Bücher oder Werkzeug), (h) läßt sich öfter durch äußere Reize leicht ablenken, (i) ist bei Alltagstätigkeiten häufig vergeßlich;
. . .auch hier die Quantifizierung. . .	(2) sechs (oder mehr) der folgenden Symptome der Hyperaktivität und Impulsivität sind während der letzten sechs Monate beständig in einem mit dem Entwicklungsstand des Kindes nicht zu vereinbarenden und unangemessenen Ausmaß vorhanden gewesen.
wieder ein Hauptkriterium. . .	Hyperaktivität (a) zappelt häufig mit Händen oder Füßen oder rutscht auf dem Stuhl herum, (b) steht in der Klasse oder in anderen Situationen, in denen Sitzenbleiben erwartet wird, häufig auf,

	(c) läuft häufig herum oder klettert exzessiv in Situationen, in denen dies unpassend ist (bei Jugendlichen oder Erwachsenen kann dies auf ein subjektives Unruhegefühl beschränkt bleiben), (d) hat häufig Schwierigkeiten, ruhig zu spielen oder sich mit Freizeitaktivitäten ruhig zu beschäftigen, (e) ist häufig "auf Achse" oder handelt oftmals, als wäre er/sie "getrieben", (f) redet häufig übermäßig viel;
. . .ein weiteres Hauptkriterium	Impulsivität (g) platzt häufig mit den Antworten heraus, bevor die Frage zu Ende gestellt ist, (h) kann nur schwer warten, bis er an der Reihe ist, (i) unterbricht und stört andere häufig (platzt z.B. in Gespräche oder in Spiele anderer hinein).
	B. Einige Symptome der Hyperaktivität-Impulsivität oder Unaufmerksamkeit, die Beeinträchtigungen verursachen, treten bereits vor dem Alter von sieben Jahren auf.
Die Unterkriterien	C. Beeinträchtigungen durch diese Symptome zeigen sich in zwei oder mehr Bereichen (z.B. in der Schule bzw. am Arbeitsplatz und zu Hause).
	D. Es müssen deutliche Hinweise auf klinisch bedeutsame Beeinträchtigungen der sozialen, schulischen oder beruflichen Funktionsfähigkeit vorhanden sein.
	E. Die Symptome treten nicht ausschließlich im Verlauf einer Tiefgreifenden Entwicklungsstörung, Schizophrenie oder einer anderen Psychotischen Störung auf und können auch nicht durch eine andere psychische Störung besser erklärt werden (z.B. Affektive Störung, Angststörung, Dissoziative Störung oder eine Persönlichkeitsstörung).
	Codiere je nach Subtypus:
Hier wird innerhalb der Bandbreite des hypothetischen Konstruktes differenziert (vgl. 3.3 dieses Kapitels)	314.01 (F90.0) Aufmerksamkeitsdefizit-/Hyperaktivitätsstörung, Mischtypus: liegt vor, wenn die Kriterien AI und A2 während der letzten sechs Monate erfüllt waren. 314.00 (F98.8) Aufmerksamkeitsdefizit-/Hyperaktivitätsstörung, Vorwiegend Unaufmerksamer Typus: liegt vor, wenn Kriterium AI, nicht aber Kriterium A2 während der letzten sechs Monate erfüllt war.

314.00 (F90.1) Aufmerksamkeitsdefizit-/Hyperaktivitätsstörung, Vorwiegend Hyperaktiv-Impulsiver Typus: liegt vor, wenn Kriterium A2, nicht aber Kriterium AI während der letzten sechs Monate erfüllt war.

Codierhinweise: Bei Personen (besonders Jugendlichen und Erwachsenen), die zum gegenwärtigen Zeitpunkt Symptome zeigen, aber nicht mehr alle Kriterien erfüllen, wird Teilremittiert spezifiziert.

Abb. 7: Die Definition der ADHS nach DSM IV, 122f.

Die Darstellung der Kriterien, wie sie im DSM IV erfolgt, macht wohl auf jeden Leser einen ausgesprochen ordentlichen und seriösen Eindruck. Man sollte gerade deshalb aber nie aus den Augen verlieren, dass selbst der anspruchsvoll angelegte Versuch, die Wirklichkeit abzubilden, immer ein Versuch bleiben *muss*. Nicht nur, was ADHS angeht, sondern was jede Erkenntnis dieser Welt angeht! ADHS, wie sie das DSM IV (und jeder andere Beschreibungsversuch) beschreibt, *ist* nicht das Phänomen, was uns in der Wirklichkeit bei unseren Kindern oder uns selbst entgegenkommt, sondern immer nur der Beschreibungs*versuch* eines bestimmten Aspektes oder Ausschnittes unserer Wirklichkeit. Ein gutes Photo vom Brandenburger Tor ersetzt auch niemals das Tor selbst. Durch ein Photo kann man schlecht hindurch gehen...

4.2 Keine Identifizierung des DSM IV mit der Realität des Lebens!

Erst jetzt, mit diesem Hintergrundwissen versehen, wird uns der eigentliche Gehalt der diesen Abschnitt zierenden Überschrift klar. **Was *ist* die ADHS**? Entweder wir meinen diese Frage ernst, oder wir verkennen die Bedeutung dieser Frage. Die Beantwortung dieser Frage soll unter beiden Gesichtspunkten im Sinne eines

erfolgen.

a) ***Mit*** dem in diesem Kapitel bereitgestellten Hintergrundwissen beantwortet sich die Frage, was ADHS ist, folgendermaßen:
Salopp gesagt, ist ADHS „ein Fass mit löchrigem Boden über einem Fass mit löchrigem Boden über einem Fass mit löchrigem Boden..." usw.
Differenziert gesagt stellt ADHS, wie es im DSM IV und im ICD-10 definiert ist, den Versuch der Eingrenzung eines Teils der Lebenswirklichkeit dar, der deshalb notwendig ist, weil auf diese Weise die Kommunikation über diesen Bereich der Lebenswirklichkeit einheitlich und dadurch erleichtert wird. Weil dieser Teil der Lebenswirklichkeit als ein Verhalten empfunden wird, das im Unterschied zum Verhalten der Mehrheit der Bevölkerung als unnormal, störend oder krankhaft empfunden wird, wird es im DSM IV und ICD-10 als ‚psychische Störung' mit den jeweils einhergehenden Erkennungsmerkmalen definiert.
ADHS ist, was im jeweiligen Manual steht, es ist nicht, was uns in der Wirklichkeit begegnet. Das, was uns in der Wirklichkeit begegnet, wird von der Beschreibung unterschiedlicher Manuale in unterschiedlicher Qualität kompromisshaft dargestellt. Mir als Autor erscheint die Beschreibung des DSM IV als gut gelungener Kompromiss zwischen Komplexität und Aussagekraft.

b) ***Ohne*** das in diesem Kapitel bereitgestellte Hintergrundwissen könnte u.U. beispielsweise folgender falsche Gedanke entstehen.:
„Wenn das, was mir in der Wirklichkeit (bei meinem Kind usw.) begegnet, dem DSM IV entspricht, dann ‚hat mein Kind ADHS', und wenn es also ADHS hat, dann müssten die Ursachen für die ADHS dem entsprechen, was im jeweiligen Manual steht, oder was von Forschern gefunden wurde, die sich am entsprechenden Manual orientieren. Und wenn diese Forscher dann eine Behandlungsmethode entwickeln und ich die bei meinem Kind anwende (oder anwenden lasse), dann muss mein Kind logischerweise gesund werden".

DIESER GEDANKE IST IN SICH VOLLSTÄNDIG FALSCH - obwohl er schlüssig klingt und leider häufig so gedacht wird.
WARUM? Antwort: Es könnte sein, dass das, was dir in der Wirklichkeit begegnet, vollkommen dem entspricht, was im DSM IV beschrieben ist (und es wird sogar sehr häufig so sein, denn im DSM IV steht ja auch ein sehr guter Entwurf), aber vergiss nicht:
die Realität ist das, was dir in deinem Kind begegnet und nicht, was im DSM IV steht.

Wenn du das nie aus den Augen verlierst, dann werden dir die folgenden Kapitel helfen, andernfalls werden sie dir wohl eher Ärgernis verschaffen. Denn dieses Buch ist nicht auf „schwarz - weiß" angelegt, sondern auf die Farbnuancen eines ganzen Farbenspektrums und daher wohl immer wieder weniger eindeutig, als du dir das vielleicht wünschst. Unsere Kinder haben es verdient, dass man sie nuanciert und nicht nur schwarz-weiß sieht.

Wir haben zu beachten: Jeder Ansatz über die Ursachen, die Entstehung, die Ätiologie der ADHS ist in Folge der Beschreibungen der ADHS entstanden und nicht in Folge der jeweiligen tatsächlichen Realität. Die Ursachenforschung kann zu einem richtigen Ergebnis gelangen, aber dieses Ergebnis ist nur innerhalb der Kette
Beschreibung des Phänomens – Erklärung des Phänomens – Vorhersage des Phänomens – Beeinflussung des Phänomens
richtig, und jede aufrichtige Forschungsarbeit wird nie etwas anderes für sich beanspruchen. Die Gefahr falscher Interpretationen entsteht, wenn Außenstehende die Arbeit der Wissenschaft missverstehen. Man gerät leicht in Versuchung, wissenschaftliche Forschung und deren Ergebnisse als die Realität schlechthin zu begreifen und infolgedessen zu überschätzen. Man meint, mit den Ergebnissen der Wissenschaft könnte man die Welt an sich (zumindest irgendwann einmal) beeinflussen, man kann jedoch tatsächlich selbst im besten Fall immer nur die jeweiligen Beschreibungsversuche der Welt beeinflussen [17].

Wissenschaftliche Forschung hat als Grundlage immer nur (möglichst gelungene) Abbilder von der Welt. Aber auch möglichst geschickte und dem jeweiligen Bedürfnis optimal gerecht werdende Beschreibungen der Welt ersetzen uns nicht die Welt selbst (die „Sonnenblumen" van Goghs, ja selbst die „Ansicht von Delft" Vermeers sind zwar wunderschön, aber weder echte Sonnenblumen noch das Delft der Realität).

Behalten wir das im Auge, so geraten wir nicht in die Versuchung, uns mit Hilfe der Wissenschaft über die tatsächliche Realität des Leidens unter dem, was wir als ADHS beschreiben, zu erheben, vorschnelle Schlüsse zu ziehen, Kausalitätsketten in eigener Regie zu entwickeln usw. Sondern wir nähern uns dem Phänomen der ADHS mit dem nötigen Respekt und der notwendigen Demut vor der Größe unserer Schöpfung und ihres Schöpfers.

---

17 In eindrucksvoller Weise kann uns dies das Beispiel vom Automobil im Vergleich zu den natürlichen Fortbewegungsprozessen demonstrieren. Hier wird der Unterschied zwischen dem Menschen und Gott dem Schöpfer der Welt klar. Der Mensch, der in der Welt steht und nur Bilder der Welt zu seinen Forschungen verwenden kann, entwickelt ein Auto, das zwar fährt, das aber nicht *in* der Welt ist in dem Sinne, dass es sich in einen ökologischen Kreislauf einpasst, der abfallfrei ist. Gott, der als Schöpfer über der Welt steht, hat in seiner Schöpfung die In-Sich-Geschlossenheit demonstriert, die nur der erkennen kann, der über der Welt steht.

Kapitel 2

Die Ursachen der ADHS/Ätiologie

Wie so oft in den Sozialwissenschaften, können Forscher auch bei der ADHS nicht „einfach so“ in ihr Forschungslabor treten und „drauflosforschen“, sondern sie müssen sich lange vor der eigentlich erwünschten Bearbeitung der jeweiligen Forschungsfrage mit Problemen herumschlagen, mit denen sie sicher nicht gerechnet hatten, als sie sich für das Studium ihrer Disziplin anmeldeten.
Stell dir vor, du wärst Forscher, meinetwegen ein Psychologe, und du bekämst von irgendeiner Stiftung den Auftrag (und das Geld), das Phänomen der ADHS auf seine Ursachen hin zu untersuchen. Was würdest du tun?
Höchstwahrscheinlich würdest du damit beginnen, von ADHS betroffene Menschen irgendwie zu untersuchen. Nun haben wir bereits im ersten Kapitel festgestellt, dass die Definition von ADHS ein hypothetisches Konstrukt ist, d.h. wir wissen eigentlich gar nicht genau, was ADHS ist; wir haben dem „Kind“ lediglich den Namen ADHS gegeben. Stell dir vor, was wäre, wenn die Kriterien, mit denen ADHS beschrieben wird, das tatsächliche Hauptkriterium überhaupt nicht berücksichtigen würden (was zwar unwahrscheinlich ist, aber unserem Gedankenexperiment gut tut). Du würdest dann viele Menschen untersuchen, die die aufgelisteten Kriterien erfüllen und würdest meinen, dass du ein rundes Bild von ADHS gewonnen hast. In Wirklichkeit aber hast du die tatsächlich von ADHS Betroffenen gar nicht untersucht, weil du sie mit deinen Kriterien gar nicht identifizieren konntest. Oder umgekehrt: Stell dir vor, jemand würde die Kriterien von ADHS vollkommen erfüllen...

- zwischendurch ein kleiner Test: Wie viele Kriterien müssen nach dem DSM IV erfüllt sein, damit man ADHS diagnostizieren kann? - nicht nachschauen! -

... tatsächlich aber hätte er gar nicht ADHS, sondern irgendetwas anderes, was eben auch diese Kriterien erfüllt, nur noch nicht bekannt ist. Auch dann würdest du in deinen Beobachtungen vollkommen danebenliegen.

Mit dieser leicht verwirrenden Problematik müsstest du dich zunächst herumschlagen, aber das wäre im Grund genommen erst der Anfang der Hindernisse. Setze dich doch einmal eine kleine Weile diesen eben genannten Erwägungen aus und warte ab, was geschieht... - nun geht es erst richtig los!

1. Die Schwierigkeit mit der Kausalität in den Sozialwissenschaften

1.1 Was ist Krankheit?

Vielleicht fragst du dich plötzlich, woran man überhaupt eine Krankheit erkennt. Ist eine Krankheit dann eine Krankheit, wenn sie bestimmte Symptome entwickelt, die man erkennen und klassifizieren kann? Erkennt man die Krankheit also an ihren Symptomen? Oder ist eine Krankheit dann eine Krankheit, wenn sie eine bestimmte einheitliche Ursache hat?

Was ist überhaupt Krankheit? Schauen wir mal in einem Lexikon nach. Im „Brockhaus" können wir beispielsweise lesen:

„**Krankheit**, Störung im Ablauf der Lebensvorgänge, die mit einer Herabsetzung der Leistungsfähigkeit einhergeht und meist mit wahrnehmbaren Veranderungen des Körpers verbunden ist. Die Krankheitsursachen sind äußere, wie Hitze, Kälte, Nässe, krankheitserregende Lebewesen, mechan. und chem. Schädlichkeiten oder innere, wie ererbte Krankheitsanlage oder im Lauf des Lebens erworbene Bereitschaft zu bestimmten K." [1].

Oder, etwas neuer:

„**Krankheit**, Störungen im Ablauf der normalen Lebensvorgänge in Organen und Organsystemen, durch einen Reiz, der zu einer von der Norm abweichenden vorübergehenden Beeinträchtigung der phys. Funktionen und/oder der psych. Befindlichkeit, ggf. auch zu wahrnehmbaren körperl. Veränderungen, im Extremfall zum Tod führt." [2]

---

1 Der große Brockhaus (1959). Artikel „*Krankheit*". Wiesbaden, Band 3, 212.

2 Brockhaus Enzyklopädie (1990). Artikel „*Krankheit*". Mannheim , Band 12, 444.

„Aha", sagst du vielleicht, „krank ist jemand also dann, wenn seine Leistungsfähigkeit herabgesetzt ist". Oder, nach dem neuen Brockhaus, vielleicht so: „Krank ist jemand, wenn seine normalen Lebensvorgänge gestört sind". Das klingt zunächst plausibel. Aber dann wäre ein Lausebengel, der lieber draußen Fußball spielt, als Lateinvokabeln zu büffeln, auch krank - oder?
„Halt!" sagst du, „da wurde ja auch das zweite Kriterium nicht beachtet, nämlich die wahrnehmbaren Veränderungen des Körpers", oder, etwas moderner: die „Beeinträchtigung der physischen Funktionen und/oder der psychischen Befindlichkeit". Nun, wenn du unseren Lausebengel anschaust, würdest du sehen, dass er unnatürlich viel gähnt und ihm am helllichten Nachmittag die Augen zufallen, wahrscheinlich ist auch sein Blutdruck niedriger als normal und seine psychische Befindlichkeit steht auch nicht gerade zum Besten usw. Er müsste also krank sein. Tatsächlich merkst du aber sofort, dass unser Lausebengel so gesund wie ein Fisch im Wasser ist, nur halt eben keine Lust hat (und das ist durchaus verständlich, wenn nicht sogar geradezu gesund...).

Rücken wir dem Krankheitsbegriff mit unserer durch die griechische Antike geprägten Denkart zuleibe, indem wir sagen: „Eine Wirkung muss eine Ursache haben" [3]. Wenn ein Verhalten also als eine Wirkung verstanden wird, die von uns als solche bezeichnet wird, so brauchen wir nur noch nach der Ursache zu suchen. Umgekehrt: können wir definitiv keine Ursache erkennen, so gibt es demzufolge auch keine Wirkung. Im Umkehrschluss heißt das: es gibt - nach dieser Denkweise - keine Krankheit ohne Ursache.
Aus dieser Sichtweise heraus entwickelt sich dann ein gewisses Forschungsverständnis, das lautet: Es ist egal, was genau man unter Krankheit versteht, der Forschungsauftrag lautet, dass eine

3 Verkürzter Bestandteil der von Aristoteles und seinen Nachfolgern formulierten vier Warumfragen. Im Lauf der Geschichte wurde die oben salopp formulierte sog. causa efficiens - die Frage nach der Hervorbringung eines Ereignisses durch ein anderes Ereignis - als alleiniger Gegenstand der Forschung übriggelassen. Vgl. Aristoteles (1983): *Physikvorlesung*. 2. Buch, 3.-6. Kapitel. Frankfurt (Wissenschaftliche Buchgesellschaft); Spaemann, R.: *Kausalität*. In: Seiffert, H.; u.a. (Hg.) (1989): *Handlexikon zur Wissenschaftstheorie*. München (Ehrenwirth).

bestimmte - willkürlich so bezeichnete - Wirkung (beispielsweise das, was durch das DSM IV unter ADHS beschrieben wird) untersucht werden soll. Und das soll so untersucht werden, dass die Ursache für die Wirkung entdeckt wird. Den Erfolg der Forschung erkennt man daran, dass mit der Entfernung der Ursache auch die Entfernung der Wirkung einhergehen muss.
Ein Forscher dieser Art würde also so lange nach einer oder mehreren Ursachen suchen, bis er die Wirkung (in diesem Fall die ADHS) auslöschen könnte [4].

1.2 Statt einer Kausal-„Kette" ein „Knäuel"

Das klingt eigentlich sehr gut, stößt aber recht schnell auf manchmal geradezu entmutigende Hindernisse. Wir haben es nämlich fast nie mit Ursachen im eigentlich erhofften Sinne zu tun. Der Begriff „Ur"-Sache meint ja eigentlich eine Art „letzten Grund": das ursprüngliche Ereignis, das alle nachfolgenden Ereignisse auslöst. Tatsächlich handelt es sich aber bei Ursachen in den allermeisten Fällen nicht um Ursachen im gerade beschriebenen Sinn, sondern um Ereignisse, denen wieder ein Ereignis vorausging, dem wiederum ein Ereignis vorausging usw. Und die als Ursachen gemeinten Ereignisse haben ihrerseits sowohl eigene vermeintliche Ursachen als auch Wirkungen - mit einem Wort: ein riesiges „Knäuel" liegt vor dem Forscher, dessen grafische Darstellung hier nur einen klitzekleinen Ausschnitt des tatsächlichen Knäuels darstellt.

---

4 Ich versuche, diesen - obwohl sehr wichtigen - Abschnitt mit möglichst einfachen Worten zu formulieren, da die Komplexität dieses Gegenstandes eine eigenständige Wissenschaftsdisziplin nötig macht, die auf jeden Fall nicht Gegenstand dieses Buches sein muss (von der ich übrigens auch als Autor zu wenig verstehen würde, um ein ganzes Buch damit auszufüllen). Es ist die Ätiologie, die sich insbesondere mit der Erforschung und Bestimmung der Ursachen von Krankheiten befasst. Ein - wie ich finde - ausgezeichneter Artikel zur Einführung in diesen Begriff findet sich in Benesch, H. (1981): *Wörterbuch zur klinischen Psychologie*. München (DTV), Bd. 1, 115.

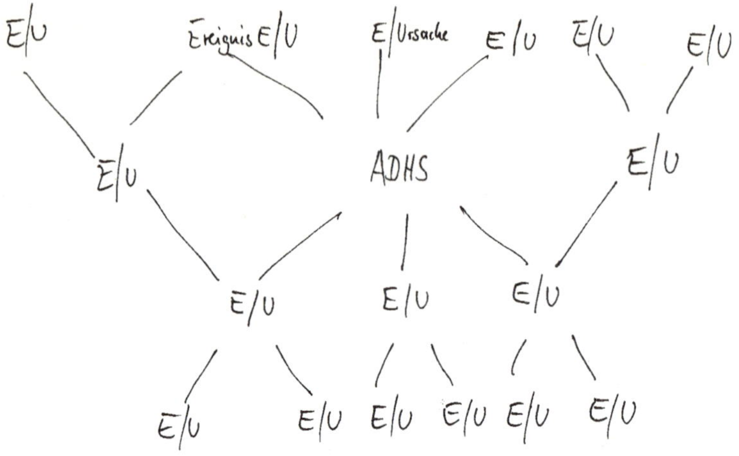

Abb. 8

In der Darstellung habe ich zur Erleichterung des Verständnisses ein Ereignis mit ADHS bezeichnet. In der Realität stellt ADHS aber ein Ereignis und eine „Ursache" gleichzeitig dar, wie jedes andere Element auch. Für ein anderes Phänomen kann ADHS als vermeintliche Ursache gelten (beispielsweise für das Ereignis: Mein Kind kann keine Freunde finden, und es entwickelt eine sog. „soziale Phobie" - die „Ursache" dafür könnte in der ADHS vermutet werden) und so kann jedes Ereignis gleichzeitig Ursache und Wirkung sein und ist doch beides nicht so recht: es ist keine „Ur"-Sache im echten Sinne des Wortes, und es ist auch nicht die einzige Wirkung [5].

„Nun gut", wendest du ein, „wenn ich mir mit dem Hammer auf den Daumen haue, dann tut das weh, und ich weiß genau die *causa efficiens* (den bewirkenden Grund), nämlich den Hammer". Und dieses etwas rabiate Beispiel könnte man auch auf viele Bereiche der Wissenschaft übertragen.

Beispielsweise: Wasser entsteht aus zwei Teilen Wasserstoff und

5 Wenn Ihnen die letzten Sätze ein wenig verwirrend vorkamen, so ist das ganz gut so, denn eigentlich kann man dieses Knäuel gar nicht verwirrend genug darstellen.

einem Teil Sauerstoff, daran ist wohl nichts zu rütteln. Die Ursache für Wasser ist die Vermengung von Sauerstoff und Wasserstoff und dabei bleibt's. Aber höre dir zu dieser Aussage einmal einen Quantenphysiker an, der wird das womöglich ganz anders sehen. Und ganz besonders schwierig wird das Kausalitätsprinzip immer dann, wenn menschliches Verhalten und Erleben ins Spiel kommt. Der „menschliche Faktor" stellt sich als ein Hindernis heraus, das sich für die Sozialwissenschaften manchmal als unüberwindlich darstellt.
Aus diesem Grund geht man in der Forschung manchmal auch andere Wege, die um solche Hindernisse quasi „herumführen" sollen.

2. Das „Black Box"-Prinzip

Solche Forscher meinen, dass die Ursache-Wirkungs-Zusammenhänge für sie im Grund relativ egal sind. Schließlich gehe es ja nicht darum, die Ursache beispielsweise für die ADHS herauszufinden, sondern vielmehr darum, dass die ADHS beseitigt wird - eine außerordentlich pragmatische Auffassung ist das. In diesem Zusammenhang taucht dann in der Wissenschaftstheorie der „Black Box"-Begriff auf. Darunter kann man sich einen großen komplizierten Apparat vorstellen, in den man oben etwas einwirft und unten etwas anderes herauskommt. Es geht nun in einer solchen Forschung darum, herauszufinden, was man oben einwerfen muss, damit unten das Erwünschte herauskommt. Die Mechanismen der Verarbeitung, die Frage der Ursache-Wirkungs-Zusammenhänge sind in dieser Form von Forschung eher unwichtig; die Forscher packen diese Fragen alle in die Black Box und widmen sich dafür der Frage, wie man die Zusammenhänge steuern kann, obwohl einem die Kausalitäten unbekannt sind.
In der Realität lassen sich diese zwei Positionen nicht so deutlich voneinander trennen. Es gibt hier keine Fundamentalisten, und zwar einfach deshalb, weil jeder Wissenschaftler, egal von welcher Seite er herkommt, immer wieder gezwungen ist, Kompromisse einzugehen. Derjenige, der streng nach Ursache-Wirkungs-Zusam-

menhängen sucht, stellt immer wieder fest, dass im Laufe seiner Forschung Rätsel auftauchen, die er (zumindest vorerst) auch in eine „schwarze Kiste“ stecken muss. Und auch der pragmatische „Hauptsache, es funktioniert“-Forscher wird sich hin und wieder nach Ursache-Wirkungs-Zusammenhängen umsehen wollen oder müssen.

Die eben erfolgte Darstellung der Positionen spiegelt deshalb eher die Bandbreite der möglichen Forschungskonzeptionen wider. Sie macht uns, die wir an der ADHS interessiert sind, vor allem deutlich, wo die einzelnen Schwächen der jeweiligen Forschungsansätze liegen. Sie zeigt uns, dass es wohl niemals, auch wenn es manchmal so scheinen mag, eine endgültige Erklärung für die ADHS geben wird, einfach deshalb, weil die Wirkungszusammenhänge der ADHS sich uns entziehen.

Wenn im Folgenden also die einzelnen Ansätze zur Ätiologie dargestellt werden, so gilt es, diese immer mit vernünftiger Skepsis zu betrachten. Lassen wir es zu, dass Paulus uns zuflüstert: „dein Wissen ist Stückwerk“ - das gilt nämlich nicht nur für die Religion und die Erkenntnis Gottes, sondern im selben Maß auch für die Erkenntnis seiner Schöpfung. Ich werde deshalb im Anschluss an jeden der dargestellten Forschungsansätze eine Kritik anfügen, die die jeweiligen Schwächen herausarbeitet. Dies nicht deshalb, weil ich selbst als kritischer Nörgler gelten möchte, sondern um uns allen das vernünftige Maß an Skepsis zu erhalten.

3. Kausalistische Ansätze

Seit man das Phänomen der ADHS beschrieben hat, haben Forscher nach deren Ursachen gesucht. Die übliche Vorgangsweise ist dabei, zunächst eine Art „Arbeitshypothese“ aufzustellen und dann einfach experimentell herauszufinden, inwieweit diese Hypothese Geltung hat, wo man sie verändern muss oder ob man sie sogar verwerfen und mit einer neuen Arbeitshypothese anfangen muss. Man hat unterschiedliche Hypothesen aufgestellt, von denen einige hier nur angedeutet werden sollen, einfach deshalb, weil sie sich nicht in dem Maße bewährt haben, wie man es erhoffte [6].

3.1 Neurophysiologische Hypothesen

Zunächst hat man vermutet, dass bei Kindern mit ADHS, salopp gesagt, etwas im Kopf „nicht richtig tickt“ (die sog. hirnorganische Genese) [7]. Man hat vermutet, dass vor, während oder nach der Geburt (prä-, peri- oder postnatal) bei den betroffenen Kindern das Zentrale Nervensystem (ZNS) minimal geschädigt worden sei (übrigens hat man zu der Zeit, als diese Hypothese untersucht wurde, nicht von ADHS, sondern von MCD, **M**inimale **C**erebrale **D**ysfunktion, gesprochen).

Diese Hypothese konnte aus zweierlei Gründen so nicht aufrechterhalten werden. Zum einen wies die Mehrzahl der von ADHS betroffenen Kinder die vermuteten minimalen Schädigungen im ZNS gar nicht auf [8]. Demgegenüber hatten Kinder *ohne* ADHS hin und wieder die minimalen Schädigungen erlebt (Sauerstoffunterversorgung usw.), ohne dass sie in Folge die Symptome der ADHS entwickelten [9].

Mit Hilfe der Elektroenzephalographie [10] konnte man schon in der damaligen Zeit, als man diese Hypothese überprüfte, unterschiedliche Funktionen im Gehirn auf Abnormalität hin überprüfen; aber

---

6 Eine ausführliche Erörterung dieser Hypothesen findet sich in hervorragender Manier bei Steinhausen, H.-C. (1995): *Hyperkinetische Störungen im Kindes- und Jugendalter*. Köln (Kohlhammer).

7 Vgl. hierzu Lemp, R. (1964): *Frühkindliche Hirnschädigung und Neurose*. Bern (Huber); Corboz, R.J. (1969): *Beitrag zur medikamentösen Therapie kindlicher Verhaltensstörungen*. Wien (Medizinische Wochenzeitschrift) 119, 540-547; Müller-Küppers, M. (1969): *Das leicht hirngeschädigte Kind*. Stuttgart (Hippokrates).

8 Vgl. Steinhausen, H.C. (1995): *Hyperkinetische Störungen im Kindes- und Jugendalter*. Stuttgart (Kohlhammer), 21.

9 Vgl.: Hartsough, C.S.; u.a. (1985): *Medical factors in hyperactive and normal children: Prenatal, developmental, and health history finders*. Am Journal Orthopsychiat 55, 190-210. Nichols, P.L.; u.a. (1981): *Minimal brain dysfunction: A prospective study*. Hillsdale (Erlbaum). Werry, J.S.; u.a. (1986): *Studies on the hyperactive child IV. An empirical analysis of the minimal brain dysfunction syndrome*. Arch Gen Psychiat 19, 9-16. Steward, M.A.; u.a.: *The hyperactive child syndrome*. Amer Journ Ortopsychiat 36, 861-867. Minde, K.K.; u.a.: *Studies on the hyperactive child VI. Prenatal and paranatal factors associated with hyperactivity*. Develop Med Child Neurol 10, 355-363.
Hier werden vor allem Arbeiten aus den USA zitiert. Das liegt daran, dass ADHS in den Vereinigten Staaten bereits viel länger untersucht wurde als in Deutschland oder anderswo. Die Abkürzungen der einzelnen Zeitschriften entsprechen der wissenschaftlichen Übereinkunft in der Zitierweise.

10 Die Elektroenzephalographie ist ein Verfahren, bei dem man mit Hilfe von am Kopf angebrachten Elektroden verschiedene Potentialschwankungen im Gehirn überprüfen und nachweisen kann. Man vergleicht dabei das Ergebnis der Messung mit einem sog. Referenzpotential. Das Messergebnis muss von Fachleuten interpretiert werden und diese Interpretation erfordert zumindest ein hohes Maß an Erfahrung. Das Verfahren ist demnach nicht absolut aussagekräftig.

auch diese Überprüfung konnte die Hypothese nicht weiter unterstützen. Insgesamt kam man zu dem Ergebnis, dass in maximal 5 Prozent aller Fälle von ADHS wohl tatsächlich eine Schädigung des ZNS vorliegt. Das ist reichlich wenig (und auch bei den restlichen 5 % ist man sich aufgrund der schwierigen Untersuchungsmöglichkeiten längst nicht sicher), deshalb gilt diese Hypothese bestenfalls für eine kleine Randguppe und keineswegs als Hauptursache.

FAZIT Neurophysiologische Ursachen für ADHS sind möglich, aber eher nicht wahrscheinlich.

3.2 Genetische Hypothesen

Wenn die Hypothesenfindung für die Ursache eines Phänomens stockend verläuft, taucht in nahezu jedem Fall die Vermutung der genetischen Ätiologie auf. Das liegt auch recht nahe, denn Vererbungen innerhalb einer Familie begegnen uns täglich und oft mit geradezu überraschender Deutlichkeit. Und tatsächlich: auch bei hyperkinetischen Kindern konnte man zeigen, dass deren Eltern, ja sogar Verwandte zweiten Grades häufig selbst ähnliche Störungen aufweisen[11]. Außerdem haben Halbgeschwister von ADHS-betroffenen Kindern seltener dieselbe Störung als Vollgeschwister[12] und eineiige Zwillinge zeigen ein viel ähnlicheres Aktivitätsmuster und -niveau als zweieiige Zwillinge[13]. Nicht zuletzt konnte man auch zeigen, dass die Gefahr für ADHS nicht für jedes Individuum gleich groß ist, sondern dass das erhöhte Risiko (man spricht von Vulnerabilität, lat. Verletzlichkeit) Familien in ihrer Ganzheit betrifft.

---

11 Vgl. Biedermann, J.; u.a. (1990): *Family-genetic and psychosocial risk factors in DSM-III attention deficit disorder.* J Amer Acad Child Adoles Psychiat 29, 526-533; Biedermann, J.; u.a. (1991): *Evidence of familial association between attention deficit disorder and major affective disorders.* Arch Gen Psychiat 48, 633-642; Biedermann, J.; u.a.: (1992): *Further evidence for family-genetic risk factors in attention deficit disorder - Patterns of comorbidity in probands and relatives in psychiatrically and pediatrically refferes examples.* Arch Gen Psychiat 49, 728-738. Cantwell, D. (1975): *Genetics of hyperactivity.* J Child Psychol Psychiat 16, 261-264.

12 Vgl. Gillis, J.J.; u.a. (1992): *Attention deficit disorder in reading disordered twins: evidence for a genetic etiology.* J Abnormal Child Psychol 20, 303-315.

13 Vgl. rbd.

Das klingt sehr vielversprechend, hat aber einige Haken: Zunächst mal kann man nicht einfach so sagen, dass die Ursache, warum in bestimmten Familien eine gehäufte Vulnerabilität für ADHS vorliegt, eine genetische ist. Es könnte genauso gut auch sein, dass wirtschaftliche Probleme, Erziehungsfehler usw. für diese Vulnerabilität sorgen. Man kann keinen hauptsächlichen ursächlichen Zusammenhang zwischen genetischen Besonderheiten und ADHS aufgrund der vorliegenden Ergebnisse ziehen[14]. Genetische Vergleiche, bei denen man eineiige mit zweieiigen Zwillingen vergleicht (sog. Zwillingsstudien), sind auch insofern bedenklich, als für die meisten Untersuchungen die Anzahl der zur Verfügung stehenden Probanden für ein wissenschaftlich sicheres (signifikantes) Ergebnis nicht ausreicht. Nicht zuletzt weiß man einfach noch zu wenig über Erbanlagen und Gene, um zu diesem Zeitpunkt die Hypothese der genetischen Veranlagung für ADHS zu überprüfen (man kennt mit Sicherheit noch kein „ADHS-Gen").

FAZIT Genetische Ursachen für ADHS sind möglich, aber bestenfalls noch nicht ausreichend untersucht.

3.3 Die sog. allergologischen Hypothesen

Unter diesem Übergriff fasst man all jene Hypothesen zusammen, die eine Verursachung der ADHS durch irgendwelche Giftstoffe (Toxine) vermuten. Dieser Zusammenhang wurde schon lange diskutiert[15]. Zunächst kann man zu dieser Hypothese sagen, dass sie wohl „viel heißer gekocht als gegessen" wird, m.a.W.: es gibt erstaunlich wenig empirische Untersuchungen zu diesem Thema. Lassen wir einen Experten zu Wort kommen, der die m.E. gründlichste Untersuchung zu dieser Fragestellung durchgeführt hat. Er schreibt: „Aufgrund der vorliegenden Ergebnisse erscheint eine generelle Koinzidenz (Übereinstimmung, JD) von allergischen und

---

14 Vgl. hierzu Steward, M.A.; u.a. (1980): *Psychiatric disorder in the parents of hyperactive boys and those with conduct disorder.* J Child Psychol Psychiat 21, 283-292.

15 Die erste mir bekannte Abhandlung darüber stammt von Shannon, W.R. (1922!): *Neuropathic manifestations in infants and children as a result of anaphylactic reactions in their diet.* Amer J Dis Childhood 24, 89-92.

hyperaktiven Störungen sehr fraglich, jedoch eine Koinzidenz bei Subgruppen von hyperkinetischen Kindern möglich"[16]. Das zeigt uns, dass auch diese Hypothese auf jeden Fall keine Hauptursache formuliert. Insgesamt ist der Zusammenhang zwischen Ernährung, allergischen Reaktionen und deren Auswirkung auf das zentrale Nervensystem (und mithin auch auf die ADHS) noch so schlecht untersucht, dass man die vorliegenden Ergebnisse bestenfalls als „Spekulationen" bezeichnen kann[17].

FAZIT Mit den allergologischen Hypothesen kann man zum heutigen Zeitpunkt keine hauptsächliche Ursache für die ADHS formulieren.

Für die bisher genannten Hypothesen sollte noch einmal eindrücklich Folgendes betont werden: Alle durchgeführten Überprüfungen wurden auf empirischem Wege durchgeführt. Empirische Ergebnisse werden allermeist mit Hilfe der Statistik gewonnen. Hier soll zwar kein statistisches Lehrbuch angefangen werden, soviel aber scheint mir wichtig anzumerken: Ergebnisse der Statistik zeigen in den allermeisten Fällen nur Wahrscheinlichkeiten auf. Alle die Menschen, die in einem abstürzenden Flugzeug sitzen, interessiert es herzlich wenig, dass Flugzeuge ein statistisch gesehen ausgesprochen sicheres Transportmittel sind. Mit anderen Worten: selbst wenn die oben genannten Hypothesen äußerst unwahrscheinlich sind, so wird es Ausnahmen geben - vielleicht gerade die Ausnahme, die vor deinem inneren Auge steht?
Empirische Wissenschaft ist eine Wissenschaft, die immer vorläufige Richtigkeiten formuliert, niemals absolute Wahrheiten. Die oben vermuteten Hypothesen können daher im (seltenen!) Einzelfall zutreffen. Bedenke jedoch Folgendes: Auch wenn die Empirie

---

16 Blank, R. (1995): Allergische Diathese bei Kindern mit hyperkinetischen Störungen und hyperaktives Verhalten bei Kindern mit Atopien. In: Steinhausen, H.C. (1995) a.a.O., 110.

17 Vgl.: Marcus, A.(1995): *Einflüsse von Ernährung auf das Verhalten im Kindesalter - Hypothesen und Fakten.* In: Steinhausen, H.C. (1995) a.a.O., 112- 127.

nur vorläufige Richtigkeiten liefert, „tragen" diese Richtigkeiten doch ganz gut. Immerhin fliegen die meisten Flugzeuge und stürzen nicht ab - das ist ein Erfolg der Empirie. Deshalb wurden die obigen Hypothesen nur flüchtig dargestellt, weil sie sozusagen das abstürzende Flugzeug darstellen, den Ausnahmefall. Kommen wir nun aber zu einer Hypothese, die in der letzten Zeit immer stärkere Beachtung findet, weil sie bisher noch nicht so recht widerlegt worden ist und weil sie vor allem durch Erfolge glänzt.

3.4 Die neurochemische Hypothese - ein „Knaller"?

Die folgende Hypothese verlangt vom Laien (aber auch vom ausgebildeten Sozialwissenschaftler) Verständnis auf einem Gebiet, mit dem er normalerweise nicht konfrontiert wird: der Biologischen Psychologie oder der Neurochemie. Wer diese Hypothese verstehen will, muss zuvor unter allen Umständen bestimmte Aspekte dieser Disziplin kennen gelernt haben; unglücklicherweise scheinen das aber die meisten der mir bekannten deutschen Autoren von Publikationen über ADHS nicht für nötig zu halten. Die Folge ist dann eine Diskussion um diese Hypothese, die auf polemische Art nach dem Motto geführt wird: „Wer am lautesten schreit, dem folgen die anderen nach".
Ich will versuchen, die Bereiche der Neurochemie darzustellen, die ich für das Verständnis dieser Hypothese für unabdingbar erachte. Gestandene Neurochemiker mögen mir verzeihen, wenn ich so viele Übertragungsbeispiele benutze - es geschah um der besseren Verständlichkeit willen. Deshalb an dieser Stelle ein

Exkurs: Die Bausteine des Nervensystems[18]

Informationen bestimmen das Wesen unseres Gehirns. Es ist gleich, ob Informationen über Sinnesreize (Kälte, Hitze usw.), Körperzustände (Bewegungen, Bedürfnisse usw.) oder sonstige

[18] Beachte hierzu das ausgezeichnete Lehrbuch von Birbaumer, N. u.a. (1999): *Biologische Psychologie*. Berlin (Springer).

Dinge ausgetauscht und verarbeitet werden. Es ist auch gleich, ob Informationen an irgendwelche ausübenden Organe[19] abgegeben oder von empfangenden Organen[20] aufgenommen werden. Das Grundprinzip der Information beim Menschen (aber auch bei den meisten Tieren) ist immer dasselbe: Information wird durch Nervenzellen (Neuronen) übermittelt. Im menschlichen Gehirn gibt es etwa 25 Milliarden Neuronen.

Vernachlässigen wir vorerst einmal die Frage, aus was „Information" besteht, und fragen uns zuerst einmal, wie diese Information ausgetauscht wird. HiFi-Fans haben es hier ein bisschen leichter. Man kann sich nämlich den Informationsaustausch ähnlich vorstellen wie bei einem Hi-Fi-Turm. Da gibt es unterschiedliche Geräte, die zu verkabeln sind. Wer diese Arbeit schon mal gemacht hat, weiß, dass man sehr gut aufpassen muss, damit man die Ein- und Ausgänge nicht verwechselt.

Auch ein Neuron hat eine Art Eingang und eine Art Ausgang. Den Eingang nennt man im Gehirn nicht *„Input"*, sondern „Dendriden" und „Soma". Schau Dir hierzu einmal das untenstehende Bild[21] genau an:

---

19 Sog. Effectoren, das sind Muskel- oder Drüsenzellen.

20 Sog. Sensoren, das sind „spezialisierte Nervenzellen, die auf bestimmte Veränderungen im Organismus oder in der Umwelt antworten und diese Antworten dem Nervensystem mitteilen". (Birbaumer, N. u.a. (1999): *Biologische Psychologie.* Berlin (Springer), 194).

21 Zugegeben: die künstlerisch anspruchsvollen Stellen dieser Grafik stammen vom Illustrator Birbaumers (ebd., 192) - ich habe die für uns unwichtigen Stellen retuschiert und dafür anderes dazuskizziert.

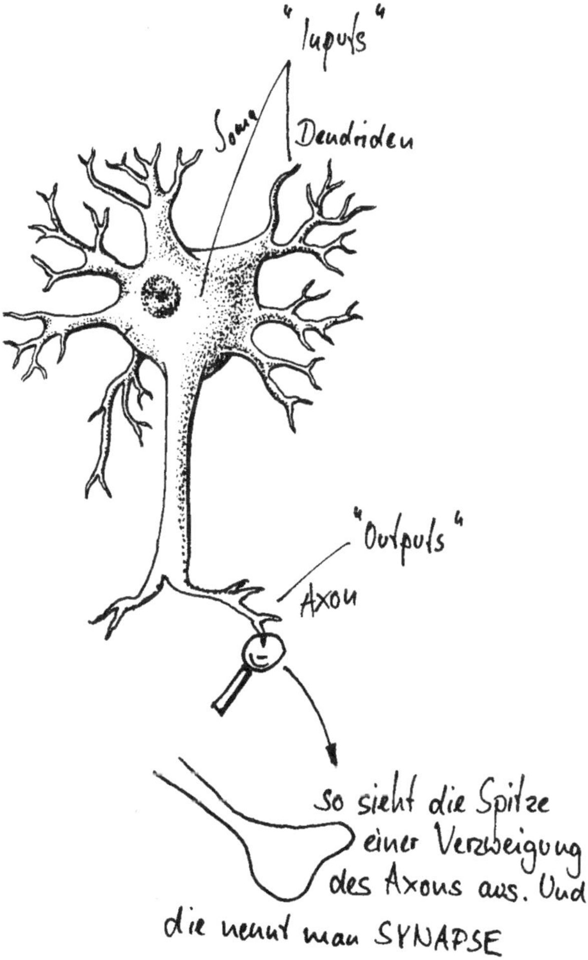

Abb. 9

Die Dendriden sehen wie kleine Antennen aus, und so ähnlich funktionieren sie auch: als Eingang, nicht als Ausgang. Das Soma ist sozusagen der Haupthaufen der Zelle bzw. - etwas eleganter ausgedrückt - der Zellkörper.
Und dann siehst Du unten auch den *„Output"* des Neurons, das Axon. Da wo ich die kleine Lupe hingemalt habe, siehst Du die

Vergrößerung einer Spitze des Axons[22]. Das Ende, die Synapse, soll wie etwas aussehen, das ganz besonders sensibel ist, sozusagen berührungsempfindlich. Und in gewissem Sinne sind Synapsen das auch. Hier wird nämlich gefunkt, was das Zeug hält, hier gehen Informationen aus dem Neuron heraus.

Dendriden und Axone sehen im Grunde sehr ähnlich aus, unterscheiden sich aber durch ein paar wichtige Merkmale:

Dendriden senden nicht, sie empfangen Signale von Synapsen.

Ein Neuron kann total unterschiedlich viele Dendriden haben, aber immer nur ein Axon (und ein Soma).

Die Synapsen hängen am Axon, nicht an den Dendriden.

Axone können an unterschiedlichen Stellen andocken, entweder an Dendriden oder direkt am Soma, oder auch an einem anderen Axon. Dementsprechend bezeichnet man dann die Synapsen als axo-dendridische, axo-somatische oder axo-axonische Synapsen.

Hier hinkt unser Beispiel mit dem HiFi-Turm: ein Axon ist nicht nur Ausgang, sondern *auch Eingang*, denn eine axo-axonische Verbindung der Synapsen hätte sonst ja keinen Sinn (Hey, hättest du vor 10 Minuten gedacht, dass du einmal mit solchen Begriffen hantieren würdest - und das Ganze auch noch verstehst?! Klasse, Kompliment!!!).

3.4.1 Kommunikation der Neuronen und das ADHS-Problem

Jetzt kommt die Frage, aus was Information besteht, was **Informationsaustausch** eigentlich ist. Stell dir vor, Neuronen wären so etwas Ähnliches wie Walky-Talkys, Sprechfunkgeräte. Wenn sie nicht angefunkt werden, bleiben sie still, aber wenn ein Signal kommt, dann geschieht etwas, dann geschieht Information. So ähnlich ist es bei den Neuronen auch. Dieser Unterschied zwischen „Standby-Betrieb" und „Empfang/Sendung" ist sozusagen ein Hauptgegenstand der Forschung, hier kann sie ansetzen.

---

[22] Übrigens, es gibt unterschiedliche Endungen der Axone; manche verzweigen sich mehr, andere weniger, das ist für uns hier aber nicht so wichtig.

Man kann diesen Unterschied nämlich messen. Wenn das Neuron sendet, hat es ein anderes elektrisches Potential als im Standby-Modus. Diese Unterschiede, sog. Potentialdifferenzen, kann man mit verschiedenen Geräten messen. Die Forschung ist dann sozusagen wie eine Funkabhörstation des Geheimdienstes, riesengroße Schüsseln braucht man dazu, weil der Funkverkehr natürlich nur schwache Potentialdifferenzen aufweist. Klar, der Geheimdienst müsste nicht den Funkverkehr mit solchen Schüsseln abhören, wenn er direkt neben dem Funker stünde. Das Potential einer Nervenzelle könnte man auch am besten mit einer Elektrode beobachten, die man direkt in die Zelle sticht, das geht aber nicht so einfach, schließlich liegen Neuronen ja nicht gerade auf der Straße herum. Man muss auch das Gehirn sozusagen abhören.
Eine der modernsten Abhöranlagen ist der sog. Computertomograph - eine Art Röhre, mit der man die Neuronen stimulieren und abhören kann, um auf diese Weise „normale" Potentiale von „feindlichen" Potentialen zu unterscheiden (ein feindliches Potential hat beispielsweise die recht bekannte multiple Sklerose - man erkennt sie im Computertomographen an unnormalen Potentialen).
Wie funken die Neuronen? Ähnlich wie beim Morsealphabet. Wenn wir sprechen, dann ist das ein ständiges Lauter- und Leiserwerden; beim Morsen dagegen wird die Information in Teile zerlegt, die mit Impulsen sozusagen abgefeuert werden. So auch bei den Neuronen: sie ballern entweder richtig oder gar nicht.
So, und jetzt vergiss das Beispiel mit den Funkgeräten und der HiFi-Anlage wieder, denn sonst denkst du im Folgenden etwas ziemlich Falsches. Falsch wird deine Vorstellung nämlich dann, wenn du meinst, die Synapsen seien sozusagen fest verkabelt, das ist nur sehr selten so[23]. Beim Menschen geht die Verbindung zwischen Synapse und Neuron mit Hilfe von verschiedenen Chemikalien ab, die von der Synapse abgesondert werden und das angedockte Neuron erregen (was dann wiederum zu einem Impuls führen kann). Solche Chemikalien bezeichnet man als Neuro-

23 Man nennt die feste Verkabelung heute elektrische Synapse.

transmitter. Neurotransmitter sind also Überträgerstoffe, die dafür sorgen, dass ein Neuron seine Information an ein anderes Neuron übermitteln kann, das dadurch zu einer Potentialveränderung angeregt wird - Information kann fließen.
Wenn aus irgendeinem Grund eine Synapse nicht genügend dieser Chemikalien aufbauen kann oder ein Neuron die Chemikalien nicht aufnehmen kann, oder der Transmitter wird nicht zu einem bestimmten Zeitpunkt aufgebaut oder gerade nicht abgebaut, so ist die Verbindung gestört: man könnte in diesem Fall u.U. von einer Krankheit sprechen. Das klingt weniger kompliziert, als es *ist*: man kann sich bis heute noch nicht genau vorstellen, was zwischen den Synapsen und deren Transmittern eigentlich vorgeht.

Es geistert eine These im Blätterwald der Sachbücher umher: ADHS hat irgendwie *irgendetwas mit dem Gehirn* zu tun. Wenn man einzelne Sachbücher durchliest, so drängt sich einem bei manchen allerdings der Verdacht auf, als hätten die Autoren sich nicht genau mit der Materie beschäftigt. Da heißt es beispielsweise bei Lauth u.a.: „Besonderheiten im Gehirn bilden ein Grundrisiko. Hier sind vor allem Funktionseinschränkungen in bestimmten Gebieten des Gehirns, mögliche Verletzungen des Gehirns sowie Mängel im Zusammenwirken von autonomem und zentralem Nervensystem zu nennen“ [24].
Naja, zwei der Autoren sind Professoren, man sollte meinen, sie könnten das Problem ein wenig differenzierter beschreiben. Woher sie die Information über „Besonderheiten im Gehirn“ haben, geben sie nicht preis. Zitiert wird nichts. Genauer beschrieben auch nicht. Die weiter oben bereits angeführte Untersuchung, die zeigt, dass „mögliche Verletzungen“ (im Sinne der MCD) kein eindeutiges Indiz für oder gegen die ADHS sind, scheinen Lauth u.a. nicht zu kennen. Allzu schnell weisen die Autoren ziemlich radikal darauf hin: „Es gibt nicht die eine Ursache für die Entstehung und Manifestation einer Aufmerksamkeitsstörung“ [25].

---

24 Lauth, G.; u.a. (1999): *Rastlose Kinder, ratlose Eltern*. München (DTV), 48.

Das mag ja sein, doch bevor man so etwas äußert, sollte man die einzelnen Hypothesen schon ein wenig gründlicher untersuchen - und darstellen.
Weitaus differenzierter ist hier schon Ryffel: „Bei der Aufmerksamkeitsdefizitstörung handelt es sich also wahrscheinlich primär um eine Funktionsstörung im Bereich spezifischer Neurotransmittersysteme in den Hirnregionen, die komplexe Aufmerksamkeits- und Gedächtnisleistungen steuern. Vereinfacht könnte man auch von einer Stoffwechselstörung im Bereich der Synapsen sprechen“ [26]. Vereinfachungen sind etwas Angenehmes, allein sie sollten den Inhalt nicht verzerren, sondern ihn eben nur vereinfachen.
Dass Vereinfachungen beim „kompliziertest aufgebauten Organ, das der Mensch aufweist und den ‚Menschen' überhaupt erst ermöglicht“ [27], recht problematisch sind, hat wohl schon der oben angeführte Exkurs gezeigt. Auch dort wurde versucht, zu vereinfachen - so richtig gelingen will das allerdings nicht. Etwas Kompliziertes zu verstehen erfordert eben fast immer nicht eine Vereinfachung des jeweiligen Inhalts, sondern - leider - eine besondere Anstrengung desjenigen, der den Inhalt verstehen will.
Nun gut, **was also ist dran an der These, ADHS habe „irgendetwas mit dem Gehirn zu tun“?**
Wie bereits oben erwähnt, gab es ja schon seit längerer Zeit in Gestalt der MCD-Hypothese diese Vermutung. Nur hat sie sich in der Zwischenzeit eben bestenfalls für Sonderfälle bestätigt. Warum lesen wir nun doch in der neuesten ADHS-Literatur wieder von dieser These? Der Grund besteht darin, dass vorwiegend in den USA die Untersuchung der ADHS mit der Entwicklung der *Untersuchungsmethoden des Gehirns* Schritt gehalten hat. Immer dann, wenn eine neue Untersuchungsmethode geeignet war, hat man sie auf ADHS-Betroffene angewendet. So auch bei der Entwicklung

---

25 a.a.O., 47.

26 Ryffel, M. (1998): *Wann und warum helfen Medikamente?* In: Thierstein, C. (Hg.): *Unruhige, unkonzentrierte und auffällige Kinder im Alltag. POS, ADS und HKS.* Bern (Haupt), 90.

27 a.a.O., 87.

der Tomographie. Tomographen erlauben die bildhafte Darstellung des Gehirns (aber natürlich auch anderer Organe) anhand verschiedener Aspekte (beispielsweise der Durchblutung).
Im Jahr 1990 erschien im New England Journal of Medicine von den Autoren Zametkin u.a. ein Artikel, der für die nachfolgende ADHS-Literatur geradezu bahnbrechend war[28]. Unglücklicherweise strotzt dieser Artikel geradezu von Fachtermini, die - durchaus verständlich - Sozialwissenschaftler schwerlich kennen. „Vereinfachungen" mussten her, bestenfalls mit einem Zitat der Ursprungsquelle versehen. Und genau das scheint mir das Unglück in der aktuellen Literatur über die ADHS und speziell diese Hypothese zu sein, nämlich dass offenbar nur wenige der Autoren diese Studie wirklich kennen, sich aber dennoch gerne darauf beziehen, weil sie in ihrer - unzulässigen - Vereinfachung suggeriert, man hätte nun endlich eine eindeutige Ursache für die ADHS gefunden.[29]
Schauen wir noch einmal auf den eben zitierten Ryffel. Er schreibt: „Heute nimmt man an, dass diese [die Neurotransmitter /JD] wahrscheinlich zu rasch abgebaut werden"[30]. Ryffel bezieht sich dabei ausdrücklich auf die sog. adrenergen Transmitter, besonders Dopamin und Noradrenalin. Ryffel meint, die Monoaminooxidase sei bei ADHS-Betroffenen in verstärktem Maße vorhanden und baue dadurch Dopamin und Noradrenalin zu rasch ab. So einfach kann man es sich aber nicht machen. Wir lesen nämlich bereits in der 2. Auflage des Standardwerks „Biologische Psychologie" von Birbaumer und Schmidt unter der Rubrik Beendigung der Transmitterwirkung (insbesondere des Noradrenalins und des Dopamins) folgenden bezeichnenden Text: „Bei der

---

28 Zametkin, A.; u.a. (1990): *Cerebral Glucose metabolism in adults with hyperactivity of childhood onset.* N Engl J Med, 323, 1361-1366.

29 Der Vollständigkeit halber sollte erwähnt werden, dass Zametkin und Kollegen nicht die Ersten waren, die auf dem Gebiet der Tomographie Untersuchungen bezüglich der ADHS anstellten. Lou u.a. taten dies schon früher (vgl.: Lou, H.; u.a. (1989) *Striatal Dysfunction in ADHD.* Arch Neurol 46, 48-52).

30 Ryffel, M. (1998): *Wann und warum helfen Medikamente?* In: Thierstein, C. (Hg.): *Unruhige, unkonzentrierte und auffällige Kinder im Alltag. POS, ADS und HKS.* Bern (Haupt), 89.

adrenergen Übertragung spielt [...] der enzymatische Abbau *keine wesentliche Rolle* [Hervorhebung von mir]. Zwar werden die Catecholamine durch die Monoaminooxidase (MAO) und die Catechol-O-Methyltransferase (COMT) in biologisch inaktive Metaboliten umgewandelt, aber selbst die gleichzeitige Blockierung beider enzymatischen Abbauwege führt zu keiner wesentlichen Verstärkung der durch Sympathicusstimulation oder durch intravenös verabreichtes Noradrenalin hervorgerufenen Wirkung der Erfolgsorgane“ [31].

Sooo, der eine (Ryffel) meint, dass gerade Monoaminooxidase die Transmitter zu rasch abbaut und „vereinfacht“ auf diese Weise die neurochemische Hypothese, die anderen (Birbaumer, Schmidt) meinen eindeutig, dass die Monoaminooxidase keinen nennenswerten Einfluss auf den Abbau habe.

Soviel zur „Vereinfachung“ in Sachbüchern (das Buch von Birbaumer und Schmidt ist übrigens wahrlich keine Vereinfachung, sondern geradezu ein Standardwerk), schauen wir uns in einem kleinen Exkurs die wesentlichen Elemente einmal genauer an:

Exkurs: Hilfe - was sind das alles für fürchterliche Fremdwörter? Adrenalin, Noradrenalin, Dopamin

Fangen wir bei den ersten drei Begriffen an und stecken wir sie zuerst einmal in eine Schublade, die wir *Katecholamine* nennen. Sie sind Transmitter. Und zwar, obwohl relativ wenig vorhanden, von großer Bedeutung. Irgendwie scheinen sie ganz besonders für die Motorik, das emotionale Verhalten und das Denken Bedeutung zu haben. Dieses „Irgendwie“ steht nicht zum Spaß da. Denn Katecholamine haben nicht eine ganz bestimmte Wirkung, sondern, je nachdem welches Neuron beteiligt ist, sehr verschiedene Wirkungen. Hinzu kommt, dass vor allem Noradrenalin seine Wirkung mit

[31] Dies ist meine älteste Version vom „Birbaumer“: Birbaumer. N.; Schmidt, R.F. (1991): *Biologische Psychologie.* Berlin (Springer), 235.

anderen Substanzen koppelt. Die Kombination mit solchen anderen Substanzen (man nennt sie „second messengers") hat sehr variable Wirkungen. Allein das Noradrenalin bewirkt auf diese Weise mindestens 14 (!) verschiedene Effekte. Einer der für uns wichtigsten Effekte des Noradrenalins ist sein Zusammenhang mit Lernaktivitäten, Denken und Gedächtnis. Um etwas zu lernen - so vermutet man[32] - muss man eine bestimmte Potentialstärke erreichen; unterhalb dieser Schwelle sind anscheinend Lernen, Aufmerksamkeitsleistungen etc. nicht möglich. Offenbar ist Noradrenalin und Dopamin zur Erzeugung dieser Potentialerregung zumindest mitverantwortlich[33].

Monoaminooxidase

Bisher handelt es sich um Transmitter. Die Monoaminooxidase ist kein Transmitter, sondern eine Substanz, die gewissermaßen die Vollbremsung der Transmitterwirkung bewirkt. Monoaminooxidase baut Katecholamine in Substanzen um, die keine Transmitterwirkung mehr besitzen. Das Fehlen der Monoaminooxidase hat jedoch - anders herum formuliert - keinen wesentlichen Einfluss auf die Wirkung der Katecholamine. Diese seltsame Unlogik stellt m.E. den Kern des Rätsels der neurochemischen Hypothese dar.

Ein Beispiel dazu (ein besseres ist mir einfach nicht eingefallen): Stell Dir zwei Kohlestäbe in Salzwasser vor und lege an die Kohlestäbe Spannung an - es fließt Strom, die Übertragung funktioniert. Jetzt stelle Dir vor, es gäbe eine Substanz, die Salzwasser in Alkohol umwandeln würde (der Entdecker dieser Substanz wäre wohl ganz rasch Multimillionär), dann würde plötzlich kein Strom mehr

32 Diese Theorie geht zurück auf D.O. Hebb's synaptische Theorie spezifischer Gedächtnisinhalte. Er hat die Einheiten „Kurzzeitgedächtnis" und „Langzeitgedächtnis" in der 40er Jahren des letzten Jahrhunderts in die Diskussion eingebracht und seine Theorien haben sich bis in die neuesten Forschungen hinein glänzend bewährt.

33 Nur der Vollständigkeit halber: Dieser Effekt wird in der Fachliteratur mit der „Langzeitpotenzierung innerhalb der Area dentata und dem CA3-Gebiet des Hippokampus" bezeichnet (vgl. Birbaumer, N.; Schmidt, R. (1996): *Biologische Psychologie.* Berlin (Springer), 476, ergänzend hierzu 579ff.). Vgl. auch: Hässler, F.; Irmisch, G.(1995): *Biochemische Parameter bei Kindern mit hyperkinetischen Störungen.* In: Steinhausen, H.C. (Hg.)(1995): *Hyperkinetische Störungen im Kindes- und Jugendalter.* Stuttgart (Kohlhammer), 90-101.

fließen können. Übertragen wir das Beispiel: Das Noradrenalin ist das Salzwasser, die Kohlelektroden sind Synapsen und die Monoaminooxidase ist die geheimnisvolle Substanz, so kannst du dir in etwa vorstellen, wie das Ganze funktioniert.

FAZIT Es gibt Neurotransmitter (Noradrenalin), die unter anderem auch bestimmte Hirnpotentiale erzeugen, die für kognitive, emotionale und motorische Leistungen notwendig sind. Und es gibt Substanzen, die Noradrenalin zu einer biologisch unwirksamen Substanz abbauen. Die Frage, ob bei ADHS-Betroffenen irgend etwas mit dem Noradrenalin- oder Monoaminooxidasehaushalt nicht in Ordnung ist, bildet den Gegenstand der neurochemischen Hypothese.

3.4.2 Überprüfung der neurochemischen Hypothese

Hier werden jetzt die Untersuchungsergebnisse der einzelnen Studien vor einen richtigen Hintergrund gestellt. Richtig passend angesichts der fast unüberschaubaren Komplexität des neuronalen Geschehens formulieren Hässler und Irmisch: „Insgesamt sind die Ergebnisse peripherer Bestimmungen der Monoamine Dopamin, Noradrenalin und Serotonin [...] in Bezug auf eventuelle biochemische Unterscheidungsfaktoren zwischen hyper- und normokinetischen Kindern nicht gerade ermutigend“ [34]. Anders gesagt: die einzelnen Untersuchungsergebnisse in einen sinnvollen Zusammenhang zu stellen, ist fürchterlich kompliziert. Für Laien (und ich zähle mich als Sozialwissenschaftler auch zu dieser Gattung) erachte ich persönlich jede Vereinfachung unsinnig. Wenn schon die Neurobiologen nicht so richtig kapieren, was da eigentlich vorgeht, dann sollten wir Laien keine unzulässigen Vereinfachungen verbreiten.
Es ist auf der anderen Seite allerdings auch für uns interessant, einige wesentliche Ergebnisse der diesbezüglichen Forschung

34 a.a.O., 93.

einfach und unverkrampft kennen zu lernen (schließlich müssen wir sie ja gar nicht in ihrem vollen Zusammenhang verstehen). Da wäre zum einen die Studie von Lou und Kollegen [35] zu nennen. Sie haben sich auf die Suche nach den „Ursprüngen" des Dopamins gemacht und die Neuronen gezählt, die mit Dopamin arbeiten. Die Hauptmasse der Neuronen liegt in Bereichen des Gehirns, die man als Substantia nigra und den ventralen Teil des Tegmentum bezeichnet (Jetzt wissen wir, warum Mediziner Latein können müssen...für uns ist das noch nicht so wichtig, aber jetzt kommt's:). Von dort aus reichen Stränge dieser Neuronen bis in zwei andere Bereiche des Gehirns, nämlich das Vorderhirn und das Corpus striatum. In diesem Corpus striatum konnten Lou et al. mit Hilfe der Photonenemissionscomputertomographie (SPECT) feststellen, dass die ihnen zur Verfügung stehende kleine Anzahl hyperkinetischer Kinder offenbar weniger aktive Neuronen besitzt als eine Kontrollgruppe von „gesunden" Kindern. Erinnern wir uns: die Mehrzahl der relevanten Dopaminneuronen sitzt nicht an der Stelle, wo Lou und Kollegen den Unterschied feststellen konnten, sondern ganz woanders, im Corpus striatum nämlich. Der Unterschied ist also eher unbedeutend. Aber er konnte nachgewiesen werden.

Greifen wir uns nun eine andere Studie aus einem anderen Gesichtspunkt heraus: diesmal nicht vor neurochemischem, sondern vor testanalytischem Hintergrund. Wir untersuchen also jetzt weniger die Ergebnisse einer Studie, sondern eher, wie man auf diese Ergebnisse gekommen ist, wo der „Haken" sitzt usw.

Nehmen wir die - äußerst häufig zitierte - Studie von Zametkin und Kollegen [36]. Auch sie versuchten mit Hilfe der Tomographie (sowohl SPECT als auch Positronen Emissions Tomographie PET) Unterschiede zwischen ADHS-Betroffenen und „Gesunden" herauszufinden, allerdings diesmal nicht bei Kindern, sondern bei

---

35 Lou, H.C. (1989): *Striatal dysfunction in attention deficit and hyperkinetic disorder.* Arch Neurol 46, 48-52.

36 Zametkin, A.; u.a. (1990): *Cerebral Glucose metabolism in adults with hyperactivity of childhood onset.* N Engl J Med, 323, 1361-1366.

Erwachsenen. Das Ergebnis ist: offenbar gibt es einen Unterschied in der Blutzuckerversorgung bestimmter Hirnregionen (Subkortex, superiorpräfrontaler Kortex und prämotorischer Kortex), was darauf hinweist, dass die dort vorhandenen Neuronen zu keiner genügenden Aktivität gelangen. Dieses Ergebnis galt und gilt für viele als der erste nennenswerte Hinweis dafür, dass es tatsächlich eine neurochemische Ursache für die ADHS geben könnte.
Beobachten wir hier aber einmal nicht so sehr die neurochemischen Details, sondern - wie gesagt - die Details des Versuches an sich. Wie war der Versuchsaufbau?
Um nur die wesentlichen Details zu nennen: es ging für die einzelnen Versuchspersonen darum, während der tomographischen Untersuchung abgegebene Tonsignale wahrzunehmen und das Gehörte mittels Knopfdruck zu bestätigen. Die unterschiedliche Wahrnehmungsfähigkeit der Versuchspersonen galt dabei als Indikator für die vorhandene Aufmerksamkeit. Die Töne wurden in gleichförmigen Intervallen von zwei Sekunden abgegeben. Nach den Scans wurde die Versuchspersonen gebeten, ihre Angst und Nervosität während des Versuchs anhand der Spielberger Skala (sie dient zur Einschätzung von Angst und Nervosität) zu bewerten.

Schwächen der Zametkin-Studie:
Einiges an dieser Studie klingt merkwürdig. Und das schauen wir uns jetzt einmal genauer an:

• *Mit den Kontrollgruppen ist etwas nicht ganz in Ordnung.*
Wie in solchen Fällen üblich, werden Gruppen von Betroffenen mit einer Gruppe verglichen, die möglichst „normal“ ist (die sog. „Kontrollgruppe“). In diesem Test legten die Autoren darauf Wert, dass sowohl die Betroffenen als auch die Kontrollgruppe über einen normalen Intelligenzquotienten verfügt und in ähnlichen sozioökonomischen Verhältnissen lebt. Zusätzlich mussten - allerdings nur! - die Betroffenen zeigen, dass sie keine Alkoholprobleme haben und keine größeren Straftaten vorzuweisen haben.

Bezüglich der Intelligenz und der sozialen Lage waren die beiden Gruppen sehr ähnlich, nur beim Geschlechterverhältnis haperte es. Die Gruppe der Betroffenen hatte ein Geschlechterverhältnis von 18/7 (m/w), in der Kontrollgruppe war das Verhältnis 28/22 (m/w). Das ist an sich nicht so bedeutend, nur zeigte die geschlechtsspezifische Unterscheidung, dass betroffene Männer 6 % niedrigere Metabolisierungswerte hatten und betroffene Frauen 12,7 % niedrigere Metabolisierungswerte. Statistisch gesehen kann man das so drehen, dass dieser Unterschied unbedeutend ist[37]. Auf der anderen Seite sind die Differenzen zwischen den beiden Gruppen bezüglich des Geschlechterverhältnisses zumindest sehr merkwürdig[38].

• *Die Testhypothese wurde in einer Hinsicht überhaupt nicht bestätigt.*
Im Test wurde das Erkennen von Tönen als einer der Indikatoren für die jeweilige Aufmerksamkeit gesehen. Der zweite Indikator sollte das Ergebnis der Scans durch PET sein. Allerdings zeigte das Testergebnis keinen Unterschied bezüglich der dauerhaften Aufmerksamkeit. Die Betroffenen unterschieden sich hinsichtlich des Erkennens der Piepser nicht von der Kontrollgruppe[39]. Ich finde es schon bedenklich, wenn dieser Aspekt des Tests nirgendwo richtig bekannt gegeben wird.

• *Es wurden keine Gegenproben gemacht.*
Wenn man schon keine Unterschiede bezüglich der Aufmerksamkeit diesen Piepsern gegenüber gefunden hat, so muss man sich fragen, warum man dann den einzig verbliebenen Indikator,

---

37 Zametkin und Kollegen schreiben bezüglich des Unterschieds von 6% und 12.7% „no significant effect was found (F=0.52, P>0.47)“ (Zametkin, A.; u.a. (1990): *Cerebral Glucose metabolism in adults with hyperactivity of childhood onset.* N Engl J Med, 323, 1365.).

38 An anderer Stelle wird Zametkin und Kollegen sogar ausdrücklich Datenmanipulation vorgeworfen. (Vgl. Breggin, P.; u.a. (1995): *The Hazards of Treating „AttentionDeficit/Hyperactivity Disorder“ with Methylphenidat (Ritalin).* Journal of College Student Psychotherapy, 10(2), 55-72, 59.)

39 „The controls correctly identified a mean (±SD) od 166.2±46.5 tones of a possible 210, whereas the hyperactive patients identified 167.9±34.0.“ (Zametkin u.a., a.a.O. 1364).

die Scans des PET, nicht gründlicher untersucht hat (beispielsweise durch Mischung der Versuchspersonen, durch eine Messung ohne Piepser usw.) [40].

• *Die Ängstlichkeit wurde als beeinflussender Faktor deutlich vernachlässigt.*

Wenn Zametkin und Kollegen sich schon aufmachen, die Ängstlichkeit während der Untersuchung zu erfassen, so fragt man sich, warum sie gerade diese Ergebnisse in ihrer Studie nicht ebenso klar veröffentlichten wie die anderen Zahlen [41]. Die Ängstlichkeit hatte nämlich aller Wahrscheinlichkeit nach einen enormen Einfluss auf die Scanergebnisse. Angstreize bewirken nämlich eine deutliche Veränderung der langsamen kortikalen Hirnpotentiale [42] - und das sind dieselben Regionen und Potentiale, die auch in der Zametkin-Studie betroffen sind. Auch der gesunde Menschenverstand wundert sich: Es ist doch zumindest von großem Interesse, wie ängstlich die einzelnen Personen während des Tests waren, weil es doch auf der Hand liegt, dass Angst die Aufmerksamkeit beeinflusst (versuche einmal während eines Schiffsuntergangs eine Telefonnummer zu memorieren).

• *Die Regelmäßigkeit der Piepser läßt Reaktionen ohne tatsächliches Wahrnehmen derselben zu.*

Versuche einmal, das Ticken einer Uhr nachzuahmen. Du wirst sehen, es gelingt dir sehr gut, regelmäßige Geräusche von dir zu geben. Auch andersherum ist das möglich. Wenn du alle zwei Sekunden einen Piepser hörst, brauchst du irgendwann einmal den Piepser gar nicht mehr zu hören und weißt dennoch, dass er da war. Du hast ihn sozusagen erwartet. Genau das könnte im Test von Zametkin auch passiert sein. Es ist denkbar, dass die Versuchs-

---

40 Brandeis moniert das in seiner Studie übrigens ebenfalls. (Vgl. Brandeis, D. (1995): *Psychophysiologie der hyperkinetischen Störungen.* In: Steinhausen, H.C. (Hg.): *Hyperkinetische Störungen im Kindes- und Jugendalter.* Stuttgart (Kohlhammer), 80)

41 Sie schreiben lediglich „The subjective ratings of anxiety level during the test and scan did not differ between the groups" (Zametkin u.a., a.a.O., 1364) - wo sind die Zahlen?

42 Vgl. Birbaumer, N.; Schmidt, R.(1996): *Biologische Psychologie.* Stuttgart (Springer) 653ff.

personen gar nicht alle Piepser gehört haben, sondern einfach nur aufgrund der Regelmäßigkeit der Signale den Knopf drückten. Schließlich wussten die Leute ja nur, dass sie unbedingt drücken sollen, wenn sie etwas hören. Da kann man schon mal mogeln. Um dies zu vermeiden, hätte Zametkin die Töne einfach mit unterschiedlichen Zeitintervallen abgeben müssen. Warum hat er das nicht getan?

• *Zametkin und Kollegen beurteilten ihre Ergebnisse selbst recht skeptisch.*

Wenn man die Studie ganz durchliest, so bemerkt man, dass sich die Autoren keinesfalls als Forscher sehen, die nun endlich die eindimensionale Ursache für ADHS gefunden haben; sie sind eher skeptisch: „The reductions in glucose metabolism in left parietal, temporal and rolandic structures (the last bilateral), in addition to subcortical structures, are more difficult to incorporate into a comprehensive theory of the pathophysiology of this disorder“[43].

So, jetzt haben wir anhand zweier Studien einen gewissen Eindruck über das „Betriebsklima“ innerhalb dieser Forschungsarbeiten gewonnen und können uns vielleicht auch einmal ein kleines Urteil erlauben. Auf der einen Seite kann man feststellen, dass Wissenschaft, und hierzu zähle ich auch die biologische Psychologie oder Neurobiologie usw., mitnichten die heilige Kuh ist, für die man sie hält. Auch dort kochen die Köche mit Wasser, auch dort geschehen Fehler, kleine Mogeleien, Nachlässigkeiten - es menschelt eben überall. Auf der anderen Seite - und das ist mir nun aber wichtig - betreiben diese Forscher ihr Geschäft mit einem bewundernswerten Ernst, sie suchen wirklich Lösungen für Rätsel und sind dafür bereit, lange Wege zu gehen. Das sollte man mit größtem Respekt behandeln.

Im übrigen gilt das für jede Hypothese, die betreffend der Ursachen für ADHS gestellt und ernsthaft überprüft wird. Je mehr

---

43 Zametkin, A.; u.a. (1990): *Cerebral Glucose metabolism in adults with hyperactivity of childhood onset.* N Engl J Med, 323, 1366.

dieser Hypothesen jedoch formuliert und dennoch nur teilweise bestätigt werden können, umso mehr gewinnt man den Eindruck, als habe man es bei der ADHS mit einer Störung mit vielerlei Ursachen zu tun, einer Störung, deren Ursachen wir bis jetzt längst nicht alle kennen.
Ja, man könnte sogar noch weiter gehen, und fragen, ob das Konstrukt der ADHS im Sinne einer Klammer über einen bestimmten Symptomkreis überhaupt sinnvoll ist. Diese Frage drängt sich in zweierlei Hinsicht auf: zum einen könnte es sein, dass es die Forscher insofern bei ihrer Arbeit stört, als sie immer gezwungen sind, eine Erklärung für das gesamte Erscheinungsbild der ADHS zu finden. Was aber, wenn die ADHS tatsächlich einfach ein Sammelsurium verschiedener Störungen wäre? Ich meine, man untersucht „Kopfschmerzen“ oder „Schwindel“ doch auch nicht anhand dieses Überbegriffs.
Und auch für Betroffene und deren Angehörige wäre es vielleicht sinnvoll, vom Konstrukt der ADHS Abstand zu nehmen. Denn ein Kind gilt ja nur dann als „gestört“, wenn es einen bestimmten Kriterienkatalog erfüllt. Was aber, wenn ADHS ein Konstrukt ist, dass mit anderen Störungen Schnittmengen bildet, die wir vielleicht noch gar nicht kennen? Dann wäre ein „schwieriges Kind“ bloß deshalb nicht „betroffen“, weil es bestimmte Kriterien nicht erfüllt[44].

Aber auch noch aus einem anderen Grund wäre der Verzicht auf diesen Symptomkreis vielleicht sinnvoll: Die Information, dass es einen Symptomkreis gibt, den man als „psychische Störung“ bezeichnet, kann manche Erzieher dazu verleiten, eigene Mängel allzu rasch auf eine „Krankheit“ zu schieben, obwohl die eigentliche Ursache dieser „Krankheit“ vielleicht nur mangelnde erzieherische oder Lehrbefähigung usw. ist. Allzu schnell könnte man sich hier auf die faule Haut legen und die Probleme, die das Kind macht, auf eine Krankheit schieben, deren Ursachen glücklicher-

---

44 Stell Dir vor, Dein Kind wäre nur in einem Lebensbereich, dafür aber extrem hyperaktiv - dann hätte es streng genommen kein ADHS. Kann man das wirklich so sagen?

weise noch nicht einmal genau bekannt sind, nach dem Motto - „jaa, was kann man da tun, mein Kind hat halt ADHS".

Wohlgemerkt: das soll jetzt kein Vorwurf von meiner Seite aus sein, dass ich in dir, lieber Leser, einen faulen Rabenvater vermute oder eine schlappe Lehrerin. Nein, es geht mir nur darum, auf die Gefahren eines hypothetischen Konstruktes hinzuweisen. Und ich hoffe, die bisherigen (für ein Sachbuch wirklich gründlichen) Erläuterungen der einzelnen Hypothesen haben dazu beigetragen, dass du meine Meinung nachvollziehen kannst. ADHS hat wohl viele Ursachen. Und das änderte sich wohl auch nicht, wenn man endlich jedes einzelne Kind als betroffenes *Individuum* behandeln und nicht alle Kinder über den gleichen ADHS-Kamm „scheren" würde.

Umso seltsamer finde ich es, dass man sich Letzteres in der Erforschung der Behandlungsmöglichkeiten immer noch zumutet. Wenn schon ein multidimensionaler Ursachenkomplex, dann doch bitteschön wenigstens nur auf ein Individuum bezogen! Ansonsten würde man sich ja eine doppelte Komplexität zumuten: die eine Komplexität, dass das Individuum wohl von mehreren Ursachen betroffen ist, und dann aber auch noch die Komplexität, dass eine Behandlungsmethode gefunden werden soll, die für alle Individuen gleichzeitig gilt, und das einfach nur, weil das Konzept der ADHS dies suggeriert. Ich finde eine solche Bestrebung persönlich ganz schön vermessen...

Resümieren wir einmal vorangegangene Hypothesenbeschreibungen und Polemika zu einem

FAZIT ADHS ist eine Störung, für die man bisher keine eindeutige Ursache gefunden hat. Es liegt die Vermutung nahe, dass es möglicherweise überhaupt keine eindeutige Ursache gibt. Mit dieser Vermutung wird das Konstrukt der ADHS instabil. Entweder man versteht ADHS im Moment als eine multidimensionale Störung und versucht, anhand dieser Charakteristik eine entsprechend multidimensionale Behandlung zu entwickeln, oder man verzichtet auf den Terminus ADHS als einer Symptomklammer und versucht, für jedes individuelle Erscheinungsbild eine eigene Handlungsweise zu entwickeln. Auch dann wird wohl wahrscheinlich ein multidimensionales Behandlungsverfahren nötig sein. Die Arbeit verlegt sich dabei jedoch auf die Personen des Umfelds des jeweils betroffenen Kindes[45].

45 Übrigens, diese Polemik wird auch von anderen Autoren, allerdings in etwas versteckterer Form, geführt, beispielsweise von Hässler, der schreibt: „So vielfältig die Ursachen einer hyperkinetischen Störung sein können, so variabel präsentieren sich die Veränderungen biochemischer Parameter. Die Heterogenität des Syndroms an sich spricht gegen eine Dysfunktion eines einzelnen Transmittersystems bzw. Stoffwechselvorgangs. Andererseits kann man aufgrund der gezeigten komplexen mehrdimensionalen Abhängigkeiten keinen Prozess losgelöst von anderen betrachten. Dennoch erscheint es lohnenswert und auch erforderlich, die ‚black box' biochemischer Vorgänge bei hyperkinetischen Störungen transparenter zu machen. Vielversprechende Ansätze in diese Richtung bieten erste Ergebnisse der Analyse der Glukose- und Fettstoffwechsel. Ob sich die medikamentöse Hemmung der MAO als Standardtherapie der hyperkinetischen Störung etablieren kann, wird von weiteren Studien und deren Ergebnisse abhängen". Vgl. Hässler, F.; Irmisch, G. (1995): *Biochemische Parameter bei Kindern mit hyperkinetischen Störungen.* In: Steinhausen, H.C. (Hg.) (1995): *Hyperkinetische Störungen im Kindes- und Jugendalter.* Stuttgart (Kohlhammer), 98.

Kapitel 3

Die Medikamente - oder anders formuliert: "Wenns doch hilft... was spricht denn dann dagegen"

Obwohl wir eben gelesen haben, wie unklar das neurochemische Konzept ist, liegt doch ein schlagendes Argument vor: die Medikamente wirken! Man weiß zwar offenbar nicht so recht, was da genau wie wirkt, aber *dass* da etwas wirkt, ist unbestreitbar. Wir schauen uns hier zunächst einmal die einzelnen Medikamente etwas genauer an (im praktischen Teil dieses Buches bringe ich noch mehr Informationen).

Beginnen wir zunächst mal mit der Geschichte der medikamentösen Therapie.

1. Was man bisher versucht hat. Zur Geschichte der medikamentösen Behandlung

Begonnen hat die medikamentöse Therapie eigentlich in den 30er Jahren des 20. Jahrhunderts (das ist noch nicht so lange her, klingt aber schon ewig weit weg). Der leitende Arzt des Emma-Pendleton-Bradley Hospitals in Riverside, Rhode Islands, *Charles Bradley*, war meines Wissens der Erste, der bei Kindern mit hyperkinetischem Symptomkreis Medikamente ausprobiert hat. Das hat er nicht „einfach so" getan (etwa weil er ein Medikamentenfreak war), sondern weil diese Kinder sozusagen als „hoffnungslose Fälle" galten. Man hatte an ihnen schon alles probiert und die Nerven der Eltern lagen blank. Weil alle bisherigen Maßnahmen nichts gefruchtet hatten, brachte man die Kinder eben nun zu Bradley.

Wenn ein Kind als Hauptsymptom hyperkinetisch ist, könnte man meinen, dass die besten Medikamente Beruhigungsmittel (Barbiturate) wären. Seltsamerweise verschlechterte die Gabe dieser Medikamente aber das Verhalten der Kinder sehr deutlich. Das war überraschend und entmutigend.

Zu der Zeit hatte man gerade mit dem Amphetamin (suchtauslösendes Stimulans) Benzedrin gute Erfolge bei der Behandlung der Narkolepsie [1] gehabt, namentlich bei der Steigerung der kognitiven Fähigkeiten, bei Verhaltenskontrolle und Stimmung [2], mithin bei Problemen, die auch die hyperkinetischen Kinder aufwiesen. Was lag näher, als dieses Medikament auch bei den Kindern zu versuchen? Die Wirkung war prompt und für fast alle Kinder sehr günstig [3]. Allerdings war sich Bradley der Gefahr dieser Substanzen durchaus bewusst und warnte: „Jeder unsachgemäße Gebrauch des Benzedrins zum Zweck der symptomatischen Behandlung könnte die Ursache von Reaktionen, denen in jedem Fall angemessene Aufmerksamkeit geschenkt werden müsste, maskieren“ [4].

Die Suchtgefahr war das Problem bei den Amphetaminen, schließlich ging es ja um eine Behandlung über einen längeren Zeitraum hinweg, und das auch noch bei Kindern. Und so suchte man schon seit längerer Zeit angestrengt nach einem zentralnervösen Stimulans *ohne* das gefährliche Suchtpotential der Amphetamine. Es gelang als Erstem dem Schweizer Panizzon mit dem Methylphenidat, und zwar im Jahr 1945 [5]. Endlich ein Stimulans ohne die gefürchtete Abhängigkeitsgefahr! Es war Krieg, Soldaten mussten wach bleiben; die Motive zur Synthese von Methylphenidat dürften also wohl andere gewesen sein als die Bekämpfung von Aufmerksamkeitsstörungen bei Kindern.

Wie auch immer: Die erste Behandlung der ADHS mit Methylphenidat wurde meines Wissens 1963 durch Leon Eisenberg [6] in einer Schule für erziehungsschwierige Jungs durchgeführt. Von dieser Zeit an hat man auch mit anderen Substanzen Erfolge erzielt. Neben verschiedenen Stimulantien (z.B. Ritalin®, Cap-

---

1 „Zwanghafte Schlafanfälle am Tag von minutenlanger Dauer; der Patient ist im Schlafanfall weckbar und fühlt sich nach dem Anfall erholt“ (Pschyrembel (1994): *Klinisches Wörterbuch*. Berlin (de Gruyter), 1035).

2 Vgl. die zugehörige Studie von Meyerson, A. (1936): *Effect of benzedrine sulfate on mood and fatigue in normal and neurotic patients*. Arch neurol Psychiat 36, 816-822.

3 Bradley, C. (1937): *The behavior of children receiving Benzedrine*. Amer J Psychiat 94, 577-585.

4 Vgl. Trott, G.-E.; u.a.(1995): *Die Pharmakotherapie der hyperkinetischen Störungen*. In: Steinhausen, H.-C. (1995): *Hyperkinetische Störungen im Kindes- und Jugendalter*. Stuttgart (Kohlhammer), 209.

5 Panizzon, J. (1944): *La preparazione di pridile peperidila-rilateco-nitrile a di alcuni prodotti di transformazione*. Helvetica Chimica Acta 27, 1748-1756.

6 Eisenberg, L.; u.a. (1963): *A psychopharmacologic experiment in a training school for delinquent boys: Methods, problems, findings*. Amer J Orthopsychiat 33, 431-447.

tagon®, Tradon®, AN1®) konnten auch trizyclische Antidepressiva oder selektive Serotoninwiederaufnahmehemmer (z.B. Tofranil®, Pertofran® bzw. Fluctin®, Zoloft®, Gladem®) und Monoaminooxidasehemmer (z.B. Aurorix®) Wirkung erzielen. Schauen wir uns nun deshalb die einzelnen Wirksubstanzen etwas genauer an.

2. Der heutige Stand der Medikation

2.1 Die einzelnen Medikamente

2.1.1 Methylphenidat, Ritalin® (Novartis)

Der Wirkstoff heißt eigentlich Methylphenidat Hydrochlorid, Ritalin ist der Handelsname, unter dem es die Firma Novartis vertreibt. Ritalin wirkt besonders häufig und gut. Zunächst erzeugt es (wie auch immer, man weiß das nicht so genau) eine Art „Extraportion" Dopamin in den synaptischen Spalten [7]. Man hat vermutet, dass dies den therapeutischen Effekt erziele. Seltsamerweise haben aber andere Substanzen, die *gezielt* auf die Erhöhung des Dopaminspiegels hinwirken, keinen therapeutischen Effekt bei ADHS-Betroffenen. Weil es außerdem auch die Wiederaufnahme des Serotonins hemmt, hat man hier die Wirkungsursache vermutet. Aber auch hier gilt Ähnliches: Gezielte Hemmung der Serotoninwiederaufnahme allein hat meist keinen positiven Effekt bei ADHS-Betroffenen (vgl. hierzu auch Kapitel 8).

Wo ist also der Hebel, mit dem Methylphenidat eingreift? Es scheint vor allem daran zu liegen, dass die Monoaminooxidase als Abbausubstanz der Katecholamine in ihrer Wirkung gehemmt wird. Man hat bei dieser Hypothese allerdings die Schwierigkeit, dass man die Menge der Monoaminooxidase nur indirekt aus den über den Urin ausgeschiedenen Metaboliten schließen kann, quasi

---

7 Garattini und Kollegen konnten zeigen, dass Quantität nicht Qualität bedeutet. Niedrige Dosen erzielen eine stärkere Wirkung als hohe Dosen: Vgl. Garattini, S.; u.a. (1988): *Critical notes on the specify of drugs in the study of metabolism and function of brain monoamines.* Int Rev Neurobiol 29, 259-279.

eine Information aus zweiter Hand und deshalb nicht so ganz zuverlässig. Fassen wir das zusammen und sagen: wir haben es bei Methylphenidat mit einer Art Multifunktionspaket zu tun, dessen genaue Wirkungsweise noch nicht so ganz hundertprozentig geklärt werden konnte, aber höchstwahrscheinlich mit der Hemmung der Monoaminooxidase zusammenhängt. Seine Wirkung ist zum Teil schier unglaublich gut, was uns auf die Frage der Wirkungen und Nebenwirkungen bringt, doch zuvor...

...Vorsicht, Test! Rekapituliere in Gedanken den neurochemischen Exkurs des vorigen Kapitels. Was war nochmal Monoaminooxidase, was sind Katecholamine, was ist Dopamin, was sind Synapsen, Dendriden, Axone usw.?

Wirkungen

Zunächst mal zur Dauer der Wirkung: die Wirkung setzt rasch ein, innerhalb einer Stunde ist der höchste Wirkungsgrad erreicht und nach rund 3 Stunden verklingt die Wirkung wieder. Man könnte denken, dass Retard Tabletten, also Tabletten, die ihren Inhalt langsamer und dafür länger freigeben, bessere Wirkung erzielen. Das scheint erstaunlicherweise nicht der Fall zu sein [8].

In besonderem Maße bewirkt Ritalin die Veränderung von Hyperaktivität, Unruhe, Impulsivität, Aggressivität und sozial unangepasstem Verhalten [9]. Man nimmt besser und konzentrierter die Umgebung wahr, kann sich besser und länger konzentrieren und lässt sich weniger ablenken. Verbesserte Wahrnehmung bezieht sich nicht nur auf das Wahrnehmen von irgendwelchen „Lerninhalten“, sondern auch auf Wahrnehmung sozialen Geschehens. Dadurch ist eine positive Kettenreaktion möglich: wer das soziale

---

8 Vgl. Pelham, W.E.; u.a. (1990): *Relative efficacy of long-acting stimulants on children with attention deficit hyperactivity disorders.* Pediatrics 98,2,226-237.

9 Wer der englischen Sprache mächtig ist, sei in diesem Zusammenhang auf den folgenden Beitrag und das Gesamtbuch hingewiesen: Rapport, M.D. (1990): *Controlled studies of the effect of psychostimulants on children's functioning in clinic and classroom settings.* In: Connors, K.; u.a. (Hg.) (1990): *Attention deficit hyperactivity disorder.* München (MMV).

Geschehen besser wahrnehmen kann, entwickelt wahrscheinlich auch die Fähigkeit, mit anderen sinnvoll und harmonisch zusammen zu sein. Überhaupt sind die Kettenreaktionseffekte, die sich aus der eigentlichen Wirkung ergeben, besonders wichtig. Wer sich besser konzentrieren kann, bringt bessere Schulleistungen, wer ruhiger ist, kann länger an einem Spiel bleiben, wer weniger aggressiv ist, findet schneller Freunde usw.

Der Schuss kann allerdings auch nach hinten 'rausgehen: es kann passieren, dass Betroffene durch die Gabe von Ritalin erst merken, was für seltsame Vögel sie im Vergleich zu den „Normalen" sind, und das kann mitunter sehr traurig stimmen und bis hin zu schweren Depressionen führen. Auch solche nachfolgenden Effekte sind zwar im Grunde ein Zeichen dafür, dass das Medikament wirkt, aber halt eben auch unglücklich wirkt. Insgesamt könnte man sagen, dass, wenn Ritalin wirkt, es so ziemlich genau das verändert, was im Krankheitsbild der ADHS zusammengefasst wird. Fast so eine Art Wundermittel also, und das gilt im selben Maß auch für die

Nebenwirkungen

Kurz gesagt: die Nebenwirkungen sind in den allermeisten Fällen undramatisch. Die Kinder können manchmal nicht so gut einschlafen, sie haben keinen rechten Appetit mehr. Andere Nebenwirkungen wie z.B. Herzklopfen oder Schwindel legen sich meist rasch [10]. Dass die Nebenwirkungen so gering sind, liegt sicherlich auch daran, dass im Verhältnis zum Körpergewicht nur sehr wenig Wirkstoff (ca. 1.0 mg/kg, Vorsicht: das ist *kein* Dosierungshinweis!) [11] verabreicht wird.

---

10 Vgl. hierzu Trott, G.-E. u.a.(1995): *Die Pharmakotherapie der hyperkinetischen Störungen.* In: Steinhausen, H.-C. (1995): *Hyperkinetische Störungen im Kindes- und Jugendalter.* Stuttgart (Kohlhammer), 212.

11 Vgl. Du Paul, G.J. ; u.a.: *Stimulants.* In: Barkley, R.A. (Hg.) (1998): *Attention Deficit Hyperactivity Disorder.* New York (Guilford), 511.

Ritalin macht in den normal verschriebenen Mengen bestimmt nicht süchtig. Die Substanz wird schon seit rund vierzig Jahren bei Kindern mit ADHS verwendet und noch nie (!) wurde in einer wissenschaftlichen Publikation von einem Suchtfall innerhalb einer normalen Behandlung berichtet. Und glaube mir, wenn es jemals eine solche Publikation gegeben hätte, wäre das sensationell und würde nicht nur in einem kleinen wissenschaftlichen „Käseblättchen" gebracht, sondern weltweit diskutiert werden. Also, was Sucht und Ritalin angeht, da sei beruhigt.

Aber, der Vollständigkeit halber: Man *kann* Ritalin schon missbrauchen, das ist dann allerdings in etwa so, wie wenn man sich über den Gebrauch von Klosterfrau Melissengeist eine Alkoholabhängigkeit einhandelt. Ein Löffel vor dem Schlafengehen macht nicht süchtig. Wenn du dir allerdings jeden Tag zwei Flaschen genehmigst, wirst du dein - im wahren Sinn des Wortes - blaues Wunder erleben. So ähnlich ist es bei Ritalin auch. Wenn du es missbrauchst, es in rauen Mengen in dich hineinschüttest, dann entwickelt es eine ähnliche Wirkung wie Kokain. Dadurch, dass in Deutschland der Arzt in der Regel die Rezepte kontrolliert, ist ein derartiger Missbrauch allerdings nahezu ausgeschlossen.
Die Befürchtung, dass Kinder, die Ritalin nehmen, auch in Zukunft ihre Probleme nur mit chemischen Krücken meistern können, trifft fast nie zu. Solche Lernvorgänge wären dann eher von anderen Einflüssen abhängig (davon in einem der späteren Kapitel). Es ist auch ganz logisch: Wenn du selbst einmal in deinem Leben Medikamente über lange Zeit hinweg nehmen musstest, die deine Stimmung beeinflussen (z.B. Antidepressiva), dann wirst du das kennen: man mag diese Pillen überhaupt nicht gerne. Man sieht zwar deren Notwendigkeit ein, aber lehnt sie in etwa so ähnlich ab, wie man einen Gipsverband ablehnt. Der juckt gewaltig und keiner würde sich bei einer leichten Prellung freiwillig einen Gipsverband anlegen lassen. So ist es auch bei den „psychischen Verbänden" - keiner mag sie, denn sie jucken und kratzen fürchterlich.

Wenn dein Kind plötzlich anfängt, häufig und nervös mit den Augen zu klimpern, oder irgendwelche wiederkehrenden seltsamen Bewegungen ausführt oder seltsame „Wortrituale" ausübt (diese Verhaltensäußerungen werden mit „Tics" bezeichnet), geht das meist nach ein paar Wochen wieder weg. Tics können aber Anhaltspunkte für eine zu hohe Dosierung sein (das müsste der Arzt aber wissen). Das Letzte, was mir bekannt ist und das ich als ernstzunehmende Nebenwirkung erachte, ist, dass manche aufmerksamkeitsgestörte Kinder bei der Gabe von Ritalin gerade noch mehr phlegmatisch und unkonzentriert werden. Das ist aber meist auch eine Folge von zu hoher Dosierung. Stärkere oder andere Nebenwirkungen sind aus der Fachliteratur nicht bekannt geworden.

2.1.2 Monoaminooxidasehemmer, z.B. Aurorix® (Roche)

Wie wir ja alle fleißig gelernt haben, spielt die Monoaminooxidase beim Abbau der Katecholamine eine große Rolle. Konsequenterweise müsste ein Medikament, das die Produktion der Monoaminooxidase hemmt, eine günstige Wirkung haben. Das ist ja auch, wie bereits erwähnt, die zur Zeit wahrscheinlichste Hypothese dafür, warum Ritalin wirkt. Und in der Tat: die bisherigen Studien [12] zeigen eine äußerst günstige Wirkung, die aber nicht mit dem ursprünglichen Verwendungszweck dieser Mittel als Antidepressiva gleichzusetzen ist. Hier zeigt sich eine sehr interessante und deshalb zur Zeit recht häufig untersuchte Alternative zur Gabe von Ritalin.

[12] Trott hat hier eine Studie im deutschsprachigen Raum vorgelegt (vgl. Trott, G.-E. u.a.(1995): *Die Pharmakotherapie der hyperkinetischen Störungen.* In: Steinhausen, H.-C. (1995): *Hyperkinetische Störungen im Kindes- und Jugendalter.* Stuttgart (Kohlhammer), 216f.), und insgesamt laufen gerade viele Studien auf diesem Gebiet.

2.1.3 Imipramin, z.B. Tofranil® (Novartis), Desipramin, z.B. Pertofran® (Novartis)

Sowohl beim Konstrukt ADHS wie auch bei dem der Depression sind innerhalb der neurochemischen Ätiologie die Katecholamine von Bedeutung. Wen wundert's also, wenn man es auch mit verschiedenen Antidepressiva versucht, die greifen ja auch in den Katecholaminhaushalt ein. Sie wirken manchmal genauso gut wie Stimulantien, besonders auf dem Gebiet der motorischen Unruhe und der Hyperaktivität. Die Aufmerksamkeitsstörung wird im Allgemeinen weniger gut beeinflusst. Es gab bei der Therapie in den USA ein paar Zwischenfälle, deshalb gelten diese Medikamente eher als Notnagel.

2.1.4 Fenetyllin, z.B. Captagon® (Asta Medica)

Dies ist sozusagen eine Alternative, wenn Ritalin nichts bringt. Es ist - nebenbei gesagt - auch billiger (was bei Verschreibungen nicht so ins Gewicht fällt) und wirkt länger (rund 12 Stunden). Aufgrund seiner seltenen Verordnung (warum auch, schließlich wirkt Ritalin ja ohnehin häufiger und besser) gibt es wenig Studien darüber, ich kenne keine kontrollierte Studie und habe auch keine eigenen Erfahrungen mit Captagon. Aber als Alternative zu Ritalin wäre es sicherlich dann bedenkenswert, wenn die Störung unerträglich schwer ist und Ritalin eben nichts bringt. Dann kann der Arzt die Alternativbehandlung erwägen.

2.1.5 Amphetaminil, z.B. AN 1® (Krugmann)

AN 1 ist eigentlich ein Narkoleptikum (erinnerst du dich an die Geschichte der medikamentösen Behandlung der ADHS? In manchen Ländern gab es nichts anderes als dieses Amphetaminderivat). Ich habe keinen Studien über seine Wirksamkeit gefunden, und, wie es scheint, wird es auch bald aus dem Handel genommen [13].

---

[13] In der Gelben Liste von 1997 war es noch aufgezählt (vgl. *Gelbe Liste Pharmindex* (1997). Neu-Isenburg (MediMedia)), wie ist es nun?

2.1.6 Kaffee??? Cola??? Nein!!!

Wenn man das jetzt alles gelesen hat, könnte man meinen, dass man auch mit „einfacheren“ Mitteln solche Erfolge erzielen könnte, mit „Volksstimulantien“ beispielsweise. Kaffee oder Cola stimulieren doch auch, also müssten sie doch auch Wirkung erzielen. Die Tatsache, dass Koffein auf die ADHS keine Wirkung erzielt, sondern sowohl bei gesunden wie auch bei „kranken“ Kindern nur die Unruhe noch steigert, macht uns mal wieder deutlich, mit welchem komplizierten Mechanismus wir es tatsächlich zu tun haben. ADHS ist eben doch nicht einfach nur „herumzappeln“ oder „sich nicht konzentrieren können“ oder ein „Zappelphilipp“ sein usw.

Es scheint eher so zu sein, dass das Konstrukt der ADHS durchaus berechtigt auf eine Veränderung des Neurotransmitterhaushaltes bei den Katecholaminen zurückzuführen ist. Vielleicht gilt das nicht für alle Fälle von ADHS, aber immerhin für viele. In diesem Buch werden wir uns also nicht mit der Frage herumschlagen, ob Medikamente wirken - sie tun's, das sei hier einmal eindeutig formuliert. Wer gegen Medikamente wettert, weil sie Nebenwirkungen haben sollen oder süchtig machen usw., zeigt nur, dass er die Literatur nicht kennt. Nein, Medikamente wirken!

Es bleibt uns aber immer noch die äußerst wichtige Frage zu besprechen, ob und wann man Medikamente versuchen sollte, und wann man es besser sein lassen sollte. Diese Frage ist überwiegend pädagogischer Natur und sie muss also auch vor diesem Hintergrund erörtert werden. Mich wundert es, dass so wenig studierte Pädagogen zu dieser Thematik Aussagen treffen. Wir werden uns dieser Frage im praktischen Teil noch gründlicher zuwenden.

Ziehen wir bis hierher einmal ein kurzes

FAZIT Es gibt Medikamente, die aufgrund neurochemischer Forschungen in der Lage sind, die Wechselwirkungen der relevanten Neurotransmitter zu beeinflussen. Das Zusammenspiel dieser Transmitter ist komplex, so dass man infolgedessen auch noch nicht vollständig erklären kann, was genau an einem Medikament wirkt. Aber *dass* Medikamente (und hier vor allem das Methylphenidat und das Moclobemid) wirken, ist unbestreitbar. Pädagogisch orientierte Literatur über ADHS muss sich diesbezüglich vor allem mit der Frage auseinandersetzen, ob und wann der günstige Effekt dieser Medikamente nicht genutzt werden sollte, weil man sich dadurch evtl. gewisse Nachteile einhandelt, die die Behandlung mit Medikamenten unklug erscheinen lassen.

2.2 Wann und wie sind Medikamente einzusetzen?

Die Frage, ob und wann man Medikamente einsetzen sollte, hat aber auch einen medizinischen Aspekt, und dem widmen wir uns nun zum Abschluss dieses Kapitels.

Ich stelle mir in den folgenden Zeilen einen Freund von mir vor, der Arzt ist und gemeint hat: „Jörg, schreib doch mal in ein paar Stichpunkten auf, was ein Arzt über Ritalin und so weiter wissen müsste, bevor er beschließt, sich in die einschlägige Fachliteratur zu stürzen". Vielleicht erfüllt das Folgende diesen Wunsch.

Klar, wenn die ADHS nicht besonders stark ausgeprägt ist, schießt auch ein Arzt nicht gerne mit Kanonen nach Spatzen, schließlich sind Medikamente für den Organismus immer eine Art von Fremdkörper und haben immer neben den erwünschten Effekten auch gewisse Nebenwirkungen. Nebenwirkungen sind immer auch statistische Größen. Nur deshalb, weil bestimmte Nebenwirkungen nur vereinzelt auftreten, muss das noch lange nicht bedeuten, dass kein Patient diese Nebenwirkungen erlebt. Jeder Arzt sollte die Entscheidung einer Medikamentierung also zunächst einmal von der *Schwere* der ADHS abhängig machen [14]. Dabei sollte er nicht nur die Einschätzung der Eltern einholen, sondern auch die der

---

14 Entsprechende Einschätzskalen werden in einem der folgenden Kapitel gezeigt.

Lehrer usw. und auch die Meinung des betroffenen Kindes.
Wenn die Eltern beispielsweise nicht mitmachen wollen oder umgekehrt übereifrig sind (nach dem Motto: „viel hilft viel"), dann sollte man möglicherweise erst einmal mit gründlicher Aufklärungsarbeit beginnen, u.U. sogar auf eine medikamentöse Therapie verzichten. Nach meinen Erfahrungen besteht übrigens bei Ärzten immer wieder trotz großen Behandlungsinteresses ein Vorbehalt: sie wollen Medikamente deshalb nicht gerne selbst verschreiben, weil sie sich allein und ohne therapeutische Begleitung überfordert fühlen. Das ist ja auch verständlich. Schließlich hat ein Arzt ja auch andere Aufgaben zu erfüllen als ein therapeutischer Begleiter. Dennoch möchte ich Ärzten Mut machen, wenn eine therapeutische Begleitung [15] vorhanden ist, ruhig selbst Erfahrungen mit der medikamentösen Behandlung zu machen.
Medikamente sind auch dann verkehrt, wenn das betroffene Kind Gegenanzeigen aufweist, Schilddrüsenfunktionsstörungen, Hypertonie, Schlafstörungen, Epilepsie und Tics sind die wichtigsten (mir ist ein Fall bekannt, wo ein Universitätsprofessor (!) bei einem Kind mit Tics Ritalin verordnen wollte, da hat er wohl etwas falsch verstanden...). Man kann davon ausgehen, dass Medikamente in 75% der Fälle wirken, und wenn sie wirken, dann merkt man das auch deutlich. Der Unterschied zum Placebo ist deutlich. Aber bitte nicht nur die Eltern fragen, sondern auch andere Außenstehende! Der Effekt der selbsterfüllenden Prophezeiung tritt bei Medikamenten und der Beobachtung der Außenwirkung recht schnell auf.
Im Gegenzug: man merkt es auch, wenn das Medikament nicht wirkt - eben daran, dass nichts geschieht (und das merkt man bei Methylphenidat und Moclobemid sehr schnell, innerhalb von Stunden). Je nach Medikament muss man darauf achten, wann die erwartete Wirkung erst eintreten kann. Das geschieht manchmal innerhalb von Stunden, manchmal auch erst innerhalb von einigen

[15] Vorsicht: nicht jeder Psychotherapeut ist gut und nicht jeder „Laie" ist schlecht! Ich beschreibe im zweiten Teil dieses Buches die therapeutische Begleitung, wie sie mir sinnvoll und sachgemäß erscheint.

Wochen. Tritt die Wirkung dann aber nicht ein, so wird sie auch nach längerer Gabe nicht eintreten. In solch einem Fall sollte man das Medikament wechseln oder alternative Behandlungswege einschlagen.

Zwei Ratschläge:

an den *Ratsuchenden*: Fühle dem behandelnden Arzt ruhig ein wenig auf den Zahn. Nicht jeder Arzt hat die Zeit, sich mit der ADHS in angemessener Form zu beschäftigen. Du kannst ihn ja nach Medikamenten und möglichen Alternativen fragen. Du kannst ihn nach der Wirkungsweise der Medikamente befragen. Wenn er das alles weiß, dann kannst du davon ausgehen, dass er sich informiert hat.

an den *Arzt*: Manche deiner ratsuchenden Eltern werden „richtig heiß" sein, sie haben möglicherweise einen Haufen schlechter Zeitschriftenartikel gelesen, waren oft im Internet surfen und meinen, sie könnten es nun mit jeder Kapazität auf diesem Gebiet aufnehmen. Ruhe ist angesagt und Professionalität. Lass dich nicht auf einen „Wissenswettstreit" ein.

3. Was spricht gegen Medikamente?

Gegen Medikamente spricht einiges, an dieser Stelle seien einmal die eher naturwissenschaftlichen Argumente aufgezählt. Gleich vorab: viele Argumente gibt es nicht, und die wenigen gegnerischen Argumente leiden zur Zeit auch noch unter einem üblen Handicap: Es geistert nämlich das Gerücht herum, die Gegner der medikamentösen Behandlung seien von der Scientology Church infiltriert. Scientology Church hat (zu Recht) einen so schlechten Ruf, dass schon die Ahnung, Gegner der medikamentösen Behandlung könnten von ihr infiltriert sein, eine massive Abwehr gegen diese Argumente erzeugt. Diese Abwehr ist verständlich, aber trotzdem nicht richtig. Denn man könnte genauso gut (oder eher noch leichter) auch vermuten, dass die Befürworter der Medi-

kamente von „Novartis, Roche GmbH und Co KG“ infiltriert werden.
Im Unterschied zu der Scientology-Vermutung ist es durchaus kein Gerücht, dass Pharmafirmen keine karitativen Unternehmen sind. Da wird richtig viel Geld gemacht und ich persönlich kann mir zumindest vorstellen, dass Pharmafirmen sich über verkaufsfördernde Ergebnisse der Forschung mehr freuen als über kritische Argumente [16]. Bevor sich das Gerücht in ganz Deutschland ausbreitet und dort denselben Schaden verursacht wie in den USA, sollte man wissen, dass die große Kampagne gegen Ritalin von Seiten vermuteter Scientologen in den späten 80er Jahren stattfand und eigentlich nicht mehr aktuell ist [17]. Das Ganze ist schon länger her, mittlerweile haben sich die Gemüter dort wieder zu einem kühlen und rationalen Verständnis abgekühlt. Ich halte es nicht für besonders sinnvoll, wenn sich nun - die üblichen rund zehn Jahre später - auch die Deutschen über dieses Gerücht erhitzen.
Wie dem auch sei, ich finde, wir sollten uns mit Medikamentengegnern selbst dann auseinandersetzen, wenn sie nicht ganz lupenrein sind. Ein Autor unter ihnen ist sehr präsent, Peter Breggin (er hat eine eigene Homepage, www.Breggin.com). Ihm wird ausdrücklich eine Beziehung zur Scientology-Church zugeschrieben; das geht dann beispielsweise so: „'Breggin ist ein allerorten bekannter Anti-Medikationist. Er glaubt ebenso nicht, dass Leute mit Schizophrenie medikamentös behandelt werden sollten. Es ist ziemlich klar, obwohl dies bewusst vertuscht wird, dass er mit den Scientologen Verbindungen pflegt' schrieb eine gewöhnlich gut informierte Amerikanerin über diesen Breggin-Text. Wir gehen davon aus, dass Dr. Breggin (und die Scientologen) dies als Verschwörungstheorie bezeichnen würden und enthalten uns aus

16 Der Fantasie sind auf diesem Gebiet sicherlich keine Grenzen gesetzt, jeder träumt gern von einem Urlaub in der Südsee...

17 Die wichtigsten Artikel waren wohl die von Bass, Cowart und Dockx. Vgl. Bass, A. (1988/28.3): *Debate over Ritalin is heating up: Experts say critics are lashing out for all the wrong reasons.* Boston Globe, 36-38. Cowart, V.S. (1988): *The Ritalin controversy: What's made this drugs opponents hyperactive?* J Am Med A 259, 2521-2523. Dockx, P. (1988, 11.1.): *Are schoolchildren getting unnecessary drugs?* Woonsocket, RI, Sun Chronicle, 15.

opportunen Gründen einer Meinung. Breggin ist bis jetzt eine amerikanische Angelegenheit“ [18].

Im Gegenzug trägt Breggins Organisation [19] Studien herbei, die behaupten, dass insbesondere die Firma Novartis aktiv Selbsthilfe-organisationen, Ärzte und Schulen finanziell unterstütze, damit diese für eine häufigere Diagnosebereitschaft für ADHS sorgen sollen [20]. Das klingt von beiden Seiten aus recht konspirativ. Hinzu kommt, dass die jeweils zitierten Fachartikel auch in einer „konspirativen“ Sprache verfasst sind: der neurochemischen Fachsprache.

Sowohl Befürworter als auch Gegner der medikamentösen Behandlung verweisen auf wissenschaftliche Studien, die in ihrer Terminologie nur äußerst schwer verständlich sind. Zusammenfassungen in allgemein verständlicher Sprache haben die Eigenschaft, dass sie allzu leicht tendenziös verstanden werden können. Man kann eigentlich nur hoffen, dass die Autoren der jeweiligen Studien und die Zusammenfasser und Vereinfacher dieser Studien rechtschaffene und integre Persönlichkeiten sind.

Breggin bringt seine Einwände recht deutlich zur Sprache. Hier die deutlichsten:

1. Stimulantien können unwiderrufliche Hirnschäden verursachen,
2. Stimulantien können sowohl im Herz-Kreislauf- als auch im Zentralnervensystem ungünstige Effekte verursachen,
3. sie können das Wachstum und insbesondere das Hirnwachstum beeinträchtigen,
4. sie unterdrücken die Entwicklung bestimmter natürlicher Verhaltensweisen wie Spontanität und Soziale Fertigkeiten [21].

Worauf beruft sich hier Breggin? Natürlich auf „wissenschaftliche Studien“. Sind diese seriös? Ich habe zwei dieser Studien hinsichtlich der Autorenschaft überprüft. Die Autoren scheinen sehr seriös

---

18 www.wish-you-where-here.de/medi/ritalin/ritali09.html [6.6.00].

19 Center for the Study of Psychiatry and Psychology.

20 Vgl. www.breggin.com/consensusppstmt.html [6.6.00].

21 Vgl. Breggin, P.R. (1998): *Report to the plenary session of the NIH Consensus Conference on ADHD and its treatment.* www.breggin.com/RitalinNIHSPEECH.html [12.10.99].

zu sein, zumindest stammen sie von renommierten Universitäten und publizierten ihre Studien in anerkannten Fachzeitschriften [22]. Was ist von den Einwänden zu halten? Auf der einen Seite spricht man von völliger Unbedenklichkeit, auf der anderen Seite findet man gerade das Gegenteil, und beide Positionen berufen sich auf wissenschaftliche Studien. Ohne jetzt in einen wissenschaftstheoretischen Exkurs einzumünden, kann man eindeutig sagen, dass wissenschaftliche Ergebnisse *niemals* der absoluten Wahrheit entsprechen. Absolute Wahrheit ist ein Begriff, der in der seriösen Wissenschaft nirgendwo als erreichbar auftaucht.
Man sollte wissenschaftliche Ergebnisse nie als der Weisheit letzten Schluss betrachten, sondern mit einem gewissen Misstrauen und einer Portion gesundem Menschenverstand. Wissenschaftliche Ergebnisse werden in der Regel mithilfe der Statistik auf ihren Richtigkeitsgehalt hin untersucht: dieser wird - grob vereinfacht - in Prozenten angegeben. Nur, Papier (und heute auch entsprechende Computersoftware) ist geduldig und man kann Statistiken in nahezu beliebigem Maße „frisieren“. Deshalb ist Misstrauen angesagt und an dieser Stelle meine eigene Auffassung bezüglich der medizinischen Einwände gegen eine medikamentöse Behandlung der ADHS in einem persönlichen

FAZIT Ich glaube zur Zeit, dass aufgrund der überwiegend positiven Erfahrungen mit Medikamenten, insbesondere mit Stimulantien und Monoaminooxidasehemmern, davon ausgegangen werden kann, dass diese Medikamente einen sehr hilfreichen therapeutischen Effekt bewirken können und deshalb u.U. eingesetzt werden sollten. Es besteht bei der alleinigen medi-

---

22 P.K. Sonsalla und Mitarbeiter sind an der University of Medicine and Dentistry of New Jersey tätig. Der Artikel, auf den sich Breggin bezieht, lautet: Sonsalla, P.K.; u.a. (1997): *Inhibition of striatal energy metabolism produces cell loss in the ipsilateral substantia nigra.* Brain Research, 773, 223-226. W.P. Melega und Mitarbeiter arbeiten am Department of Molecular and Medical Pharmacology an der University of California, UCLA School of Medicine. Ihr Artikel lautet: Melega, W.P. (1997): *Recovery of striatal dopamine function after acute amphetamine and methamphetamineinduced neurotoxity in the vervet monkey.* Brain Research, 766, 113-120.

kamentösen Therapie jedoch die Gefahr, die Störung zu verniedlichen. ADHS ist kein fauler Zahn, den man mit Hilfe eines Medikamentes einfach so ziehen kann. Sie ist m.E. ein deutlicher Hinweis darauf, dass in unserer Gesellschaft im Allgemeinen und im Umgang mit unseren Kindern im Besonderen etwas seit längerer Zeit falsch gelaufen ist. Wer deshalb meint, ADHS sei alleine mit Medikamenten zu behandeln, der macht sich einer allzu großen Schönfärberei schuldig. Wir müssen in unserer Gesellschaft und in unserem Umgang mit den Kindern etwas ändern. ADHS ist ***noch*** eine Krankheit, die man medikamentös behandeln sollte. Das muss nicht immer so bleiben.

Kapitel 4

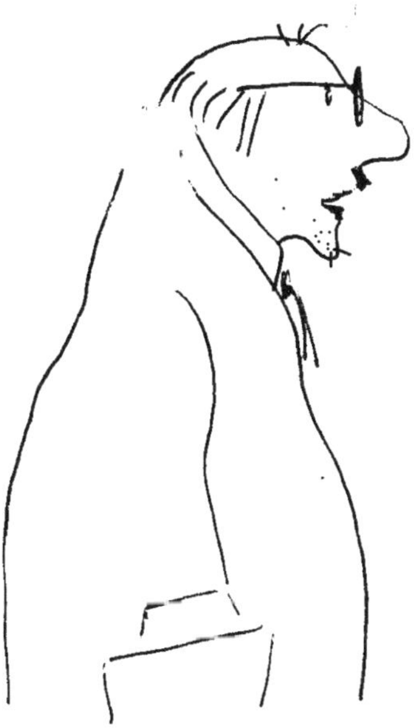

Diagnose der ADHS

Wir haben im ersten Kapitel festgestellt, dass die ADHS ein hypothetisches Konstrukt ist, das gerade durch sein Vielfältigkeit natürlich auch schwer zu erkennen und einzuschätzen ist. Die Schwierigkeit der Einschätzung kann einerseits dazu führen, dass man tatsächlich betroffene Kinder und Jugendliche, aber in zunehmendem Maße auch Erwachsene nicht erkennt und ihnen deshalb die notwendige Hilfe nicht zukommen lässt. Sie kann aber auch dazu führen, dass du deine eigene Situation oder die Situation des dir anvertrauten Kindes dramatisierst und übertreibst. Deshalb ist es natürlich zwingend, sich wirklich genau darüber zu informieren, was sozusagen der „Stand der Technik“ in der Diagnose der ADHS ist. Wir wollen uns in diesem Kapitel also gründlich mit der Frage der Diagnose von ADHS auseinandersetzen. Das ist ein recht pragmatisches und konkretes Vorgehen, und so will ich auch dieses Kapitel pragmatisch und konkret gestalten.

1. Stell dir vor...

da ist ein Kind oder ein Jugendlicher (Erwachsene lassen wir in diesem Buch einmal weg), der irgendwie in dein Umfeld kommt, und du fragst dich, ob dieses Kind vielleicht ADHS hat [1]. Es spielt hier übrigens zunächst einmal keine Rolle, ob dieses Kind deines ist, ob es in deiner Kinderstunde sitzt, in deiner Schulklasse oder in deiner Praxis - die ersten Schritte der Diagnose sind in jeder Situation sehr ähnlich und entsprechend durchführbar. Wisse eines jedoch gleich vorab: Tests zur Erfassung von ADHS gibt es nicht. Gibt es wirklich nicht, auch wenn in vielen Büchern Hinweise auf empirische Testverfahren [2] gegeben werden. Dabei handelt es sich immer nur um Verfahren, die eigentlich für andere Zwecke entwickelt wurden. Ich halte das Verhältnis zwischen Aufwand und Ergebnis dieser Tests im Rahmen dieses Buches für zu ungenügend, um sie zu nennen [3].

---

1 Denke schon jetzt wieder daran: wir wissen nicht, ob das, was wir ADHS nennen, die tatsächliche Störung ist. ADHS ist ein hypothetisches Konstrukt.

2 Vgl. beispielsweise: Neuhaus, C. (1996): *Das hyperaktive Kind und seine Probleme.* Ravensburg (Ravensburger). Krause, J. (1996): *Leben mit hyperaktiven Kindern.* München (Piper). Holowenko, H.(1999): *Das Aufmerksamkeits-Defizit-Syndrom.* Weinheim (Beltz).

... du wärst ein kritischer Rationalist

Was hat kritischer Rationalismus (die Erklärung folgt sogleich) mit der ADHS-Diagnose zu tun? Du brauchst zunächst eine Haltung, die deinen Verdacht auf ADHS *in Frage stellt*, schließlich suchst du nicht das *Gefühl*, jemand habe ADHS, sondern eine *begründbare Argumentation*, warum du diese Vermutung hast. Um diese möglichst sichere Begründung zu bekommen, musst du auf das beste bekannte Verfahren zurückgreifen, mit dem man den Richtigkeitsgehalt einer Hypothese bestimmen kann. Hiermit präsentiere ich es dir, aber Vorsicht, es ist sehr scharf und es kann sein, dass du dich damit ins eigene Fleisch schneidest. Die gründlichste Art, um die Richtigkeit einer Hypothese herauszufinden, ist die Methode, die Karl Popper im kritischen Rationalismus vorgeschlagen hat.

Sie ist überhaupt nicht bequem, sie macht auch überhaupt keinen Spaß (im Gegensatz zum Ausfüllen von Testbögen), dafür ist sie aber äußerst wirkungsvoll: Sie besagt, dass man die Richtigkeit einer Hypothese nur so lange annehmen kann, solange es nicht gelingt, diese zu *widerlegen*. Die Aufgabe des Forschers ist nicht der Beweis der Hypothese, sondern der Beweis deren *Falschheit*! (Der Fachbegriff für dieses Vorgehen ist: Falsifikation.) In dem Moment, wo die Hypothese durch irgendwelche Verfahren kritisiert werden kann, muss sie als falsch angesehen werden. Ich nenne dieses Verfahren gerne die *destruktive Kritik*. Wie geht das konkret in unserem Fall?

Stell dir vor, du wärst jemand, der die Behauptung, dieses Kind habe ADHS, gerade ***widerlegen*** müsste („Unschuldig, Euer Ehren!"). Du müsstest die destruktive Kritik führen. Du willst dann nicht mehr beweisen, dass dieses Kind ADHS hat, sondern dass es diese Störung gerade nicht hat, und benutzt dazu alle Methoden, die dir zur Verfügung stehen (vgl. folgende Textab-

---

3 Dieser Meinung ist übrigens auch Barkley in seinem Standardwerk: „Psychological test data should not be oversold either as a basis for diagnosis or as a unitary standard for assessing treatment effects". Barkley, R.(1998): *Attention Deficit Hyperactivity Disorder*. New York (Guilford Press), 307.

schnitte). Solange es dir nicht gelingt, mit Hilfe der destruktiven Kritik die Hypothese zu widerlegen, kannst du getrost davon ausgehen, dass auch keine andere Methode dies fertig bringt. Solange du die Hypothese, dein Kind habe ADHS, nicht widerlegen kannst, musst du davon ausgehen, dass es ADHS hat. In dem Moment, wo du auch nur den kleinsten Zweifel hast, musst du allerdings diesem Zweifel sofort und ohne Bequemlichkeit nachgehen. Ich schreibe dies, weil es gefährlich einfach ist, bei ADHS von einer eindeutigen Krankheit auszugehen, die man medikamentös behandeln kann. Viel schwieriger, aber aufrichtiger und kindgerechter ist es, bei der ADHS von einem hypothetischen Konstrukt auszugehen.

Sei der Verteidiger des Kindes. Versuche, die (Hypothese der) Krankheit deines Kindes mit allen Mitteln anzufechten, und solange dir dies nicht gelingt, musst du - leider - davon ausgehen, dass es diese Krankheit tatsächlich hat. Verfolge den lateinischen Rechtsgrundsatz: „in dubio pro reo" - im Zweifel für den Angeklagten. Ich schlage dir diese Methode nicht deshalb vor, weil ich ein Gegner der ADHS bin, sondern weil ich finde, dass es unser Auftrag ist, die Kinder zu schützen. Dazu müssen wir uns der besten Methode unserer Erkenntnisgewinnung bedienen und eben nicht der zweitbesten.

Die zweitbeste Methode ist die, die in den einschlägigen Diagnoseverfahren vorgeschlagen wird, nämlich zu beweisen, dass ein Kind ADHS hat [4]. Solange es Hinweise darauf gibt, dass es ADHS hat, kann man bei dieser Methode davon ausgehen, dass diese Vermutung zutrifft. Bezüglich einer Krankheitshypothese ist die „destruktive" Methode Poppers die optimistische (sie versucht zu beweisen, dass das Kind diese Krankheit *nicht* hat) und die Methode der klassischen Empirie die pessimistische (sie versucht, zu bestärken, dass das Kind eben die Krankheit *hat*). Wenn es mit

[4] Dieses Verfahren - das Verfahren innerhalb der klassischen Empirie - benutzt die Verifikation als Grundprinzip und geht davon aus, dass, so lange noch Beweise gefunden werden können, die Hypothese als richtig gelten könne (vgl. Dieterich, J. (1999): *Streiflichter zur Wissenschaftstheorie*. Freudenstadt (IPS)).

der optimistischen Methode nicht gelingt, die ADHS-Vermutung abzuweisen, dann ist die Sicherheit, mit der du das Vorliegen von ADHS begründen kannst, auch gegenüber jedem Gegner der ADHS stichhaltig.

2. Schritte der Diagnostik

Welche Diagnoseverfahren kannst Du dazu benutzen? Im Grunde dieselben, die auch die Pessimisten (also die „Tester") benutzen, also die üblichen Verfahren, die du in einschlägigen Büchern findest - aber eben mit einem anderen Vorzeichen. Diese Umwertung der Diagnoseverfahren ist nicht ganz einfach, außerdem beanspruche ich mit dem vorliegenden Buch ja auch Ausführlichkeit, deshalb stelle ich dir die einzelnen Schritte zur Diagnose im Sinn der destruktiven Kritik hier vor. Es empfiehlt sich, die Ergebnisse der einzelnen Schritte schriftlich zu fixieren, so kannst du deine Diagnose für andere verständlich und überprüfbar machen.

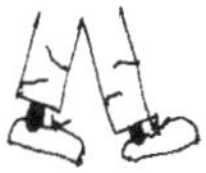

- das familiäre Umfeld

Versuche herauszufinden, ob in der Familie des Kindes irgendwelche Einflüsse existieren, die das als ADHS vermutete Verhalten anders, gfls. sogar einfacher begründen können. Dazu einige Möglichkeiten, die du abklären solltest:

- Liegen Fälle von Alkoholismus während der Schwangerschaft vor?
- Gibt es Drogenabhängigkeiten in der Familie?
- Ist das Verhalten der betroffenen Familie unsozial?
- Gibt es Probleme im Erziehungsstil der Kinder, d.h. werden den Kindern zu viele/zu wenige Grenzen gesetzt?
- Werden die Kinder zu viel/zu wenig zu diszipliniertem Verhalten erzogen?
- Bestehen Konflikte der Eltern bezüglich der Erziehungsziele und -methoden?
- Wirkt die Familie unharmonisch?

Zugegeben: manche dieser Fragen lassen sich nicht eindeutig beantworten. Sei mit dir als Diagnostiker also kritisch! Bemühe dich stets, dich selbst in deiner Person innerhalb der Diagnosephase möglichst herauszulassen. Du bewegst dich mit einer ADHS-Diagnose immer auf dünnem Eis. Liegen innerhalb dieses Schrittes der Diagnose allerdings berechtigte Zweifel vor, kannst Du also eine dieser Fragen eher mit „ja" als mit „absolut nein!" beantworten, dann mache dich darauf gefasst, dass auf jeden Fall mindestens - neben der ADHS - koexistierende Probleme vorliegen, die es dann in der Therapie genauso notwendig zu lösen gilt. Notiere dir deine Vermutungen bezüglich koexistierender Probleme bereits zu diesem Zeitpunkt der Diagnose, du wirst sie später leicht wieder vergessen. Hast Du den Eindruck, dass die Mehrzahl dieser Fragen bereits mit „ja" beantwortet werden kann, so solltest du dich auf die Suche nach anderweitigen Ursachen für das Verhalten des betreffenden Kindes machen.

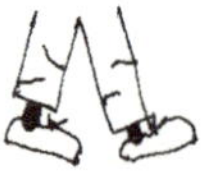

- prä-, peri-, postnatale Besonderheiten

Versuche Hinweise darüber zu bekommen, wie die Geburt des betreffenden Kindes verlief. Benutze hierzu die Erinnerung der Mutter und möglichst auch vorliegende Akten über die Geburt des Kindes.

- Gibt es Hinweise auf Besonderheiten vor, während oder kurz nach der Geburt?
- War die Geburt schwierig, lag evtl. eine kurzzeitige Sauerstoffunterversorgung vor?

Kannst Du diese Fragen eher mit „ja" beantworten, so gehe zumindest von einer koexistierenden Hirnfunktionsstörung des betroffenen Kindes aus. Das ist dann die Sache eines guten Neurologen, das zu überprüfen.

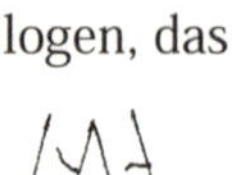

- Ort und Zeit der Symptomatik

Versuche, möglichst viele Informationen darüber zu gewinnen, wie sich die Symptome des betroffenen Kindes zeigen.

- Traten die Symptome (z.B. Irritierbarkeit, Erregbarkeit, vgl. Anhang) erst in der letzten Zeit auf oder schon in der frühesten Kindheit?
- Haben die Symptome ihre Ursache im jeweiligen Umfeld des Kindes?
- Ist das Kind nur in bestimmten, sehr spezifischen Situationen von den Symptomen betroffen (beispielsweise nur im Matheunterricht oder nur im Sonntagmorgengottesdienst usw.)?
- Berichtet nur eine isolierte Gruppe von Betroffenen (nur Eltern, nur ein Lehrer usw.) über die Symptome des Kindes?

Wenn Du diese Fragen eher mit „ja" beantworten kannst, solltest du davon ausgehen, dass die Störung ihre Ursachen eher in einem spezifischen Umfeld des Kindes hat und solltest dich dort auf die Suche begeben.

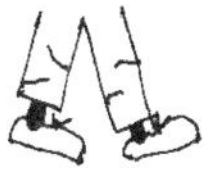

- Fragebögen

Das ganze Verfahren ist immer ein subjektives, du wirst die reine Objektivität in der Diagnose der ADHS nicht so finden wie in der Diagnose einer Masernerkrankung usw. Das entbindet dich nicht von der Pflicht, deine Diagnose möglichst kritisch zu gestalten:

- Benutze hierzu die im Anschluss an dieses Kapitel angefuhrten Fragebögen und Schätzskalen.
- Begib dich selbst in die Situation, wo das Kind die Symptomatik zeigt, und beobachte als der „Anwalt des Kindes" vor allem dahingehend, ob andere Faktoren an der Verhaltensäußerung in dieser Situation beteiligt sein können.
- Gehe mit dem Kind zum Neurologen und führe mit ihm dort Actometrie, Pedometrie und Stabilometrie durch. Lass dir die Ergebnisse und ihre allgemeine Gültigkeit vom Arzt genau erklären.

Die Einschätzung durch die Befragungen, deine eigene subjektive Einschätzung sowie die Ergebnisse aus ärztlichen Untersuchungen sollten dahingehend ausgerichtet sein, deine bisherigen Eindrücke mit Eindrücken einer anderen Kategorie zu konfrontieren. Erlaube dir zum jetzigen Zeitpunkt deiner Diagnose keine Verfestigung deiner eigenen Meinung, sondern bleibe kritisch!

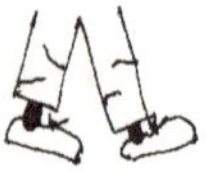 **- Exploration der Lebenswelt des Kindes**

Jetzt ist der Zeitpunkt gekommen, wo du selbst einen angemessenen Einblick in die Situation des Kindes gewonnen hast. Du kannst jetzt damit beginnen, deinen eigenen Eindruck mit den Eindrücken anderer zu konfrontieren.

- Führe Gespräche mit den Eltern des Kindes, den Lehrern, den Kindergärtnern usw.
- Gehe spazieren und beschäftige dich mit dem Kind, spiele mit ihm, lies ihm eine Geschichte vor, arbeite mit ihm ein „Was-ist-Was"-Buch durch, frage es über seine Hobbys aus, seine Leidenschaften usw.
- Finde dadurch heraus, wie sich das Kind in verschiedenen Situationen verhält, ob seine Konzentrationsfähigkeit in bestimmten Dingen nachlässt. Beachte dabei, dass dies natürlich keine Situationen sein sollten, in denen auch ein „gesundes" Kind die Symptome der ADHS zeigen würde.
- Beobachte das Kind beim gemeinsamen Spiel mit Gefährten. Ist sein Verhalten deutlich anders als das seiner Gefährten? Hat es einen andersartigen Kommunikationsstil?

Setze dich in den Unterricht oder gehe an all jene Orte, von denen dir gesagt wurde, dass das störende Verhalten des Kindes dort auftritt, und beobachte das Verhalten des Kindes.

Gehe von einer *kritischen Grundhaltung* aus, denke, das Kind sei normal und versuche, das normale Verhalten des Kindes zu bestätigen.

Achte dabei auf folgende *konkrete Merkmale* [5]:

✖ Daumenlutschen, Nägelkauen, Nasebohren, am Kopf kratzen, auf Papier kritzeln, mit Gegenständen herumspielen.

---

5 Vgl. hierzu Neukäfer, H.; Götze, H. (1978): *Hyperaktives Verhalten im Unterricht*. München (Reinhardt).

- ✖ Mit dem Stuhl schaukeln, Stühle und Bänke rücken, mit den Füßen scharren, den Kopf rhythmisch hin und her bewegen, in der Klasse herumlaufen, plötzlich aufspringen usw.
- ✖ Lautes Singen oder Schreien, unmotiviertes Pfeifen oder Kreischen, Schimpfen, Beleidigen, Auslachen von anderen Schülern oder Lehrern, Reden mit dem Nachbarn, in die Klasse rufen.

3. Leidet das Kind unter der Symptomatik?

Beachte bei diesen Merkmalen aber immer Folgendes: Wenn ein Kind sich in der Nase bohrt, tut es dies vermutlich deshalb, weil es in der Nase kratzt, und nicht deshalb, weil es ADHS hat. Wenn ein Kind an Gegenständen herumspielt, so ist es eher wahrscheinlich, dass dem Kind einfach langweilig ist, weil das Fach uninteressant ist, der Lehrer unsympathisch ist usw., als dass es ADHS hat. Und wer schaukelt nicht gerne auf einem Stuhl?

Wenn du dich noch an deine eigene Schulzeit erinnerst, geht es dir vielleicht wie mir: uns hat es unheimlich Spaß gemacht, Lehrer zu verunsichern und zu ärgern. Wir hatten in unserer Klasse die Angewohnheit, einen drei- oder vierstimmigen Akkord zu summen. Das Summen ging ganz langsam los und hat sich dann immer mehr gesteigert. Das hat die Lehrer fix und fertig gemacht, weil das Geräusch nicht auf eine eindeutige Quelle zurückzuführen war, jeder von uns hielt den Mund geschlossen. Uns hat's Spaß gemacht, den Lehrer hat es genervt. War das herrlich! Sind wir deshalb alle ADHS-krank gewesen, nur weil wir mehr oder weniger laut gesummt haben?
Bei uns in der Klasse gab es Leute, die es fertig gebracht haben, ohne zu fragen aufzustehen, hinauszugehen und, ohne anzuklopfen, wieder zur Klasse hereinzukommen. Das galt bei uns als eine Art von Mutprobe. Von einer Störung der Aufmerksamkeit oder der Aktivität war dabei keine Spur: man musste sich ganz schön konzentrieren, um dieses Hinausgehen möglichst cool hinzubekommen, hyperaktiv durfte man dabei nicht sein, sondern vollkommen beherrscht.

Was ich mit diesen Beispielen sagen möchte, dürfte klar sein: Wenn du bei einem Kind auf Grund von Verhaltensauffälligkeiten ADHS feststellen willst, wirst du dies wohl bei jedem Kind irgendwie fertig bringen. Das liegt einfach daran, dass die Symptome, an denen man ADHS erkennt und diagnostiziert, eben nicht qualitativ vom „normalen" Verhalten unterschieden werden, sondern nur quantitativ. Und diese Unterscheidung ist eben problematisch.
Stelle dir vor, du legst eine Strichliste an, wo du die oben beschriebenen Merkmale bei allen Schülern einer Klasse notierst, um auf diesem Wege herauszufinden, ob „dein" Kind zahlenmäßig eher Symptome der ADHS zeigt als die anderen Schüler. Stelle dir vor, „dein" Kind hätte tatsächlich die meisten Striche hinter den einzelnen Merkmalen. Selbst dann könntest du nicht sicher sein, dass das Kind diese Merkmale erfüllt, weil es ADHS hat. Die Häufung der Merkmale könnte genauso gut auch durch andere Ursachen erklärbar sein. Vielleicht verhält dein Kind sich deshalb so, weil dein Kind die Schule gerade anödet, oder weil es sich auf seinen Geburtstag freut, oder weil es gestern Abend zu lange unter der Decke gelesen hat, oder, oder...
Wir haben Schwierigkeiten, anhand von rein quantitativer Beobachtung ADHS zu diagnostizieren, deshalb mache ich den Vorschlag zu einem weiteren Schritt:

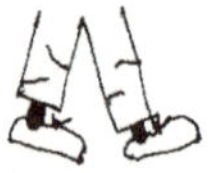

- das „Leidenskonzept"

Das Konzept der ADHS suggeriert, dass es sich dabei um eine Krankheit handelt. Ich behaupte, dass eine Krankheit (nur) in dem Maße vorliegt, in dem der Betroffene selber unter der Symptomatik leidet und unfähig ist, dieses Leiden zu beenden, sprich: sein Verhalten zu kontrollieren. Der Unterschied zwischen Krankheit und Gesundheit liegt wohl weniger in deren Definitionen als eher im Maß des Leidens und seiner Abwendbarkeit.
Gehen wir also einmal davon aus: wenn ein Kind ADHS hätte, und ADHS eine Krankheit wäre, dann müsste das Kind wohl irgendwie darunter leiden. Es kommt jetzt darauf an, in der Diagnose zu

prüfen, ob das Kind tatsächlich leidet und ob dieses Leiden mit den Symptomen zusammenhängt, die man für die ADHS annimmt. Das ist gar nicht so einfach und vielleicht verstehst du auch noch nicht so recht, worauf ich hinauswill. Stelle dir vor, ein Kind kann sich nicht konzentrieren, beispielsweise bei den Hausaufgaben. Jedes normale Kind erkennt hier nun einen Zusammenhang: nämlich den zwischen der Beendigung der Hausaufgaben und dem Beginn der Freiheit. Logischerweise versucht deshalb das Kind, seine Hausaufgaben innerhalb eines Kompromisses zwischen notwendiger Gründlichkeit (sonst gibt's Ärger) und möglichster Flüchtigkeit (sonst sitze ich heute Abend noch hier rum) zu bewältigen, und das finde ich zumindest nicht „krank".
Es ist durchaus möglich, dass das Kind leidet, etwa deshalb, weil es so fürchterlich viele Hausaufgaben auf hat und seine Kumpels draußen schon spielen, oder weil seine Mutter eben ein ordentliches Ergebnis sehen möchte und kein Geschluder. Aber das ist kein Leiden unter den in der ADHS beschriebenen Symptomen. Ein wesentliches Kennzeichen des ADHS-Konstruktes ist, dass biopsychologische Ursachen vorliegen, die ohne Medikamentengabe nicht in ausreichendem Maße verändert werden können. Der Sachverhalt ist in diesem Fall, dass zunächst unbeeinflussbare Ursachen für Leiden vorhanden sind. Und diese Unbeeinflussbarkeit macht m.E. den großen Unterschied zwischen ADHS und „Nicht-ADHS" aus: Die *unbeeinflussbare Leidenskomponente* gibt den wichtigsten Ausschlag innerhalb der Unterscheidung zwischen „normal" und „ADHS".

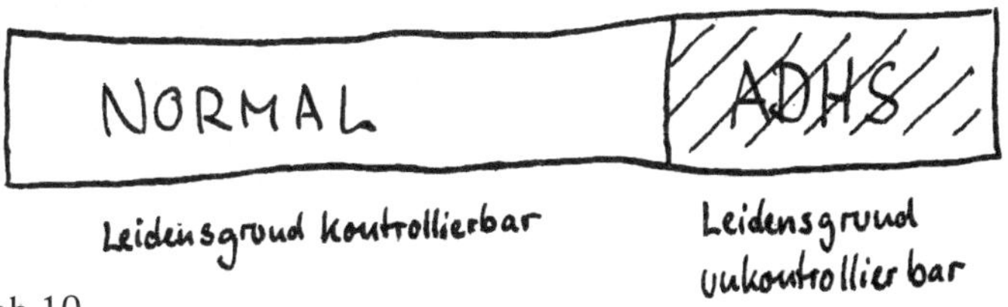

Abb.10

- Wenn du also herausfinden sollst, ob ein Kind eine ADHS „hat", dann untersuche die Kontrollierbarkeitskomponente des Leidens unter den Symptomen.

Ein paar Beispiele zur Unterscheidung zwischen „normal" und „ADHS" können das vielleicht konkreter machen: Also noch mal zurück zur Hausaufgabensituation.

3.1 Was ist normal und was nicht?

„*Normal*" wäre beispielsweise Folgendes:
Kind (denkt): „Mist, ich habe soviel auf und will rausgehen, also muss ich mich eben anstrengen, da hilft alles nichts".
Folge wäre, dass das Kind seine Hausaufgaben ordentlich erledigt und die Situation kontrolliert. Oder:
Kind (denkt): „Ich habe viel auf, also schludere ich ein bisschen und bin dann schneller fertig".
Folge wäre, dass das Kind einen Krach mit seinen Eltern oder eine schlechte Note in Kauf nimmt; auch so kontrolliert es die Situation. Oder:
Eltern (sagen zum Kind): „Tut mir leid, bevor du deine Matheaufgaben nicht gemacht hast, kommst du nicht raus". Hier hätten wir zwei mögliche Folgen:
Folge 1: Das Kind macht seine Hausaufgaben unter Gebrumm und Geächze, die Situation ist unter Kontrolle.
Folge 2: Das Kind rebelliert, die Eltern rücken u.U. beim Therapeuten an und der erarbeitet mit den Eltern und dem Kind dann Möglichkeiten zur Niederschlagung der Revolution und zur Verbesserung des Erziehungsklimas. Auch in diesem Fall ist die Situation kontrollierbar.

„*ADHS*" wäre dann beispielsweise Folgendes:
Kind (denkt): „Mist, ich habe soviel auf, aber, so gerne ich mich konzentrieren würde, ich schaffe die notwendige Konzentration einfach nicht. Ich will ja, aber ich kann nicht und ich weiß auch nicht, warum ich nicht kann".
Folge wäre, dass das Kind seine Hausaufgaben ewig nicht fertig

bringt, nicht weil es nicht will, sondern, weil es nicht kann. Und das ist unkontrollierbar. Oder:
Eltern (sagen): „Ich leide darunter, dass mein Kind es nicht fertig bringt, Aufgaben zu erledigen, von denen ich sicher bin, dass es sie erledigen könnte. Ich weiß auch nicht, warum es das nicht schafft". Auch hier haben wir eine unkontrollierbare Komponente.

Wahrscheinlich hast du den Pferdefuß an diesen Aussagen erkannt: Sie sind nur schwer *richtig zu interpretieren*. Angenommen, das Kind hat erkannt, dass zwischen nicht-Wollen und nicht-Können der Unterschied liegt, dass im letzteren Fall die Strenge der Eltern sofort nachlässt. Wenn es nun den Eltern suggeriert, dass es nicht kann, so ist das ein (schlechter) Trick, um die Hausaufgaben (oder alle anderen unangenehmen Dinge) herum zu kommen. ADHS wäre dann eine Art „Fluchtweg". Angenommen, die Eltern sind zu bequem, um den schweren Weg des „Zurechtschleifens" eines Lausebengels oder einer Träumerliese zu gehen, so könnten auch sie u.U. diesen Fluchtweg benutzen. Oder angenommen, das Kind kann zwar nicht, aber nicht deshalb, weil sein Neurotransmitterhaushalt nicht stimmt, sondern weil es nicht über die notwendigen Fähigkeiten verfügt, so könnte die Situation als „Kind mit ADHS" diagnostiziert werden oder aber auch als Mangel an Fähigkeiten.

Wie können wir in der Diagnose dieser Unklarheit begegnen? Mir fällt hierzu nur eine einzige Möglichkeit ein. Sie stammt, ebenso wie das Konzept des kritischen Rationalismus, das wir bisher in unserer Diagnose verfolgt haben, aus der Wissenschaftstheorie. Diese Methode ist allerdings immer nur so gut, wie derjenige, der sie anwendet, sie ernsthaft versucht.

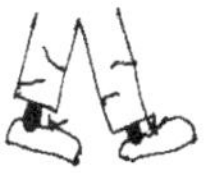

Exkurs: Hermeneutik in der Diagnostik

Hermeneutik heißt die Methode [6]. Sie besagt - in gebotener Kürze

6 Eine hervorragende Einführung in die Methode findet sich bei Danner, H. (1998): *Methoden geisteswissenschaftlicher Pädagogik*. München (Reinhardt).

und stark vereinfacht - Folgendes: Es muss dir darum gehen, das Kind und sein Umfeld vor dem Hintergrund der Beschreibungen von ADHS zu verstehen. Der Begriff des „Verstehens" hat in der Hermeneutik zentrale Bedeutung. Es geht dabei im Grunde um dasselbe Verstehen, das wir benutzen, wenn wir die Zeitung lesen oder uns mit dem Nachbar unterhalten: der Vorgang an sich ist derselbe (du kennst das Verfahren noch aus dem ersten Kapitel). Er unterscheidet sich jedoch hinsichtlich der Gründlichkeit und der Zielstrebigkeit, mit der er verfolgt wird. Stell dir vor, du liest eine dieser Gebrauchsanweisungen, die mit einem Übersetzungsprogramm aus dem Koreanischen ins Englische und von dort ins Deutsche übersetzt wurden: „Stöpsel Buchse 1 auf rot Eingang von grünmantelter Einfassung". Und du musst jetzt kapieren, was da gemeint ist.

Wie gehst du vor? Klar, du versuchst dir eine ungefähre Vorstellung von dem zu machen, was hier gemeint ist und probierst dann, ob es funktioniert... Zisch, Krach, Brumm... Das war's wohl nicht! Also die missverständliche Stelle der Gebrauchsanweisung noch einmal gelesen und etwas anderes ausprobiert. Funktioniert es dann, dann gehst du zum nächsten Punkt der Anweisung. Und wenn du Glück hast, hast du am Schluss mit vielen Versuchs- und Irrtumswegen in einer Art „Spirale des Verstehens" den Gipfel der Erkenntnis deiner Gebrauchsanweisung erklommen, du bist der Meister über dieses Gerät, du verstehst es.

So etwas Ähnliches meint das „Verstehen" in der Hermeneutik. Allerdings nicht das Verstehen eines Videorekorders (obwohl das sicher auch manchmal ein hermeneutischer Vorgang ist...), sondern das Verstehen von Menschen im Allgemeinen. Und im Besonderen auch hinsichtlich der Frage, ob ein Kind ADHS hat oder nicht. Es geht darum, die Symptome der ADHS in einem spiralförmigen Prozess des Verstehens mit dem Symptombild des Kindes zu vergleichen. Dabei trittst du mit deinen Hypothesen aus der Beschreibung der ADHS an das Kind heran und überprüfst diese durch die Auseinandersetzung mit dem Kind, seinem Umfeld und beteiligten Personen.

Gleichzeitig solltest du jedoch auch andere Hypothesen („Faulheit“, „geringe Intelligenz“, „schwierige Familie” usw.) als Konkurrenten in deinem Verstehensprozess mitspielen lassen und überprüfen, ob diese besser zu dem Kind passen. Wie das konkret geht? Nun, wirklich nicht anders, als wenn du etwas wirklich Schwieriges verstehen willst: -> durch Gespräche, -> deine Meinungsbildung, -> Vergleich dieser Meinung mit der Realität, -> Modifikation dieser Meinung, -> neuer Vergleich, -> Modifikation/Ausdifferenzierung der Meinung usw.

Du kannst dir dieses Verstehen wie die umgekehrte Form des Malens eines Bildes zu einem bestimmten Thema vorstellen. Nimm an, du und ich müssten beide ein Bild über „den Baum“ malen: die beiden Bilder wären garantiert verschieden und doch wäre für uns beide dieses Bild der vollkommene Ausdruck unseres bisher Erlebten und Verstandenen, es wäre „*der* Baum“.

Wenn du ADHS diagnostizieren sollst, wirst du immer ein anderes Verständnis haben als ich, deine Diagnose wird immer anders ausfallen als meine, einfach, weil wir zwei verschiedene Menschen sind (wir verstehen auch unter einem Baum nicht dasselbe). Und selbst, wenn du „objektive“ Tests anwendest, wirst du feststellen, dass du sie durch die Art, wie du sie vorlegst, durch die Situation, in der du sie durchführen lässt, ja schon dadurch, dass du ein leckeres Mittagessen gegessen hast, an allen Ecken und Enden versubjektivierst.

Der Vorteil der Hermeneutik ist, dass sie sich dieser Subjektivität bewusst ist und sich durch möglichst gründliche Analyse des Verstehens bemüht, - nicht die eigene Subjektivität auszuschließen, sondern - sich in die Subjektivität des Gegenübers einzuarbeiten.

4. Hilfen zur genauen Diagnostik

- Vergleich der Ergebnisse

Vergleiche nun deine Erkenntnisse aus den einzelnen Schritten miteinander. Stimmt eines der Ergebnisse nicht mit einer positiven Diagnostik (Das Kind hätte dann ADHS) überein, so musst du gemäß den Regeln des kritischen Rationalismus dafür plädieren, dass das Kind keine ADHS hat, sondern etwas, das es dann erneut zu klären gilt [7].

4.1 Hast du Ärger im Bauch?

Ärger vielleicht deshalb, weil dieses Verfahren ungleich umständlicher ist, als andere Autoren in anderen Büchern vorschlagen? Willst du deine Diagnostik einfacher und zeitsparender gestalten? Vielleicht deshalb, weil du Arzt bist und einfach keine Zeit für solch eine gründliche Form der Diagnostik hast? Oder deshalb, weil du Lehrer bist und dich um eine ganze Klasse kümmern musst? Dann solltest du meiner Meinung nach die Diagnostik jemand deines Vertrauens übergeben, der dafür Zeit hat (in Frage kommen beispielsweise diplomierte BTS-Seelsorger) [8]. Wenn du dessen schriftliche Fixierung der einzelnen Diagnoseschritte dann liest, dann kannst du ja auf diese Weise die Korrektheit der Diagnose überprüfen.

Du solltest auf keinen Fall eine schnelle Diagnose durchführen, denn du hast es mit einem Kind zu tun, das durch die Diagnose ADHS einen anderen Lebenslauf erhält als ohne die Diagnose. Das Kind gilt - Diskussion hin oder her - als „krank", es hat ein Stigma, das der ADHS. Es wird u.U. langfristig medikamentös behandelt werden. Du kannst das meiner Meinung nach vor Gott als deinem Schöpfer nur dann verantworten, wenn du es guten Gewissens tun kannst, wenn du also gründlich untersucht hast. Wenn du aber nach dem Verfahren des kritischen Rationalismus zu einer positiven Diagnostik kommst, dann wisse, dass dieses Verfahren das kritischste ist, was uns Menschen zur Zeit zur Verfügung steht.

---

7 Ich kenne kein besseres Buch zur genauen Diagnostik als das meines Vaters, Dieterich, M. (1997): *Persönlichkeitsdiagnostik*. Wuppertal (Brockhaus).

8 Die Anschrift der einzelnen Seelsorger kannst du bei BTS-IPS, Lauterbadstr. 39, 72250 Freudenstadt, Telefon 07441-869931 · Fax 07441-869932 erhalten.

Wenn du also mit diesen Schritten zu einer positiven Diagnose gelangst, dann solltest du dein Herz in beide Hände nehmen und mutig und in voller Verantwortung diese Diagnose auch stellen. Du kannst dies guten Gewissens tun, weil du mit dem kritischsten Verfahren (kritischer Rationalismus) der Wissenschaftsmethoden vorgegangen bist und in dieses auch noch das langwierigste Verfahren (Hermeneutik) integriert hast. Und du hast dir dabei sehr viel Zeit genommen. Eine gründlichere Diagnose kann ich mir persönlich nicht vorstellen, eine flüchtigere Diagnose halte ich aber für unverantwortlich.

4.2 Die einzelnen Einschätzskalen

Die folgenden Fragebögen lehnen sich an die Vorschläge Barkleys an [9], sind von mir jedoch in einigen Punkten - wie ich meine - verbessert worden. Mit ihrer Hilfe müsste es möglich sein, das Verhalten eines Kindes noch genauer zu beschreiben, als dies bisher möglich war. Eine Normierung steht noch aus. Interessenten wenden sich bitte an mich. Die Fragebögen dürfen ausdrücklich kopiert werden. Ich würde mich über die Zusendung von ausgefüllten Fragebögen sehr freuen, selbstverständlich werden die Daten vertraulich behandelt (Adresse: IPP, z. Hd. Dr. Jörg Dieterich, Lauterbadstr. 39, 72250 Freudenstadt). Beachte, dass die Fragebögen für Kinder entwickelt wurden. Wenn du einen Jugendlichen überprüfen willst, müsstest du die Bögen entsprechend umformulieren.

---

9 Vgl.: Barkley, R. (1998): Attention Deficit Hyperactivity Disorder. A Handbook for Diagnosis and Treatment. New York (Guilford Press), 263ff.

Fragebogen zur häuslichen Situation

Name des Kindes:

____

Alter: ____________ Geschlecht: ____________

Der Fragebogen wurde ausgefüllt von:

____

Datum: ____________________

Bewerten Sie die Unruhe/Unkonzentriertheit des Kindes bezüglich Stärke, Häufigkeit und Regelmäßigkeit.

Situation	gering *Ausprägung* stark selten *Häufigkeit* häufig unregelmäßig regelmäßig					
Beim Spiel allein	① ① ①	② ② ②	③ ③ ③	④ ④ ④	⑤ ⑤ ⑤	⑥ ⑥ ⑥
Beim Spiel mit anderen Kindern	① ① ①	② ② ②	③ ③ ③	④ ④ ④	⑤ ⑤ ⑤	⑥ ⑥ ⑥
Bei Mahlzeiten	① ① ①	② ② ②	③ ③ ③	④ ④ ④	⑤ ⑤ ⑤	⑥ ⑥ ⑥
Beim Anziehen	① ① ①	② ② ②	③ ③ ③	④ ④ ④	⑤ ⑤ ⑤	⑥ ⑥ ⑥
Beim Fernsehen	① ① ①	② ② ②	③ ③ ③	④ ④ ④	⑤ ⑤ ⑤	⑥ ⑥ ⑥
Wenn Besuch da ist	① ① ①	② ② ②	③ ③ ③	④ ④ ④	⑤ ⑤ ⑤	⑥ ⑥ ⑥

Situation	gering *Ausprägung* stark selten *Häufigkeit* häufig unregelmäßig regelmäßig					
Wenn Sie jemanden besuchen	① ① ①	② ② ②	③ ③ ③	④ ④ ④	⑤ ⑤ ⑤	⑥ ⑥ ⑥
In der Kirche	① ① ①	② ② ②	③ ③ ③	④ ④ ④	⑤ ⑤ ⑤	⑥ ⑥ ⑥
Beim Einkaufen, im Restaurant, in der Öffentlichkeit	① ① ①	② ② ②	③ ③ ③	④ ④ ④	⑤ ⑤ ⑤	⑥ ⑥ ⑥
Bei häuslichen Pflichten	① ① ①	② ② ②	③ ③ ③	④ ④ ④	⑤ ⑤ ⑤	⑥ ⑥ ⑥
Wenn Sie mit jemand Anderem sprechen	① ① ①	② ② ②	③ ③ ③	④ ④ ④	⑤ ⑤ ⑤	⑥ ⑥ ⑥
Bei Autofahrten	① ① ①	② ② ②	③ ③ ③	④ ④ ④	⑤ ⑤ ⑤	⑥ ⑥ ⑥
Wenn das berufstätige Elternteil nach Hause kommt	① ① ①	② ② ②	③ ③ ③	④ ④ ④	⑤ ⑤ ⑤	⑥ ⑥ ⑥
Bei den Hausaufgaben	① ① ①	② ② ②	③ ③ ③	④ ④ ④	⑤ ⑤ ⑤	⑥ ⑥ ⑥

Sobald Sie eine der genannten Fragen mit einem Wert, der größer ist als ③, angekreuzt haben, beantworten Sie bitte folgende Fragen schriftlich. Unter dem Wert ③ sollte die Beantwortung unterbleiben:

1. Was ist das Störende am Verhalten des Kindes. Beschreiben Sie genau: ______________________________

____

____

____

2. Wie reagieren Sie gewöhnlich:

____

____

____

____

3. Wie reagiert das Kind gewöhnlich:

____

____

____

____

4. Was tun Sie, wenn Ihre gewöhnlichen Maßnahmen keine Veränderung des Verhaltens bewirken:

____

____

____

____

5. Wie endet die Situation gewöhnlich:

____

____

____

____

6. Wie fühlen Sie sich dabei:

____

____

____

____

Fragebogen zur schulischen Situation

Name des Kindes:

____

Alter: ____________ Geschlecht: ____________

Name des Lehrers:

____

Unterrichtetes Schulfach:

____

Datum: ____________________

Bewerten Sie die Unruhe/Unkonzentriertheit des Kindes bezüglich Stärke, Häufigkeit und Regelmäßigkeit.

Situation	gering *Ausprägung* stark selten *Häufigkeit* häufig unregelmäßig regelmäßig					
Bei Stillarbeit am Platz	① ① ①	② ② ②	③ ③ ③	④ ④ ④	⑤ ⑤ ⑤	⑥ ⑥ ⑥
Während der Gruppenarbeit	① ① ①	② ② ②	③ ③ ③	④ ④ ④	⑤ ⑤ ⑤	⑥ ⑥ ⑥
Beim freien Spiel in der Klasse	① ① ①	② ② ②	③ ③ ③	④ ④ ④	⑤ ⑤ ⑤	⑥ ⑥ ⑥
Während der Schulpausen	① ① ①	② ② ②	③ ③ ③	④ ④ ④	⑤ ⑤ ⑤	⑥ ⑥ ⑥
Während des Lehrervortrags	① ① ①	② ② ②	③ ③ ③	④ ④ ④	⑤ ⑤ ⑤	⑥ ⑥ ⑥

Situation	gering *Ausprägung* stark					
	selten *Häufigkeit* häufig					
	unregelmäßig regelmäßig					
Bei Ausflügen	① ① ①	② ② ②	③ ③ ③	④ ④ ④	⑤ ⑤ ⑤	⑥ ⑥ ⑥
Auf dem Schulweg	① ① ①	② ② ②	③ ③ ③	④ ④ ④	⑤ ⑤ ⑤	⑥ ⑥ ⑥
Während Videovorführungen	① ① ①	② ② ②	③ ③ ③	④ ④ ④	⑤ ⑤ ⑤	⑥ ⑥ ⑥
Während Diskussionen in der Klasse	① ① ①	② ② ②	③ ③ ③	④ ④ ④	⑤ ⑤ ⑤	⑥ ⑥ ⑥
In Prüfungssituationen	① ① ①	② ② ②	③ ③ ③	④ ④ ④	⑤ ⑤ ⑤	⑥ ⑥ ⑥
In nicht von Ihnen unterrichteten Fächern	① ① ①	② ② ②	③ ③ ③	④ ④ ④	⑤ ⑤ ⑤	⑥ ⑥ ⑥
Bei Autofahrten	① ① ①	② ② ②	③ ③ ③	④ ④ ④	⑤ ⑤ ⑤	⑥ ⑥ ⑥
Beim Aufrufen von Schülern ("Strecken")	① ① ①	② ② ②	③ ③ ③	④ ④ ④	⑤ ⑤ ⑤	⑥ ⑥ ⑥
Während des Vortrags von anderen Schülern	① ① ①	② ② ②	③ ③ ③	④ ④ ④	⑤ ⑤ ⑤	⑥ ⑥ ⑥

Sobald Sie eine der genannten Fragen mit einem Wert, der größer ist als ③, angekreuzt haben, beantworten Sie bitte folgende Fragen schriftlich. Unter diesem Wert sollte die Beantwortung unterbleiben:

1. Was ist das Störende am Verhalten des Kindes. Beschreiben Sie genau: ______________________________

____

____

____

2. Wie reagieren Sie gewöhnlich:

____

____

____

____

3. Wie reagiert das Kind gewöhnlich:

____

____

____

____

4. Was tun Sie, wenn Ihre gewöhnlichen Maßnahmen keine Veränderung des Verhaltens bewirken:

____

____

____

____

5. Wie endet die Situation gewöhnlich:

____

____

____

____

6. Wie fühlen Sie sich dabei:

____

____

____

____

Fragebogen für beteiligte Erwachsene

Name des Kindes:

____

Alter: ______________ Geschlecht: ______________

Name des Ausfüllenden:

____

Funktion des Ausfüllenden:

____

Datum: ______________________

Bewerten Sie die Verhaltensweisen des Kindes bezüglich Stärke, Häufigkeit und Regelmäßigkeit.

Verhaltensbeschreibung	gering selten unregelmäßig		*Ausprägung* *Häufigkeit*			stark häufig regelmäßig
Unruhe, übermäßig gesteigerte Aktivität, rasche und starke Erregbarkeit	① ① ①	② ② ②	③ ③ ③	④ ④ ④	⑤ ⑤ ⑤	⑥ ⑥ ⑥
Träumen, in die Luft starren, gedankliche Abwesenheit	① ① ①	② ② ②	③ ③ ③	④ ④ ④	⑤ ⑤ ⑤	⑥ ⑥ ⑥
Begrenzte Ausdauer bei Erfüllung von für das Kind unangenehmen Aufgaben	① ① ①	② ② ②	③ ③ ③	④ ④ ④	⑤ ⑤ ⑤	⑥ ⑥ ⑥
Begrenzte Ausdauer bei Erfüllung von für das Kind angenehmen Aufgaben	① ① ①	② ② ②	③ ③ ③	④ ④ ④	⑤ ⑤ ⑤	⑥ ⑥ ⑥
Emotionale Unbeteiligtheit	① ① ①	② ② ②	③ ③ ③	④ ④ ④	⑤ ⑤ ⑤	⑥ ⑥ ⑥

Verhaltensbeschreibung	gering		*Ausprägung*			stark
	selten		*Häufigkeit*			häufig
	unregelmäßig					regelmäßig
Kurze Aufmerksamkeitsspanne	①	②	③	④	⑤	⑥
	①	②	③	④	⑤	⑥
	①	②	③	④	⑤	⑥
Motorisch inaktiver als andere Kinder	①	②	③	④	⑤	⑥
	①	②	③	④	⑤	⑥
	①	②	③	④	⑤	⑥
Motorisch aktiver als andere Kinder	①	②	③	④	⑤	⑥
	①	②	③	④	⑤	⑥
	①	②	③	④	⑤	⑥
Ist mit weniger zufrieden als andere Kinder	①	②	③	④	⑤	⑥
	①	②	③	④	⑤	⑥
	①	②	③	④	⑤	⑥
Ist nicht mit sich zufrieden und leicht frustriert	①	②	③	④	⑤	⑥
	①	②	③	④	⑤	⑥
	①	②	③	④	⑤	⑥
eigene Erwartungen, Wünsche, Vorhaben müssen umgehend erfüllt werden	①	②	③	④	⑤	⑥
	①	②	③	④	⑤	⑥
	①	②	③	④	⑤	⑥
Weint leicht und häufig, kann Frustrationen nicht ertragen	①	②	③	④	⑤	⑥
	①	②	③	④	⑤	⑥
	①	②	③	④	⑤	⑥
Schneller und ausgeprägter Stimmungswechsel, Unflexibilität	①	②	③	④	⑤	⑥
	①	②	③	④	⑤	⑥
	①	②	③	④	⑤	⑥
Wutausbrüche, explosives und unvorhersagbares Verhalten	①	②	③	④	⑤	⑥
	①	②	③	④	⑤	⑥
	①	②	③	④	⑤	⑥

Eltern-Fragebogen

©2000, Jörg Dieterich

Name des Kindes: ______________________________

Alter: ____________ Geschlecht: ____________

Datum: ____________________

Bewerten Sie die Verhaltensweisen des Kindes bezüglich Stärke, Häufigkeit und Regelmäßigkeit.

Verhaltensbeschreibung	gering / selten / unregelmäßig		*Ausprägung* / *Häufigkeit*			stark / häufig / regelmäßig
1. Zupft an Dingen (Nägel, Finger, Haare, Kleidung)	① ① ①	② ② ②	③ ③ ③	④ ④ ④	⑤ ⑤ ⑤	⑥ ⑥ ⑥
2. Frech zu Erwachsenen	① ① ①	② ② ②	③ ③ ③	④ ④ ④	⑤ ⑤ ⑤	⑥ ⑥ ⑥
3. Hat Probleme, Freundschaften zu schließen oder zu halten	① ① ①	② ② ②	③ ③ ③	④ ④ ④	⑤ ⑤ ⑤	⑥ ⑥ ⑥
4. Leicht und rasch erregbar	① ① ①	② ② ②	③ ③ ③	④ ④ ④	⑤ ⑤ ⑤	⑥ ⑥ ⑥
5. Schweigsam, abwesend	① ① ①	② ② ②	③ ③ ③	④ ④ ④	⑤ ⑤ ⑤	⑥ ⑥ ⑥
6. Will immer bestimmen	① ① ①	② ② ②	③ ③ ③	④ ④ ④	⑤ ⑤ ⑤	⑥ ⑥ ⑥

Verhaltensbeschreibung	gering *Ausprägung* stark selten *Häufigkeit* häufig unregelmäßig regelmäßig					
7. Lutscht und kaut (Daumen, Kleider, Decken)	① ① ①	② ② ②	③ ③ ③	④ ④ ④	⑤ ⑤ ⑤	⑥ ⑥ ⑥
8. Unauffällig	① ① ①	② ② ②	③ ③ ③	④ ④ ④	⑤ ⑤ ⑤	⑥ ⑥ ⑥
9. Leichte Verletzbarkeit und übersteigerte Reaktion	① ① ①	② ② ②	③ ③ ③	④ ④ ④	⑤ ⑤ ⑤	⑥ ⑥ ⑥
10. Tagträumen	① ① ①	② ② ②	③ ③ ③	④ ④ ④	⑤ ⑤ ⑤	⑥ ⑥ ⑥
11. Motorische Unruhe, wirkt "getrieben"	① ① ①	② ② ②	③ ③ ③	④ ④ ④	⑤ ⑤ ⑤	⑥ ⑥ ⑥
12. Weint leicht und häufig, kann Frustrationen nicht ertragen	① ① ①	② ② ②	③ ③ ③	④ ④ ④	⑤ ⑤ ⑤	⑥ ⑥ ⑥
13. Wirkt träge, bewegt sich langsam	① ① ①	② ② ②	③ ③ ③	④ ④ ④	⑤ ⑤ ⑤	⑥ ⑥ ⑥
14. Kann sich in neue Situationen schlecht einfinden	① ① ①	② ② ②	③ ③ ③	④ ④ ④	⑤ ⑤ ⑤	⑥ ⑥ ⑥
15. Zerstört in übersteigender Wut Gegenstände	① ① ①	② ② ②	③ ③ ③	④ ④ ④	⑤ ⑤ ⑤	⑥ ⑥ ⑥
16. Erzählt unwahre Geschichten	① ① ①	② ② ②	③ ③ ③	④ ④ ④	⑤ ⑤ ⑤	⑥ ⑥ ⑥
17. Wirkt schüchtern	① ① ①	② ② ②	③ ③ ③	④ ④ ④	⑤ ⑤ ⑤	⑥ ⑥ ⑥

Verhaltensbeschreibung	gering		*Ausprägung*			stark
	selten		*Häufigkeit*			häufig
	unregelmäßig					regelmäßig
18. Ist vergeßlich, verliert häufig Gegenstände	① ① ①	② ② ②	③ ③ ③	④ ④ ④	⑤ ⑤ ⑤	⑥ ⑥ ⑥
19. Gerät häufig in Schwierigkeiten mit anderen Personen	① ① ①	② ② ②	③ ③ ③	④ ④ ④	⑤ ⑤ ⑤	⑥ ⑥ ⑥
20. Versucht, sich bei Fehlern herauszureden	① ① ①	② ② ②	③ ③ ③	④ ④ ④	⑤ ⑤ ⑤	⑥ ⑥ ⑥
21. Streitsüchtig	① ① ①	② ② ②	③ ③ ③	④ ④ ④	⑤ ⑤ ⑤	⑥ ⑥ ⑥
22. Spricht wenig oder zusammenhanglos	① ① ①	② ② ②	③ ③ ③	④ ④ ④	⑤ ⑤ ⑤	⑥ ⑥ ⑥
23. Frustrationen werden verbal unangemessen ausgedrückt	① ① ①	② ② ②	③ ③ ③	④ ④ ④	⑤ ⑤ ⑤	⑥ ⑥ ⑥
24. Muß über eigene Gefühle befragt werden	① ① ①	② ② ②	③ ③ ③	④ ④ ④	⑤ ⑤ ⑤	⑥ ⑥ ⑥
25. Will Wünsche sofort erfüllt bekommen	① ① ①	② ② ②	③ ③ ③	④ ④ ④	⑤ ⑤ ⑤	⑥ ⑥ ⑥
26. Hat keine ausgeprägten Interessen	① ① ①	② ② ②	③ ③ ③	④ ④ ④	⑤ ⑤ ⑤	⑥ ⑥ ⑥
27. Ungehorsam, trotzig gegenüber Anweisungen	① ① ①	② ② ②	③ ③ ③	④ ④ ④	⑤ ⑤ ⑤	⑥ ⑥ ⑥
28. Vergißt Anweisungen	① ① ①	② ② ②	③ ③ ③	④ ④ ④	⑤ ⑤ ⑤	⑥ ⑥ ⑥

Verhaltensbeschreibung	gering		*Ausprägung*			stark
	selten		*Häufigkeit*			häufig
	unregelmäßig					regelmäßig
29. Wirkt besorgt oder traurig	① ① ①	② ② ②	③ ③ ③	④ ④ ④	⑤ ⑤ ⑤	⑥ ⑥ ⑥
30. Bringt angefangene Dinge nicht zu Ende	① ① ①	② ② ②	③ ③ ③	④ ④ ④	⑤ ⑤ ⑤	⑥ ⑥ ⑥
31. Ärgert und schikaniert andere	① ① ①	② ② ②	③ ③ ③	④ ④ ④	⑤ ⑤ ⑤	⑥ ⑥ ⑥
32. Hat Schwierigkeiten, gleichförmige Aktivitäten kontinuierlich auszuführen	① ① ①	② ② ②	③ ③ ③	④ ④ ④	⑤ ⑤ ⑤	⑥ ⑥ ⑥
33. Wirkt übermäßig hilfs- oder zärtlichkeitsbedürftig	① ① ①	② ② ②	③ ③ ③	④ ④ ④	⑤ ⑤ ⑤	⑥ ⑥ ⑥
34. Wirkt gefühllos und gleichgültig	① ① ①	② ② ②	③ ③ ③	④ ④ ④	⑤ ⑤ ⑤	⑥ ⑥ ⑥
35. Kann nicht bei einer Sache bleiben	① ① ①	② ② ②	③ ③ ③	④ ④ ④	⑤ ⑤ ⑤	⑥ ⑥ ⑥
36. Wirkt erschöpft und kann doch nicht einschlafen	① ① ①	② ② ②	③ ③ ③	④ ④ ④	⑤ ⑤ ⑤	⑥ ⑥ ⑥
37. Hat Spannungskopfschmerzen oder Muskelschmerzen	① ① ①	② ② ②	③ ③ ③	④ ④ ④	⑤ ⑤ ⑤	⑥ ⑥ ⑥
38. Gähnt viel	① ① ①	② ② ②	③ ③ ③	④ ④ ④	⑤ ⑤ ⑤	⑥ ⑥ ⑥
39. Schneller Stimmungswechsel	① ① ①	② ② ②	③ ③ ③	④ ④ ④	⑤ ⑤ ⑤	⑥ ⑥ ⑥

Verhaltensbeschreibung	gering *Ausprägung* stark selten *Häufigkeit* häufig unregelmäßig regelmäßig					
40 Hat Schwierigkeiten, sich an Regeln zu halten	① ① ①	② ② ②	③ ③ ③	④ ④ ④	⑤ ⑤ ⑤	⑥ ⑥ ⑥
41. Kämpft ständig	① ① ①	② ② ②	③ ③ ③	④ ④ ④	⑤ ⑤ ⑤	⑥ ⑥ ⑥
42. Kann sich schlecht allein unterhalten	① ① ①	② ② ②	③ ③ ③	④ ④ ④	⑤ ⑤ ⑤	⑥ ⑥ ⑥
43. Kann sich in keine Rangordnung einfügen	① ① ①	② ② ②	③ ③ ③	④ ④ ④	⑤ ⑤ ⑤	⑥ ⑥ ⑥
44. Beteiligt sich nicht am Familiengespräch	① ① ①	② ② ②	③ ③ ③	④ ④ ④	⑤ ⑤ ⑤	⑥ ⑥ ⑥
45. Stört Gesprächsflüsse durch unangemessene Einwürfe	① ① ①	② ② ②	③ ③ ③	④ ④ ④	⑤ ⑤ ⑤	⑥ ⑥ ⑥
46. Wirkt unfröhlich	① ① ①	② ② ②	③ ③ ③	④ ④ ④	⑤ ⑤ ⑤	⑥ ⑥ ⑥
47. Hat Eßprobleme (schlechter Appetit, Unterbrechungen beim Essen)	① ① ①	② ② ②	③ ③ ③	④ ④ ④	⑤ ⑤ ⑤	⑥ ⑥ ⑥
48. Klagt über Schmerzen	① ① ①	② ② ②	③ ③ ③	④ ④ ④	⑤ ⑤ ⑤	⑥ ⑥ ⑥
49. Läßt sich herumstoßen und wirkt dabei gleichgültig	① ① ①	② ② ②	③ ③ ③	④ ④ ④	⑤ ⑤ ⑤	⑥ ⑥ ⑥
50. Prahlt und gibt an	① ① ①	② ② ②	③ ③ ③	④ ④ ④	⑤ ⑤ ⑤	⑥ ⑥ ⑥

Lehrer-Fragebogen

©2000, Jörg Dieterich

Name des Kindes:

Alter: ____________ Geschlecht: ____________

Vom Lehrer unterrichtetes Fach/Fächer:

Datum: ____________________

Bewerten Sie die Verhaltensweisen des Kindes bezüglich Stärke, Häufigkeit und Regelmäßigkeit.

Verhaltensbeschreibung	gering *Ausprägung* stark selten *Häufigkeit* häufig unregelmäßig regelmäßig					
1. Ist unruhig, rutscht hin und her	① ① ①	② ② ②	③ ③ ③	④ ④ ④	⑤ ⑤ ⑤	⑥ ⑥ ⑥
2. Starrt aus dem Fenster	① ① ①	② ② ②	③ ③ ③	④ ④ ④	⑤ ⑤ ⑤	⑥ ⑥ ⑥
3. Ist unzufrieden, wenn es nicht nach seinem Willen geht	① ① ①	② ② ②	③ ③ ③	④ ④ ④	⑤ ⑤ ⑤	⑥ ⑥ ⑥
4. Verhält sich unverschämt und frech	① ① ①	② ② ②	③ ③ ③	④ ④ ④	⑤ ⑤ ⑤	⑥ ⑥ ⑥
5. Verhält sich unnormal unauffällig	① ① ①	② ② ②	③ ③ ③	④ ④ ④	⑤ ⑤ ⑤	⑥ ⑥ ⑥

Verhaltensbeschreibung	gering *Ausprägung* stark selten *Häufigkeit* häufig unregelmäßig regelmäßig					
6. Zeigt Wutausbrüche und unangemessenes Verhalten	① ① ①	② ② ②	③ ③ ③	④ ④ ④	⑤ ⑤ ⑤	⑥ ⑥ ⑥
7. Ist leicht ablenkbar	① ① ①	② ② ②	③ ③ ③	④ ④ ④	⑤ ⑤ ⑤	⑥ ⑥ ⑥
8. Stört andere Kinder	① ① ①	② ② ②	③ ③ ③	④ ④ ④	⑤ ⑤ ⑤	⑥ ⑥ ⑥
9. Hat Tagträume	① ① ①	② ② ②	③ ③ ③	④ ④ ④	⑤ ⑤ ⑤	⑥ ⑥ ⑥
10. Spielt mit Gegenständen herum	① ① ①	② ② ②	③ ③ ③	④ ④ ④	⑤ ⑤ ⑤	⑥ ⑥ ⑥
11. zeigt schnelle und ausgeprägte Stimmungswechsel	① ① ①	② ② ②	③ ③ ③	④ ④ ④	⑤ ⑤ ⑤	⑥ ⑥ ⑥
12. Wirkt unangemessen folgsam	① ① ①	② ② ②	③ ③ ③	④ ④ ④	⑤ ⑤ ⑤	⑥ ⑥ ⑥
13. Wirkt unruhig, innerlich "getrieben"	① ① ①	② ② ②	③ ③ ③	④ ④ ④	⑤ ⑤ ⑤	⑥ ⑥ ⑥
14. Wirkt antriebslos	① ① ①	② ② ②	③ ③ ③	④ ④ ④	⑤ ⑤ ⑤	⑥ ⑥ ⑥
15. Ist beleidigt, wenn es nicht aufgerufen wird	① ① ①	② ② ②	③ ③ ③	④ ④ ④	⑤ ⑤ ⑤	⑥ ⑥ ⑥
16. Beansprucht die Aufmerksamkeit des Lehrers	① ① ①	② ② ②	③ ③ ③	④ ④ ④	⑤ ⑤ ⑤	⑥ ⑥ ⑥

Verhaltensbeschreibung	gering		*Ausprägung*			stark
	selten		*Häufigkeit*			häufig
	unregelmäßig					regelmäßig
17 Benötigt viel Aufmunterung	①	②	③	④	⑤	⑥
	①	②	③	④	⑤	⑥
	①	②	③	④	⑤	⑥
18. Erledigt Aufgaben unangemessen schlecht	①	②	③	④	⑤	⑥
	①	②	③	④	⑤	⑥
	①	②	③	④	⑤	⑥
19. Schließt und hält wenig Freundschaften	①	②	③	④	⑤	⑥
	①	②	③	④	⑤	⑥
	①	②	③	④	⑤	⑥
20. Gähnt viel	①	②	③	④	⑤	⑥
	①	②	③	④	⑤	⑥
	①	②	③	④	⑤	⑥
21. Findet schlecht Gruppenanschluß	①	②	③	④	⑤	⑥
	①	②	③	④	⑤	⑥
	①	②	③	④	⑤	⑥
22. Ist von anderen Kindern leicht anführbar	①	②	③	④	⑤	⑥
	①	②	③	④	⑤	⑥
	①	②	③	④	⑤	⑥
23. Ist aggressiv und gewaltbereit	①	②	③	④	⑤	⑥
	①	②	③	④	⑤	⑥
	①	②	③	④	⑤	⑥
24. Prügelt sich in den Pausen	①	②	③	④	⑤	⑥
	①	②	③	④	⑤	⑥
	①	②	③	④	⑤	⑥
25. Bewegt sich während der Pausen übermäßig wenig	①	②	③	④	⑤	⑥
	①	②	③	④	⑤	⑥
	①	②	③	④	⑤	⑥
26. Beteiligt sich nicht an Gruppenarbeiten	①	②	③	④	⑤	⑥
	①	②	③	④	⑤	⑥
	①	②	③	④	⑤	⑥
27. Kann sich bei Gruppenarbeiten nicht einordnen	①	②	③	④	⑤	⑥
	①	②	③	④	⑤	⑥
	①	②	③	④	⑤	⑥

Verhaltensbeschreibung	gering		*Ausprägung*			stark
	selten		*Häufigkeit*			häufig
	unregelmäßig					regelmäßig
28. Bringt angefangene Dinge nicht zu Ende	①	②	③	④	⑤	⑥
	①	②	③	④	⑤	⑥
	①	②	③	④	⑤	⑥
29. Wirkt altersmäßig unterentwickelt im Verhalten	①	②	③	④	⑤	⑥
	①	②	③	④	⑤	⑥
	①	②	③	④	⑤	⑥
30. Ist bei Bemühungen leicht frustriert	①	②	③	④	⑤	⑥
	①	②	③	④	⑤	⑥
	①	②	③	④	⑤	⑥
31. Ist bei Bemühungen resignativ	①	②	③	④	⑤	⑥
	①	②	③	④	⑤	⑥
	①	②	③	④	⑤	⑥
32. Hat mit den meisten Lehrern ähnliche Schwierigkeiten	①	②	③	④	⑤	⑥
	①	②	③	④	⑤	⑥
	①	②	③	④	⑤	⑥

Auswertungshinweise für die beiden letztgenannten Fragebögen:

Eltern – Fragebogen:
Folgende ausgeprägte Merkmale weisen auf einen Schwerpunkt in der Aufmerksamkeitsstörung hin:
5, 8, 10, 13, 17, 22, 24, 26, 28, 38, 44, 49.

Folgende ausgeprägte Merkmale weisen auf einen Schwerpunkt in der Hyperaktivitätsstörung hin:
2, 6, 9, 11, 12, 15, 16, 19, 21, 23, 25, 27, 37, 39, 41, 45, 48, 50.

Lehrer - Fragebogen:
Folgende ausgeprägte Merkmale weisen auf einen Schwerpunkt in der Aufmerksamkeitsstörung hin:
2, 5, 9, 12, 14, 17, 20, 22, 25, 26, 31.

Folgende ausgeprägte Merkmale weisen auf einen Schwerpunkt in der Hyperaktivitätsstörung hin:
1, 3, 4, 6, 8, 10, 11, 13, 15, 16, 23, 24, 27, 30.

Klinische Beurteilung der ADHS [10]

Name des Kindes:

____

Alter: ____________ Geschlecht: ____________

Beurteilt durch:

____

Datum: ____________________

	überhaupt nicht	ein wenig	ziemlich	sehr stark
Hyperaktivität ziellose Aktivität, kann nicht stillsitzen, ständig in Bewegung, Zappeligkeit, starker Rededrang	0	1	2	3
Aufmerksamkeitsstörung kurze Konzentration, wenig Ausdauer in Arbeit u. Spiel, schneller Wechsel der Beschäftigung, leicht ablenkbar, hört nicht genügend zu	0	1	2	3
Impulsivität unvorhersehbares Verhalten, mangelnde Steuerung des Verhaltens	0	1	2	3
Erregbarkeit / Irritierbarkeit unvorhersehbare Stimmungsschwankungen, Wutanfälle aus relativ unbedeutendem Anlass, empfindlich gegenüber Kritik, niedrige Frustrationstoleranz, Störanfälligkeit	0	1	2	3
Dissoziales Verhalten Destruktivität, Streitigkeiten, Schlägereien, Necken, Disziplinschwierigkeiten	0	1	2	3

10 Steinhausen, H.-C. (Hg.) (1995): Hyperkinetische Störungen im Kindes- und Jugendalter. Stuttgart (Kohlhammer), 32.

Zweiter Teil:

Möglichkeiten der Behandlung der ADHS

1. Vorbemerkungen

Stelle dir einmal vor, jeder Mensch hätte die ADHS, allerdings in unterschiedlich ausgeprägtem Maß. Wäre sie dann eine Krankheit? Wohl nicht. Oder stelle dir vor, es gäbe nur blinde Menschen. Würde es auffallen? Nein. Stelle dir vor, jeder ist ein Sünder vor Gott. Fällt uns das auf? Eigentlich auch nicht. Wenn ein Christ erkennt, dass er vor Gott Sünder ist, selbst wenn er das Gesetz vollkommen einhalten würde, dann ist das eine Erkenntnis, von der es in der Bibel heißt, sie sei vom Geist Gottes eingegeben. Man hat da sozusagen einen anderen Standpunkt vermittelt bekommen.

Stelle dir vor, du wärst in einem Schattenspieltheater geboren und wärst noch nie aus diesem Theater herausgekommen. Stelle dir außerdem vor, hinter der Leinwand würden Gestalten hin- und her gehen. Ihre Verrichtungen würdest du immer nur als Schattenwurf kennen lernen. Nun denke dir, wie wohl dein Bild vom Menschen aussähe. Dreidimensional, also im Sinne von Körpern? Oder zweidimensional im Sinne von Flächen? Natürlich zweidimensional. Du hast die Menschen ja immer nur als Schatten auf der Leinwand kennen gelernt. Für dich scheinen die Menschen nicht zweidimensional, nein, für dich sind sie es. Du bist hundertprozentig sicher, felsenfest überzeugt: Menschen sind Flächen.

Doch nun geschieht etwas. Plötzlich geht die Tür deines Theaters auf und es kommt jemand herein. Ein Mensch in bunten Kleidern. Was glaubst du wohl, wie es dir geht? Vielleicht so ähnlich wie einem Steinzeitmenschen in einem Hubschrauber. Wahrscheinlich würdest du es nicht wahrhaben wollen, vielleicht wäre für dich die Körperlichkeit und Farblichkeit des Menschen ein so schwerer Schock, dass du ganz schnell diesen Menschen aus der Tür hinausschieben und die Tür dicht verrammeln würdest. Vielleicht wäre es für dich einfach zuviel. Vielleicht würdest du dich auch

darüber freuen. In jedem Fall wäre es eine kolossale Entdeckung.
Nun, diese Geschichte stammt nicht von mir. Sie ist in anderer Form von einem der berühmtesten Philosophen der Antike überliefert, von Platon. Sein Höhlengleichnis erzählt diese Geschichte[1] in etwas abgewandelter Form. Platon hat dieses Gleichnis verwendet, um seinen Schülern zu demonstrieren: es kommt immer auf den Standpunkt an. Das, was unser Standpunkt ist, wird uns im Laufe der Zeit so lieb, dass wir selbst dann noch an ihm festhalten, wenn man uns mit Gewalt etwas „Richtigeres" präsentiert. Wir wollen nicht aus dem Mief unseres Schattenspieltheaters hinaus, wir wollen auch nicht, dass die Wirklichkeit in unser Theater hinein kommt. Wir haben es uns so schön und gemütlich eingerichtet, finden uns mit unserer Sicht in unserer Situation zurecht.
Übrigens: wer sagt uns denn, dass die Sicht vom Menschen, wie wir sie haben, also eines dreidimensionalen, körperlichen Wesens, tatsächlich die „richtige" ist? Vielleicht sitzen wir alle in einem solchen Theater und merken es bloß nicht. Vielleicht ist die Geschichte mit dem Theater nicht nur eine Geschichte. Vielleicht demonstriert sie uns nur auf einprägsame Weise, dass wir selbst in so einem Schattenspieltheater sitzen, dass wir noch gar keine richtige Sicht der Dinge haben, sondern uns deren Richtigkeit nur einbilden. Vielleicht haben wir es uns auch in unserem Theatermief gemütlich eingerichtet und wollen die Wirklichkeit, wie sie tatsächlich ist, selbst dann nicht kennen, wenn wir wüssten, dass die Wirklichkeit tatsächlich anders ist?
Glaubst du nicht??! Na, da will ich dir aber mal ein Beispiel bringen, das dich vielleicht zumindest verunsichert. Du kennst doch das Ozonloch? Du weißt doch, dass dieses Loch das menschliche Dasein zerstören kann, wenn man nichts dagegen tut. Du weißt, dass dieses Ozonloch immer größer wird, diesen Sommer kann man in Mallorca nicht mehr einfach so in die Sonne liegen. Es müssen Sonnenblocker auf die Haut geschmiert werden, sonst bekommen die Leute Krebs. Das wissen wir alles. Aber was tun

[1] Im Original: Platon (1978): Der Staat. Stuttgart (Reclam), 313ff.

wir? Wir schieben dieses Monster zu unserer Türe hinaus und verbarrikadieren uns. Das geht nicht nur dir und mir so, das geht auch Menschen so, von denen man eigentlich annehmen könnte, dass sie klüger sind als wir. Es ist schon lächerlich. Da machen wir Weltklimagipfel, zu denen die Delegierten mit Flugzeugen gekarrt werden, deren Abgase das Ozonloch verstärken und deren Tagungsergebnis gleich Null ist. Ist das nicht ein waschechter Platonischer Selbstbetrug???

Du fragst, was hat das alles mit ADHS zu tun? Abgesehen davon, dass dieses Gleichnis mit unserem menschlichen Dasein an sich zu tun hat, hat es auch eine spezifische Bedeutung für unser ADHS-Thema, darum will ich das Gleichnis als, ja, als eine Art „Rahmen" für diesen zweiten Teil des Buches verstanden wissen. Dieser Rahmen soll alle Erwägungen, die wir anstellen, begrenzen. Er gibt gewissermaßen die Proportionen vor.

Es kommt auf den Standpunkt und die Abbildungstechnik an.

Das Erste, was wir erörtern möchten, ist die Feststellung, dass es im Leben im Allgemeinen und bei der ADHS im Besonderen auf den Ort des Betrachters ankommt. Wenn du vor der Leinwand stehst, erscheinen dir die (Schatten der) Menschen zweidimensional und schwarz-weiß, wenn du hinter der Leinwand stehst, erscheinen dir die Menschen dreidimensional und farbig. Das soll jetzt zunächst einmal noch gar nicht eine Wertung sein, sondern eine Beobachtung. Wir stellen fest: es gibt verschiedene Standpunkte, von denen aus betrachtet das Leben und seine Vorkommnisse unterschiedlich erscheinen. Noch genauer formuliert: der Standpunkt macht das Ergebnis der Betrachtung aus. Wenn du immer nur unter einem Rolls-Royce liegst und an ihm herumschraubst, ist es etwas anderes, als wenn du immer in einem Rolls-Royce sitzt und dich herumchauffieren lässt...

Der *Standpunkt ist maßgeblich* für die Betrachtung des Gegenstands. Wenn wir ADHS betrachten oder sogar behandeln wollen, dann müssen wir uns darüber im Klaren sein, von welchem Standpunkt aus wir das tun. Dabei ist es wichtig, ADHS eben zunächst nicht behandeln zu wollen, sondern erst mal zu schauen, welche Bilder wir von der ADHS aus welchem Standpunkt heraus gewinnen.

Aber es geht nicht nur um den Standpunkt! Dazu bringe ich ein anderes Beispiel: stelle dir vor, du könntest ADHS „fotografieren". Wäre das Bild der ADHS dann ein anderes, als wenn du es mit Tusche zeichnen würdest (wie die Japaner das gerne tun), oder wenn du es mit Ölfarben malen würdest (etwa wie van Gogh)? Ohne Zweifel, ja! Je nach Art der Abbildung bekommst du ein anderes Ergebnis. Bedenke dabei immer Folgendes: die Art, wie wir die Welt sehen, egal ob du jetzt Wissenschaftler oder Maurermeister bist, sie ist immer nur Abbild der Welt, sie ist nie die Welt an sich [2].

Was ist der Vorteil von einem Polaroid-Photo? Nun, es geht schnell, man sieht schnell das Bild. Es ist auch recht scharf (manche Photographen würden mir hier ernstlich widersprechen). Seine Farben, naja, die Farben von Polaroidbildern sind nicht gerade das, was man in der Photosprache mit „gesättigt" beschreiben würde. Und erst die Frage nach der „Stimmung", die vorherrschte. Versuche mal, mit einer Polaroidkamera ein Familienfest im Frühling unter Blütenbäumen festzuhalten. Von „Stimmung" ist da nicht viel zu spüren. Jetzt gib mal einem Maler wie Renoir die Aufgabe, ein Familienfest unter Blütenbäumen in Öl zu malen. Da bekommst du eine Stimmung, die es in sich hat. Aber ist das Bild exakt? Kann man sicher nicht sagen. Manche Impressionisten malten blaue Bäume. Hast du schon mal blaue Bäume gesehen? Ich nicht. Und trotzdem stimmt die Stimmung.

Nun gib mal einem Holzschnitzer wie Tilman Riemenschneider die Aufgabe, ein Familienfest unter Blütenbäumen zu schnitzen und schau dir das Ergebnis an [3]. Es ist vollständig anders, es ist

2 Der einzige Ansatz, der diese Auffassung ernsthaft in Frage stellt, ist die von Edmund Husserl begründete Phänomenologie. Dieser Ansatz ist aber zumindest arg umstritten.

3 Übrigens: Wie wäre es mal mit einem Ausflug nach Colmar an den Isenheimer Altar? Dort kannst du Riemenschneider in Vollendung betrachten...

nicht irreal, aber es hebt einen Aspekt der Wirklichkeit eben hervor und vernachlässigt die anderen. Und diese Art, Bilder von der Welt zu machen, kannst du sogar bei den abstrakten Malern unserer Zeit anwenden. Auch die stellen Aspekte der Wirklichkeit dar, wenn auch eben abstrakte. Sind sie deshalb weniger real?

Es kommt auf den Standpunkt und die *Art der Abbildungstechnik* an, also sozusagen auf die Frage „was ist?“ (Standpunkt) und die Frage „was soll?“ (Technik). Wenn du die einzelnen Arten dieser Standpunkte und Techniken kennst und sie bei der Betrachtung der ADHS angewendet hast, dann wirst du sehen, welche Vor- und Nachteile die jeweiligen Arten haben. Du wirst wohl auch erkennen, ob ein bestimmter Standpunkt und eine bestimmte Abbildungstechnik dir mehr zusagt als andere und du wirst dich dann vielleicht auch für eine bestimmte Art der Behandlung von ADHS entscheiden. Die Frage, warum du gerade diese Behandlung der ADHS bevorzugst, ist in etwa so schwer zu beantworten wie die Frage, ob du Frühlingsfeste lieber photographierst oder mit Aquarellfarben malst usw. Man kann sie nur schwer beantworten.
Es hängt wohl immer auch mit dir selbst zusammen, mit deiner Art, wie du die Welt siehst, dich selbst, was du von Gott denkst und dem Sinn des Lebens. Folgerichtig wirst du in diesem Buch im Unterschied zu anderen Büchern - nicht „die Methode schlechthin“ zur Behandlung von ADHS finden. Dieses Buch geht einen anderen Weg. Im Beispiel gesprochen versucht mein Buch dir so etwas wie eine „kleine Einführung in künstlerische Techniken“ zu liefern. Also unterschiedliche Möglichkeiten zur Behandlung von ADHS, die jeweils einen unterschiedlichen Standpunkt haben, unterschiedliche Bilder der ADHS erzeugen und dementsprechend auch unterschiedliche Behandlungsmöglichkeiten aufweisen. Komme keiner und bewerte diese! Was ist schöner? Ein Landschaftsphoto von Ansell Adams oder ein Sommerbild von Camille Pisarro? Diese Frage ist genauso unsinnig wie die Entscheidung für „*die* Behandlungsmethode“ für ADHS.

2. Was bringt der zweite Teil dieses Buches?

Zunächst wollen wir uns den Standpunkten, den Abbildungstechniken und den jeweiligen Vor- und Nachteilen der verschiedenen Verfahren widmen. Wir besprechen also in einem ersten Kapitel das, was Sozialwissenschaftler unter *Anthropologie* verstehen. Anthropologie als die Frage, was der Mensch ist, was er soll und wohin das Ganze führt, ist die Fragetechnik, die meiner Meinung nach in den allermeisten Büchern über soziales Geschehen in erschlagender Weise zu kurz kommt. Anthropologie ist, wie wir hoffentlich sehen werden, keine Beschäftigung von verstaubten Philosophen, sondern existentiell zur Bewältigung unseres Lebens und unserer Probleme (auch ADHS) notwendig.
Wer nicht weiß, woher er kommt, wer nicht weiß, wohin er geht und wer nicht weiß, warum er überhaupt geht, braucht sich nicht zu wundern, wenn er überhaupt nicht mehr geht. Wenn das Leben prozesshaft ist, so frage ich mich, ob Menschen, die sich der Anthropologie überhaupt nicht bewusst sind, überhaupt leben. Das erste Kapitel handelt also von Anthropologie unter dem Blickwinkel der ADHS. In diesem Kapitel entwerfen wir ein paar unterschiedliche Ansätze und beobachten deren Vor- und Nachteile.

In den weiteren Kapiteln wollen wir untersuchen, wie unterschiedliche anthropologische Konzeptionen zu unterschiedlichen Behandlungsmöglichkeiten der ADHS führen. Ich versuche dabei, meine eigene Meinung möglichst rauszulassen. (Hoffentlich gelingt das, das ist nämlich so eine Sache mit den eigenen Meinungen: hat man sie zum Vordereingang herausgejagt, kommen sie zur Hintertür wieder herein...) Wesentlich erscheinen mir vor diesem Hintergrund zwei Bemerkungen:

1. Ich glaube nicht, dass es „die“ Behandlungstechnik schlechthin für ADHS gibt. Insofern liege ich hier mit den meisten Fachbüchern nicht auf gleicher Linie. Ich glaube vielmehr, dass es wirklich unterschiedliche, aber gleichwertige Wege gibt, mit der

ADHS umzugehen. Dies liegt wahrscheinlich daran, dass ich nicht nur Wissenschaftler, sondern

2. in erster Linie überzeugter Christ bin. Also ein Mensch, der an die Sünde als Trennung von Gott glaubt, der daran glaubt, dass Jesus Christus für uns gestorben ist, um diese Trennung aufzuheben, und der daran glaubt, dass dieses Leben auf der Erde nur ein unwesentliches Vorspiel zu dem ist, was Gott für uns in seiner großen Liebe vorbereitet hat. Ich glaube an einen neuen Himmel und eine neue Erde. Das mag meine Auffassung über die Behandlung von ADHS sicherlich beeinflussen und ich finde, das solltest du ehrlicherweise vorab wissen.

Kapitel 5

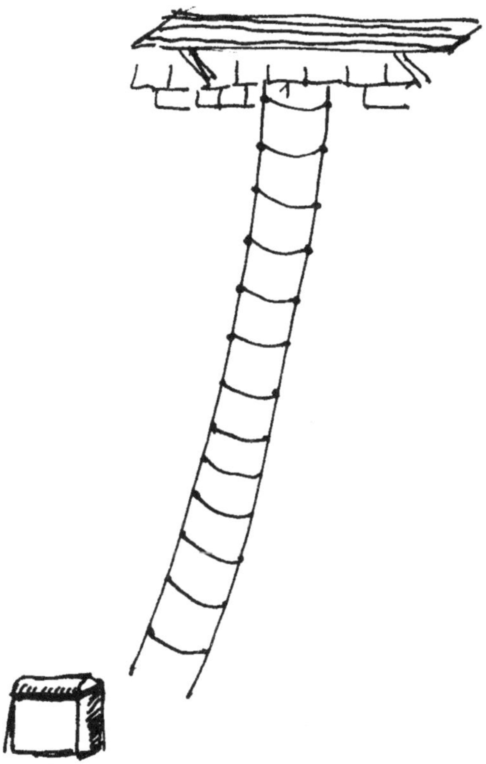

ANTHROPOLOGIE - ODER: WARUM ES VERSCHIEDENE BEHANDLUNGSANSÄTZE GIBT

Im ersten Teil des Buchs haben wir uns schon ein wenig gründlicher mit der ADHS, ihren Ursachenhypothesen und der medikamentösen Behandlung auseinandergesetzt. Im folgenden Kapitel soll es, bevor wir dann ganz praktisch in die Behandlung einsteigen, noch mal theoretisch zugehen. Wir wollen uns nämlich noch mit der Frage beschäftigen, die dir vielleicht schon in der bisherigen Lektüre oder in deiner sonstigen Beschäftigung mit der ADHS aufgefallen ist: „Warum gibt es eigentlich so unterschiedliche Behandlungsansätze für ADHS und welcher ist der richtige?" Um dieser Frage auf den Leib zu rücken, benötigen wir die Anthropologie. Uuups, noch mal so ein Fremdwort. Deshalb zunächst ein Abschnitt darüber, um was es sich bei der Anthropologie handelt.

1. Was ist Anthropologie?

Klarheit darüber zu haben, warum man handelt, wie man handelt, hilft einem, in sich schlüssig zu handeln. Das Kapitelbildchen versucht, das grafisch darzustellen. Zwischen der Schatzkiste und dem Podest hängt eine Strickleiter. Wer Strickleitern kennt weiß, dass man sich ganz schnell verheddern kann. Deshalb muss man sich gründlich Gedanken machen, welche Schritte zu tun sind. Also ist *Anthropologie* angesagt: Lehre vom Menschen. Nicht zu verwechseln mit dem, was man unter einem Anthropologen versteht, der Schädel vermisst und nach den biologischen Wurzeln des Menschen fragt! In der Sozialwissenschaft versteht man unter Anthropologie etwas anderes. Es geht im Grunde auch um die Wurzeln des Menschen, aber eben nicht in rein organischer Sicht, sondern es geht um die Frage nach dem Menschsein an sich, was der Mensch überhaupt für einer ist. Ja, und das ist in etwa so umfangreich zu verstehen, wie es klingt.

Anthropologie ist die Frage nach dem Grund des Menschen. Natürlich steht dieser Grund des Menschen in unmittelbarer Verbindung zu der Frage nach dem Zweck des Menschen. Auch sie ist Bestandteil der Anthropologie. Anthropologie fragt nach dem,

was der Mensch ist und was er soll. Sicherlich sind solche Fragen nicht immer und zu jeder Zeit gleich gelöst worden. Menschen des Mittelalters haben diese Fragen anders beantwortet als Menschen unserer Tage. Die Geschichte, die Gesellschaft, das jeweilige Umfeld prägen die Antworten der Anthropologie in entscheidendem Maße mit und so ist Anthropologie eine Art Dauerbeschäftigung des Menschen. Zu unterschiedlichen Zeiten, in unterschiedlichen Gesellschaften, in unterschiedlichen Situationen wird Anthropologie zu jeweils anderen Lösungen gelangen. Es ist auch nicht so, dass einzelne Individuen zu immer derselben Überzeugung gelangen, sondern innerhalb der individuellen Entwicklung entwickeln sich ebenfalls unterschiedliche Antworten zur anthropologischen Frage.
Vielleicht fragst du dich, was ADHS mit Anthropologie zu tun hat. Die Antwort ist eigentlich einfach, aber sehr bedeutungsvoll: je nachdem, wie man die Frage nach dem, was der Mensch ist und was er soll, beantwortet, verändert sich die gesamte Einstellung zum Leben, die Einstellung zur Pflicht, zur Arbeit, zur Freizeit, zu den Leidenschaften, zur Erziehung, zur Seelsorge, und natürlich auch zum Umgang mit „Krankheiten" wie der ADHS (aber natürlich auch anderen Krankheiten).

1.1 Ein Apatsche und ein Broker vor der Frage nach dem Menschen

Das glaubst du nicht? Na, das will ich dir aber schon an dieser Stelle (nachher wird es gründlicher) mit einem einfachen Beispiel beweisen. Stelle dir einen tapferen Apatschenhäuptling vor, so, wie er vor rund 150 Jahren stolz auf seinem Mustang saß. Und stelle dir einen Frankfurter Börsenbroker vor, der die ganze Zeit am Telefon hängt. Was glaubst du wohl: haben diese beiden Menschen dieselbe Vorstellung vom Sinn des Lebens? Dieselbe Vorstellung vom Lauf der Zeit? Dieselbe Einstellung zu Leiden und Krankheit? Du wirst mir beistimmen müssen: nein, diese beiden Menschen sind grundverschieden. Sie entscheiden wahrscheinlich so ziemlich alles, was es auf dieser Erde gibt, anders. Sie erziehen ihre Kinder anders, sie halten unterschiedliche Werte hoch, sie dienen unterschiedlichen Göttern, sie lieben unterschiedliche Dinge. Sie *sind* unterschiedlich. Jetzt stelle dir vor, das Kind dieses Apatschenhäuptlings hätte ADHS (vielleicht nur schwer vorstellbar). Genauso hätte auch das Kind unseres Börsenfritzen in Frankfurt ADHS (vielleicht eher vorstellbar). Was glaubst du: wie würden unsere beiden Väter mit diesem Problem umgehen? Auf dieselbe Weise oder eher unterschiedlich?

Die Frage, warum die Vorstellung eines ADHS-betroffenen Indianerhäuptlingskindes schwer gelingt, führt dich direkt in das Wesen der Anthropologie ein: Beide Menschen leben vielleicht „richtig" und dennoch kommen sie zu völlig verschiedenen Positionen. Das ist Anthropologie. So ulkig meine Beispiele klingen: sie verniedlichen weder das Problem ADHS noch verwässern sie die Frage nach dem Woher und Wohin des Menschen. Es lohnt sich tatsächlich, die eben geschilderten beiden Charaktere in ihrer Tiefe zu durchdenken. Die Konsequenzen dieser Denkarbeit entwickeln eine größere Polarisation, als wenn wir Beispiele aus unserem normalen Alltagsleben wählen würden.

Spinne dieses Beispiel in Gedanken weiter. Stelle dir vor, du könntest sowohl mit unserem Indianerhäuptling als auch mit dem Börsenbroker ein langes Gespräch führen.

Warum kannst du dir ein langes Gespräch mit dem Indianerhäuptling leichter vorstellen als mit dem Broker, du kannst doch noch nicht einmal „Apatschisch", warum geht das trotzdem leichter? Hat das vielleicht auch etwas mit Anthropologie zu tun?

Du würdest beide, den Indianer und den Broker, fragen, was sie sich für eine Anthropologie geschaffen haben. Du würdest ihnen also beispielsweise folgende Fragen stellen: „Was ist der Mensch?"; „Was soll der Mensch?", „Was willst du erreichen?", „Warum handelst du so, wie du handelst?", „Warum erziehst du

dein Kind so, wie du es tust?", „Was für eine Einstellung hast du zu Krankheit und Tod?" usw. Wahrscheinlich bist du wie ich der Meinung, dass die Antworten der beiden recht unterschiedlich ausfallen würden.
Was aber ist mit der Gewissheit der Antworten? Könntest du dir vorstellen, dass beide Personen, sowohl der Häuptling als auch der Broker, mit derselben Gewissheit ihre Antworten geben? Nein? Dann muss ich unser Beispiel noch um eine kleine Bemerkung erweitern. Du musst nämlich wissen, dass beide Personen mit ihrem Dasein *zufrieden* sind. Kannst du dir jetzt vorstellen, dass sie ihre unterschiedlichen Antworten mit derselben Gewissheit formulieren? Ich hoffe, ja (sonst habe ich mein Beispiel falsch gestrickt...).

Wir haben hier eine besondere Eigenschaft der Anthropologie entdeckt: Sie findet unterschiedliche, ja sogar gegenteilige Antworten auf dieselben Fragen und tut dies dennoch mit derselben Gewissheit. Das ist merkwürdig und verdient genauere Betrachtung.

1.2 Anthropologie und „Glück" eines Menschen gehören zusammen

Die Beantwortung der Frage „was ist/soll der Mensch" gehört offenbar einer anderen Kategorie an als die Frage: „Wozu dient ein Schnitzel?". Die Antwort darauf lautet wohl mit größerer Gewissheit „zum Essen" als „zum Beulen Kühlen". Natürlich, mit einem Schnitzel kann ich auch eine Beule kühlen, aber es ist einsichtiger, es zu essen (vor allem mit leckerer Panade...).
Was ist an diesen beiden Fragen unterschiedlich? Warum kann ich mit derselben Gewissheit behaupten: „der Mensch ist ein leidender Mensch" und „der Mensch ist ein freudesuchender Mensch", aber nicht „ein Schnitzel ist zum Essen da" und „ein Schnitzel ist zum Beulenkühlen da"? Was würdest du sagen?
Kann es sein, dass es daran liegt, dass wir die Schnitzelfrage aufgrund plausibler Begründungen entscheiden, die uns bei der

Anthropologie fehlen? Begründungen, die etwa so lauten: „Ein Schnitzel schmeckt lecker, es kostet ziemlich viel Geld und es stillt meinen Hunger, deshalb ist es sinnvoller, die Beule mit Eiswürfeln zu kühlen und das Schnitzel zu essen, statt die Beule mit dem Schnitzel zu kühlen und die Eiswürfel zu essen". Klingt doch plausibel, oder? Du hast zur Schnitzelfrage eine gute Begründung gefunden.

Jetzt versuche mal, zu begründen, warum der Mensch leiden soll. Wenn du jetzt sagst, es ist idiotisch, zu sagen, dass der Mensch leiden soll, dann versuche mir mal, das Gegenteil zu beweisen! Wenn du der Meinung bist, dass der Mensch ein freudesuchender ist, und ich versuchen würde, dich vom Gegenteil zu überzeugen, so gelänge mir das auch nicht. Warum gelingt das nicht? Weil wir unsere Antwort nicht begründen, sondern *glauben*. Und das ist ein fundamentaler Unterschied. Beim Glauben brauche ich keine Begründungen mehr. Etwas poetisch formuliert: die Pfade meines bisherigen Lebens haben mich dazu geführt, dass ich eine bestimmte Antwort über die Anthropologie für überzeugend halte und das kann mir - so lange ich zufrieden damit bin - keiner ausreden.

Keiner? Doch, es gibt eine Möglichkeit, anthropologische Glaubenshaltungen ganz schnell zu erschüttern, nämlich dann, wenn der Betreffende nicht zufrieden damit ist und die Ahnung bekommt, eine andere Anthropologie könnte vielleicht zu einer größeren Zufriedenheit führen.

Nehmen wir unser Beispiel vom Apatschenhäuptling und dem Börsenbroker noch einmal zur Hand. Was glaubst du, wie sieht die Anthropologie des Häuptlings bezüglich der Frage nach dem Leiden aus? Ist seine Auffassung wohl anders als die des Börsenbrokers? Sicher. Wusstest du, dass Indianer es als eine Ehrung empfunden haben, wenn man sie als Gefangene besonders schmerzhaft gemartert hat? Schmerzen haben für Indianer der damaligen Zeit einen besonderen Wert gehabt. Das Ertragen von Schmerzen war ein Weg zur Zufriedenheit. Man könnte geradezu

sagen, dass ein Indianer zufriedener war, wenn er einen schmerzvollen Tod hatte, als wenn er schmerzfrei starb.
Was ist mit dem Broker der Fall? Für ihn sind Schmerzen etwas, was ihn von seiner Arbeit abhält. Er wünscht sich wohl auch einen schmerzlosen Tod und ist zufrieden, wenn er keine Schmerzen hat.
Wir stellen eine Merkwürdigkeit fest: Die Wahl einer Anthropologie ist offenbar nicht unbedingt von Bequemlichkeit abhängig und „Glück" und „Zufriedenheit" bekommen plötzlich eine ganz andere Bedeutung. Glück ist weder ein einheitlicher Begriff noch ein unveränderliches und auf die Wahl einer bestimmten Anthropologie anwendbares Richtmaß. Was Glück ist (oder Zufriedenheit), ist für jeden verschieden und das Seltsame bei der Sache ist: Man kann es noch nicht mal erklären, warum etwas bei dem Einen zum „Glück" oder zur „Zufriedenheit" führt und beim Andern nicht.
Du kannst es drehen und wenden, wie du willst: die jeweilige Beantwortung der Frage, was Glück ist, ist nicht begründbar. Und damit zurück zur Anthropologie: Eine bestimmte anthropologische Position eines Menschen ist ebenfalls nicht begründbar, weil sie sich an dem orientiert, was wir mit „Glück" oder „Zufriedenheit" usw. bezeichnen.

1.3 Wie entsteht eine Anthropologie?

Damit kommen wir zur nächsten Frage: wie entsteht dann eine Anthropologie, wenn sie auf etwas ausgerichtet ist, das nicht erklärbar ist (Glück)? Dass Anthropologien unsere Lebensläufe bestimmen, ist offensichtlich, denn sie bestimmen unser Handeln, ob wir es wissen oder nicht. Dies gilt auch dann, wenn wir uns unserer Anthropologie gar nicht bewusst sind. Denn selbst wenn wir uns nicht bewusst sind, warum wir so handeln, wie wir handeln, handeln wir doch nicht zufällig. Wir können unser Handeln dann eben nur etwas schlechter begründen, als wenn wir uns unserer Anthropologie bewusst sind. Es ist schon etwas anderes, wenn einer auf die Frage, warum er gern Briefmarken anschaut, sagt: „so halt", oder eine gründlichere Antwort abgibt. Man könnte sagen, dass derjenige, der die große Begründung des Briefmarkensammelns gibt, sich seines individuellen Glückes vielleicht mehr bewusst ist, dass er das „Kleinod des Glückes“ wohl mehr zu schätzen weiß als derjenige, der „so halt“ Briefmarken anschaut und „so halt“ vor sich hinlebt, oder?

Aus diesem Grund halte ich die Frage, wie eine Anthropologie entsteht, schon von großer Bedeutung. Verhilft sie uns doch dazu, das Glück, unser Glück besser zu erkennen, verhilft sie uns doch zu einem sinnvolleren, weil begründeten Leben. Dass das alles auch speziell in Bezug auf die ADHS gilt, werden wir später noch genauer untersuchen. Es gilt aber nicht nur speziell für die ADHS, nein, es gilt in jeder Hinsicht.

Wie entsteht also eine Anthropologie, oder besser: wie wird man sich der eigenen Anthropologie bewusst? Eigentlich ist es ganz einfach, und doch wieder sehr schwer: man muss sich und sein Handeln hinterfragen. Man muss fragen, warum man so handelt, wie man handelt. Das Glück findet man dabei auf dreierlei Weise: zunächst führt mich dieses Fragen nämlich zur Erkenntnis dessen, was mich überhaupt erst glücklich macht. Es führt mich aber auch zu der Erkenntnis, dass Handlungsalternativen möglich wären, die mich vielleicht glücklicher machen würden. Und es führt mich zuletzt dazu, dass ich erkennen kann, dass mich Dinge glücklich machen - von denen ich auf Anhieb nicht denken würde, dass sie mich glücklich machen - einfach deshalb, weil ich in meiner Anthropologie begründe, warum sie mich glücklich machen sollen.

Das Letzte klingt unwahrscheinlich. Deshalb bemühen wir unseren Indianerhäuptling noch einmal (wir lassen ihn dann aber auch endgültig in die ewigen Jagdgründe entschwinden...). Es ist doch schon merkwürdig: warum beschließt der Indianerhäuptling, dass ihn Schmerzen glücklich machen? Das klingt doch wirklich seltsam, oder? Weil er in seiner Anthropologie eine Begründung gefunden hat, die für ihn offensichtlich ist, die er glauben kann, ohne sie weiter zu hinterfragen. Wie lautet diese Begründung? Nun, ich bin wahrlich kein Indianerexperte, aber sie könnte vielleicht so lauten: „Der Mensch ist ein Suchender, er sucht nach dem Ort seiner ewigen Existenz. Um diese Existenz möglichst positiv zu gestalten, versucht er, sich im Aushalten von Schmerzen tapfer zu zeigen. Denn ein tapferer Mensch wird in der Ewigkeit besonders geehrt". Und deshalb kann der Indianer im Schmerz Glück empfinden, weil dieser Schmerz bezüglich seiner Anthropologie eine begründbare Dimension bekommt. So wird für ihn die Auffassung, dass Schmerz Glück bedeutet, plötzlich plausibel. Etwas, bei dem unser Broker sich wohl an den Kopf fassen würde...

Anthropologien findet man dadurch, dass man sein Handeln hinterfragt und zu begründen versucht. Der Ort, wo ich mein Handeln nicht mehr begründe, sondern die Unnötigkeit einer weiteren Begründung aufgrund der Evidenz der aktuellen Begründung einsehe, markiert meine Anthropologie. Wenn der Briefmarkensammler mit „so halt" zufrieden ist, weil er „so halt" für offensichtlich hält, dann ist das seine Anthropologie. Sie könnte dann lauten: „Der Mensch ist einer, der halt existiert, er soll sich nicht weiter hinterfragen, weil das Hinterfragen eh nutzlos ist". Und schon entdecken wir in diesem „so halt" eine Anthropologie, die der Anthropologie einer philosophischen Schule der Antike sehr ähnlich ist: nämlich der sogenannten Stoa[1].

FAZIT

- Was ist Anthropologie? Sie ist das Gesamt all jener Begründungen über die Bestimmung des Menschen, die aufgrund einer als individuell empfundenen Evidenz nicht weiter begründet, sondern geglaubt werden.
- Wie entsteht in einer Anthropologie das Glück: dadurch, dass ich erkenne, dass mein begründetes Handeln zu Momenten führt, die mir angenehm sind; oder dadurch, dass mein begründetes Handeln mir Einsicht darüber verschafft, wie mein

[1] Was Stoa im Einzelnen bedeutet, will ich allerdings an dieser Stelle nicht weiter ausführen, es ist nicht so wichtig.

Handeln verändert werden müsste, damit mir mehr angenehme Momente geschehen; oder dadurch, dass ich Glück in etwas (obiges Beispiel: Schmerz) erkenne, das mir zwar momentan nicht angenehm ist, das aber später zu angenehmen Momenten führt.
- Wie wird man sich der Anthropologie bewusst? Dadurch, dass ich mein Handeln so lange und immer tiefer begründe, bis die Begründung für mich so offensichtlich ist, dass ich nach keinen weiteren Begründungen mehr suche.

2. Anthropologie und die Bibel

Vielleicht ging es dir ähnlich wie mir, als ich zum ersten Mal gründlich mit Anthropologie konfrontiert wurde. Ich habe mich gefragt, was denn die Bibel zu dem Ganzen sagt, ob sie wohl eine „biblische Anthropologie" parat hält, einen geistlichen Weg zum Glück. Wenn ich daran glaube, dass das Wort Gottes tatsächlich Wort Gottes ist, also Wort des Schöpfers und Wort dessen, zu dem ich hingehöre, dann müsste dieser Schöpfer uns doch auch sagen, wer wir sind und wozu wir sind und wie wir glücklich werden.

Und tatsächlich: wir finden in der Bibel eine große Anzahl anthropologischer Hinweise [2]. Wir werden allerdings sehr schnell auf eine Besonderheit der Bibel aufmerksam werden, die es schwierig macht, ihre Hinweise unreflektiert zu übernehmen. Die anthropologischen Hinweise der Bibel scheinen nämlich manchmal recht widersprüchlich zu sein. Das wird vor allem deutlich, wenn wir die einzelnen anthropologischen Informationen in unterschiedlicher Weise miteinander kombinieren.

Auf der einen Seite ist diese *Unterschiedlichkeit* der Aussagen natürlich etwas sehr Schönes: der Geist der Bibel atmet durch und durch Freiheit. Genauso wenig wie es „*die* biblische Anthropolo-

---

2 Vgl. hierzu: Dieterich, J. (1997): *Junge Menschen biblisch leiten. Biblische und pädagogische Grundlagen für Gruppenarbeit und Seelsorge.* Freudenstadt (IPS), 22ff.

gie" gibt, gibt es „*den* Christen". Das Beispiel des Paulus mit den vielen Gliedern und einem Leib erstreckt sich auch auf die Wahl der Anthropologie. Du kannst aus der Bibel viele Anthropologien ableiten und das ist gut so.

Ein Beispiel kann das demonstrieren: Nach der Bibel ist der Mensch auf Gemeinschaft hin angelegt. Wunderschön wird es in 1. Mose 2, 18 beschrieben: „Es ist nicht gut, dass der Mensch allein sei", oder in Mt 18,20: „Wo zwei oder drei versammelt sind in meinem Namen, da bin ich mitten unter ihnen". Nun könntest du daraus die anthropologische Offensichtlichkeit entnehmen, dass ein Mensch, du selbst, dein Kind, dein Schüler, dein Partner usw. immer auf Gemeinschaft ausgelegt ist und sich dementsprechend in Richtung Gemeinschaft hin bewegen soll.

Jetzt könnte es allerdings sein, dass dein Gegenüber (oder du selbst) vielleicht bibelfest ist und schlagfertig deiner Anthropologie die Worte Jesu entgegenhält, die er in Mk 6, 31 seinen Jüngern sagt: „Geht ihr allein an eine einsame Stelle und ruht ein wenig". Gemeinschaft ist also nicht alles, die Einsamkeit wurde von Jesus gesucht und empfohlen.

Was können wir mit diesem Beispiel anfangen? Nun, wir können zunächst mal sagen, dass es offenbar tatsächlich widersprüchliche anthropologische Informationen in der Bibel gibt (wenn du gründlich stöberst, wirst du wirklich viele solcher Informationen entdecken), und wir können uns dadurch die anthropologische Vielfalt auch innerhalb der Christen erklären. Die Begründungen, die hier im Beispiel gegeben wurden, leuchten mir und dir wohl auch ein, sie sind evident, ein weiteres Begründen, ein tieferes Suchen scheint nicht nötig.

Was aber, wenn ich damit noch nicht zufrieden bin? Gibt es nicht doch etwas anthropologisch Einheitliches in der Bibel? Haben wir es uns vielleicht zu einfach gemacht? Ist die Evidenz der bisherigen anthropologischen Begründungen vielleicht trügerisch? Gibt es nicht, um den Vergleich des Paulus noch einmal zu verwenden, nicht nur *viele* Glieder (also auch viele unterschiedliche anthropologische Begründungen), sondern auch *einen* Leib (also eine anthropologische Gemeinsamkeit unter Christen, so eine Art „kleinsten gemeinsamen Nenner")? Ich glaube schon, dass es so etwas wie den kleinsten gemeinsamen anthropologischen Nenner in der Bibel gibt und diese Linie will ich im Folgenden darstellen[3].

2.1 Gemeinschaftlichkeit

Der Mensch ist nach der Bibel tatsächlich auf Gemeinschaft hin ausgerichtet. Dabei meint die Bibel in allererster Linie und in größter Gewichtung die Gemeinschaft *mit Gott.* Und zwar sucht sie uns eine Liebesgemeinschaft mit Gott zu vermitteln, also die Gemeinschaft, die die Nähe zu Gott aus Liebe will. Wir sollen Gott „lieben von ganzem Herzen, von ganzer Seele und von ganzem Gemüt" (5. Mose 6,5). Dieses Liebesverhältnis wird von Paulus als etwas Kindliches beschrieben, Gott soll unser liebevoller Papa sein, Paps, Väterchen, Vati (Röm 8,15).

Ja nicht nur das! Es soll ein Liebesverhältnis sein, das einem wechselseitigen „Liebesspiel" zwischen Gott und Mensch entspricht. Ja, ja, genau so wie ein Schäferstündchen. Gott soll mich erforschen und erkennen (Ps 139,23) und ich soll Gott erkennen (Ps 4,4). Ich glaube, dass dieses „erkennen" tatsächlich so einer Art zärtlichem Liebesspiel zwischen Braut und Bräutigam entspricht. Wunderschön wird das in Jesaja beschrieben: „Denn wie ein junger Mann eine Jungfrau freit, so wird dich dein Erbauer freien, und wie sich ein Bräutigam freut über die Braut, so wird sich dein Gott über dich freuen" (Jes 62,5). Ein Liebesverhältnis, in dem nicht ein Hauch von Missklang mitschwingt, tiefstes Vertrauen, Fehlen jeder Furcht, „Furcht ist nicht in der Liebe" (1. Joh 4,17).

Diese Ausrichtung ist in der Bibel durchgängig vorhanden, sie steht im Alten und Neuen Testament. Jesus weist deutlich darauf hin, wenn er Hosea 6,6 zitiert, wo es heißt: „Ich habe Lust an der Liebe und nicht am Opfer, an der Erkenntnis Gottes und nicht am Brandopfer" (vgl. Mt 9,13). Mensch und Gott stehen einander

3 Hier unterscheide ich mich von meinen eigenen Thesen, die ich 1997 formuliert habe - jeder Mensch entwickelt sich eben weiter...

gegenüber: In der Trennung entsteht Sünde. In der Gemeinschaft ist es gut. So einfach und doch so tiefgründig!
Aber die Bibel lehrt uns ein Doppelgebot der Liebe und Gemeinschaft, ja, genau genommen ein Tripelgebot der Liebe und Gemeinschaft. Jesus stellt neben die Liebe und Gemeinschaft zu Gott die Liebe und Gemeinschaft zum Mitmenschen. Die Gemeinschaft mit Gott ist nicht zu haben ohne die Gemeinschaft mit dem Nächsten, wobei Jesus die Liebe des Menschen zum Nächsten und zu sich selbst gleichsetzt (vgl. Mt 22,39): „Du sollst deinen Nächsten lieben wie dich selbst".
Es ist wirklich unglaublich, wie sehr die Bibel darauf besteht, dass nur in der harmonischen Gemeinschaft der Menschen untereinander auch die menschliche Bestimmung verwirklicht werden kann. „Siehe, wie fein und lieblich ist's, wenn Brüder einträchtig beieinander wohnen" - das ist etwas Schönes wie Salböl (Ps 113). Es sind viele Glieder, aber es soll ein Leib sein, gemeinsam sollen wir sein, wenn es dem einen schlecht geht, wird der andere mitleiden (vgl. 1. Kor 12).

Und Jesus spricht von der Liebe des Menschen zu sich selbst, der Gemeinschaft mit sich selbst. Was meint das? Man hat ja sowieso keine Wahl, mit sich hat man Gemeinschaft, ob man will oder nicht, ob man sich liebt oder nicht, was macht das schon, man kann es sowieso nicht ändern. Nein, nein, so nicht! Gott ruft uns in diesem Gebot zu einer Liebe zum Nächsten auf, die der entspricht, die wir zu uns selbst empfinden. Wenn ich meinen Nächsten so liebe wie mich selbst, mich selbst aber gar nicht liebe, wo bleibt dann mein Nächster? „Ich danke dir, dass ich wunderbar gemacht bin; wunderbar sind deine Werke; das erkennt meine Seele" (Ps. 139,14). Mit mir selbst nicht nur auskommen, sondern mich selbst lieben – das ist gemeint. Dazu ist Voraussetzung, dass ich mit mir klarkomme, dass ich lerne, mit mir selbst angemessen umzugehen.

So haben wir also in dem eben gezeigten Aspekt eine tiefe und dreifach gewendete Anthropologie gefunden: Die gemeinschaft-

liche Ausgerichtetheit des Menschen. Gemeinschaft soll er haben: mit Gott, mit den anderen Menschen, mit sich selbst. Diese Anthropologie lehrt auch Werte: etwas ist dann gut, wenn es der Versöhnung mit sich selbst dient, wenn es zum anderen führt, wenn es die Trennung zu Gott aufhebt.
Es ist eine Anthropologie, die tiefgreifendes Erziehungsziel sein kann, die die Welt anders begreift, die einen ganz eigentümlichen Umgang mit der ADHS lehrt. Eine Anthropologie, die einen völlig eigenständigen Weg in der Behandlung von ADHS-Betroffenen aufzeigt, die Nichtchristen unverständlich ist. Im letzten Kapitel dieses Buches arbeiten wir diese Anthropologie zu konkreten Handlungsabläufen im Umgang mit der ADHS um.

3. Die Kausalismus-Anthropologie

Es gibt viele Anthropologien. Zwei davon erkenne ich als Leitmotiv für die zwei Behandlungs-Methoden, zwischen denen sich der Umgang mit der ADHS bewegt. Zunächst einmal die „Kausalismus-Anthropologie". Ich nenne sie mal so, sicher gibt es einen korrekteren philosophisch-wissenschaftstheoretischen Ausdruck dafür. Sie entsteht aufgrund eines Prinzips der Erkenntnisgewinnung, das aus der Zeit stammt, von der wir bis heute sehr stark geprägt sind: der griechischen Antike und hier insbesondere Aristoteles [4]. Das Prinzip sagt, stark vereinfacht, dass etwas, was eine *Wirkung* besitzt, auch eine *Ursache* haben muss [5].
Ursache und Wirkung stehen hier in einem untrennbaren Verhältnis, was man dann als Kausalität oder Kausalzusammenhang bezeichnet. Und eigentlich ist das Ganze ja wirklich ganz schön offensichtlich: Haue ich dir eine auf die Backe, so wird sie rot. Gieße ich eine durstige Pflanze, so richtet sie sich auf. Es besteht ein kausaler Zusammenhang zwischen der Röte der Backe und der

---

4 Vgl. das Werk von Aristoteles über die Metaphysik.

5 Etwas genauer formuliert es Hegel: „Ursache und Wirkung sind somit ein und derselbe Inhalt, und der Unterschied derselben ist zunächst nur der des Setzens und des Gesetztseins, welcher Formunterschied sich dann aber auch ebenso aufhebt" (Hegel, G.W.F.(1986): *Logik* Bd.1. Frankfurt, 299). - Thomas von Aquin hat aus diesem Prinzip übrigens den kosmologischen Gottesbeweis gebastelt, der dann allerdings von Kant trefflich widerlegt wurde.

Ohrfeige, zwischen dem Aufrichten der Pflanze und dem Wasser besteht ebenfalls ein kausaler Zusammenhang. Die Tatsache, dass aus einer Ursache deren Wirkung zwingend hervorgeht, ist eine Kausalität. Um diese Position tatsächlich und in ihrer anthropologischen Bedeutung zu verstehen, solltest du versuchen, einmal all deine bisherigen Lebenserfahrungen „abzuschalten".

Stelle dir also einmal vor, du wärst ein Steinzeitmensch kurz vor der Entdeckung des Feuers. Bisher ist Feuer für dich vom Himmel gefallen und du musstest, um dir dein Mammutsteak zu grillen, ängstlich darauf bedacht sein, das Feuer, das dir ein Blitz bescherte, zu hüten. Bis so ein Mammutsteak schön zart ist, muss man ganz schön lange grillen (glaube ich zumindest). Du sitzt also an deinem Feuer und langweilst dich. Rings um deine Feuerstelle liegen kleine Ästchen rum und auch ein Stück von einem alten Baumschwamm. Weil dir langweilig ist, drehst du ein Ästchen in dem Baumschwamm herum, und weil du dich auf den saftigen Braten freust, drehst du immer fröhlicher an dem Ästchen herum. Ah, nun ist dein Braten fertig, du richtest dich auf und stützt dich dabei aus Versehen auf den Baumschwamm. Autsch! Was brennt denn da so fürchterlich? Das riecht nach gebrannter Menschenhaut und nicht nach Mammutsteakkruste. Du schaust auf den Schwamm und - oh Wunder! - da ist ja Glut. Wie ist denn die hierher gekommen? Es hat doch kein Blitz in den Schwamm geschlagen. Das muss wohl vom Drehen des Ästchens gekommen sein.
Nun hast du eine spannende Frage zu klären. Stimmt das mit dem Drehen wirklich? Du überprüfst das Ganze, indem du diesmal gezielt das Ästchen drehst und beobachtest, was geschieht. Tatsache! Da besteht ein Zusammenhang zwischen Drehen und Feuer. Voilá, die Erfindung des „Punks" (so nennen das zumindest die Indianer) ist geglückt. Du hast dir etwas zu eigen gemacht, du hast dir das Feuer zum Untergebenen gemacht. Fortan kannst Du Feuer *machen* und musst nicht mehr auf Feuer warten. Stelle dir vor, wie gigantisch das gewesen sein muss. Solche Erfahrungen

prägen den Menschen. Und er beginnt, systematisch nach den Lösungen für seine Rätsel zu suchen. Wer die Frage nach dem Feuer lösen kann, der wird doch wohl auch ein Rad erfinden können, der wird doch wohl auch fliegen lernen, der wird doch wohl auch das Wundfieber beseitigen können, der wird doch wohl auch ... naja, Krankheiten heilen können.

3.1 Das Kausalitätsprinzip entspricht dem menschlichen Streben nach Sicherheit

Im Menschen löst das Kausalitätsprinzip so eine Art Grundhaltung aus, die besagt, dass man, wenn man nur lange genug sucht, auf jede Frage eine Lösung findet, für jede Wirkung eine kausal begründbare Ursache finden kann [6]. Wenn man die Ursache kennt, so kann man auch die Wirkung beeinflussen, man muss die Ursache nur erst mal finden. Eine Art „Pioniergeist" entsteht, der besagt: „Was du nur wirklich willst, das findest du auch raus". Und dieser Geist hat zu unglaublichen Erfolgen geführt. Erfolgen, die das menschliche Denken, das menschliche Dasein in stärkstem Maße prägen.

Jetzt darfst du wieder aus deinen Steinzeitphantasien auftauchen, jetzt sind wir wieder in der Neuzeit und beim Thema Anthropologie. Das Kausalitätsprinzip - so wurde eben gesagt - prägt den Menschen in stärkstem Maße. Welche Auswirkungen hat das auf die Anthropologie?

Wenn wir in unserem Alltag feststellen, dass es tatsächlich Kausalzusammenhänge gibt, so kann dies unser Leben insofern beeinflussen, als wir die Suche nach Kausalitäten zum Lebenszweck machen. Warum? Nun, ich sag's mal vorab und erkläre es danach: weil der Mensch sicher sein will, oder anders herum: weil

---

6 Dabei gelten die Zusammenhänge meist dann als in sich schlüssig, wenn sie beispielsweise mit Mitteln der Logik beschrieben werden können. Descartes schreibt für diesen Zusammenhang: „Ich bin stets fest bei dem von mir gefassten Entschluss geblieben, ... keine Sache als wahr gelten zu lassen, die mir nicht klarer und sicherer erschiene als früher die geometrischen Beweise" (Descartes, R.: *Discours de la méthode pour bien conduire sa raison et chercher la vérité dans les sciences.* Ins Deutsche übertragen von Kuno Fischer (1961): *Abhandlung über die Methode des richtigen Vernunftgebrauchs.* Stuttgart (Reclam), 39).

er nicht unsicher sein will. *Sicherheit* wird dann zum Glück [7]. Der Mensch will Unsicherheiten aus dem Wege gehen, weil Unsicherheiten angstinduzierend sind.
Weil der Mensch keine *Angst* haben will, muss er die Unsicherheiten ausräumen, und dazu muss er die Zusammenhänge zwischen Ursache und Wirkung erkennen und nutzen. Nur der, der den Lauf der Dinge beherrscht, beherrscht auch die Angst. Nur wer die Ursachen kennt, kann die Wirkungen beeinflussen. Zu diesem Zweck muss er die Kausalitäten kennen und daraus entwickelt sich die zweite Vorstellung des Menschen: der Mensch will *wissen.*

Also: der Mensch will sicher sein, um keine Angst zu haben, und er will wissen, damit er sicher wird.
Diese beiden anthropologischen Dimensionen sind offensichtlich, für jeden nachvollziehbar und irgendwie schlüssig. Deshalb können sie zur Anthropologie werden. Sie transportieren auch die Information darüber mit, was innerhalb dieser Sicht der Dinge *gut* ist. Nämlich einerseits alles jenes, was uns Unsicherheiten nimmt (beispielsweise Kausalzusammenhänge), und andrerseits all jenes, was zu schnellem und zuverlässigem Wissen führt.
Dementsprechend ist Gewissheit der eine Wert; zuverlässige Schnelligkeit (der Behebung der Unsicherheiten) der andre Wert. Die Wertediskussion, die von so vielen heute gefordert wird, ist somit degradiert. Werte entstehen innerhalb verschiedener Anthropologien immer anders. Man sollte über die „richtige" Anthropologie diskutieren und nicht über die richtigen Werte.
Diese Anthropologie führt, verbunden mit den Werten, die sie transportiert, zu einem Verhältnis zum Leben und zur ADHS, das sich ganz anders äußert als in der erstgenannten, biblischen Anthropologie. Auch dieses Verhältnis wird weiter unten genauer erläutert werden. Jetzt möchte ich aber noch eine dritte Anthropologie vorstellen, nämlich

---

7 Dass dieser Weg tatsächlich evident ist, kannst du daran erkennen, wieviele Werbespots auf den Zusammenhang zwischen Sicherheit und Glück Bezug nehmen. Selbst platte Sprüche kommen hier beim Zuschauer an. Sicherheit und Glück, das passt gut.

4. Die Dialektik-Anthropologie

Auch dieses Modell stammt - wie könnte es anders sein - ursprünglich aus der griechischen Antike [8]. Du solltest wissen, dass wir es bei der Dialektik nicht mit einem einheitlichen Begriff zu tun haben, denn er wurde vielseitig verwendet. Ich will Dialektik nicht lexikonartig oder fachbuchhaft beschreiben. Warum wir diesen Begriff nicht so genau anschauen und ihn dennoch für eine anthropologische Konzeption verwenden, kann ich begründen. Es geht mir hier nicht um eine korrekte Einordnung der jeweiligen Verständnisse, sondern vielmehr um einen Kernbegriff der Dialektik, der ein Prinzip der Erkenntnisgewinnung darstellt. Es hat sich in unser Denken dermaßen eingeprägt, dass es unser Welt- und Menschenbild, mithin unsere Anthropologie weitgehend bestimmen kann: die *dialektische Triade*.

Worum es sich dabei handelt, will ich wieder an einem Beispiel verdeutlichen. Ich erinnere mich noch genau: In meiner Kindheit bildeten wir in unserer Straße zwei „Banden", die sich gegenseitig bekämpften. Es ging dabei um ein Recht, dass meine Bande eifersüchtig bewachte, nämlich das Recht, auf der nachbarlichen Wiese zu spielen. Die Mitglieder der anderen Bande wohnten weiter weg und außerdem war in unserer Bande der Sohn des Besitzers der Wiese. Wir lauerten den anderen auf, um sie, wenn sie doch auf „unsere" Wiese wollten, mit Dreckklumpen und sogar mit Steinen zu bewerfen. Die Eltern aller Bandenmitglieder (auch die der „feindlichen") waren über diese Brutalität entsetzt und versuchten, den *Konflikt* auf friedliche Weise zu *lösen*, indem sie mit wahrer Engelsgeduld auf uns einredeten, wir sollten doch unsere Konflikte auf friedliche, für uns sinnvolle Art lösen, nämlich dadurch, dass wir uns im Gespräch miteinander einigten.

Ich selbst fand diesen Gedanken unerträglich, heimzahlen wollte ich es denen und prügeln wollte ich mich. Die Vorwürfe meiner Mutter, wenn ich mal wieder bei einer Schlägerei meine Kleidung

8 Diesmal gilt Platon als Urheber.

beschmutzt oder zerrissen hatte, konnte ich damals überhaupt nicht verstehen. Konflikte wurden mit Schlägereien, ja, zwar nicht gelöst, aber doch immerhin irgendwie behandelt. Natürlich, ich war auch unglücklich, wenn ich mal wieder Schläge einstecken musste (einer der gegnerischen Bande, mein „Lieblingsgegner", war wohl stärker als ich). Und ich war regelrecht verzweifelt darüber, dass die gegnerische Bande nicht endlich einsehen wollte, dass sie auf unserer Wiese nichts zu suchen hatte. Aber eine bessere Lösung als gegenseitiges Beschimpfen und Prügeln fiel mir damals nicht ein [9].

Warum ich das alles erzähle? Auch bei der dialektischen Triade geht es um einen Gegensatz, um zwei einander ausschließende Positionen. Und um ein Drittes: dass beide Positionen miteinander ins Gespräch kommen. Vielleicht kannst du dich auch an solche Situationen aus deiner Kindheit erinnern, wo es einfach nicht mehr weiterging. Ja, vielleicht geht es dir sogar so wie mir, dass mir das heute auch noch passiert, dass ich in Konfliktsituationen zwar nicht gerade drauflosschlage, aber auf jeden Fall nicht das tue, was mir meine Mutter damals schon gepredigt hat: zu diskutieren. Die *Diskussion*, das ist das Element aus der Dialektik, die uns hier auch und besonders interessiert.

4.1 These und Antithese führen zur Synthese

Die Diskussion zwischen den beiden „gegnerischen" Positionen hat nicht nur den Zweck, Konflikten wirkungsvoll zu begegnen, sondern sogar, neues Wissen zu erlangen. Die Diskussion muss dabei ein elementares Prinzip befolgen: der eine sagt etwas, stellt seine Position dar, der andere hält etwas dagegen, stellt seine gegenteilige Position dar. Und nun geschieht etwas Spannendes: aus dem Gegensatz der Positionen und ihrer „Zusammen-Fassung" ergibt sich ein neuartiges Ganzes, das dann wiederum Ausgangspunkt eines neuen Argumentations- und Diskussionsvorgangs bildet.

9 Hoffentlich beendest du jetzt nicht die Lektüre, weil du von einem solchen Hagestolz nichts mehr wissen willst, ich wusste es damals eben nicht besser und von Einsicht war auch keine Spur.

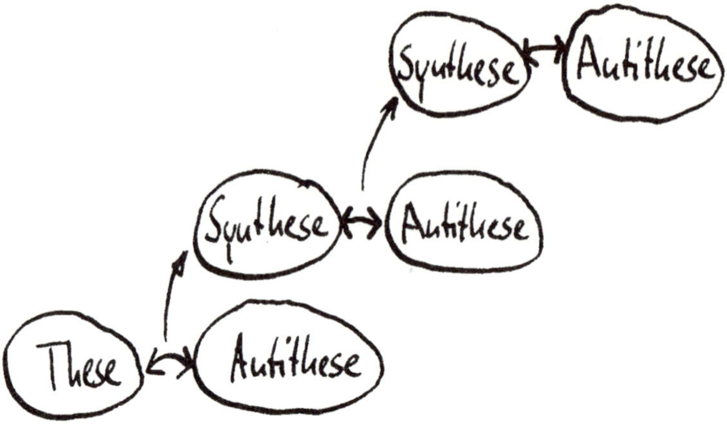

Abb. 11

Das erste Element dieser Triade, das erste Argument, wird in der Dialektik mit These bezeichnet, das gegnerische Argument bildet in der Triade die Antithese (= zweites Element), und das Ergebnis der gegenseitigen Verquickung der beiden gegenüberliegenden Thesen bezeichnet man in der Dialektik dann als Synthese (= drittes Element). Die Synthese kann dann wiederum eine neue These werden, der man wiederum eine Antithese entgegenhalten kann, woraus dann wieder eine neue Synthese entsteht usw. Man kann sich gut vorstellen, dass diese Triade in einer Diskussion häufig nacheinander stattfindet, und es liegt auf der Hand, dass dieses Diskussionsschema, so banal es auch scheinen mag, deutlich erfolgversprechend ist.

Was glaubst du, kann man auf diese Weise aber jemals zu einem Ende kommen, gibt es einmal die endgültige Synthese, sozusagen die absolute Wahrheit? Es gibt große Gestalten der Philosophie, die der Meinung waren, diese absolute Wahrheit gebe es, bei der der Weg der Dialektik an sein Ziel und Ende kommt [10]. Obwohl

[10] Mindestens zwei waren wohl eher anderer Meinung: Raimund Popper in seinem kritischen Rationalismus verfolgte die Auffassung, dass durch das immerwährende „Wegschälen" von Falschheiten, was der dialektischen Triade vergleichbar ist, am Schluss Wahrheit herauskommen müsse.

diese Frage wissenschaftstheoretisch fürchterlich spannend ist, klären wir sie hier nicht. Aber klar ist: es könnte auf jeden Fall ein sinnvoller Weg sein. Wer ihn geht, darf allerdings nicht bequem und unflexibel sein. Ein Dialektiker muss sich gegen all jene Gedanken richten, die unverrückbar sind, die nicht mehr in Frage gestellt werden sollen, er muss immer im *Wandel* bleiben, immer auf der Suche, immer im dynamischen Prozess des Wandels seiner selbst [11].

Auf diesem Weg des Wandels braucht er den Mitmenschen als „Gegner" und Gesprächspartner. Und so entwickelt sich aus dieser Daseinsform eine Anthropologie, die besagt, dass der Mensch ein *kommunizierendes* Wesen ist, aber halt! - nicht nur mit anderen Menschen, sondern auch in der dialektischen Auseinandersetzung mit der Welt in der er lebt. Der Mensch ist ein Interagierender, ein sich Auseinandersetzender, egal, ob er sich mit einem Partner auseinandersetzt, mit einem wissenschaftlichen Gegenstand, mit dem Kochen eines leckeren Rezepts, mit dem Genießen eines schönes Baums. Immer steht er im dialektischen Spannungsfeld zwischen These, Antithese und Synthese.

Auseinandersetzung bringt Glück. Das klingt zwar seltsam, ist aber hoffentlich plausibel geworden. In solch einer Anthropologie werden natürlich ganz bestimmte Werte wichtig. Gut ist, wenn einer interagieren, sich auseinandersetzen kann. Dazu ist Flexibilität nötig, Eloquenz (Redegewandtheit), Bereitschaft zur Veränderung und doch auch Rückgrat und noch vieles mehr.

---

10 (Vgl. hierzu: Popper, K. (1973): *Logik der Forschung.* Tübingen (Mohr), 76ff.) Und der andere, ein ebenso großer „Kracher", Karl Jaspers, schreibt: „Wissenschaftlichkeit ist die Fähigkeit, zugunsten objektiver Erkenntnisse die eigenen Wertungen für je einen Augenblick zu suspendieren. Von der eigenen Partei, dem eigenen gegenwärtigen Willen absehen zu können zugunsten unbefangener Analyse der Tatsachen. Wissenschaftlichkeit ist Sachlichkeit, Hingabe an den Gegenstand, besonnenes Abwägen, Aufsuchen der entgegengesetzten Möglichkeiten, Selbstkritik" (Jaspers, K.; u.a. (1961): *Die Idee der Universität.* Berlin, 79).

11 Simon-Schäfer beschreibt: „Die Dialektiker wenden sich [...] gegen den Versuch, die Wirklichkeit als statisches System aufzufassen, welches aus dem Zusammenwirken unveränderlicher Größen resultiert - das zu tun, unterstellen sie dem systematischen Denken -, und plädieren dafür, die Wirklichkeit als dialektische 'Totalität', d.h. als eine dynamisch sich entwickelnde Ganzheit anzusehen" (Simon-Schaefer, R. (1989) *Dialektik.* In: Seiffert, H.; Radnitzky, G. (Hg): *Handlexikon zur Wissenschaftstheorie.* München (Ehrenwirth), 35).

Auch diese Anthropologie führt - wie wir sehen werden - zu einem ganz spezifischen Bild der ADHS, einem Bild, das ganz anders ausfällt als in den beiden anderen Anthropologien.

FAZIT Drei Anthropologien wurden hier geschildert. Es sind noch viele andere denkbar. Jede dieser Anthropologien besitzt ein anderes Bild vom Ist- und Sollzustand des Menschen. Jede entwickelt infolgedessen andere Werte. Jede führt zu einem anderen Verständnis des menschlichen Daseins und demzufolge auch anderen Verständnis von Krankheiten und deren opportuner Behandlung.

	Biblische Anthropologie	Kausalismus Anthropologie	Dialektik Anthropologie
Anthropologie	Dreifach gemeinschaftliche Ausgerichtetheit des Menschen. Gemeinschaft mit Gott, Gemeinschaft mit anderen, Versöhnung mit sich selbst	Der Mensch will wissen, um sicher zu sein	Der Mensch ist ein interagierendes, sich auseinandersetzendes Wesen
Werte	Etwas ist gut, wenn es zu Gott führt: z.B. Gebet, Bibellesen. Etwas ist gut, wenn es zum anderen führt: z.B. Freundlichkeit, Dienstbereitschaft. Etwas ist gut, wenn es zur Versöhnung mit mir selbst führt: z.B. Gelassenheit, Gottvertrauen usw.	Etwas ist gut, wenn es Sicherheit schafft: z.B. logisches Denken, Gründlichkeit, Schnelligkeit im Erkenntnisgewinnungsvorgang usw.	Etwas ist dann gut, wenn man sich damit auseinandersetzen kann, die zur Auseinandersetzung notwendigen Fertigkeiten usw.

Diese drei unterschiedlichen Anthropologien führen zu konkreten Handlungsweisen, denen wir uns im Folgenden immer mehr nähern werden. Wichtig ist hier, dass wir erkennen: wir können nicht bestimmte Handlungsmuster (z.B. für den Umgang mit der ADHS) übernehmen, wenn wir nicht auch die dazugehörige Anthropologie übernehmen können. Dieser Umstand macht „Tipps" und „konkrete Hilfen" so nachvollziehbar problematisch. Wir müssen uns bei konkreten Handlungsweisen immer an der jeweils vertretenen Anthropologie orientieren.
Nähern wir uns nun den innerhalb des hypothetischen Konstrukts der ADHS transportierten Ursachenhypothesen.

Kapitel 6

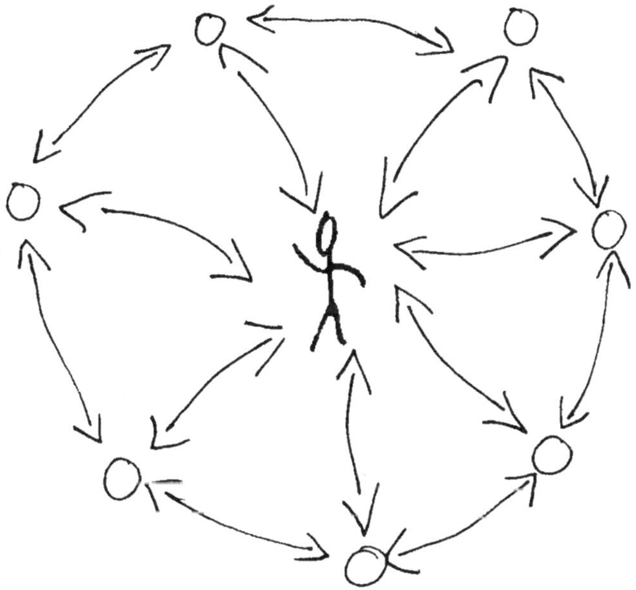

Dialektische Behandlungsmöglichkeiten bei Kindern

1. Das Krankheitsverständnis: nicht das Kind, sondern die Gesellschaft ist krank

Wir haben gelernt, dass der Mensch innerhalb der Dialektik-Anthropologie als interagierendes, sich auseinandersetzendes Wesen gesehen werden soll. In der Erziehung wirkt sich das beispielsweise dahingehend aus, dass Eltern mit solch einer Anthropologie ihre Kinder dazu anhalten, sich mit den Menschen und den Dingen der Welt dynamisch auseinander zu setzen. Die Dinge der Welt sind kein unüberwindbarer Schicksalsspruch, sondern willkommener Anlass zur Auseinandersetzung zum Zweck der Synthese und damit eines „fortschrittlichen" Prozesses.
Wenn nun Eltern mit solch einer Anthropologie ein Kind haben, von dem man sagt, es habe ADHS, so hat das bei solchen Eltern eine ganz besondere Auswirkung. Zunächst einmal sträuben sie sich gegenüber dem Begriff, dass das Kind ADHS *hat*. Das ist ein statischer Begriff, der überhaupt nicht mit ihrer Anthropologie übereinstimmt. Solche Eltern würden sagen, dass ihr Kind mit Dingen der Welt konfrontiert ist, mit denen es (bzw. Kind und Eltern zusammen) sich auseinandersetzen muss und dass durch diese Auseinandersetzung ein wünschenswerter neuer Zustand entstehen soll. ADHS bildet bei solchen Eltern quasi die *Antithese*, die These bildet das Kind und sein Umfeld selbst.

Es geht nun darum, die Diskrepanz zwischen These und Antithese einer *Synthese* zuzuführen, um den sich als ADHS darstellenden Konflikt zu überwinden. Die Synthese ist dann sozusagen das Ergebnis dieser Auseinandersetzung und bedeutet in der Konkretion beispielsweise den Versuch, die Welt, in der das Kind lebt, zu ändern. Solche Eltern könnten also beispielsweise ihr komplettes Familiensystem umstellen - das würden sie prinzipiell freiwillig tun, weil es Bestandteil des dialektischen Prozesses ist. Für dich als Therapeut wäre das vielleicht wünschenswert, vielleicht auch nicht. Es könnte auch sein, dass solche Eltern versuchen, die schulische Situation, in der das Kind vielleicht steht, auf den Kopf zu stellen. Diese Auseinandersetzung ist vielleicht weniger wünschenswert, für die Eltern aber absolut notwendig; es ist die zwingende Konsequenz ihrer Anthropologie. Es könnte auch sein, dass solche Eltern Interessenverbände mit gleichgesinnten Eltern gründen und versuchen, nicht nur das Mikroumfeld zu ändern, sondern auch das Makroumfeld, die Schule, in der das Kind ist, die Stadt, in der das Kind lebt, den Staat, der das Kind und die Eltern regiert usw.

Die ADHS ist innerhalb dieser Anthropologie nicht eine Krankheit in dem Sinne, dass sie eine schicksalhafte Gegebenheit wäre, die als solche (z.B. durch Medikamente) zu bekämpfen sei, sondern ein „Ding dieser Welt", das dazu dient, sich damit auseinander zu setzen. Die ADHS ist hier nicht „Schicksal", sondern die Aufgabe, sich damit auseinander zu setzen und durch diese Auseinandersetzung zu einer Synthese zu gelangen. Du denkst, diese Anthropologie sei abstrus und keiner hätte sie? Stimmt nicht, es gibt eine große Anzahl von Leuten, die so denken. Sie monieren, nicht die ADHS-Kinder seien krank, sondern die Gesellschaft.

Wie kommen sie zu dieser Argumentation? Nun, die Dialektik findet an vielen Stellen statt. Sie beginnt bereits bei der Begrifflichkeit. Streng genommen wendet sich jede Dialektik gegen statische Erscheinungen. Bei dem Gedanken, ADHS sei so und so und damit basta, dreht es einem dialektisch denkenden Menschen den Magen 'rum. Er fragt sich nämlich beispielsweise: „Wer sagt mir denn, dass ADHS eine Krankheit ist?" Auf diese Weise stellt er der These „ADHS ist eine Krankheit" seine eigene These entgegen: „sie ist es nicht". Nun hat er einen Konflikt, den er in einem dialektischen Prozess lösen muss. „Ja was den nun, ist ADHS eine Krankheit oder ist sie's nicht?"

In dieser Situation steht er nun und es ist uns nun nachvollziehbar, warum er vielleicht antwortet: „Nein, eigentlich nicht, das Problem liegt ganz woanders. Es ist unsere Gesellschaft, die erst dazu führt, dass bei einem Kind so etwas wie ADHS erkennbar wird." Schützenhilfe bekommt er dabei durch die Tatsache, dass in Entwicklungsländern und Ländern mit anderen Gesellschaftsformen so etwas wie ADHS eigentlich unbekannt ist, es muss an seiner

Synthese also was dran sein. Nun geht es natürlich weiter. Die Synthese wird zur neuen These und erlebt sofort wieder eine Antithese: „Wenn die Gesellschaft dazu beiträgt, dass so etwas wie ADHS erst entsteht, warum ändert man dann nichts/was könnte man ändern?" Und bereits in dieser Frage finden wir den Ursprung zu dem dieser Anthropologie angemessenen Behandlungskonzept, doch dazu später mehr.

Also noch mal, solche Menschen bezeichnen deshalb die Gesellschaft als krank, weil sie sich in ihrem Verständnis der ADHS statisch verhält. Da verändert sich nichts, da wird die Antithese ADHS, der Schlag, der auf die Kinder und Eltern hereinbricht, nicht als etwas gesehen, mit dem man sich dynamisch auseinandersetzen muss, sondern das man allein dadurch bekämpfen möchte, dass man die Antithese, die ADHS auszulöschen versucht. Innerhalb einer solchen Anthropologie geht es nicht unbedingt darum, die ADHS zu *verhindern* (durch welche Mittel auch immer), sondern sich mit ihr *auseinander zu setzen*. Die Welt, man selbst, die Kinder usw. bilden hier die These, die ADHS bildet die Antithese und es geht darum, zu einer Synthese zu gelangen, die beispielsweise lautet, dass man die Welt ändern muss. Anhänger dieser Position polemisieren: „children don't have disorders, they live in a disordered world" [1] (nicht die Kinder sind krank, sie leben in einer kranken Gesellschaft). In einem Standardwerk aus den USA lesen wir (in meiner unbeholfenen Übersetzung): „Die Bestimmung auf Glücklichkeit kann zu einer Tyrannei werden. Wenn die Gesellschaft sagt, dass du erfolgreich und glücklich sein solltest, und du bist es nicht, dann muss etwas bei dir falsch sein. In solch einer Gesellschaft sind überdauernde Schwierigkeiten, Frustrationen und Traurigkeiten inakzeptable Zustände der menschlichen Befindlichkeit, sie sind eher unerwünschte Feinde, die man irgendwie abwehren muss. Keine andere Kultur scheint

[1] Das Zitat stammt von einer in der „Szene" umstrittenen Person, Peter Breggin. Die Arbeit, die dieser Mann tut, ist in sich aber - soweit ich das beurteilen kann - so stringent, dass sie auf eine fundierte anthropologische Position hinweist, die dem dialektischen Prinzip entspricht. Vgl. Breggin, P.; u.a. (1995): *The Hazards of Treating „Attention Deficit/Hyperactivity Disorder" with Methylphenidat (Ritalin).* Journal of College Student Psychotherapy 10(2), 55-72.

eine derartige Intoleranz gegenüber negativen Zuständen in der menschlichen Befindlichkeit zu haben (als die USA)" [2].

Was sagst du zu dieser Position? Kannst du sie nachvollziehen, unterstützt du sie gar oder lehnst du sie ab? Überdenke in jedem Fall deine Argumente. Du wirst sehen, dass deine Argumente nicht besser sind als die Argumente innerhalb dieser Position. Das liegt eben an der Anthropologie. Man kann die Gründe für solche Positionen nicht beweisen, sie entsprechen eher einer Art Glaubenshaltung.

FAZIT Das Krankheitsbild der ADHS gestaltet sich innerhalb dieser anthropologischen Position wie folgt: Es ist unsinnig, in der Welt irgendwelche Erscheinungen als etwas statisch Feststehendes zu verstehen, sondern die Welt ist in einem dauernden dynamischen Wandlungsprozess begriffen, der alle Erscheinungen beeinflusst, also auch die ADHS. Innerhalb dieser Auffassung muss es nun darum gehen, ADHS gerade nicht als etwas zu sehen, was fest definierbar ist, sondern was die Folge einer Wandlung ist. Diese Wandlung wird der Gesellschaft zugeschrieben. Nicht das Kind hat ADHS, sondern die Gesellschaft bewirkt ADHS.

2. Die Behandlung: Aspekte der Einzelberatung

In dieser „dialektischen" Sicht von ADHS findet die Behandlung konsequenterweise vermehrt darin statt, dass man nicht das betroffene Kind behandelt (denn es ist ja - ganz streng genommen - gar nicht krank), sondern dass versucht wird, innerhalb der dem Be-

2 "...The pursuit of happiness can become a Tyranny. If society says you should be succesful and happy and you're not, there must be something wrong with you. In such a society, persistent difficulty, disappointment, and sadness are not acceptable aspects of the human condition; rather, they are subversive enemies we must somehow defeat [...] No other culture [USA / JD] seems to have such intolerance for the negatives of the human condition." (Diller, L.H. (1999): *Running on Ritalin. A Physician Reflects on Children, Society and Performance in a Pill.* New York (Bantam), 316)

handelnden gesetzten Grenzen das jeweilige Umfeld zu ändern. Was gehört dazu? Nun, die meisten Kinder gehen in die Schule: das ist ein Stück Hauptsystem. Man kann einerseits innerhalb des Schulsystems versuchen, etwas zu verändern. Und dann sind die meisten Kinder in irgendeiner Art von Familie (im Sinne eines Systems) drin. Familie meint hier viel: nicht nur Vater, Mutter, sondern auch Geschwister, aber außerdem auch noch die Verwandten, die Freunde des Kindes usw. Gehen wir diese beiden Bereiche einmal genauer an.

Klar, man stellt ADHS am schnellsten fest bei Kindern, die hyperaktiv sind. Für solche Kinder ist ein „normaler" Familienalltag eine nahezu unerfüllbare Herausforderung. Sie bekommen die einfachsten Haushaltspflichten nicht richtig hin, sie können am Familientisch nicht ordentlich essen, mitreden, zuhören. Dann geht es mit den Hausaufgaben weiter. Manche Eltern stellen sich dieser Schwierigkeit: sie versuchen, mit gesundem Menschenverstand Strukturen einzuführen, die es dem Kind erleichtern, den Tag zu meistern. Es gelingt - oder gelingt nicht. Es geht dabei nicht nur darum, den Tag zu meistern, sondern ich finde, dass die „Begleiterscheinungen" der ADHS eine ganz gehörige Erschwernis in den Umgang mit Betroffenen bringen.
Kein Kind hat gern ADHS, es ist eine Qual und es macht entschieden traurig, es frustriert den ganzen Tag. Wer ADHS hat, hat viel mehr Trubel um die Ohren - glaube nicht, dass ein Betroffener nicht auch darunter leidet! Mit so etwas umzugehen, vielleicht sogar so umzugehen, dass man erkennt, dass man selber einen gehörigen Anteil an „Schuld" mitträgt, dass die Gesellschaft dafür verantwortlich ist, dass es Kinder mit ADHS gibt, und dass man demzufolge sogar versucht, auf Medikamente zu verzichten, erfordert natürlich, dass man sich mit Alternativen zur medikamentösen Behandlung intensiv auseinandersetzen muss. In diesem Punkt sind professionelle Helfer wichtig, die es den Eltern erlauben, dem Kind wirkungsvolle Hilfen zu geben.

2.1 Als Erstes: du informierst dich.

Wir stellen uns jetzt mal vor, du wärst so ein betroffenes Elternteil und würdest die dialektische Sicht der ADHS verfechten und innerhalb dieser Sicht für dein Kind Heilung oder zumindest Linderung suchen. Was könntest du tun?

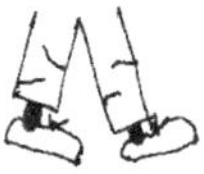

Gehe zu einem Profi.

Was meine ich mit Profi? Nicht gerade denjenigen, der viele Diplome an der Wand hängen hat und - man verzeihe mir das - nicht unbedingt denjenigen, der die Kassenzulassung als Kinder- und Jugendlichen-Psychotherapeut hat. Warum? Nun, jeder Profi, der mit Hilfe der Kassen versuchen will, seinen Lebensunterhalt zu fristen, muss ganz schön ranklotzen, Fälle nämlich. Viele Fälle. Aber Therapie strengt an und du kannst von einem Therapeuten, der acht Sitzungen am Tag mit Kindern abhält, nicht erwarten, dass er sich besonders auf dein Kind einstellt. Dazu ist er einfach nicht in der Lage. (Diese Relation sollten übrigens verantwortliche Stellen innerhalb der Krankenkassen einmal überdenken!)
Das Dumme ist, wir haben das ja schon gelernt, dass ADHS nicht eine Krankheit ist wie Blinddarmentzündung. Ein entzündeter Blinddarm wird mittlerweile nicht mehr gerade zu den problematischen Operationen gezählt, das geht sozusagen am Fließband. Eine Blinddarmentzündung lässt sich eben auch eindeutig operationalisieren und den Blinddarm findet man bei der Operation auch recht schnell. Ganz anders bei der ADHS. ADHS ist ein hypothetisches Konstrukt, man weiß nicht, was ADHS ist, es gibt keine Rezeptbuchbehandlung.
Wenn du einen Profi zur Seite haben willst, solltest du dir einen suchen, der sich für dein Kind Zeit nimmt. Nimm du es ihm im Gegenzug aber nicht übel, wenn er dafür mehr Geld verlangt, als die Kassen zahlen, schließlich wendet er ja wesentlich mehr Engagement und Einfühlung auf. Fühle diesem Profi übrigens auch mal auf den Zahn, was das Wissen angeht (mit dem Wissen

dieses Buches ausgerüstet, kannst du ganz schön Zähne bohren...). Natürlich musst du auch bedenken, dass der Therapeut sich ebenfalls informieren muss, dem fliegt sein Wissen auch nicht vom Himmel, er muss es sich aneignen. Du kannst nicht erwarten, dass ein Therapeut, der noch nicht mal einen anständigen Handwerkerlohn verlangen darf, besonders motiviert ist, nach „Feierabend" noch irgendwelche Artikel zu wälzen. Deshalb noch mal: suche dir einen ambitionierten Therapeuten, der u.U. halt eben auch mehr Geld kostet.

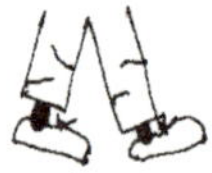

Suche Zusammenhänge.

Was auch noch wichtig ist: versuche, dir soviel Zeit wie möglich zu nehmen, um die Zusammenhänge zu suchen: Zusammenhänge zwischen bestimmten Verhaltensweisen deines Kindes und möglichen Ursachen. Dabei ist es wichtig, dass du dir der Vielschichtigkeit der Situationen bewusst bist. Es ist meist nicht so, dass eine Ursache eine Wirkung erzielt, sondern dass viele unterschiedliche Ursachen in einem gegenseitigen Zusammen- und Wechselwirken zu einer Art Wirkungskomplex führen, der je nach „Zusammenstellung" der Ursachen zu jeweils unterschiedlicher Nuancierung führt. Häää?

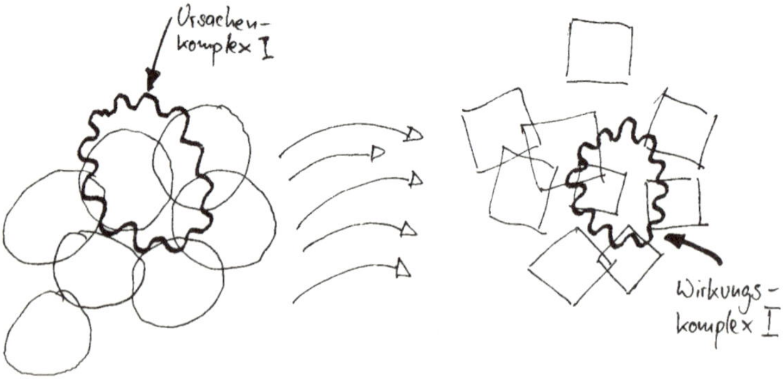

Abb. 12

Naja, etwa so, wie es hier grafisch darzustellen versucht wurde. Die einzelnen möglichen Ursachen liegen in jeweils verschiedener Konstellation vor (Ursachenkomplex I) und führen in ihrer einzigartigen Zusammensetzung zu einem einzigartigen *Wirkungskomplex* I. Jede Sekunde wechseln die Zusammensetzungen der Ursachen und dementsprechend die Wirkungen. Weil du nun ein „Dialektiker" bist, geht es dir weniger darum, aus bestimmten Ursachenkonstellationen die Wirkungskomplexion vorauszusehen, um dadurch zu manipulieren, sondern es geht dir darum, die Zusammenhänge zunächst zu verstehen, um ihnen dann deine Einwirkungen entgegenzusetzen.
Dabei kann dir ein guter Therapeut natürlich ungemein helfen. Aber: es muss ein guter sein, der mit dir gemeinsam in dem Dickicht der tausenderlei Möglichkeiten einen Pfad bahnt. Wähle keine Pappnase als Therapeut, der meint, ADHS habe einzelne, klar definierbare Ursachen und dementsprechend gäbe es ein einzelnes, klar definierbares Handlungskonzept. Das stimmt - zumindest in deiner Anthropologie - nämlich überhaupt nicht.
Ziehe zuletzt das Wissen deines Therapeuten (so es denn ein guter ist) zu Rate. Frage ihn, was er sich denkt. Schildere ihm deine eigenen Gedanken und komme mit ihm ins Gespräch. Natürlich, das dauert lange und kostet viel, aber: wieviel ist dir die Gesund heit deines Kindes wert?

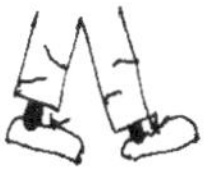

Beobachte genau.

Gerade eben ist es schon angeklungen: es geht darum, die Gesamtsituation möglichst genau kennen zu lernen. Du kannst dich nicht dialektisch mit deiner Welt und deinem Kind auseinandersetzen, wenn du nicht weißt, wie die Welt deines Kindes beschaffen ist. Hoffe nicht auf allzu einfache Zusammenhänge. Gehe von den komplexen Beziehungen aus. Zur genauen Beobachtung ist es notwendig, dass du zunächst möglichst viel über ADHS weißt. Immerhin hast du ja in diesem Buch schon einige Seiten hinter dich gebracht, das ist ein guter Anfang. Aber ich als Autor kenne

dein Kind nicht. Diese Komponente solltest du mit ins Kalkül ziehen. Versuche also, dein Kind und seinen Lebenszuschnitt möglichst genau kennen zu lernen. Es hilft dir viel, wenn du deine Eindrücke schriftlich fixierst. Lege am besten dazu ein kleines Tagebuch an und schreibe dir dort deine vermuteten Ursache-Wirkungs-Zusammenhänge auf.
Noch mal: auch innerhalb der Dialektik geht es darum, die „These", also die Welt, wie sie dir in deinem Kind begegnet, zunächst einmal genau kennen zu lernen, um ihr dann deine „Antithese", deine dagegen angehenden Maßnahmen, gegenüberzustellen. Versuche dir die Charaktereigenschaften deines Kindes deutlich zu machen. Dazu gehört, dass du dir Gedanken darüber machst, wie stark der dauerhafte „Aktivitätslevel" (egal, ob aufmerksamkeitsgestört oder hyperaktivitätsgestört oder beides) ist.
Auf diese Weise bekommst du eine Art „Nullpunkt" auf deiner Beobachtungsskala und kannst anhand dessen in deinem Tagebuch notieren, wie stark die einzelnen Abweichungen sind. Das Gleiche gilt für die Emotionalität deines Kindes, die soziale Kompetenz, die Sensibilität gegen stimulierende Aktionen und die Bandbreite der Zustandsschwankungen [3]. Du solltest diese Beobachtungen unbedingt dem Therapeuten deines Kindes mitteilen [4], er kann mit dir gemeinsam daraus vielleicht mehr Nutzen ziehen, als du alleine dies vermagst.

2.2 Schritte zur Veränderung der Situation

Sieh das Ganze mit neuen Augen.

Wenn du die letzten Jahre mit einem Kind verbracht hat, dass die ADHS zeigt, so solltest du davon ausgehen, dass sich zwischen dir und dem Kind eine ganz spezielle Art der Kommunikation ein-

---

3 Übrigens ist in diesem Bereich die Lektüre von Barkley wirklich hilfreich (vgl. Barkley, R. A. (1998): *Attention Deficit Hyperactivity Disorder*. New York (Guilford), 382ff.).

4 Ich halt's nicht aus, ich muss es einfach noch mal sagen: achte auf einen *guten* Therapeuten. Findest du keinen guten, dann mache es alles lieber alleine.

gebürgert hat, die anders ausfällt als die Kommunikation zu „normalen" Kindern - vielleicht etwas strenger, eher gereizt, besonders langmütig... Egal wie, jedenfalls hat sich die Kommunikation zwischen Eltern und Kindern, die unter der ADHS leiden, in tiefe „Geleise" eingeschnitten. Wenn du tatsächlich die dialektische Anthropologie verfolgst, so solltest du versuchen, den Kommunikationsstil zwischen dir und deinem Kind auf neue Füße zu stellen, denn nur so schaffst du Voraussetzungen dafür, dass du dein Kind aus der Distanz betrachten kannst, und nur dadurch kannst du vernünftige Antithesen aufstellen.
Wie machst du das, eine neue Sicht deines Kindes zu bekommen? Ich nenne das Ganze in meiner Beratungsarbeit „Kommunikationsauszeit". Ich glaube, beim Volleyball macht man das: da ist der Trainer in einer schwierigen Situation und kann dann durch die Auszeit das Spiel mit all seinen Regeln unterbrechen. Auszeiten sind klar deklariert, sie haben ihre eigenen Regeln, nämlich: in der Auszeit wird nicht gespielt. So ähnlich kannst du das in deiner Erziehung / deiner Kommunikationsweise machen. Du deklarierst an jedem Tag eine bestimmte Zeit mit deinem Kind gemeinsam, wo anders kommuniziert und nicht erzogen wird. Du bist jetzt nicht mehr das Elternteil mit dem eingefahrenen Erziehungs-/Kommunikationsstil, sondern du bist ein „liebevoller Bekannter" deines Kindes, der sich in ganz eigener Art dem Kind nähert: unvoreingenommen, ohne Direktiven, ohne ein „tu dies, erledige jenes, hast du schon ... gemacht" usw.

Gib deinem Kind die Chance, sich dir einmal aus ganz anderer Perspektive zu zeigen. Lege die dazu eingeräumte Zeit fest. Natürlich solltest du diese Auszeit nicht gerade dann einführen, wenn gerade alles im Trubel ist. Deshalb schlage ich dir ein „Setting" (eine typische „therapeutische" Situation) vor, in dem es dir leichter fallen kann, eine kommunikativ günstige Situation herzustellen: Trinkst du gerne Tee? Ich meine, so als eine Art „Ritual"? Nein? Solltest du aber. Erstens ist Tee sehr bekömmlich usw. (keine Angst: ich gebe dir jetzt keine Händleradressen in den

Anhang hinein), zweitens ist das Teetrinkritual von der Länge her gerade richtig und liegt in einer Zeitphase, wo dein Kind in der Regel auch Zeit hat. Die Engländer trinken ihren Tee zwischen 16.00 und 18.00 etwa eine halbe Stunde lang. Mache das doch auch so: lade dein Kind zu dieser Teestunde ein. Schmücke den Tisch mit Kerzenlicht. Lege ein paar Kekse dazu und versuche, mit deinem Kind eine neue Bekanntschaft zu schließen. Gib ihm die Chance, sich dir ganz neu zu zeigen. Sammle diese Erfahrungen als ganz große Köstlichkeit und gewichte sie hoch.

Angenommen, dein Kind will wirklich nicht mitmachen, dann gib ihm Raum zu Alternativ-Vorschlägen. Es geht darum, *regelmäßige Rituale* zu schaffen; diesen Charakter sollten auch die Vorschläge deines Kindes einhalten. Angenommen, der Tagesplan deines Kindes oder von dir beinhaltet die Möglichkeit wiederkehrender Rituale nicht, so versuche wenigstens, innerhalb deines Zusammenseins mit dem Kind Momente zu finden, wo du bewusst auf all deine sonstigen Kommunikationsstile verzichtest.

Ein guter Therapeut wird dir übrigens Hilfestellungen geben, wie du diese Auszeit, deinen individuellen Bedürfnissen und der Situation angepasst, am besten gestaltest. Das muss ein Therapeut können, auch daran solltest du ihn messen. Übrigens, in diesem Zusammenhang wichtig: dein Therapeut sollte dir auch telefonisch zur Verfügung stehen, wenn du Fragen hast. Wenn du bei ihm anrufst und er ruft dich nicht zurück (er kann ja nicht die ganze Zeit auf deinen Anruf warten), dann ist er nicht mit ganzem Herzen bei der Sache, dann solltest du auch nicht mit ihm kooperieren.

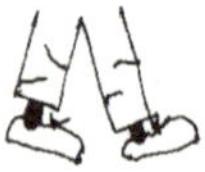

Beginne zu ändern.

Du hast wohl gemerkt: die „außerordentlichen Sitzungen“ mit deinem Kind haben wahrscheinlich eine ziemlich neue Nuance in die Beziehung zwischen dir und deinem Kind gebracht. Neue Ideen des Zusammenseins sind entstanden, vielleicht hast du Hoffnung geschöpft, dass du die positiven Elemente dieser neuen Verhaltensform auch in dein normales Leben übertragen kannst.

Um das geht es in diesem Schritt. Es geht um die Frage, wie man - vor dialektischem Hintergrund gesehen - das Verhalten des Kindes nicht nur erklären, sondern auch verändern kann. Auch bei dialektischem Denken fragst du dich, warum dein Kind solch störendes, zerstörerisches Verhalten zeigt.

Das Ergebnis deines Denkens wird sein, dass das Verhalten ein Ergebnis von Umständen ist, die erst dazu führen, dass dein Kind dieses Verhalten zeigt.

Diese Umstände werden aller Wahrscheinlichkeit nach nicht gerade einfach gestrickt sein: sie sind in sich Ergebnis vielerlei Thesen, Antithesen und Synthesen. Du steckst mitten in der Kette des großen Systems, du bist kein Einzelgänger, sondern du, dein Kind, dein Umfeld usw. stehen die ganze Zeit in gegenseitiger Interaktion. Und wir wollen jetzt in dieses komplexe Feld der gegenseitigen Interaktion eine Schneise hauen. Was glaubst du, wie kommt es zu dem - nennen wir es einmal so - destruktiven Verhalten deines Kindes? Sind es vielleicht Lernprozesse, die immer in die falsche Richtung gegangen sind? Hängt das Verhalten deines Kindes vielleicht mit mangelnder Förderung des rechten Verhaltens zusammen? Bist du vielleicht selbst daran beteiligt, dass dein Kind das Verhalten zeigt, was es zeigt? Hast du vielleicht verpasst, das rechte Verhalten deines Kindes zu fördern und stattdessen zu großen Wert auf die Verhinderung des schlechten Verhaltens gelegt?

2.3 Vom richtigen Ignorieren, Verstärken, Anordnen und Motivieren

Ein alter Lehrsatz aus der Lernpsychologie / Verhaltenstherapie besagt, dass Verhalten, das man ignoriert, am ehesten wieder verschwindet. Fast jeder kennt diesen Satz und du denkst vielleicht auch, dass man dir das nicht mehr zu sagen braucht. Aber warte mal ab: wahrscheinlich bringst du diesen „Ignorierlehrsatz“ gleich in Zusammenhang mit den Sätzen von „positiven und negativen Verstärkern“. Das Gute an der Psychologie ist, dass sie mittlerweile einen recht großen Bekanntheitsgrad hat, das Schlechte

daran ist, dass sie doch komplizierter ist, als man vielleicht auf den ersten Blick denkt. Lasse mal die Verstärker weg und konzentriere dich einfach nur auf den Ignoriersatz. Wenn du versuchst, schlechtes Verhalten deines Kindes zu verhindern (indem du ablenkst, jeden genialen Kniff anwendest usw.), so musst du mir recht geben, dass du dieses Verhalten auf jeden Fall *nicht ignorierst.*
Diesem schlechten Verhalten wird durch dein (sicherlich gut gemeintes und auch durchdachtes) Verhalten eine Art „Marker" angehängt. Dein Kind lernt, dass seinem schlechten Verhalten eine Bedeutung zugemessen wird.
Wenn dein Kind einmal ein Verhalten zeigt, dass du dir wünschst, so gehst du vielleicht nach dem Motto vor: „Schlafende Hunde soll man nicht wecken" und verzichtest auf jede positive Verstärkung. Man kann es dir nicht verdenken. Man glaubt nicht, wie leicht es geschehen kann, dass ein hyperaktives Kind - das ruhig spielt - gerade durch ein Lob, eine positive Verstärkung urplötzlich anfängt, wieder zu zappeln. Also lässt man das Lob lieber und versucht, negatives Verhalten möglichst geschickt zu verhindern. Das klingt alles ziemlich logisch, ist es aber nach den Gesichtspunkten der Lernpsychologie nicht.

Lobe das positive Verhalten.
Richtig wäre ein anderer Schritt, der vielleicht schwer fällt, aber schlüssiger ist. Du müsstest versuchen, das ruhige Verhalten deines Kindes zu loben, damit es nicht durch Ignorieren wieder zu Staub zerfällt. Als Betroffene(r) schimpfst du vielleicht los und sagst: „Der hat Nerven, den würde ich gerne einmal eine Stunde lang mit meinem Kind in die Wohnung sperren, dann würde der auch ganz anders reden". Ich kann's dir nicht verdenken; ich habe mit hyperaktiven Kindern nur professionell und sozusagen stundenweise zu tun, guter Rat klingt hier oft billig. Versuche trotzdem, meinen Standpunkt einmal nachzuvollziehen.

Es gibt drei Elemente, mit denen du Verhalten steuern kannst:

1. Lob (+++)
2. Tadel (+)
3. Ignorieren (++)

Nun, ich habe in Klammer die Wirksamkeit dieser Elemente angegeben. Du kannst jetzt selbst sortieren, welche Maßnahme du welchem Verhalten deines Kindes zuordnen möchtest. Ich würde Folgendes vorschlagen:

LOB

1. Du versuchst, das positive Verhalten deines Kindes durch Lob zu verstärken. Es gibt viele Sorten von Lob, auch solche, die nicht gleich zur nächsten Eruption deines Kindes führen.

TADEL

2. Du versuchst, den Tadel möglichst auf zeitlich umrissene Situationen zu beziehen. Tadel wirkt kurzfristig sehr gut, er hält bloß nicht an. Also solltest du ihn auf Situationen anwenden, wo es um die kurzfristige Verhinderung von kurzfristig angelegten Verhaltensweisen deines Kindes geht (also tadele nicht die Hyperaktivität, denn die ist langfristig, tadele, wenn es sich vor anderen Menschen in der Nase bohrt usw.).

IGNORIEREN

3. Ignoriere stattdessen vermehrt das hyperaktive Verhalten. Ja, ich weiß, das ist leichter gesagt als getan. Deshalb bringe ich diesen dritten Vorschlag zuletzt. Du kannst ihn auch zeitlich zuletzt angehen. Erst wenn du mit ruhigem Lob zu Verstärkungen gelangst, die nicht zu Eruptionen deines Kindes führen, solltest du mit der schwierigen Lektion beginnen, das störende Verhalten deines Kindes zu ignorieren. Das ist wirklich erst der letzte Teilschritt. Aber über den ersten dieser Schritte denkt man meiner Erfahrung nach zu wenig nach.

2.3.1 Anweisungen an das Kind

Etwas Ähnliches gilt für Anweisungen, die du deinem Kind gibst. Es gibt Eltern, die haben schon so viel Schweres mit ihren Kindern erlebt, dass sie zu dem fatalistischen Schluss kommen, dass alles, was sie ihren ADHS-Kindern sagen, grundsätzlich nicht befolgt wird. Vielleicht gehörst du ja zu dieser Gruppe. Auch hier gilt: ich will dir nicht altkluge Ratschläge geben, aber bedenke doch einmal dein Verhalten vor dem Hintergrund dessen, *wie man lernt.*

Nehmen wir ein berühmtes Beispiel: stelle dir vor, du hättest dein Kind gebeten, den Tisch zu decken. In der Regel funktioniert das bei Kindern mit ADHS nur schwer. Du selbst hast vielleicht schon längst aufgegeben, solche komplizierten Anforderungen zu stellen. Oder du ignorierst einfach das Fehlverhalten. Weil es zu frustrierend ist, immer disziplinierend einzugreifen, wenn es doch sowieso nichts bringt. Wenn du dieses Problem vor dialektischem Hintergrund ansiehst, dann wirst du feststellen, dass auch du selbst an der Schaffung eines Systems beteiligt bist, das den aktuellen Zustand von dir und deinem Kind buchstäblich festzementiert. Von Veränderungen kann hier keine Rede sein - da ist keine Dynamik drin außer der Dynamik der Frustration. Was wäre förderlich?

Egal, auf welchem Niveau du beginnst, du musst versuchen, deinem Kind wieder Anordnungen zu geben. Du solltest deinem Kind die Chance geben, *gehorchen zu lernen.* Die beste Art, dies zu lehren, geht über den Weg, das erwünschte Verhalten durch positive Rückmeldungen zu verstärken. Wenn dein Kind es nicht fertig bringt, den Tisch zu decken, warum lässt du es dann nicht kleinere „Anordnungsbröckelchen“ ausprobieren?

Stelle Aufgaben, damit du dein Kind loben kannst.

Das Prinzip ist einfach: du musst deinem Kind die Chance geben, deinen Anordnungen gehorchen zu können, damit du es loben kannst. Also musst du eben ein paar Dinge beachten:

1. Gib Anordnungen, von denen du relativ sicher bist, dass dein Kind sie befolgen kann.

2. Formuliere deine Anordnungen so präzise und direkt wie möglich. Indirekte Kommunikation à la „Wer deckt den Tisch?“ kannst du vergessen. Probiere es doch mit Anordnungen im Sinne von „Bitte lege neben jeden Teller eine Gabel!“
3. Fange deine Übungen in einer ruhigen und ungestörten Situation an.
4. Baue eine deutliche „Kommandostruktur“ mit nonverbalen Mitteln auf. Ähhh, konkret: schaue deinem Kind in die Augen, fasse es locker und doch fest an den Schultern, begib dich nicht auf Augenhöhe, sondern beuge dich nur ein wenig herab. Senke deine Stimme um eine Terz und sprich langsam und deutlich.
5. Jetzt wird's tatsächlich wie bei der Marine: lasse deine Anordnungen vom Kind wiederholen. Das klingt hier zwar wirklich scheußlich, ist aber wirkungsvoll. Dein Kind hat vielleicht gar nicht recht kapiert, was du willst. Auf diese Weise kannst du so lange an deiner Anordnung herumfeilen, bis dein Kind sie wirklich verstanden hat.
6. Ein Letztes noch: die Frage der ***Kontrolle***. Ich finde es übertrieben, wenn manche Autoren meinen, man müsste sein Kind die ganze Zeit kontrollieren [5]. Denn in einer kontrollierten Situation entspricht das Verhalten des Kindes weniger einem selbständigen Verhalten als einer Art Dompteurnummer von Tigern, die in dem Moment dem Dompteur ins Genick springen, wo er ihnen den Rücken zudreht. Es geht darum, dass dein Kind von innen heraus lernt, Anforderungen auszuführen.

Wie kommen dann solche Autoren wie Barkley zur Auffassung, man müsste seine Kinder kontrollieren wie ein Falke [6]? Naja, weil sie eben sonst nicht gehorchen. Ich finde, du solltest nicht nur deine Anforderungen angemessen „stückeln“, sondern auch die Zeit, in der du deine Kinder kontrollierst, zu Lernzwecken immer weiter reduzieren. Kontrolliere dein Kind so lange nicht, wie du

---

5 Wie dies beispielsweise von Barkley gefordert wird - nichts gegen ihn, sein Buch ist wirklich eines der besten Fachbücher zum ADHS-Thema (Barkley, R.A. (1998): *Attention Deficit Hyperactivity Disorder*. New York (Guilford), 388ff.).

6 ebd.

sicher bist, dass es das tut, was du sagst. Und versuche, diese Intervalle auszuweiten.

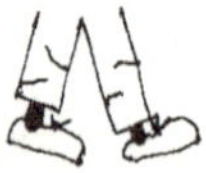

Führe ein „Token System" ein.

Man kann viele Geschehnisse dieser Welt als etwas sehen, was organisch bedingt und durch Lernen relativ wenig beeinflussbar ist. Solche Dinge gibt es zuhauf: du kannst einem Blinden das Sehen nicht beibringen, ein Schnupfenkranker kann seinen Schnupfen nicht verlernen, ein Mensch kann nicht fliegen lernen. Auf der anderen Seite sind aber außerordentlich viele Dinge dieser Welt erst durch Lernprozesse möglich.

Die Frage, ob etwas erlernbar ist oder nicht, gibt den beiden ersten Anthropologien, der dialektischen und der kausalistischen, ihre unverwechselbare Note: Das dialektische Weltbild ist ein dynamisches. Der Mensch steht im Wandel, im Prozess. Die Änderungen, die zu seinem dynamischen Dasein notwendig sind, erwirbt er durch Lernen. Anders gesagt:

Lernen (und zum Lernen verhelfen) ist die Grundvoraussetzung, um sich gemäss der dialektischen Anthropologie zu verhalten.

Demgemäß bringt die Wissenschaft, die sich mit der Untersuchung des Lernens beschäftigt, so viele Impulse für den Umgang mit ADHS. Lernpsychologie heißt diese Disziplin - einige der wesentlichen Elemente der Lernpsychologie haben wir eben kennen gelernt: Das negative oder positive Verstärken und das Ignorieren („Löschen") von Verhaltensweisen.

Nun gehen wir auf das Verstärken noch ein wenig genauer ein. Die Lernpsychologie hat zum günstigen Erwerb erwünschter Verhaltensweisen ein System entwickelt, das zwar komplizierterweise „Token System" heißt, im Grunde aber so alt ist wie die Welt an sich. Friedrich der Große hat es „Zuckerbrot und Peitsche" genannt, manche finden dieses System unmoralisch - in jedem Falle ist es wirksam. In dem Token System ist die Methode nur ein wenig differenziert und effektiviert worden. Es geht darum, erwünschtes Verhalten zu verstärken. Aber nicht einfach nur so, sondern unter dem Blickpunkt, dass das Verhalten und seine Verstärkung im Laufe des Lernens immer mehr auseinandergezogen werden soll.

Wenn du zum Beispiel einen Doktorgrad machen willst, dann rödelst du ein paar Jahre herum, ohne auch nur ein Fünkchen Erfolg zu sehen, keine Belohnung kommt, der Prof geht in den Semesterferien in die Toskana und deine Dissertation liegt bei ihm auf dem Schreibtisch. Wie kann man solche Frustrationen aushalten? Weil man die Verzögerung zwischen Verhalten und Verstärkung erlernt hat. Kinder können das nicht so gut. Christen können es wohl am besten (wer sonst sieht sein Leben als eine Art Vorbereitungsprüfung?).

Im Token System geht es darum, dem Kind immer länger dauernde Intervalle zwischen erwünschtem Verhalten und Verstärkung beizubringen. Ich meine, wenn es nur darum geht, erwünschtes Verhalten zu verstärken, und zwar sofort, dann ist das kein anspruchsvolles Thema, das kannst du auch mit meinem Kätzchen machen. Nein, es geht darum, *die Intervalle zu verlängern*. Deshalb werden beim Token System die Abstände zwischen erwünschtem Verhalten und Verstärkung vergrößert. Ich mache dir das jetzt am Beispiel der ADHS konkret:

So funktioniert das Token System:

1. Lege eine Liste mit kurz-, mittel- und langfristigen Zielen an, die du mit deinem Kind verfolgst. Kurzfristige Ziele sollten Teilziele der langfristigen Ziele sein.
2. Ordne diesen Zielen unterschiedliche Wertekategorien zu.
3. Führe eine abstrakte Währung ein („Tokens" - Plastikchips z.B.; genauso funktionieren aber auch Erbsen, brasilianische Escudos, 6er Muttern - es sollte nur nicht unbedingt die geltende Währung sein!).
4. Mache deinem Kind diese Währung klar - immer, wenn es eins der Ziele erreicht hat, bekommt es etwas dafür.
5. Führe Gegenleistungen ein, die sich dein Kind durch seine Belohnungen erwerben kann.

6. Fange dadurch einen fröhlichen Tauschhandel an.
7. Klar, wenn das Kind etwas außerordentlich Feines geleistet hat, kann es dafür auch mal mit einer speziellen Lohnausschüttung belohnt werden.
8. Bedenke: das „Geld“, das dein Kind erwirbt, ist seins, es kann ihm nicht entzogen werden, wenn es etwas Schlimmes oder Rückfallartiges anstellt. In diesen Fällen verfahre wie im vorhergehenden Schritt.

Das ganze System funktioniert am besten bei Kindern zwischen acht und 12 Jahren. Du solltest es altersgemäß laufend verändern, die Löhne werden proportional zum Alter und den entsprechenden Anforderungen „angepasst“. D.h. je älter das Kind wird und je länger seine Frustrationszeit sein sollte, um so veränderter wird auch das Token System.
Noch was, man kann über die moralische Seite dieses Systems streiten – aber eins muss klar sein: Token Systeme funktionieren außerordentlich gut. Das Problem dabei ist jedoch: es entsteht keine sogenannte intrinsische Motivation. Was das ist, und wie man sie wecken kann, dazu komme ich im nächsten Schritt.

2.3.2 Arbeit an Motivation und Einsicht

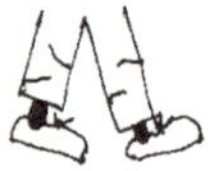

Wecke bei deinem Kind die intrinsische Motivation.
Es geht um die sogenannte intrinsische Motivation. Was ist das? Eine Motivation ist sozusagen der Grund für eine Handlung. Wenn ich motiviert bin, etwas zu tun, dann bedeutet das, dass sozusagen ein Motor zum Antrieb für bestimmte Handlungen läuft. Stell dir vor, die Handlung wäre wie ein Boot, das von Barcelona nach Palma de Mallorca kommen soll. Die Motivation ist der Motor, der das Boot antreibt. Extrinsische Motivation wäre dann, wenn das Boot keinen eigenen Motor hätte, sondern gezogen würde. In dem Moment, wo die Trosse von deinem zum anderen Boot reisst, bist

du selbst ohne Antrieb und hast schlechte Karten. Intrinsisch wäre, wenn du einen eigenen Motor hättest, einen richtig zuverlässigen Motor. Da bist du nicht auf andere angewiesen, sondern selbständig. Intrinsische Motivation ist eine Motivation, die aus einem selbst heraus die Handlung bewirkt.

Kommen wir zurück zum Token System: das Token System bewirkt, dass ein Kind nur deshalb eine Handlung tut, weil es eine *Belohnung* dafür bekommt. Der Motor ist die Belohnung, er sitzt nicht im eigenen Boot, sondern im Elternboot. In dem Moment, wo die Verbindung gekappt wird, also das Token System ausgesetzt oder unzuverlässig durchgeführt wird, ist die erwünschte Handlung deines Kindes in Gefahr. Einfach deshalb, weil die Motivation für die Handlung nicht aus deinem Kind heraus kommt: dein Kind hat keinen Innenbordmotor. Du kannst aber nicht dein Leben lang deinem Kind Belohnungen für erwünschte Handlungen verpassen. Wie also kannst du es erreichen, dass dein Kind immer mehr intrinsisch motiviert handelt, von innen angetrieben wird?
Zur Vermittlung intrinsischer Motivation gibt es im Wesentlichen nur eine Möglichkeit: Du musst deinem Kind Einsicht vermitteln in die Sinnigkeit des erwünschten Verhaltens. Du solltest ihm einfach immer klar machen, dass das von dir erwünschte Verhalten für das Kind keine Schikane ist, sondern seine absolute Berechtigung hat. Dein Kind wird wahrscheinlich in solchen Situationen fragen, warum das erwünschte Verhalten seine Berechtigung hat. Wenn du jetzt über keine Anthropologie verfügst, stehst du ganz schön blöd da. Aber wir haben ja eine Anthropologie. Wir sind im Moment auf der dialektischen Anthropologieschiene und innerhalb derer geht die Argumentation in etwa so:
Menschliches Leben ist auf Prozesshaftigkeit und Dynamik ausgerichtet. Die Welt ändert sich dauernd, die Voraussetzungen für Leben ändern sich, die Thesen und die Antithesen verändern sich. Um diesen Prozess sinnvoll zu gestalten, ist Auseinandersetzung mit dem anderen Menschen essentiell. Auseinandersetzung geht aber nur dann produktiv vonstatten, wenn man versucht, das

menschliche Konfliktpotential so weit als möglich aus der Auseinandersetzung heraus zu halten [7].
Das klingt jetzt vielleicht fürchterlich kompliziert und ist deinem Kind so nicht vermittelbar. In dieser Form musst du es ja auch nicht vermitteln, aber in dieser Form kannst du selbst dir begründen, warum dein Kind von innen heraus lernen soll, sein hyperaktives oder defizitäres Aufmerksamkeitsverhalten zu verändern. Einfach deshalb, weil es sonst nicht diskursfähig wird. Es wird nicht in der Lage sein, sich selbst mit der antithetischen Welt auseinander zu setzen und deshalb wird es - um den abgedroschenen pädagogischen Begriff halt noch mal zu verwenden - lebensuntüchtig. Wenn dein Kind dich also fragt, warum es ruhiger oder aufmerksamer sein soll, kannst du ihm dies nun begründen [8].

Und um das geht es: deine - ich sag's mal etwas scharf - „Dressur" mit Hilfe von Tokens sollte immer von rationalen, auf die Einsicht deines Kindes spekulierenden Argumenten flankiert sein. Dein Kind ist kein Hundchen, dem man beibringen will, dass es nicht mehr an der Gardine zerren soll. Dein Kind hat von Gott einen Verstand geschenkt bekommen, einen Motor, der potentiell imstande ist, das kleine Boot schon ganz gut selbst voranzutreiben. Schmeiß diesen Motor immer wieder an, auch wenn er noch ein bisschen stottert. Bring deinem Kind das anthropologische Denken bei. Auch wenn es noch nicht alles in deiner Begründung kapiert: es wird mit dem sechsten Sinn der Kinder merken, dass da eine Argumentation da steht und nicht nur ein Dressurprogramm. Und es wird merken, dass du es mit ihm ernst meinst. Und es wird merken, dass es selbst ein Hirn in sich trägt, das man einschalten und zum Regenten des eigenen Handelns machen kann. Dies alles wird dem „Menschsein" deines Kindes viel nützen.

---

7 Das ist das, was Habermas als Diskurs bezeichnet: die Fähigkeit, sich mit dem anderen auseinander zu setzen, ohne ihn emotional herabzusetzen.

8 Ich füge hier mit Absicht keine kindverständliche Version dieser Begründung ein, denn du selbst sollst diese, wenn du diese Anthropologie vertrittst, mit deinen eigenen Worten führen. Dein Kind würde es sofort merken, wenn du nur eine Begründung auswendig gelernt hättest. Außerdem soll deine Begründung ja intrinsisch und nicht extrinsisch sein.

Wenn ich jetzt eine weitere, von der Lernpsychologie ausgefeilte, „Dressurtechnik“ vorstelle, dann beherzige bitte immer meinen hier vorgetragenen und sehr ernst gemeinten Rat: dressiere dein Kind nicht, sondern erziehe es. Erziehung meint in diesem Zusammenhang: achte die Eigenständigkeit, die Denkfähigkeit, die Gottgeschaffenheit deines Kindes als etwas, das dich zur Demut und zur Rationalität im Umgang mit deinem Kind anhält. In dieser Haltung kannst du auch unbesorgt eine „Dressurtechnik“ anwenden. Verwendest du diese aber ohne diese Haltung, so bezweifle ich den Erfolg solcher Techniken aufs Entschiedenste.

2.3.3 Und was ist mit Strafen?

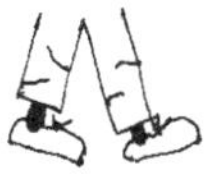

Du kannst dein Kind auch in die Ecke stellen.

In der Reinform geht es beim Time Out um eine Art Bestrafung des Kindes bei bestimmtem unerwünschtem Verhalten. Es geht darum, bestimmte Verhaltensweisen durch einen radikalen und abrupten Situationswechsel zu verhindern. Das ist etwas Ähnliches, wie es unsere Lehrervorfahren gemacht haben, wenn sie ein Kind „in die Ecke gestellt“ haben. (Kennst du das noch?) Bestimmte, vorher ausgemachte(!) Verhaltensweisen führten dazu, dass das Kind eine fest vereinbarte Zeit in der Ecke des Klassenzimmers zubringen musste. Das ist eine subtile und - richtig angewandt - außerordentlich wirkungsvolle Strafe. Wie wird sie richtig angewandt (in der Familie, in der Klasse, in der Jungschar usw.)? Indem man ein paar ***Regeln*** einhält:

1. In die Ecke gestellt wird nur bei bestimmten, vorab klar beschriebenen Verhaltensweisen (beispielsweise den „Knacknüssen“: gravierenden, aber besonders schwer abzugewöhnenden Arten von Fehlverhalten).
2. Bei maximal drei klar definierten Verhaltensweisen, nie mehr!
3. In die Ecke gestellt wird nur eine bestimmte Zeit lang (Faustregel: das Alter des Kindes in Minuten) - du kannst dem Kind gerne eine Eieruhr mitgeben.

4. Bringe die „Ecke" in den Zusammenhang mit dem Verhalten des Kindes: „Du hast ... gemacht, also musst du in die Ecke". Dann sieht dein Kind nicht in dir den strafenden Sack, sondern diejenige (falls du die Mutter bist), welche ihrem Kind halt eben auch die schweren Regeln einzuhalten hilft (Nein, das ist keine Traumtänzerei. Dein Kind wird das wirklich akzeptieren, wenn du es in ruhigem Ton vorbringst).
5. Die Ecke soll keine mittelalterliche Folterkammer darstellen. Sie muss noch nicht mal eine Ecke sein. Sie soll ein Ort sein, in dem das Kind „wieder runterkommen" kann. Manchmal haben wir es als sinnvoll erfahren, in der „Ecke" einen Punching Ball aufzuhängen, oder es steht dort eine Rudermaschine. Solche Gerätschaften eignen sich hervorragend zum Dampf-Ablassen. Du wirst schon die rechte Einrichtung finden.
6. Eine Ecke bleibt die Ecke. Stelle dein Kind nie in verschiedene „Ecken" - womöglich bei verschiedenen unerwünschten Verhaltensweisen in die jeweils zugeordnete Ecke: du bist doch kein Strafbürokrat!

Die Ecke kann auch eine andere Gestalt annehmen, z.B. die, dass dem Token-Guthaben deines Kindes bei speziellen Situationen auch wieder etwas aus seinem Guthaben entnommen werden kann. Ich nenne diese Technik allerdings eher der Vollständigkeit halber. Mir selbst ist es bisher nicht gelungen, sie wirklich sinnvoll und effektiv anzuwenden. Stattdessen erlebte ich oft einfach ermüdendes und kontraproduktives Händlergefeilsche um das schwer erworbene Guthaben des Kindes. Solltest du mit dieser Technik irgendwelche positive Erfahrungen gemacht haben, würde ich mich freuen, wenn du sie mir erzähltest - dann bringen wir diese in die nächste Auflage dieses Buches mit rein.
Ach ja, das kann nicht oft genug wiederholt werden, deshalb sei dies auch hier wieder einmal getan: ich halte es für absolut sinnvoll, wenn du diese Schritte gemeinsam mit einem vernünftigen Therapeuten sowohl im Vorhinein absprichst als auch im Nachhinein gründlich reflektierst [9]. Ein vernünftiger Therapeut, damit

meine ich an dieser Stelle einen, der in der Lage ist, sich und sein Wissen zurückzustellen und gründlich und aufmerksam zuzuhören. Reflektieren bedeutet nicht zu belehren. Zuhören bedeutet ebenfalls nicht zu belehren.

2.4 Schritte in die Außenwelt

Wenn du innerhalb deiner dialektischen Auffassung richtig liegst, müsste es dir gelingen, innerhalb recht kurzer Zeit (vielleicht drei bis vier Monate) deutliche Verbesserungen im häuslichen Verhalten deines Kindes zu erzielen. Bedenke, dass du innerhalb deines dialektischen Verständnisses nicht auf die Dressur deines Kindes aus bist, sondern versuchst, dein Kind zu einer intrinsischen Einsicht zu bewegen, die auch beinhalten kann, dass du *dich selbst* verändern musst. Es kommt nicht darauf an, dass dein Kind sich deinen Privatvorstellungen einpasst, sondern es geht darum, dass dein Kind als eigenständiges Wesen möglichst angemessen in die Welt hineinwächst und hineinverändert, in der es steht. Das bisherige Verhalten deines Kindes war nicht schlecht, sondern „nur" für den dialektischen Auseinandersetzungs- und Gestaltungsprozess ungeeignet.
Es geht nicht darum, dein Kind anzupassen, sondern dein Kind fähig zu machen für ein angemessenes Leben in der Welt. Klar, wenn du Verhalten in deiner Familie ändern möchtest, kann dir da streng genommen niemand reinreden, du könntest dein Kind dort dressieren und nach außen hin vorgeben, dass du es innerhalb einer dialektischen Auseinandersetzung erziehst. Das wird aber zu keinem Erfolg führen. Wenn du also gemeinsam mit einem vernünftigen Therapeuten innerhalb von drei bis vier Monaten keine deutlich erkennbare Verbesserung erzielst, solltest du (evtl. wieder mit deinem Therapeuten gemeinsam) noch einmal deine Anthropologie überprüfen.

---

[9] Wenn der Therapeut deiner Wahl eine literarische Referenz neben dem hier vorliegenden Buch haben möchte, kannst du ihm den Text von Anastopoulos und Kollegen empfehlen. Viele der von mir geschilderten Schritte finden sich - wenn auch in anderer Form - dort wieder. Vgl. Anastopoulos, A.; u.a. (1995): *Counseling and Training Parents.* In: Barkley, R. A. (1995): *Attention Deficit Hyperactivity Disorder.* New York (Guilford), 373ff.

Gehe in die Öffentlichkeit.

Die Prüfung und erneute Überdenkung deiner dialektischen Anthropologie ist aber an dieser Stelle auch dann sinnvoll, wenn du tatsächlich bereits durchschlagende Erfolge erzielt hast, denn in dem Schritt, der jetzt kommt, wird's öffentlich. Jetzt kann dir jeder zuschauen, denn jetzt geht es darum, das Verhalten deines Kindes in der Öffentlichkeit anzugehen. Puh, das ist ein heißes Eisen! Wenn Blicke anderer Eltern oder sonstiger Erwachsener töten könnten, wären ADHS-betroffene Kinder bestenfalls bald Vollwaisen, schlimmstenfalls gäbe es das ADHS-Problem überhaupt nicht mehr.

Das ist vielleicht überspitzt und makaber, aber es trifft eine Stelle, die wirklich schmerzhaft ist. „Wenn ich dieses Kind erziehen müsste, dann benähme es sich nicht so daneben"; „Diese Eltern sind einfach unmöglich!", „Wie kann man ein armes Kind so streng behandeln?", „Warum sind die Eltern mit diesem Kind nicht strenger?" - solche und ähnliche Sprüche rattern oft durch die Köpfe anderer Erwachsener, manchmal still, manchmal aber auch laut. Es ist nicht einfach, ADHS-betroffene Kinder in der Öffentlichkeit zu präsentieren und sich dabei nicht unwohl zu fühlen. Dieses Problem führt dann oftmals zu einer resignativen „Ich mach' jetzt überhaupt nichts mehr"-Haltung der Eltern. Denn egal, wie sie ihre Kinder behandeln - die anderen Erwachsenen wissen es immer besser.

Was kann man tun? Es klingt schon fast gebetsmühlenhaft, aber es trifft den Kern: die Anthropologie prüfen. Was ist deiner Ansicht nach der Mensch? Wenn du der Meinung bist, dass er ein prozesshaftes, dialektisches Wesen der Auseinandersetzung ist [10], dann solltest du jetzt mal in die Konkretion gehen. Was bedeutet diese Auffassung für dein Verhalten in der Öffentlichkeit? Im Grunde doch nur eines: die Öffentlichkeit ist ein nachgerade ausgezeich-

[10] Du wärst dabei in recht guter Gesellschaft. Immanuel Kant war auch dieser Meinung, und der war nicht der Dümmste...

neter Ort, um deine Erziehungsarbeit und deine Bemühungen um dein Kind zu überprüfen. In der Öffentlichkeit findet die Auseinandersetzung statt, dort begegnen dir die Antithesen, dort begegnen auch deinem Kind seine Antithesen. Dort bekommt ein anderes Kind im Supermarkt einen Schokoriegel und dein Kind nicht, dort gibt es das echte Desaster.
Und denke jetzt bitte nicht, dass ich gut reden habe, weil ich selbst keine Kinder mit ADHS habe, sondern überprüfe dich selbst: hast du die Anthropologie der Dialektik oder nicht? Wenn du sie hast, bin ich für dich hier nur ein freundlicher Aufmunterer, keinesfalls ein neunmalkluger Besserwisser. Wenn du sie nicht hast, denke wenigstens zum Spaß hier einmal mit.

Was bedeutet deine Anthropologie für dein Verhalten in der Öffentlichkeit?
Es bedeutet nicht (erlaube mir zu sagen: wie das in vielen ADHS-Tipp-Büchern gern gesagt wird), dass du auf die Meinung anderer Erwachsener pfeifst und schnurstracks deinen eigenen Weg gehst. Nein, es bedeutet, dass du die Welt, die dir und deinem Kind begegnet, als Antithese zu dir und deinem Kind verstehst. Die Öffentlichkeit ist keine Schlange, vor der man entweder erstarrt oder die man totschlägt. Öffentlichkeit ist Antithese, sie ist die Herausforderung, die dein Kind und dich zur Konfrontation zwingt. Es bleibt, abzuwarten, wie die *Synthese* lauten wird.
Was bedeutet das konkret?
1. Dass du mit deinem Kind Situationen der Öffentlichkeit vorab minutiös planst: „Wie verhalten wir uns wo?"
2. Dass du Äußerungen der Öffentlichkeit antizipierst und darauf eine Antwortstrategie entwickelst.
3. Dass du und dein Kind ein Team bilden, das gemeinsam mit der Antithese „Welt" zu ringen hat. Dein Kind soll sich in deiner Begleitung in der Öffentlichkeit nie allein gelassen fühlen. Ihr beide seid Partner!
4. Dass du der Boss bleibst, der in brenzligen Situationen sagt, wo es langgeht. Dein Kind ist dein Assistent (vom Gefühl und der

Hierarchie her), es hat in unklaren Situationen zu gehorchen (das muss man zuvor absprechen).

5. Dass dein Kind für seine Bemühungen belohnt wird (z.B. innerhalb des internen Token-Guthabens). Jeder Arbeiter ist seines Lohnes wert; auch du wirst, durch den Erfolg deiner Mission, belohnt werden.

6. Dass du und dein Kind euch nicht überfordert. Du bist nicht James Bond, der alle Herausforderungen der Welt souverän meistert, erst recht nicht dein Kind. Nehmt auch nicht zu viele Übungsfelder gleichzeitig vor. Zwei, drei Situationen (z.B. 1. im Supermarkt; 2. im Gottesdienst) sollten gleichzeitig geübt werden, mehr nicht.

7. Ich halte persönlich von Bestrafungen bei Nichterfüllung des Aktionsplanes nicht viel. Ihr beide versucht eine „Mission impossible". Wenn sie schief geht, habt ihr Pech gehabt. Das ist noch lange kein Grund, sich dann gegenseitig zu bestrafen.

Im Prinzip ist das alles nicht viel anders als das Training innerhalb der häuslichen Situation, nur kann dir eben jeder dabei zugucken. Suche die Auseinandersetzung nicht, aber gehe ihr auch nicht aus dem Weg. Möchten andere Erwachsene deinen Aktionsplan kritisieren, dann denke dir auch hierfür eine gute Antwort aus. Beispielsweise folgende: „Ich bin für Ihre Kritik herzlich dankbar. Würden Sie sie mir bitte schriftlich geben, da ich gerade keine Zeit zur Diskussion habe. Hier ist meine Karte".

Und dann besprecht eure Mission in der nächsten Sitzung mit eurem Therapeuten. Denkt dran, auch er kann euch helfen, euer Verhalten das nächste Mal noch besser zu gestalten.

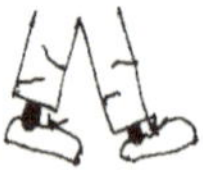

Gehe in die Schule.

Die Idee zu diesem Schritt stammt von Anastopoulos und Kollegen [11], ich finde sie klasse. Es geht darum, das dialektische Prinzip nicht nur innerhalb der eigenen vier Wände oder in spezi-

[11] Vgl. Anastopoulos, A.; u.a. (1995): *Counseling and Training Parents.* In: Barkley, R. A. (1995): *Attention Deficit Hyperactivity Disorder.* New York (Guilford), 389ff.

fischen öffentlichen Situationen durchzuziehen, sondern es auch in die Schule hineinzubringen. Wenn du Lehrer bist, wirst du jetzt vielleicht innerlich aufstöhnen, weil du noch einmal so eine neunmalkluge Zusatzverpflichtung für dich erwartest, die erstens viel Zeit kostet und zweitens nichts bringt und die dich drittens kräftemäßig noch mehr auspowert. Entwarnung: es wird ein Ratschlag kommen, der dich als Lehrer eher entlasten als zusätzlich belasten wird.

Worum geht es? Um die „School Behavior Report Card" [12]. Du kannst dir das vorstellen wie eine Art Hausaufgabenheft, das der Lehrer ausfüllt. Du gibst bestimmte Kriterien an, die der Lehrer täglich zu bewerten hat und integrierst diese Bewertung in das hauseigene Token System, d.h., für gute Bewertungen bekommt das Kind zuhause die Belohnung. Dadurch wird der Lehrer von der mühsamen Arbeit des Belohnens und Bestrafens von Schülern zumindest ein wenig entlastet und bekommt dadurch mehr Zeit zu der Arbeit, für die er eigentlich bezahlt wird: zu unterrichten.

So ein Bewertungssystem kannst du ziemlich einfach anlegen. Ich gebe hier einmal ein Beispiel. So könnte ein Eintrag in dem Heftchen aussehen, das Bewertungssystem ist auch angegeben und dürfte relativ einfach zu verstehen sein. Beachte, dass der genaue Inhalt eines solchen Kärtchens gemeinsam mit eurem Therapeuten, besser noch: gemeinsam mit Therapeut und betreffendem Lehrer, gefunden werden sollte.

[12] ebd.

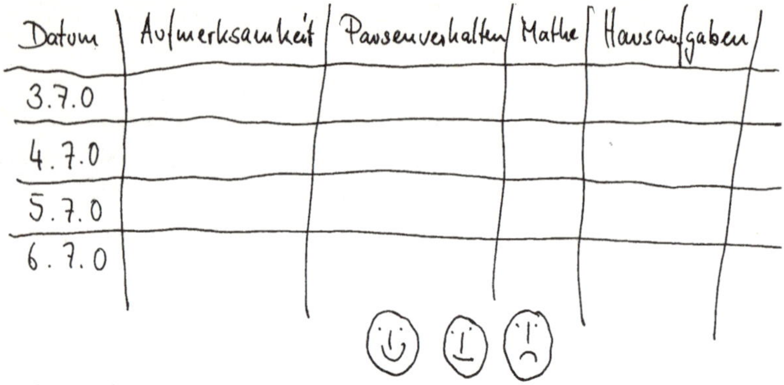

Abb. 13

Wie gesagt: das ist ein Beispiel. Du könntest ganz andere Kriterien einfügen. Vielleicht wesentlich einfachere, vielleicht auch schwierigere. Es kommt darauf an, was das Team aus Eltern, Kind, Therapeut und Lehrer für realistisch hält. Wenn bei einzelnen Kriterien eine dauerhafte Verbesserung eintritt, kannst du sie durch andere ersetzen.

Ein kleiner positiver Aspekt dieses Schritts sei hier noch erwähnt. Die Zusammenarbeit zwischen Lehrern und Therapeuten ist nicht immer ganz einfach und manchmal von gegenseitigem Misstrauen geprägt. Dadurch, dass du bei diesem Schritt die unterschiedlichen „Parteien" einmal an einen Tisch bringst, kannst du viel Positives erreichen. Für den Lehrer ist der Therapeut nun nicht mehr einer mit Pfeife im Mund, weißem Kittel und Lesebrille auf der Nasenspitze (oder vielleicht doch...) und für den Therapeuten ist der Lehrer nicht mehr ein Nervenbündel mit Burnout-Syndrom. Zusammenarbeit schafft gegenseitige Sicherheit in jeder Beziehung. Wir haben in unserer Beratungsarbeit mit diesem Verfahren innerhalb weniger Monate extrem deutliche Verbesserungen erzielt: it's working, Mr. Anastopoulos, thank you!

Fassen wir die einzelnen Inhalte einer Einzelberatung nach dialektischem Muster doch einmal zusammen. Ich stelle das Ganze jetzt mal aus der Sicht eines Therapeuten dar. Du bist der Therapeut, in der folgenden Tabelle findest du die Inhalte der einzelnen Sitzungen und die Hausaufgaben, die du deinem Klienten mitgibst.

FAZIT

Sitzung	Inhalt	Hausaufgabe
1	Auf den wissenschaftlichen Stand bringen	Verdaue das Gehörte! Notiere die Charaktereigenschaften deines Kindes
. . .	Je nach Situation kann es sein, daß du für einzelne Stunden länger brauchst	
2	Kennenlernen des Kindes aufgrund der Notizen des Klienten. Darstellung des Gehörten mit eigenen Worten.	Überprüfe, ob deine Eindrücke über dein Kind korrekt waren, ändere gegebenenfalls
3	Einführung der Erziehungspause	Probiere, modifiziere, resümiere und berichte beim nächsten Mal!
4	Erlernen der positiven Verstärker	Probiere, modifiziere, resümiere und berichte beim nächsten Mal!
5	Einführung des Token - Systems	Probiere, modifiziere, resümiere und berichte beim nächsten Mal!
6	Wie weckt man intrinsische Motivation beim Kind?	Probiere, modifiziere, resümiere und berichte beim nächsten Mal!
7	Negative Verstärker gefahrlos einsetzen - die "Ecke"	Probiere, modifiziere, resümiere und berichte beim nächsten Mal!
8	Wege in die Öffentlichkeit	Probiere, modifiziere, resümiere und berichte beim nächsten Mal!

Sitzung	Inhalt	Hausaufgabe
9	Wege in die Schule	Probiere, modifiziere, resümiere und berichte beim nächsten Mal!
10	Wie gesagt, das Ganze kann auch ein bißchen länger dauern, je nach Dichte der einzelnen Sitzungen	

3. Die Behandlung: Aspekte der Gruppenarbeit

Vorneweg: Unter Gruppe verstehe ich hier Teilnehmer, die nicht selbst von der ADHS betroffen sind, sondern Kinder haben, die von ADHS betroffen sind. Ich habe bisher keine positiven Erfahrungen mit Gruppenarbeit unter ADHS-betroffenen Kindern gemacht [13].

Bisher haben wir mit unserer dialektischen Weltanschauung über die Arbeit innerhalb eines Teams nachgedacht, das aus Therapeut, Eltern und Kind (und dem Lehrer) besteht. Das ist ein relativ begrenztes Feld, was aber den Vorteil hat, dass die einzelnen Geschehnisse innerhalb dieses Feldes auch recht gut beobacht- und steuerbar waren. Weiten wir nun die Grenzen ein wenig aus und schauen uns um, was sonst noch als Möglichkeit im dialektischen Umgang mit ADHS - Betroffenen zur Verfügung steht: die Gruppenarbeit.

Unter Gruppenarbeit verstehe ich, dass ein Fachmann, -frau eine Gruppe mehrerer betroffener Eltern zusammenstellt und mit diesen dann gemeinsam arbeitet. Deshalb richtet sich dieser Abschnitt auch eher an solche, die eine Gruppe aufbauen möchten. Du kannst diesen Abschnitt jedoch auch verwenden, um die Spreu der schlechten Gruppen vom Weizen der guten Gruppen zu trennen. Gruppen entwickeln manchmal eine ungeheure Dynamik. Wer schon einmal in einer therapeutischen Gruppensitzung dabei war, der wird das kennen. Die Besonderheit von Gruppen sollten wir

[13] Wenn du welche gemacht hast, erzähle sie mir doch bitte, dann nehmen wir das in eine evtl. nachfolgende Auflage mit auf.

bedenken. Ich will hier wahllos ein paar Besonderheiten einer Gruppe nennen, die ich für bedeutungsvoll halte.

3.1 Vor- und Nachteile von Eltern-Gruppen

Einzelne Gruppenmitglieder haben unterschiedliche Anthropologien.

Das muss an sich weder Positives noch Negatives zur Folge haben, es kommt darauf an, was man daraus macht, nur wissen sollte man es vorab. Du wirst dir gewärtig sein müssen, dass in einer Gruppe so viele Meinungen über ADHS existieren, wie Teilnehmer da sind. Du solltest damit rechnen, dass diese Meinungsvielfalt zunächst nicht im dialektischen Sinne ausgenutzt wird, sondern jeder versucht, dem anderen die eigene Auffassung zu verpassen. Das liegt daran, dass die einzelnen Mitglieder sich meist nicht bewusst sind, auf welcher anthropologischen Basis ihre eigenen Meinungen entstanden sind. Solche „wer hat Recht"-Gespräche sind Unfug. Dialektisch sinnvoll wird eine Gruppe erst, wenn man die (anthropologisch begründeten) Meinungen nicht als etwas Festes ansieht, sondern tatsächlich als Antithese. Dann können fruchtbare Meinungswechsel stattfinden.
Dazu ist allerdings notwendig, dass die einzelnen Teilnehmer sich über ihre Meinung Gedanken gemacht haben und sie begründen können. Es geht nicht darum, wer jetzt die allerneueste Internetseite über ADHS kennt, sondern darum, wie man seine Meinung über ADHS und den Umgang damit begründet. Ich finde, dies zu steuern, sollte ein guter Therapeut in der Lage sein. Auf jeden Fall sollte man sich zu Beginn einer Gruppenarbeit, aber auch zwischendurch immer wieder unterhalten. Klar, man sollte schon in etwa denselben Wissensstand besitzen. Aber das kann man ja dadurch regeln, dass der Therapeut am Anfang gründlich informiert.

In der Gruppe kann man viel Zeit vertun.

Gruppen sind dann schwierig, wenn manche Teilnehmer sämtliche Zeitanteile der anderen Teilnehmer mit verbrauchen. Manche hören sich eben gerne reden. Wenn du zu den Schweigern gehörst, hört dir keiner zu, wenn du zu den Plappermäulchen gehörst, hörst du keinem zu - in beiden Fällen hast du nichts davon. Ich finde, in Gruppen sollten die Gesprächsanteile relativ strikt geregelt sein. Dazu braucht man allerdings einen Boss, der u.U. auch mal brüskieren kann. Jeder, der schon einmal eine Kirchengemeinderatssitzung miterlebt hat, kennt das. Einer wird bestimmt, den Abend zu leiten, man hat sieben Tops und jeder hofft, dass der Leiter die Gesprächsanteile der Teilnehmer auf das selbe Maß begrenzt. Tut er aber nicht, weil er ja Christ ist und deshalb seinen Geschwistern in christlicher Nächstenliebe begegnen will. In Nächstenliebe einem Plappermaul den Mund verbieten, das ist nicht gerade einfach. Deshalb lässt man es lieber ganz sein - das Ergebnis: „wieder bis 0 Uhr 30 getagt".

So sollte es nicht sein. Und das ist auch nicht Nächstenliebe. Nächstenliebe ist in diesem Fall, dass möglichst alle möglichst viel von der Gruppe haben, und deshalb muss einer da sein, der Strukturen gibt. Der Leiter der Gruppe sollte zu Beginn jeder Gruppe darauf hinweisen, wie die Gruppe bezüglich der Gesprächsanteile diesmal geplant ist und dass er diesen Plan, sofern keine Einwände bestehen, möglichst diszipliniert durchziehen wird. Das erfordert natürlich vom Leiter der Gruppe (meist einem Therapeuten), dass er sich schon im Vorfeld Gedanken machen muss, wie er diesmal die Gruppe gestalten wird. Aber diese Vorarbeit ist zumutbar und sehr nützlich.

Gruppen können den Horizont erweitern.

Keine ADHS gleicht der anderen. Es kann sehr hilfreich sein, die Erfahrungen anderer zu hören und sie mit den eigenen zu vergleichen. Das Ganze ist aber zweischneidig: es kann nämlich genauso leicht auch geschehen, dass man sich wegen der vielen unterschiedlichen Erfahrungen anderer immer mehr verzettelt. Das kann dann dazu führen, dass der Umgang mit dem eigenen Kind plötzlich unsicher wird, weil man mal dies probiert (was beim einen genützt hat) und dann mal jenes (was beim anderen genützt

hat und das Gegenteil des ersten ist). So sollte es natürlich nicht sein.
Ich nenne diese Gefahr die „Freibier-Gefahr". Du kennst das: Stelle dir eine Gruppe Menschen am Strand vor, die plötzlich aufgeregt schnatternd in eine bestimmte Richtung zielstrebig geht. Was geschieht mit dir? Du bekommst Unruhe in dir und denkst, dass du nun gerade eben etwas unmittelbar Wichtiges verpasst - Freibier? Wir haben in unserer Klasse auf Städteausflügen den Gag gehabt, dass ein paar von uns angestrengt auf eine Stelle starrten. Immer mehr Passanten blieben stehen und schauten, was es da zu gucken gibt, ein Haufen hat sich gebildet, aus dem wir uns unbemerkt weggeschlichen haben - es war köstlich, das aus der Entfernung dann zu betrachten.
Genau dieses Phänomen gibt es auch in Gruppen. Da erzählt jemand was, das gaaanz doll funktioniert hat und du denkst gleich, dass du das Wesentlichste der ganzen Sitzung verpasst, wenn du das nicht gleich auch ausprobierst. Denke an Jesus. Er sagte, man solle sich in solchen Situationen die Blumen auf dem Feld und die Vögel unter dem Himmel anschauen. Sie säen nicht, ernten nicht und der Vater ernährt sie doch prächtig. Bleibe ruhig. Höre zu. Als Leiter wie auch als Teilnehmer.
Bedenke, dass andere Erfahrungen nicht automatisch deshalb „besser" sind, weil du sie noch nicht gemacht hast. Genauso auch umgekehrt: deine Erfahrungen müssen nicht deshalb besser sein, weil ein anderer sie noch nicht gemacht hat. Bedenke, dass wir uns als Kinder Gottes in seiner Schöpfung bewegen, die unendlich groß, vielfältig und unüberschaubar kompliziert ist. Vor dem Hintergrund dieser Größe werden Einzelerfahrungen rasch wieder in die richtige Proportionen gerückt: ein Anlass, darüber nachzudenken, aber kein Anlass, sein Leben umzumodeln.

Gruppen sind billiger.

Puh, wie profan. Naja, Geld ist halt auch wichtig. In einer Gruppe zahlt man als Teilnehmer nicht so viel wie für ein Einzelgespräch. Warum eigentlich?

Entweder, weil jeder bereits vorab das Gefühl hat, dass bei einer Gruppe nicht so viel herauskommt wie in einem Einzelgespräch. Das wäre dann aber, so finde ich, die paar Mark Ersparnis nicht wert. Oder, weil man denkt, dass der Therapeut sowieso bloß Geld verdienen möchte. 10 Mann, die 50 Mark zahlen, bringen mehr als einer, der 200 Mark zahlt - für den Therapeuten ein gutes Geschäft also.
Auch das soll es nicht sein. Versuche einmal das Gedankenexperiment, dass die Teilnahme an einer Gruppe genauso teuer wäre wie ein Einzelgespräch. Was würde mit deiner Erwartung geschehen? Klar, du würdest viel höhere Ansprüche an die Gruppe stellen. Und ich finde, das solltest du auch tun. Bloß deshalb in eine Gruppe zu gehen, weil man damit sein schlechtes Gewissen beruhigt, halte ich für ziemlich sinnlos. Und der Leiter sollte die Sache so ernst nehmen, als säßen da 10 Einzelgespräche und nicht ein Gruppengespräch.

So, das waren jetzt ein paar Gedanken vorneweg zu Gruppen. Ich fände es ganz sinnvoll, wenn du an dieser Stelle innehältst und dir selbst noch ein paar Gedanken über Gefahren und Nutzen einer Gruppe machst. Wenn du selbst Therapeut bist, kann es dir helfen, deine Gruppen besser zu gestalten, wenn du potentielles Gruppenmitglied bist, kann es dir helfen, die guten von den weniger guten Gruppen zu unterscheiden.

3.2 Regeln für die Gruppenarbeit

Ich komme jetzt zu der Frage, wie eine Gruppe bei ADHS arbeiten kann.
Vielleicht hast du dir als aufmerksamer Leser auch schon Gedanken darüber gemacht. Im Grunde könnte eine Gruppe darin bestehen, dass man dieselben Schritte, die vorhin in der Einzelbeziehung vorgestellt und erläutert wurden, ebenso in der Gruppe durchführt. Der Gruppeneffekt bestünde in erster Linie darin, dass die einzelnen Schritte gleichzeitig von mehreren Eltern durchgeführt wurden und man so die Wirkung besser studieren kann.

Fehler, die andere gemacht haben, kann man selbst vermeiden. Positive Effekte kann man an andere weitergeben. Um den positiven Effekt einer Gruppe voll auszunützen, solltest du dich als Leiter einer Gruppe an folgende Regeln und Schritte halten:

Lass die Teilnehmer zu Beginn der Gruppe locker miteinander reden.

Es hat keinen Sinn, 20 Erwachsene zusammenzusetzen und zu deklarieren: das ist jetzt eine Gruppe. Eine Gruppe wird man dadurch, dass man miteinander redet, sich bekannt macht, auch über Alltäglichkeiten spricht. Gib hier als Leiter Raum dazu.

Veröffentliche deine Strategie.

Jetzt beginnt die Gruppe damit, dass du angibst, wie du die Sitzung geplant hast. Planung bedeutet nicht nur, die Inhalte der Sitzung bekannt zu geben, sondern auch den Zeitrahmen. Meine Meinung ist: eine gute Gruppe ist ein pünktliche Gruppe - sie hört dann auf, wenn die geplante Zeit verstrichen ist und nicht erst eine halbe Stunde später.

Halte die Gruppe klein.

Das heißt nicht, dass nicht auch 20 oder 30 Leute kommen dürfen, aber trenne dann die große Gruppe auf. In Grüppchen zu vier bis sechs Personen. Gib diesen Grüppchen den Auftrag, das, was du ihnen beim letzten Mal auf den Weg gegeben hast (die weiter oben angegebenen Schritte), zu reflektieren. Jedes Grüppchen soll einen Sprecher bestimmen, der die Quintessenz zusammenfasst, und dann

Lasse die Sprecher berichten.

Hake hier auch nach. Manchmal sind die einzelnen Sprecher gehemmt. Das solltest du durch geschickte Fragen ausgleichen. Frage sie nach den positiven Erfahrungen, nach den negativen Erlebnissen. Frage sie auch, was sie an Verbesserungsvorschlägen parat haben, wo sie Schwierigkeiten hatten.

Diskutieren ist wichtig.

Auf der Grundlage der einzelnen Berichte kann nun in der Gruppe eine Diskussion entstehen. Diese Diskussion ist dann sinnvoll, wenn es strikt darum geht, das gemeinsam Besprochene zu diskutieren und nicht das, was man sonst noch so alles besprechen könnte („Was haltet ihr von dem neuesten Buch von ...?"). Halte dich hier zurück. Diskussionen gehen dialektisch vor sich. Der eine sagt was, der andere hält etwas dagegen, eine Synthese kann entstehen. Es ist dein Job, die möglichen Synthesen zu erkennen und sie als neue These zur Debatte zu stellen. Du hast wahrscheinlich eine Tafel oder so etwas Ähnliches. Schreibe die Synthesen auf die Tafel auf, so kannst du den Diskussionsprozess festhalten und die Leute bekommen das Sinnvolle der Diskussion mit.

Sei flexibel.

Du hast als Leiter ja einiges mit deinen Teilnehmern vor. Du willst neue Schritte mit ihnen gehen. Nicht jede Sitzung muss mit einem neuen Schritt abgeschlossen werden. Es kann sein, dass der alte Schritt noch nicht vollständig erarbeitet wurde. Bedenke: die Teilnehmer haben lange Zeit ohne Hilfe mit ihrem Kind zugebracht, da kommt es auf eine Woche mehr oder weniger auch nicht an. Der Papst hat Michelangelo beim Ausmalen der Sixtinischen Kapelle nervös gefragt, wie lange es noch dauert. Michelangelo sagte „Es dauert so lange, wie es dauert".

In der Ruhe liegt die Kraft, gib dir und deinen Teilnehmern Zeit. Fange erst einen neuen Schritt an, wenn du den alten beendet hast. Ich bin der Meinung, dass ein alter Schritt dann beendet ist, wenn er bei allen Teilnehmern zum Erfolg geführt hat. Erst dann

Stelle den neuen Schritt vor.
Dazu siehe weiter oben. Erkläre diesen Schritt mindestens dreimal mit unterschiedlichen Worten. Erläutere die neue Aufgabe mit verschiedenen Zugängen. Beschreibe genau, was du vorhast. (Hast du gemerkt: ich habe dasselbe gerade auch dreimal mit anderen Worten geschrieben, so stelle ich mir das vor.) Wenn einer dreimal dasselbe gehört hat, besteht die Chance, dass alle Teilnehmer auch alles mitbekommen haben.

Mache Schluss.
Mit Schluss meine ich Schluss. D.h.: du darfst gehen. Was deine Teilnehmer machen, sollte dir egal sein. Sie können gerne noch einen Kaffee trinken gehen, aber du solltest nicht unbedingt dabei sein. Schließlich bist du der Leiter. So würde ich es aber nur als Leiter der Gruppe handhaben, natürlich kannst du es auch anders machen.

3.3 Einzelne Inhalte für Gruppensitzungen

Wissen ist Voraussetzung.
Wir haben bereits oben festgestellt, dass über die ADHS viel Wissen und auch Halbwissen verbreitet ist. Manche Eltern haben sich im Gespräch als größere Experten herausgestellt als die betreuenden Kinderärzte. Man kann das den Ärzten nicht verdenken, schließlich müssen sie ja nicht nur bei der ADHS auf dem neuesten Stand sein. Aber für dich, der du vielleicht eine Gruppe aufbauen willst, oder der du dich mit dem Gedanken trägst, einer Gruppe beizutreten, ist es wichtig zu wissen, dass vor allem in der Gerüchteküche sehr heiß gekocht wird. So gilt es beispielsweise mit dem bereits genannten Scientology-Gerücht sehr behutsam umzugehen. „Scientology Church“ ist ein Reizwort, das neben der

sicher nicht zu unterschätzenden tatsächlichen Gefahr viel Potential zur Verunsicherung von Eltern und Beteiligten beinhaltet.

Aus diesem und anderen naheliegenden Gründen halte ich es für absolut notwendig, das Wissen über die ADHS bei allen Beteiligten auf einen hohen und gleichen Stand zu bringen. Wenn du eine Gruppe leiten möchtest, genügt m.E. die Lektüre des vorliegenden Buches nicht. Da solltest du dich anderweitig noch schlauer machen [14]. Wenn du dich mit dem Gedanken trägst, einer Gruppe beizutreten, solltest du den zukünftigen Leiter dieser Gruppe auf Herz und Nieren überprüfen. Ich glaube, mit dem Wissen, das dir im vorliegenden Buch bereitgestellt wird, hast du das Handwerkszeug zu solch einer Prüfung. Wenn der zukünftige Leiter der Gruppe die Inhalte dieses Buches nicht parat hat, solltest du - so würde ich raten - lieber auf eigene Faust einen guten Therapeuten suchen.
Wenn du selbst eine Gruppe aufbauen möchtest, so würde ich dir vorschlagen, in der ersten Stunde (mindestens) eine Art „Brainstorming"-Runde durchzuführen. Jeder der Teilnehmer darf mit seinen eigenen Worten frei heraus sagen, was er bisher über die ADHS weiß, wo seine Unsicherheiten liegen, welche Hoffnungen er hat, was er mit seiner Teilnahme bezweckt usw. Das schreibst du alles auf und dann gehst du in Ruhe jeden einzelnen dieser Punkte durch. Auf diese Weise hast du die Gelegenheit, das bereits vorhandene Wissen abzuklären, kannst Vorurteile lösen, gibst „Neunmalklugen" die Gelegenheit, einmal so richtig zu glänzen, kannst die Schüchternen erkennen und aufbauen usw. Ich finde, du solltest dir für diese Einheit ruhig viel Zeit nehmen (mindestens 120 Minuten - natürlich abhängig von den Teilnehmern).

---

14 Ich würde dir als Mindestausstattung folgende Lektüre empfehlen: 1. die gesamte Lektüre von Steinhausen, H.-C. (Hg.) (1995): *Hyperkinetische Störungen im Kindes- und Jugendalter.* Stuttgart (Kohlhammer); 2. die teilweise Lektüre von Birbaumer, N.; Schmidt, R. (1999): *Biologische Psychologie.* Berlin (Springer).

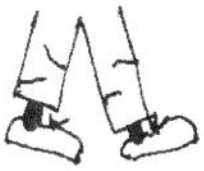

Versucht das Positive zu verstärken und nicht das Negative.

Klar, im familiären Alltag haben Eltern es schwer. Was ihnen auffällt, ist das Verhalten, das sie an den Kindern stört. Sie versuchen, dieses Negativ-Verhalten durch erzieherische Maßnahmen jeder Form zu verhindern. Schwierig ist es für sie, im normalen Alltag diejenigen Verhaltensweisen des Kindes zu entdecken, in denen ein Potential steckt, das man positiv verstärken kann. Kein ADHS-Kind ist immer fürchterlich, nur merkt man das Fürchterliche an den Kindern eben leichter als spurenhaft angedeutetes potentiell positives Verhalten.

Es wäre gut, wenn du in deiner Gruppe darauf hinweist, dass das positive Verhalten möglicherweise bereits in den betroffenen Kindern schlummert und es darum geht, dass die Eltern dieses Verhalten entdecken. Ich würde dieses Element innerhalb der Gruppe so strukturieren, dass ich zunächst fragen würde, wo die Teilnehmer bereits jetzt solche rudimentär vorhandenen positiven Verhaltensweisen bei ihren Kindern sehen. Danach würde ich eine Diskussionsrunde durchführen, in der die Gruppenteilnehmer gemeinsam versuchen, Strategien zu entwickeln, wie man in der jeweiligen Einzelsituation diese spurenhaft vorliegenden Verhaltensweisen möglichst geschickt verstärken kann (du darfst dich hier natürlich auch als Wissens-Ressource einschalten...).

Hausaufgabe für die Eltern wäre innerhalb dieser Sitzung zunächst, schriftlich die Situationen zu fixieren, in denen sie bei ihrem Kind im Alltag mögliche positiven Verhaltensweisen zu entdecken glauben. Außerdem sollten die Maßnahmen, die man bereits besprochen hat, in der Realität erprobt und gegebenenfalls modifiziert werden. Die Besprechung der Ergebnisse bildet dann den Einstieg in die nächste Sitzung.

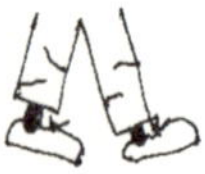

Versucht eure Zeit gleichmäßig zu verteilen.
Manchmal haben Eltern nicht nur ein Kind (soll ja vorkommen), sondern mehrere Kinder, und eines der Kinder ist von ADHS betroffen, die anderen nicht. Das ist eine prekäre Geschichte, denn ein Kind, das unter der ADHS leidet, zieht die Zeit der Eltern an sich wie der Fleischkäs die Fliegen. Das gibt Anlass zu Unzufriedenheit. Die anderen Kinder maulen: „Der/die baut die ganze Zeit Mist und bekommt deshalb auch noch mehr Zuneigung. Was ist mit mir, ich funktioniere doch, warum mag mich die Mama weniger?"
Das ist vielleicht ein bisschen plakativ dargestellt, aber es trifft schon ziemlich oft mitten ins Schwarze der stillen Meinung der Geschwister. Böses Blut ist nicht geeignet, die Familiensituation zu verbessern. Deshalb würde ich folgende Frage zum Inhalt einer Sitzung machen: „Wie bekommen wir es hin, dass wir - bei gleicher Erziehungszeit - unsere Kinder gleichmäßiger behandeln". Wichtig dabei ist, dass du als Gruppenleiter nicht einmal die Ahnung einer Aufforderung andeuten solltest, die lautet, dass die Eltern noch mehr Zeit zur Erziehung aufwenden sollten. Das Motto: „Eltern mit ADHS-Kindern haben halt zuwenig Zeit zum Erziehen" sollte eigentlich schon längst in die Mottenkiste gesteckt werden.
Nein, es geht darum, wie die Eltern Verhaltensweisen lernen können, mit denen sie gleichzeitig alle betroffenen Kinder verstärken. Es kostet nicht mehr Erziehungszeit zu sagen: „Ich danke euch, dass ihr beide mir so fein geholfen habt", als, nur das ADHS-Kind im Blick: „Ich danke dir, dass du mir so fein geholfen hast". Das Problem ist nur, wo man Gelegenheiten findet, alle Kinder zu loben, allen Kindern Zeit zur Verfügung zu stellen, ohne mehr Zeit zur Erziehung zu verbraten. Und um dieses Problem geht es. Daraus würde ich eine Diskussionsrunde machen. Jedes Gruppenmitglied soll darüber nachdenken, wie es die Zuwendungsverteilung gleichmäßiger austarieren kann, ohne dabei den

schwierigen ADHS-Fall aus dem Auge zu verlieren.
Im Anschluss daran würde ich es zum Gegenstand der Runde machen, mit welchen Verhaltensweisen diese Verteilung konkret geschehen könnte. Zugegeben, wahrscheinlich werden die Ideen hierzu wohl nur spärlich fließen, aber das ist nicht so schlimm. Man muss sich diesen Gedanken ja auch erst mal genau durch den Kopf gehen lassen. Deshalb würde ich es auch zur Hausaufgabe machen, darüber nachzudenken. Die Ergebnisse dieser Hausaufgabe bilden dann den Einstieg oder Gegenstand der nächsten Sitzung.

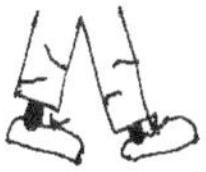

Versucht der Meister zu sein.

Mit ADHS - Kindern umzugehen ist nicht einfach, das geht an die Substanz. Man wird dünnhäutig und das erzieherische Verhalten verschlechtert sich. Dadurch wird der Umgang mit den Kindern noch schwerer - die Katze beißt sich in den Schwanz. Diesen Teufelskreislauf gilt es zu durchbrechen. Es geht in dieser Sitzung darum, sich wieder *Souveränität* anzutrainieren. Wenn du deine Anweisung an deine Kinder gibst, so kann der Wortlaut derselbe sein, aber im einen Fall befolgen sie die Anweisung, im anderen nicht. Woran liegt das? Nun, es liegt an vielerlei: der Körpersprache, der Mimik, der Gestik, der inneren Ruhe usw.
Ich würde es zum Inhalt mindestens einer Sitzung machen, an der Art der Anordnungen der Eltern zu feilen. Dabei hat sich für mich folgender Gedankengang als Grundvoraussetzung gut bewährt: „Wer ein Kind hat, der hat dieses Kind deshalb, weil Gott es ihm zur Erziehung anvertraut hat. Gott traut den jeweiligen Eltern also die optimale Erziehung zu, also besitzen sie auch diese Potentiale". Damit bringst du deinen Teilnehmern bei: „Auch wenn du es nicht glaubst, du kannst prinzipiell richtig mit deinem Kind umgehen - du musst es vielleicht nur erst lernen".
Erst wenn die Teilnehmer diese Einstellung so richtig geschluckt und verdaut haben, kannst du damit beginnen, diesen Gedanken in die Praxis umzusetzen. So würde ich in dieser Sitzung viele Rol-

lenspiele durchführen. Rollenspiele, in denen die Eltern lernen, eine Anweisung so zu geben, dass sie Einfluss bekommt. Die besten Kritiker in dieser Vorführung sind die anderen Gruppenteilnehmer. Ich würde mich in dieser Sitzung eher zurückhalten [15]. Hausaufgabe wäre entsprechend, die neuen Verhaltensweisen auszuprobieren und gfls. zu modifizieren. Das Ergebnis dieser Hausaufgabe bildet dann den Einstieg oder Inhalt der nächsten Sitzung.

Baut Strukturen auf.

Für manche ADHS-Kinder ist es schwierig, von der einen Handlung zur anderen überzugehen. Diese Momente lösen ja selbst bei dir manchmal Schwierigkeiten aus. Stell dir vor, du freust dich auf den Feierabend, dann ist er endlich da und plötzlich weißt du nicht mehr, was du machen sollst und wirst missmutig. Geht es dir manchmal so? Na, dann denke mal an deine Kinder! Für die ist das - egal ob mit oder ohne ADHS - noch viel schwieriger. Die Übergänge von einer zur nächsten Tätigkeit sind sensible Stellen im Alltag eines ADHS-betroffenen Kindes. Deshalb finde ich, es wäre sinnvoll, darüber eine Sitzung abzuhalten. Gegenstand der Gesprächsrunde wäre, herauszufinden, wo im jeweiligen individuellen Alltag die besonders heiklen Stellen sitzen und wie man sie geschickt aufeinander abgleichen könnte. Sich hierüber auszutauschen, kann an sich bereits sehr wertvoll sein, weil man vielleicht zum ersten Mal ein Bewusstsein für diese Situationen weckt. Darüber hinaus würde ich es dann zum Gegenstand der Sitzung machen, sich geeignete Strategien auszudenken, wie man diese Übergänge fließender gestalten kann. Sollten deine Teilnehmer hier keine Ideen haben, so kannst du ihnen die Hilfe geben, dass es sich generell bewährt hat, einer unangenehmen Tätigkeit eine angenehme folgen zu lassen. Zuerst wird geschafft und dann Nintendo gedaddelt (besser allerdings: draußen gespielt...). Es könnte sein, dass durch diese Umstrukturierung des Alltags bereits

15 Eine gute Begleitliteratur zu dieser Einheit sind die Bücher von Samy Molcho zur Körpersprache.

wahre Sensationen geschehen (zumindest habe ich dies bereits erlebt). Hausaufgabe wäre auch hier wieder, das Besprochene zu verdauen und in die Konkretion umzusetzen. Die Ergebnisse aus dieser Hausaufgabe bilden den Einstieg zur nächsten Sitzung.

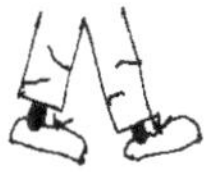

Lernt angemessen zu kommunizieren.

Wenn man Kinder hat, dann bekommt man als Eltern am schwierigsten mit, wie die Kinder wachsen und sich entwickeln. Man ist ja so oft mit ihnen zusammen, bemerkt die Veränderungen nicht so recht und beginnt, unangemessen mit den Kindern zu agieren. Ich würde diese Gefahr zu einem Gegenstand einer Sitzung machen. Diese Sitzung ist ein wenig anders gestaltet als die anderen, denn in dieser Sitzung solltest du wieder Wissen bereitstellen, nämlich Wissen darüber, wie Kinder in einem bestimmten Alter sind, wie sie denken, was sie beschäftigt, wie man mit ihnen redet usw.
Zugegeben: man kann das nicht über einen Kamm scheren, nicht jedes Kind ist in einem bestimmten Alter gleich weit entwickelt, es gibt viele Ausnahmen. Aber es gibt eben auch den mainstream, und über den solltest du dich auskennen und darüber mal eine Stunde lang referieren [16]. Danach würde ich eine Fragerunde einschalten, ob die Ergebnisse aus diesem Referat für einzelne Eltern Hinweise darauf geben, dass sie mit ihren Kindern vielleicht falsch umgehen. Den richtigen Umgang zu erlernen, dazu kannst du innerhalb der Gruppe nur Hinweise geben, das ist eher etwas für die Einzelberatung. Aber du kannst es zum Gegenstand der Hausaufgabe machen, dass die Eltern ihr Verhalten gegenüber ihren Kindern vielleicht neu orientieren.

16 Ich empfehle dir zur Vorbereitung auf diese Stunde die gründliche Lektüre von Oerter, R.; Montada, L. (Hg.) (1998): *Entwicklungspsychologie.* Weinheim (Beltz) - ich weiß, das Buch ist dick und ein Fachbuch. Aber wer mit ADHS-Kindern und deren Eltern angemessen umgehen will, sollte schon früh aufstehen.

Token Systeme können helfen.

Wir haben das Token System bereits weiter oben besprochen. Der Unterschied von Gruppe zu Einzelberatung ergibt sich daraus, dass eine Gruppe natürlich viel mehr Kreativitätspotential besitzt als selbst der schlaueste Therapeut. Lasse die Gruppenmitglieder möglichst kreative Systeme entwickeln (und merke sie dir für deine Einzelgespräche...). Hausaufgabe ist dann, diese Systeme einzuführen und über ihre Effektivität zu berichten. Die Reflexion dieser Berichte wird zum Einstieg / Inhalt der nächsten Sitzung.

Jetzt geht an die Öffentlichkeit.

Ähnlich wie der vorige Punkt orientiert sich auch dieser Punkt an der Verfahrensweise in der Einzelberatung. Es geht hier darum, bestimmte von den jeweiligen Eltern als riskant erkannte Situationen innerhalb der Öffentlichkeit so zu bearbeiten, dass sie ungefährlicher werden. Innerhalb der Gruppe ist zunächst die Aufgabe, die potentiell gefährlichen Situationen jeweils individuell zu erkennen und darüber zu berichten. Die Gruppe entwickelt dann gemeinsam mit dem Berichtenden geeignete Verhaltensalternativen.

Du selbst solltest als Leiter der Gruppe die Informationen aus dem vorangegangenen Abschnitt noch einmal rekapitulieren. Wie war das noch mal: wie beeinflusst man das Verhalten ADHS-betroffener Kinder in der Öffentlichkeit positiv (einfach nachschlagen und rekapitulieren)? Gegenstand der Hausaufgabe ist folgerichtig, die öffentlichen Situationen neu zu gestalten, die Veränderungen zu beobachten und sie beim nächsten Mal der Gruppe zu erzählen. Die Gruppe hilft dann, mögliche Fehlerquellen zu identifizieren, Verbesserungen zu entwickeln, das gute Beispiel zu übernehmen usw., und das wird zum Einstieg / Gegenstand der nächsten Sitzung.

Fast zuletzt: die gute alte „Ecke".

Auch diesen Punkt habe ich aus der Einzelberatung übernommen. Worum es beim „in die Ecke stellen" ging, kannst du dort nachlesen. Eine Gruppe bietet allerdings gegenüber der Einzelberatung einige Vorteile, die es hier zu nennen gilt:
(1) sie kann die Verunsicherung mancher Eltern nehmen, die meinen, sie würden ihre Kinder möglicherweise misshandeln, wenn sie das „in die Ecke stellen"-Prinzip anwenden;
(2) sie hilft, wirklich geeignete „Eckensituationen" gemeinsam und der jeweiligen Situation angepasst zu entwickeln;
(3) viele Ohren hören mehr als zwei, der Therapeut allein vermag manchmal zu keiner so detaillierten Bewertung der Gesamtsituation zu gelangen wie eine engagierte Gruppe.

Ganz zuletzt: die offenen Fragen lösen.

Nur Gott allein ist perfekt. Auch die beste Gruppe vermag innerhalb der hier beschriebenen Sitzungen nicht alle Probleme zu lösen. Vielleicht entstehen erst durch die Gruppe ganz neuartige Probleme. Oder manche Eltern finden erst gegen Ende eines Gruppenzyklus den Mut, spezifische Probleme vor dem versammelten Gremium zu besprechen. Dafür solltest du dir Zeit nehmen. Soviel Zeit, wie es eben braucht. Also vielleicht auch einmal zwei Sitzungen lang, je nachdem eben. Ich würde diese Sitzung ähnlich gestalten wie die allererste Sitzung, nämlich indem ich die offenen Fragen aufschreibe und sie zunächst der Gruppe zur Diskussion stelle. Nun kann jeder Stellung nehmen, auch du, aber eben nicht nur du.
Die Überprüfung der Diskussionsergebnisse funktioniert nach dem selben Muster wie die bisherigen Hausaufgaben: mit nach Hause nehmen, ausprobieren, eventuell modifizieren, eventuell etwas Neues ausdenken. Vielleicht kennst du dieses Schema ja schon irgendwoher? Richtig: es ist das dialektische Schema. Dein Prob-

lem stellt die These dar, die Lösung der Gruppe ist die Antithese und durch dein Ausprobieren und Modifizieren gelangst du zur Synthese, die wiederum zur neuen These werden könnte. Ja, das ist konkrete Dialektik!

Puh, das war vielleicht jetzt alles ein bisschen viel. Deshalb will ich dir das Bisherige zusammenfassen in einem tabellarischen

FAZIT

Aufbau eines Gruppenzyklus

Sitzung	Einleitung	Inhalt	Hausaufgaben
1	Einführung in die ADHS - Thematik, Brainstorming, Referat usw.		Denke über das Gelernte nach!
. . .	Jeweils nach Bedarf eine Rekapitulationssitzung einschiebbar		
2	Offene Fragen	Finden der potentiellen positiven Verhaltensweisen und Verstärkung	Finde zuhause diese Verhaltensweisen. Probiere das Erlernte aus, modifiziere!
3	Reflexion der Einzelerfahrungen aus der Hausaufgabe	Gleichmäßige Verteilung der Erziehungszeit, wie geht das, wo geht das?	Überprüfe das Erlernte. Probiere aus, modifiziere, resümiere!
4	Reflexion der Einzelerfahrungen aus der Hausaufgabe	Verbesserung der Autorität, wie geht das?	Überprüfe die erlernten Verhaltensweisen, modifiziere, resümiere!
5	Reflexion der Einzelerfahrungen aus der Hausaufgabe	Referat: Entwicklungspsychologie. Wie kommuniziere ich mit meinem Kind?	Versuche, das Erlernte anzuwenden und notiere deine Erfahrungen!

Sitzung	Einleitung	Inhalt	Hausaufgaben
6	Reflexion der Einzelerfahrungen aus der Hausaufgabe	Das Token - System. Was es ist, wie man es konkret anwenden kann.	Überprüfe die Impulse an der Realität. Modifiziere, resümiere!
7	Reflexion der Einzelerfahrungen aus der Hausaufgabe	Strafmöglichkeiten, die nicht ins Auge gehen - die "Ecke"	Probiere das Erlernte angemessen aus, modifiziere, resümiere!
8	Reflexion der Einzelerfahrungen aus der Hausaufgabe	Was noch offen blieb	
9	Jeweils nach Bedarf eine Rekapitulationssitzung einschiebbar		

FAZIT Sowohl innerhalb der Einzelberatung als auch innerhalb einer Gruppenarbeit lassen sich in der Behandlung der ADHS nach meinen Erfahrungen bereits innerhalb relativ weniger Therapiesitzungen Voraussetzungen schaffen, die es den Eltern ermöglichen, die familiäre Problematik ohne weitere therapeutische Hilfe zu verbessern. Dies ist - so finde ich - ein eindeutiges Plädoyer für professionelle Hilfe durch gute Therapeuten.

4. Möglichkeiten der Schule

Dialektik ist etwas, das seine Zeit braucht, schließlich findet innerhalb der Dialektik ja immer eine Art Diskussionsprozess statt. Diskussionen brauchen Zeit. Das ist Zeit, die ein Lehrer eigentlich nicht hat. Wenn wir ehrlich sind, werden wir zugeben müssen, dass Lehrer nicht zwei solche schwierige Dinge wie Lehren und Therapieren gleichzeitig machen können. Müssen sie es doch, dann machen sie wahrscheinlich beide Aufgaben gleich schlecht, außerdem bringen sie sich an den Rand der Erschöpfung und werden dadurch noch überforderter. Nein, ein guter Lehrer ist ein Lehrer, der ausgeruht und voller Frustrationstoleranz seine Schüler unter-

richtet. Sicher, er wird durch sein Handeln an sich immer auch eine pädagogische und vielleicht auch eine therapeutische Aufgabe erfüllen. Aber das ist nicht seine eigentliche Aufgabe.
Wie sollte man in der Schule mit der ADHS umgehen? Naja, ich würde mal sagen, etwa wie mit einer Grippewelle. Es ist nicht die Aufgabe des Lehrers, die Kinder mit Medikamenten zu versehen, aber er wird schon danach schauen, dass die Kinder in den Pausen nicht gerade im T-Shirt auf dem Hof herumtollen. Seine Aufgabe ist die Durchführung eines möglichst guten Unterrichts. Deshalb wird er sich natürlich trotzdem um das Wohl seiner Schützlinge sorgen, aber eben nur nebenher. Hat er die nötige Zeit und ist er entsprechend engagiert, wird er vielleicht mal einen Elternabend organisieren, wo er die Eltern über vorbeugende Maßnahmen unterrichtet. Dazu muss er sich aber erst mal in die Materie einarbeiten, schließlich ist er ja kein Arzt.
So weit das Beispiel, ich glaube, es wurde klar. ADHS ist eine Problematik, die man nicht einfach so nebenher halt mal behandeln kann. Dazu braucht es schon Wissen und Erfahrung. Auch wenn die Behandlung im dialektischen Sinne nicht unbedingt mit Hilfe von Medikamenten durchgeführt wird, erfordert sie dennoch ein hohes Maß an Professionalität, über das ein Lehrer in der Regel eher nicht verfügt (schließlich könnte ich ja auch keine Physik unterrichten). Deshalb würde ich das Maß der Beteiligung des Lehrers auf kooperative Aktivitäten beschränken. Damit meine ich Aktivitäten wie beispielsweise das Ausfüllen solcher oben beschriebenen Bewertungstabellen, oder dass sich ein Lehrer mal Zeit nimmt und einem Therapeuten aus seiner Sicht ein betroffenes Kind schildert usw.

Wir haben bisher besprochen, wie ein dialektisches Krankheitsbild und eine entsprechende Behandlung der ADHS bei Kindern aussieht. Vielleicht hast du bei der Lektüre dieses Kapitels den Eindruck bekommen, dass die vorgeschlagenen Mittel zur Behandlung reichlich kindlich waren. Womöglich hast du eine(n) jugendliche(n) ADHS-Betroffene(n) und fühlst dich nach der Lektüre dieses Kapitels ein wenig im Stich gelassen. Nein, ich habe die Jugendlichen nicht vergessen, nur gestaltet sich der Umgang mit ihnen für meine Begriffe so deutlich anders, dass ich ein eigenes Kapitel zur Behandlung von jugendlichen ADHS-Betroffenen sinnvoll finde. Und das kommt jetzt.

Kapitel 7

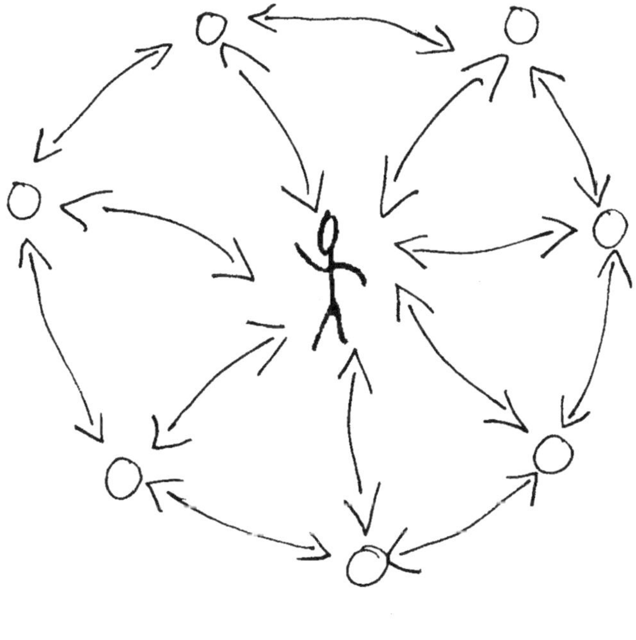

Dialektische Behandlungsmöglichkeiten bei Jugendlichen

1. Die Problematik des Jugendlich-Seins

Pubertät ist nicht einfach nur die körperliche Reifung zum Erwachsenen, sondern eine Zeitspanne, in der unsere Gesellschaft den Jugendlichen ein ungemein schweres Aufgabenpaket auflastet. In dieser Zeit (damit meine ich vor allem das Alter zwischen 12 und 20, aber auch noch bis hin zu 30 Jahre) verlangt die Gesellschaft zunächst unter dem Schlagwort „Emanzipation von den Eltern" eine möglichst rasch und vollständig durchzuführende Trennung bzw. Individuation vom Elternhaus. Diese Forderung hat sich - so ist zumindest mein persönlicher Eindruck - in den vergangenen Jahren noch einmal deutlich verstärkt. Heute verunsichert manche 14-Jährige bereits der Gedanke, sie müssten ein völlig von den Eltern unabhängiges und autonomes Leben führen, derartig, dass sie bereits aufgrund dieses Gedankens eine therapeutische Begleitung brauchen. Ist das nicht furchtbar? Auf jeden Fall ist es ein unglaublicher Stressor.

Das nächste Aufgabenpaket möchte ich einmal mit dem Schlagwort „Sexualität und Partnerschaft" benennen. Die geschlechtliche Reifung macht möglich, was heute gewissermaßen ein Muss ist: „Liebe" ohne Ende. Wo du hinschaust, machen die Menschen (zumindest im Fernsehen) entweder unendlich viel Kohle oder unendlich viel Liebe oder gar beides gleichzeitig. Das macht einem gerade geschlechtsreif gewordenen Kind natürlich Riesenstress - are you ready for transaction?! - wird von der Werbebranche unterstützt und von den Kindertherapeuten gehasst. Du musst heute Mädchen beruhigen, die mit 15 Jahren noch keinen Sexualkontakt hatten, geschweige denn noch keinen Freund. Nein, das ist kein Witz, es ist eine drückende Entwicklungsaufgabe für (christliche!) Jugendliche. Das macht Stress, kann ich dir sagen.

Ja, und dann sind da die Ansprüche, möglichst rasch eine gereifte Persönlichkeit darzustellen, eine Persönlichkeit, die weder Tod noch Teufel fürchtet und sich selbst verwirklicht. Eine Persönlichkeit, die selbst während eines Autounfalls noch Börsentransaktionen per Handy abschließt und hinterher gelassen die Liebste anruft: „Ich bin in 10 Minuten bei Dir, Darling, bestell doch schon

mal das Sushi, nachher gehen wir noch ins Fitness und dann essen wir mit unseren zwei hübschen Kindern mit viel Landliebe Romantikspätzle (nur noch Sahne dazu - fertig!) und dann buchen wir - aber günstig! - unser All Inclusive Paket für Lanzarote" - und das alles souverän und selbstbestimmt. Kannst du dir vorstellen, was solche Anforderungen in einem gerade den Kinderschuhen Entwachsenen in stillen Minuten für Stress auslösen?
Und wehe, du hast nicht bereits jetzt klasse Kumpel, mit denen du durch dick und dünn gehen kannst. Wehe, du bist nicht cool und hast immer eine witzige Entgegnung parat. Wehe, du hast nicht den passenden Fishbone-Pulli an. Wehe, du hast dir noch nicht einen dieser kleinen zusammenklappbaren Alutretroller gekauft (die es für 350 Mark in jedem Sportgeschäft gibt). Wehe, du willst noch mit deinen Eltern in den Urlaub fahren. Wehe, du gehst nicht gerne in den Teenagerkreis deiner Gemeinde. Ja, der Aufbau von „Peergroups" ist eine Stressor für die jungen Leute.
Und nebenher sollst du dir auch noch ausdenken, wie du in unserer Job-shareholder-value-arbeitslos-internetfirma-liquidationsgesellschaft einen Beruf erlangst, der es dir ermöglicht, deine Altersversorgung in trockene Tücher zu bringen und den Bausparvertrag abzuschließen und die Jacht zu kaufen. Nein, ich übertreibe nicht. Versuche du mal, heutzutage eine Karriere zu planen! Das geht nicht mehr so wie früher, von wegen 40-jähriges Berufsjubiläum und Gratulation und Geschenkuhr vom Chef (wie das bei meinem Opa verbürgtermaßen war). Das ist knallharter Seelenstress.
Und jetzt denke dir, du hast bei all dem auch noch unter so etwas wie ADHS zu leiden...; das ist hartes Brot, kann ich dir sagen. Da kommen die Eltern und die Jugendlichen auf dem Zahnfleisch in die Beratungsstelle gekrochen und ich stehe da und würde am liebsten die ganze Welt ändern. Verstehst du, warum Jugendlichen-Therapeuten Depressionen bekommen und die Welt nur noch in Grau sehen? Wer da nicht die Hoffnung hat, dass Gott eines Tages alles neu machen wird, der kann seinen Job gewaltig an den Nagel hängen (und sich selbst gerade hinterher).
Die ADHS bei Jugendlichen, die schafft im dialektischen Weltbild

eine Antithese, die es dermaßen in sich hat, dass ich gar nicht so recht weiß, wie ich dieses Kapitel schreiben soll. Ich finde es eben nicht so, wie es beispielsweise bei Robin beschrieben wird [1], dass nur die Eltern unter dieser Problematik nahezu zusammenbrechen [2], weil ihre Kinder sie in der Gegend herumtyrannisieren. Nein, auch für die Jugendlichen ist die Last der ADHS schwer. Sie können nichts dafür und die Eltern können nichts dafür und dennoch springt man sich den ganzen Tag ins Gesicht. Gehen wir der Sache distanziert und analytisch an den Kragen:

2. Ein Jugendlicher mit ADHS – und nun?

2.1 Wo ist typisches ADHS-Verhalten bei Jugendlichen anzutreffen?

Naja, in die Schule müssen sie ja auch noch, und die Hausaufgaben wollen stets erfüllt sein, damit der Junge ein ordentliches Abi baut. Schulschwierigkeiten sind ein Thema. „Und lümmele nicht so rum!" - wer hat die Autorität im Hause? - das ist das nächste Thema. „Und außerdem, wieso hast du eigentlich keine Freunde, oder die falschen?", „wieso willst du jetzt schon einen Freund?", „warum hat mein Sohn keine Freundin?" - Freundschaftsangelegenheiten sind das nächste Thema. „Und jetzt wird mein Junge auch noch depressiv!" - Depressionen als „Nebenwirkungen" bei betroffenen Jugendlichen und deren Eltern sind ein weiteres Thema. Manchmal kommt Drogenkonsum dazu („Ich rauche Hanf", „warum rauchst Du?", „weil ich nichts zustande bringe", „warum bringst du nichts zustande?", „weil ich Hanf rauche"). Manchmal auch Kriminalität („Ich muss in'n Knast, aber ist mir doch egal, ist doch eh alles scheiße!").

Ich zeichne hier ein düsteres Bild. Ich wollte, ich könnte ein friedliches, buntes zeichnen. Aber um die Probleme von Jugendlichen

---

[1] Robin, A.L.: *Training Families with ADHD Adolescents.* In: Barkley, R.A. (Hg.) (1998): *Attention Deficit Hyperactivity Disorder.* New York (Guilford), 414f.

[2] Es kommt dann z.B. zu dem im DSM IV neu hinzugefügten Störungsbild des „Oppositionellen Trotzverhaltens".

mit ADHS anzugehen, muss man sich den Super-GAU vorstellen und der ist ein drogensüchtiger Junge mit Vorstrafe, dem das Jugendamt im Nacken sitzt, weil er nicht mehr zur Schule geht und zuhause auch nicht mehr regelmäßig auftaucht, sondern nur, wenn er kein Geld mehr hat. Ich meine, so „super" ist dieser Größte Anzunehmende Unfall auch wieder nicht - er stellt immer mehr nachgerade die Regel dar. Und vor diesem Hintergrund wird klar, was der erste Schritt in einer Behandlung von ADHS-Jugendlichen sein muss, nämlich:

2.2 Wo fange ich an?

Wenn ein solcher Fall dir begegnet, scheint es zunächst, dass, egal wo du hinstichst, immer gleich viele Wespen aus dem Nest fliegen. Jede der sog. „Comorbiditäten" scheint gleich schwer zu wiegen, nirgends kannst du anfangen, ohne dass gleich der ganze Rattenschwanz der anderen Probleme nachfolgt. Egal, frisch ans Werk! Der erste Schritt in einer Therapie beginnt bei dir: du musst dir einbilden, dass du alle diese Probleme lösen wirst. Auch wenn es dir schwer fallen wird: mit Jesus an deiner Seite wirst du es schaffen. Wenn du diesen Glauben hast (auch dafür kann man beten), dann versuche, eine Struktur im Ganzen zu suchen. Ich benutze dafür den prima Fragebogen von Robin [3], hier die übersetzte Version:

3 Robin, a.a.O., 418.

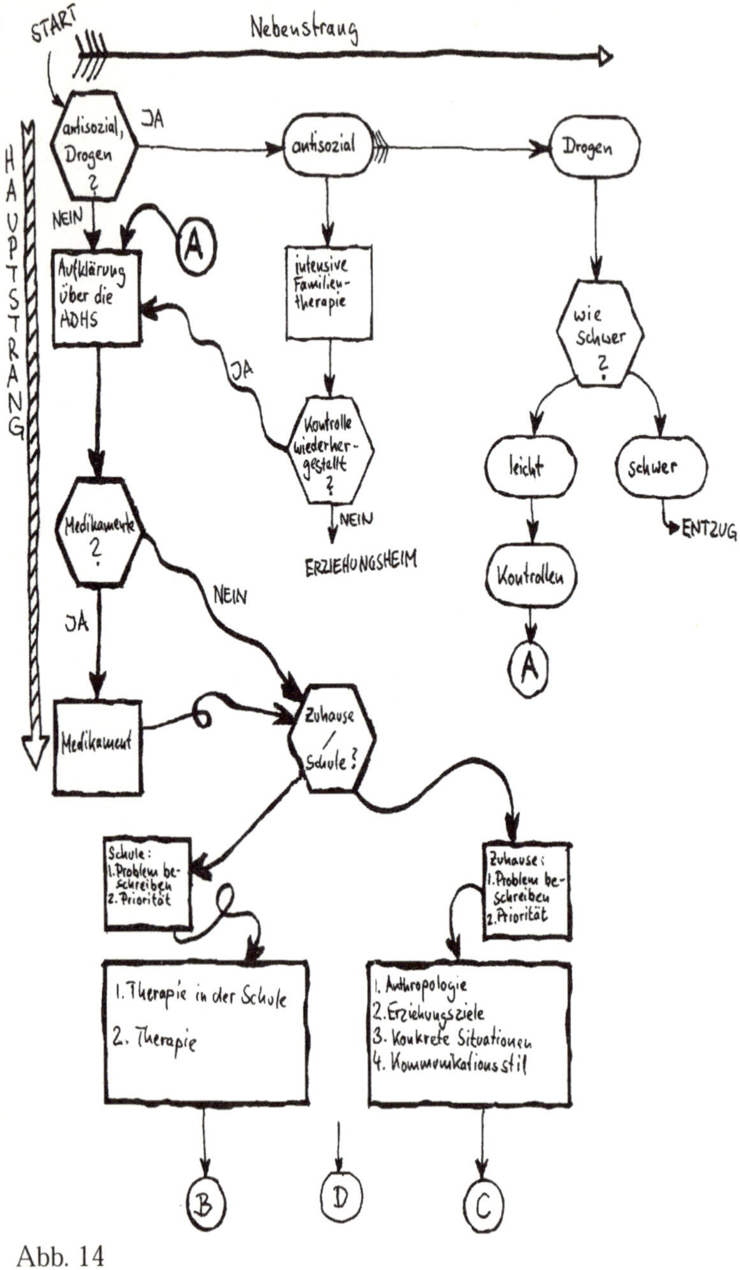

START
Nebenstrang
HAUPTSTRANG
antisozial, Drogen ?
JA
antisozial
Drogen
NEIN
A
Aufklärung über die ADHS
intensive Familientherapie
wie schwer ?
JA
Kontrolle wiederhergestellt ?
leicht
schwer
NEIN
ENTZUG
ERZIEHUNGSHEIM
Medikamente ?
Kontrollen
NEIN
JA
A
Medikament
Zuhause / Schule ?
Schule: 1. Problem beschreiben 2. Priorität
Zuhause: 1. Problem beschreiben 2. Priorität
1. Therapie in der Schule
2. Therapie
1. Anthropologie
2. Erziehungsziele
3. Konkrete Situationen
4. Kommunikationsstil
B
D
C

Abb. 14

Halt, jetzt erschrick nicht gleich! Das Ganze ist weniger kompliziert, als es aussieht. Es geht darum, die Situation zuerst einmal in Prioritäten zu strukturieren, herauszufinden, was du als Erstes machst.

3. Schritte der ADHS-Behandlung

3.1 Antisoziales Verhalten, Drogen?

Beginne bei Start und finde zunächst heraus, ob das Verhalten des Jugendlichen dermaßen antisozial und aggressiv ist, dass du überhaupt nicht arbeiten kannst. Wenn das der Fall ist, bekommt das die allererste Priorität. Es hat einfach keinen Wert, eine ADHS-Behandlung anzufangen, wenn dein Schützling dich die ganze Zeit in unverschämter Weise boykottiert. Dasselbe gilt, wenn dein Jugendlicher Drogen missbraucht. Unter Missbrauch verstehe ich, dass durch die Drogen eine therapeutische Arbeit sinnlos wird.
Wenn dein Jugendlicher hin und wieder eine Tüte raucht oder ein Bierchen zischt, dann ist das im therapeutischen Sinne nicht unbedingt die erste Priorität. Hier solltest du gnädig sein. Gehe Drogenprobleme nicht mit heißgelaufenem Verstand an, sondern behalte deinen kühlen Kopf. Es ist zwar furchtbar, wenn junge Menschen in unserer Zeit nicht mehr leben können, wenn sie sich nicht hin und wieder eine Tüte bauen, aber das ist kein Grund, in Panik zu fallen. Gehe du, solange das Drogenproblem handhabbar ist, zuerst den Hauptstrang. Behalte solche Früchtchen aber diesbezüglich im Auge. Im Blick auf das **Drogenproblem** gilt:

Die Entscheidung, wie stark dein Jugendlicher auf Droge ist, solltest du dem Hausarzt überlassen und mit ihm gfls. unvorhergesagte Kontrolltermine ausmachen. Er entscheidet auch, ob dein Jugendlicher zuerst einmal in den Entzug muss. Im Entzug macht ein Jugendlicher am besten nur eines: entziehen. M.a.W.: halte deinen therapeutischen Tatendrang in dieser Zeit zurück. In der Ruhe liegt die Kraft.

Kommst du in der Therapie des antisozialen Verhaltens deines Kindes nicht weiter, so winkt ein schwerer Entschluss:

Du musst dem (meist sowieso schon involvierten) Jugendamt die Überweisung in ein **Erziehungsheim** empfehlen. Das ist zwar hart, aber aller Erfahrung nach nicht zu ändern, so etwas kommt - leider Gottes! - vor. Wenn du Christ bist, ist deine therapeutische Aufgabe deshalb dennoch nicht zu Ende: du solltest deinen Schützling dann (wenn du Zeit dafür hast) im Gebet begleiten. Bedenke, was er aller Erwartung nach für eine Laufbahn vor sich hat: da liegen viele Knüppel im Weg, wenn einer ins Erziehungsheim musste...

3.2 Welche Probleme liegen an?

In der Regel kannst du aber gleich damit beginnen (das ist der „A"- Strang im Schaubild),

der gesamten Familie erst mal gründliche **Informationen über ADHS** zu verschaffen. Das ist wichtig, denn viele Missverständnisse in der Erziehung der Jugendlichen resultieren aus bloßer Unkenntnis über die ADHS an sich.
Also, wie im Kapitel der Kinder: Aufklärung tut Not (siehe die dortigen Literaturempfehlungen). Durch die Aufklärung können auch Vorurteile gegenüber **Medikamentierung** ausgeräumt werden (vielleicht auch bei dir selbst? Du bist schließlich Dialektiker!) und entschieden werden, ob eine medikamentöse Behandlung sinnvoll ist (dazu im Kausalisten-Kapitel mehr...).
Hier nur kurz: Ritalin entwickelt seine Wirkung sofort, manche andere Medikamente (z.B. Antidepressiva) brauchen eine Vorlaufzeit, in der du die Therapie aussetzen solltest. Besprich die Medikamentierung mit einem Arzt (falls du nicht selbst einer bist), der diese Medikamente verschreiben darf.

 Danach solltest du herausfinden, wo deine therapeutische Arbeit zuerst ansetzen soll. Diese Priorität geben dir deine Klienten vor. Sie sagen, **wo die Probleme liegen** und das sollte dann deine Zielreihenfolge sein. Stelle danach fest, wie die Probleme genau beschaffen sind und lege innerhalb der unterschiedlichen Probleme eine Rangfolge der Bearbeitung fest.

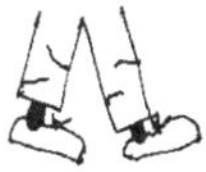 Musst du zuerst **Schulprobleme** lösen, so wird es dir bei den ersten paar Malen wohl nicht erspart bleiben, mit deinem Schützling gemeinsam die Schulbank zu drücken. Gehe einfach mit in die Schule und versuche, aufgrund dieser Erfahrungen die Situation umzustrukturieren. Das ist übrigens gar nicht so störend, wie du vielleicht annimmst. Du musst ja kein Kasperltheater vorführen, sondern setzt dich ganz ruhig hinten an den Rand und beobachtest. Und auch die Mitschüler werden deinen Schützling in aller Regel nicht mehr hänseln, als sie dies sowieso schon tun. An dieser Stelle ein Dankeschön an all die Lehrer, die mit mir bisher so kooperativ umgegangen sind, dass ich diesen zuversichtlichen Rat mit einiger Sicherheit geben kann. Lehrer arbeiten meiner Erfahrung nach prima mit Therapeuten zusammen!
Die Hilfe schulischer Art kann auch so geschehen, dass du deinem Schützling hilfst, wie er seine Hausaufgaben besser strukturiert, wie er Aggressionen während der Schule abbauen kann, wie er lernt, angemessen zu kommunizieren. Das, was ihm schwer fällt, musst du ihm erleichtern. In dieser Phase der Therapie ist es wichtig, dass du vor allem eines hast: **Kreativität**.
Es kommt hier nicht so sehr auf die theoretischen Kenntnisse an, sondern viel mehr auf einen liebenden Geist. Versuche, all deine Ideen zugunsten der Verbesserung konkreter Schwierigkeiten einzusetzen. Der Schritt besteht also darin, zuerst die Klassensituation kennen zu lernen und danach die einzelnen Probleme aufzuarbeiten.

Sind die Probleme eher auf das **Zuhause** fokussiert, so geht die Arbeit meistens bei den Eltern los.

 Du musst den **Eltern** helfen,
(1) ihre **Anthropologie** zu finden und aufgrund dieser dann die
(2) konkreten **Ziele** zu entwickeln [4]. Wie sie diese Ziele umsetzen können, ist Inhalt der weiteren Arbeit. Es geht darum,
(3) die einzelnen **Situationen** aufzudröseln und ihnen anhand dieser Situationen Lösungsmöglichkeiten vorzuschlagen.
Sei hier behutsam! Vergiss nicht, deine ratsuchenden Eltern rutschen immer noch auf dem Zahnfleisch herum. Mute ihnen nicht allzu viel auf einmal zu. Lieber kleine Erfolge feiern als große Erfolge vermissen. Zu dieser Arbeit gehört auch die
(4) Veränderung des **Kommunikationsstils**. Lass dir ein Tagebuch vorlegen, in der die Eltern die erfolglosen Kommunikationsmomente notiert haben. Vielleicht kannst du ihnen auch ein kleines Diktiergerät mitgeben, das sie einfach in brenzligen Situationen mitlaufen lassen. Anhand dieser Informationen müsste es dir eigentlich gelingen, gemeinsam mit den Eltern bessere Handlungsweisen zu entwickeln und auszuprobieren.
Jetzt müsstest du, wenn du alles richtig gemacht hast, in diesem Flussdiagramm entweder bei dem Kreis mit dem „B" oder dem mit dem „C" angekommen sein. Auf dem Schaubild siehst du dort außerdem einen Pfeil aus dem Nirgendwo, der zu einem Kreis mit einem „D" drin führt. Dieser Pfeil taucht bei Robin nicht auf, ist aber nicht als Schändung seiner Urheberschaft gemeint. Er signalisiert genauso wie das „B" und das „C" nur, dass es zu diesem Zeitpunkt der Therapie wieder eine Aufgliederung in einzelne Prioritäten gibt, die ich nun wieder in einem Schaubild verdeutlichen möchte:

---

4 Ich habe ein Buch geschrieben, das ausführlich auf die Fragen der Anthropologie eingeht, da kannst du Genaueres nachlesen. Vgl. Dieterich, J. (1998): *Junge Menschen biblisch leiten.* Freudenstadt (IPS).

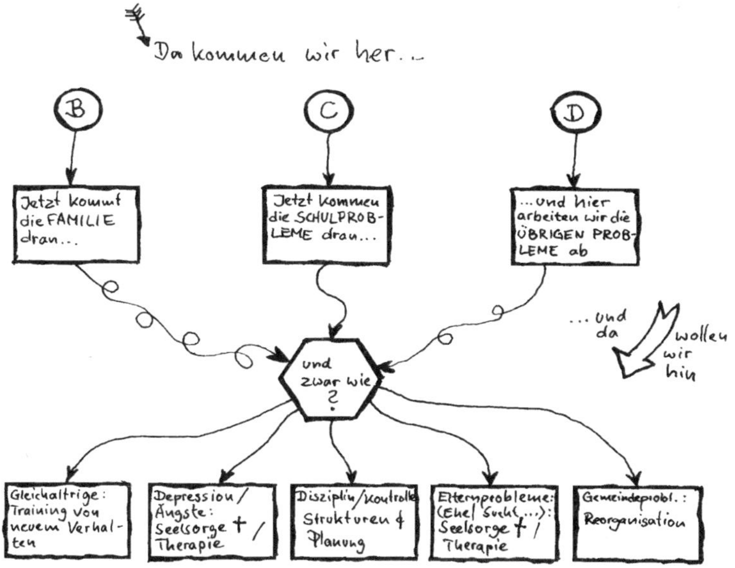

Abb. 15

3.3 Die „Fein"-Arbeit an den Problemen

Was sagt dir das obige Flussbild? Klar, wir kommen sozusagen aus der „Hauptarbeit" nun in die Feinform. Je nachdem, an welchem Kreis mit Buchstaben wir in der vorangegangenen Arbeit angelangt sind, machen wir hier nun entsprechend weiter. Angenommen, du hast zunächst die schulischen Probleme deines Schützlings bearbeitet, so machst du nun in aller Regel mit der familiären Problematik weiter. Aber wie?

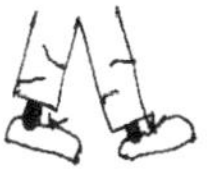

Nun, du lässt dir zunächst einfach wieder berichten, wie die Probleme beschaffen sind. Eine Reihe der typischen Probleme habe ich im Flussbild abgedruckt. In der gleichen Art gehst du vor, wenn du einen anderen Einstieg hast.

(1) Es könnte beispielsweise sein, dass dein Schützling **Probleme mit Gleichaltrigen** lösen möchte. Hier geht es dann darum, durch

gezieltes Anschauen der bisherigen Verhaltensweisen die Fehler zu analysieren. Das kannst du am besten gemeinsam mit deinem Schützling tun. Nimm eine Tafel (oder ein Flip-Chart) und schreibe die typischen schwierigen Situationen auf. Dann arbeite gemeinsam mit ihm Handlungsalternativen aus und probe diese im Rollenspiel. In der nächsten Sitzung lässt du dir dann berichten und ihr arbeitet weiter.

(2) Angenommen, dein Schützling klagt über **Depressionen oder Ängste**, so ist das überhaupt nicht verwunderlich: er stellt zum ersten Mal eine Verbesserung seines Zustandes fest und wird traurig darüber, wie viel er bereits „verpasst" hat (ohne zu bedenken, dass Leiden auch etwas Wertvolles sein kann). Das kann schon ganz schön entmutigen. Oder er bekommt Angst, dass er das alles nicht schafft oder einen Rückfall bekommt usw. (das sind übrigens typische Situationen in jeder erfolgreichen Therapie).

Hier halte ich in erster Linie das seelsorgerliche Gespräch für wertvoll. Zum seelsorgerlichen Gespräch will ich später ein ganzes Kapitel bringen, deshalb verzichte ich hier auf die Darstellung. Auch therapeutische Hilfen sind hier angebracht: Verhaltenstherapie zum Beispiel, indem du deinem Schützling beispielsweise beibringst, wie er sich selbst bei positiven Situationen verstärken kann. Oder Logotherapie, mit der du deinem Schützling zeigst, welche Visionen sich ihm bieten usw.[5]

Angenommen, dein Schützling bringt immer noch nicht seine Hausaufgaben fertig (ihr habt bisher also auf familiärem Gebiet gearbeitet), so wäre es nun an der Zeit, die

(3) **Disziplin** zu erarbeiten, indem du für ihn realisierbare Tagesstrukturen aufbaust. Beachte immer: die beste Struktur hilft dir nichts, wenn sie vom Jugendlichen nicht realisierbar ist (du kannst nicht verlangen, dass ein Jugendlicher drei Stunden ohne Unterbrechung Mathe macht usw.). Außerdem solltest du ihm, sozusagen auf der Metaebene, beibringen, wie er sich selbst Strukturen

---

5 Eine hervorragende Einführung in einzelne Therapieformen findet sich bei Dieterich, M. (2000): *Handbuch Psychotherapie und Seelsorge*. Giessen (Brunnen).

bauen kann (das wäre dann das, was man in der modernen Therapie mit Selbstmanagement bezeichnet), damit du im Laufe der Zeit überflüssig wirst.
Manchmal ist die ADHS durch Eheprobleme oder sonstige familiäre Schwierigkeiten mitbeeinflusst. Die
(4) **Eltern haben Probleme** nicht nur mit dem ADHS-betroffenen Kind, sondern auch mit sich selber. Hier ist das Feld groß. Es kann sein, dass es über deine Kompetenzen geht (ich arbeite beispielsweise nicht in der Eheberatung, sondern gebe solche „Fälle" weiter). Je nachdem, wie die familiäre Problematik beschaffen ist, solltest du reagieren. Es kann sein, dass du den ganzen Erziehungsstil der Eltern umbauen musst.
Beachte hierbei aber immer, dass der Stil nicht auf deiner Anthropologie basieren soll, sondern auf der der Eltern. Die musst du also zunächst einmal herausfinden. Auf diesem Gebiet kann auch wieder sehr viel spezifisch Seelsorgerliches stattfinden, also Gespräche, die sich vermehrt auf die transzendente Dimension unseres Lebens beziehen.
Es kann auch sein, dass sich die Problematik deines Schützlings auf ganz spezielle „sonstige" Situationen bezieht, beispielsweise auf die
(5) Umgangsformen in der (christlichen) **Gemeinde** bzw. Kirche. Die Gemeinde-Mitglieder könnten sich im Laufe der Zeit einen speziellen Umgangsstil mit deinem Schützling angewöhnt haben, oder dein Schützling selbst hat irgendwelche verkrampften Verhaltensweisen ausgebrütet. Reorganisiere dies! Vielleicht unter Mithilfe der Gemeindeleitung, je nachdem eben.

Du fragst dich vielleicht nach dem Zeitrahmen dieses Projektes. Hier stimme ich mit Robin überein, der meint, dass du dafür schon mindestens 20 Sitzungen rechnen solltest. Das scheint zwar zunächst recht viel, du musst aber bedenken, dass dies angesichts der sonst angebotenen Therapieangebote ein Dumpingangebot ist. (Ich habe Kinder kennen gelernt, die drei Jahre lang Gesellschaftsspiele gespielt haben, die den Eltern/oder gar den Kassen (!!!) mit

hundert Mark pro Stunde als Therapie in Rechnung gestellt wurden.)
Du hast in diesen 20 Einheiten einiges vor. Aber du kannst auch mit Erfolg rechnen! It's working! Es ist übrigens sehr empfehlenswert, die Therapie nicht mit einem freundlichen „Tschüss, die Rechnung folgt dann" zu beenden, sondern eine Art „Kundendienst" anzubieten. Damit meine ich, dass die Ratsuchenden, sagen wir drei- bis viermal pro Jahr, erscheinen und dir Bericht erstatten. Auf diese Weise kannst du die immerhin weiter labile Situation im Gleichgewicht halten.

4. Wie führe ich die einzelnen Schritte durch?

Du hast ja jetzt das Flussdiagramm studiert. Vielleicht seufzt du innerlich und denkst: „Das alles ist ja schön und gut, aber wie setze ich das im Einzelnen um?" Hier setzt für mich die Unterscheidung eines Fach- oder Sachbuches zu einem „Standardbuch" ein. In einem Standardbuch soll so ziemlich alles drinstehen, was es über ein bestimmtes Thema zu sagen gibt, und in diese Richtung wollen wir uns ja mit diesem Buch bewegen. Deshalb sollen im Folgenden die vielen, vielen kleinen Schritte in Richtung Besserung so lang wie nötig und so kurz wie möglich beschrieben werden.

4.1 Was muss in eine „Einführung in die ADHS" hinein?

Stell dir vor, da sitzen sie vor dir: der betroffene Jugendliche und die Eltern. Von ADHS haben sie gehört. Wahrscheinlich haben sie da einige Vorurteile, die es auszuräumen gilt. Wahrscheinlich wissen sie nicht, dass der ADHS u.U. ein organisches Problem zugrunde liegt. Möglicherweise sind sie hoffnungslose Dauertherapieklienten. Du solltest damit rechnen, dass vor allem der Jugendliche sehr ängstlich ist und dies u.U. unter einer Maske verbirgt. Sei freundlich, rede nun langsam, benutze evtl. die Tafel zur Erläuterung und lasse dir Zeit.
Wenn man Angst vor einem Monster hat, muss man es machen wie

Jim Knopf bei dem Riesen: man muss ihm entgegengehen und merkt dann: er wird immer kleiner. ADHS verliert ihren Monstercharakter, wenn man gründlich darüber informiert. In einem ersten Schritte halte ich es für sinnvoll, das, was der Wissenschaft bekannt ist, zu vermitteln. Hier eine kleine Checkliste, was in deinem „Vortrag" erwähnt werden sollte. Ich habe das Ganze so gestaltet, dass du diese Checkliste deinem Schützling hinterher überreichen kannst und er die Fakten schwarz auf weiß hat (du darfst diesen Abschnitt also gerne herauskopieren!):

Fakten über Deine Herausforderung

§ 1 Du hast eine Störung, die dich ruhelos macht, durch die du dich schlecht konzentrieren kannst, die dein Verhalten nur schwerer kontrollierbar macht.
§ 2 Das ist kein Grund, den Kopf in den Sand zu stecken, du hast dieselbe Störung wie alle anderen auch, nur eben stärker.
§ 3 Deine Störung wird nicht immer schlimmer, du wirst nicht verrückt oder schwachsinnig, sondern, wenn du mitmachst, wird alles immer besser.
§ 4 Du kannst deine Unruhe unter Umständen sogar zu einem Motor für besondere Leistungen machen.
§ 5 Wenn du mithilfst, deine Lebensumstände zu verändern, wird sich deine Störung extrem verbessern - aber das kann viel Arbeit bedeuten.
§ 6 Du kannst deine Störung unter Umständen medikamentös behandeln. Du wirst dabei du selbst bleiben und nicht süchtig werden.
§ 7 Du hast keine Schuld an deiner Störung aber eine Pflicht zu ihr.
§ 8 Deine Störung ist kein Produkt einer schlechten Erziehung.
§ 9 Deine Störung ist keine Entschuldigung für Faulheit.
§ 10 Sie wird durch körperliche Ertüchtigung und asketische Haltung erleichtert.
§ 11 Deine Störung macht Dich nicht lebensuntüchtig. Du wirst mit Hilfe von viel Arbeit und evtl. Medikamenten die Störung sehr wohl in den Griff bekommen! Dies versichert Dir

Unterschrift

Abb. 16

4.2 Was ist mit den Vorurteilen los?

Nun denkst du vielleicht, dass du solch ein Papier wie die obige Checkliste einem scheinbar selbstsicheren Jungen von 16 Jahren kaum widerspruchslos in die Hand drücken kannst, geschweige dass er es auch noch dankbar annehmen wird. In der Tat wirken die

Jugendlichen oftmals in der Beratungsstunde überhaupt nicht so, als „hätten sie ADHS". Ja, da merkst du mal, wie viele Vorurteile es gibt. ADHS-Leutchen laufen - das muss ich mir selber auch immer wieder sagen - eben nicht mit Schaum vor dem Mund herum.

Ich bin nicht sicher, ob der Trubel, den man um ADHS macht, den Betroffenen viel geholfen hat. Vielleicht hat er mehr Vorurteile als Urteile entstehen lassen (wozu benötigt man mehr mentale Arbeit, zur Schaffung eines Vorurteils oder eines Urteils? Eben!). Und genauso wie du hat vielleicht auch dein Schützling irgendwelche fürchterlichen Vorurteile im Kopf: „Ich kann mein Leben von nun an vergessen"; „ADHS ist eine Geisel, die mir meine Persönlichkeit nimmt"; „Das Medikament macht aus mir einen Psychozombie"; „Ich bin überhaupt nichts mehr wert". Andere Vorurteile sind natürlich auch möglich.

Was kannst du tun? Zunächst mal ist es ganz gut, dass du überhaupt schon mal darum weißt (nach außen sieht man das - wie gesagt - nicht immer). Das andere ist, dass du dir mal Gedanken darüber machst, was du selbst für Vorurteile über ADHS hast. Sei hier streng mit dir! Denkst du nicht auch, Ritalin-Esser seien „irgendwie anders"? Denkst du nicht auch, dass aus diesem Menschen nichts mehr werden kann? Tut dir nicht auch dieser Mensch leid und behandelst du ihn entsprechend mitleidig?

Räume alle diese Vorurteile aus. Du bist allein dazu da, einem jungen Menschen durch viel Einsatz und Arbeit von allen Seiten aus sein Leben zu erleichtern. Das ist ein durchaus normaler Job. Sieh die Dinge mit dem gesunden Menschenverstand und versuche dann, im Laufe der Zeit, diesen gesunden Menschenverstand deinem Schützling zu vermitteln. Die Idee dabei ist, dass sich dein Schützling bei solchen Vorurteilen immer wie *sein eigener Richter* vorkommt. Er verurteilt sich selbst und das ist nicht gerade förderlich.

Es muss darum gehen, dass dein Schützling im Laufe der Zeit auch *sein eigener Verteidiger* wird. Er muss sich selbst im Laufe der Zeit überzeugen, dass es für diese Verurteilungen auch Gegenargumente gibt. Du kannst ihm diese Gegenargumente liefern, aber du kannst sie nicht in seinen Schädel pflanzen. Deshalb ist hier ausdauernde, stetige Überzeugungsarbeit nötig. Stelle dir deine Aktivität diesbezüglich vor wie ein Computerprogramm, das im Hintergrund läuft, während du gerade an einem anderen Programm arbeitest. Deine Arbeit führst du durch und nebenher lieferst du deinem Schützling-„Anwalt“ stetig, im „Hintergrund”, Argumentationshilfen.

4.3 Wie machst du deinem Schützling eine Medikamentierung klar?

Eigentlich nicht mehr notwendig, trotzdem noch mal, in Fettdruck:
Medikamente gegen ADHS machen nicht süchtig,
sie deformieren die Persönlichkeit nicht,
sie haben minimale Nebenwirkungen,
man kann noch beten und
man wird sie auch wieder los.
Nun, das Letzte, das mit dem Loswerden, ist eigentlich schon wieder ein falscher Gedanke, denn eigentlich sollen Medikamente ja helfen. Und warum sollte man etwas loswerden, was einem hilft? Das trifft eben schon wieder eins unserer Vorurteile: wir haben ein grundsätzliches Vorurteil über Medikamente, die „in den Kopf gehen”. Und diese *falschen Vorstellungen* wollen wir hier angehen.

Psychomedikamente sind Teufelszeug!?

Mir persönlich hat hier viel der Gedanke geholfen, dass Gott der Schöpfer der Moleküle ist. Es gibt nichts auf dieser Erde, das nicht aus Gottes Schöpfung bestünde. Ein Medikament ist lediglich eine von Menschen gewählte Zusammenstellung von Gottes Molekülen. Diesbezüglich besteht also kein prinzipieller Unterschied zwischen einem guten Glas Wein und einer Pille Ritalin. Beide haben durch Menschen gewirkte willkürliche Zusammenstellung bestimmter Moleküle erlebt. Ich würde aber beim Gedanken an eine Flasche Pfälzer Portugieser viel weniger Angst empfinden als

bei einer Pille Ritalin. Warum ist das so? Beide gehen doch in den Kopf!
Vielleicht ist es die Angst vor dem Unbekannten, ich weiß es nicht. Dabei bräuchten wir uns eigentlich kaum Sorgen zu machen, denn als Christen können wir mit Paulus sagen: „Alles, was Gott geschaffen hat, ist gut, und nichts ist verwerflich, was mit Danksagung empfangen wird; denn es wird geheiligt durch das Wort Gottes und Gebet" (1. Tim 4,4). Medikamente sind kein Teufelszeug. Satan hat über nichts, aber auch gar nichts, Gewalt, wenn wir alles als aus Gottes liebenden Händen kommend entgegennehmen.
Solche Gedanken kannst du deinem Schützling sagen, wenn er Christ ist. Wenn er kein Christ ist, kannst du die Gedanken dennoch sagen, denn du verkündigst damit das Reich Gottes. Ich würde aber darüber hinaus auch noch gezielt auf andere Fehlurteile eingehen, z.B.:

Ich werde ein Psychozombie!?

Schön und wirklich hilfreich wäre es, wenn du selbst schon einmal „psychotrope Substanzen" genommen hättest, vielleicht Antidepressiva oder so. Dann könntest du aus eigener Erfahrung berichten. „Halt!", ruft da jetzt ein alter Therapeutenhase, „man darf in der Therapie nichts von sich erzählen!" „Irrtum!", sage ich voller Überzeugung, „zumindest bei Kindern und Jugendlichen ist das anders". Kinder und Jugendliche haben viele Probleme und Fragen, bei denen sie Vorbilder zur Lösung brauchen. Warum ihnen nicht ein Vorbild sein? Deshalb würde ich aus meinem Leben berichten, wie ich selbst schon Antidepressiva gegessen habe und wie deren Wirkung war.
Ich glaube nicht, dass ich ein Psychozombie bin. Wenn du selbst noch keine Medikamente solcher Art hast essen müssen / dürfen, dann hilft dir vielleicht die Information, dass man beispielsweise über Ritalin bereits 40 Jahre forscht und dabei noch keine persönlichkeitsverändernden Wirkungen erkannt worden sind. Wenn du Diplompsychologe oder -pädagoge bist, kannst du dir einen

Intelligenztest anschaffen und schließt dann mit deinem Schützling eine Wette ab: „Wir machen einen Test, bevor du das Medikament nimmst, und einen Test, nachdem du das Medikament genommen hast. Wenn dadurch eine Verschlechterung entsteht, ohne dass du mogelst, setzen wir das Medikament wieder ab". Diesen Deal habe ich bereits mit Erfolg durchgezogen, er hat gewirkt.

Ich werde das Medikament nie wieder los!?

Das Medikament dient in erster Linie dazu (zumindest innerhalb deines dialektischen Weltbildes), die Situation so zu gestalten, dass dein Schützling zu einer Auseinandersetzung mit der Welt erst wieder befähigt wird. Ein ADHS-Betroffener ist, genauso wie seine Eltern, zu einer dialektischen Auseinandersetzung mit der Welt nicht fähig. Die würden dir in der Therapie was erzählen, wenn du da mit Dialektik ankommst: „Bei mir brennt das Haus und du redest von These und Antithese - bei dir piept's wohl; komm, wir gehen wieder!" Und diese kalte Dusche hättest du wohl auch verdient.

Wir müssen dafür sorgen, dass die Situation gestaltbar wird. Und hier hilft das Medikament. Das kannst du auch deinem Schützling sagen. Das Medikament entspannt die Situation und macht deinen Schützling diskursfähig. Du kannst nun mit ihm arbeiten. Das, was du gemeinsam mit ihm und den Eltern erlernst, kann mehr oder weniger bald so wirkungsvoll sein, dass das Medikament bald unnötig wird.

Ich benütze hierzu gerne dieses Bild zur Erläuterung:

Abb. 17

Du kennst doch diese romanischen (oder gotischen?) Tore. Versuche mal, solch ein Tor ohne das Holzgerüst zu bauen, das man während des Bauens drunterstellt. Ist der Torbogen fertiggestellt, trägt er sich selbst - ich finde das genial. Genauso ist's beim Medikament. Während des „Bauens", d.h. des Schaffens von Strukturen usw., ist das Medikament nötig. Danach braucht man es nicht mehr, weil die Strukturen selbsttragend werden.

Ich bin doch schon jetzt, wie ich bin!?

Das ist ein schwieriger Aspekt. Die Jugendlichen wittern Unrat, eine elterlich-autoritäre Zusatzstrategie, das eigene Leben noch mehr zu unterwandern und in die autonome Sphäre einzudringen. „Jetzt wollen sie mir schon Medikamente geben, damit sie mich noch besser kontrollieren können. Ich bin, wie ich bin, die Welt soll sich gefälligst an mich gewöhnen!" Wir rühren hier an ein dialektisches Kernproblem. Was sollte sich wirklich ändern, die Gesellschaft oder das Individuum? Wer oder was ist das eigentlich Kranke? Die Forderungen, die an einen heutigen Jugendlichen herangetragen werden, oder der Jugendliche selbst?

Man muss das doch mal aus den Augen eines Jugendlichen sehen. Wozu soll er einen Schulabschluss machen, wenn er hinterher eh nicht die Stelle bekommt, die er sich wünscht? Wozu soll er brav sein, wenn er rings um sich herum eine „weitere Zunahme der

Gewalt" beobachtet (habe ich erst gestern Abend in der Tagesschau von unserem Außenminister gehört)? Wozu soll er gehorchen lernen, wenn ihn die Gesellschaft lehrt, dass Individualismus und Autonomie schick sind und nicht Duckmäusertum?
Ich finde, diese Erwägungen darf man ruhig gemeinsam mit dem Jugendlichen anstellen, dann merkt er, dass du auch selbst nicht einer von denen bist, die alles einfach so hinnehmen. Dadurch kannst du zu ihm eine Beziehung aufbauen und er glaubt dir vielleicht, dass das Medikament ihm erst hilft, wirkliche Autonomie zu lernen. Selbständigkeit muss man erlernen und zum Lernen bedarf es hierarchischer Strukturen. Es muss einer da sein, der lehrt, und der muss der Boss sein, auch wenn er Selbständigkeit und Autonomie lehrt. Wenn dein Jugendlicher nicht lernen kann, kann er auch keine Autonomie lernen, kein selbständiges Denken. Und um dies zu lernen, muss er eben u.U. dieses Zeugs schlucken.

Ich komme da jetzt in eine Tretmühle!?
Manchmal habe ich den Eindruck, es ist wirklich eine Tretmühle, wenn ich höre, wie viele „Fachleute" mitunter an ADHS-Betroffenen schon herumgetüftelt haben. Der eine verschreibt das Medikament als *die* Hilfe, der andere setzt es entrüstet wieder ab. Der dritte streitet gar die Existenz des Phänomens ADHS ab und der vierte versucht's auf der christlichen Schiene. Da musst du dich nicht wundern, wenn dieses Vorurteil immer stärker wird. Ich würde dir diesbezüglich *drei Tipps* geben:

Bestehe darauf, dass außer dem verschreibenden Arzt niemand gleichzeitig an deinem Schützling herumschrauben darf und dass du die Verantwortung trägst. Selbst den Eltern gegenüber sollst du wissen, dass sie das, was du sagst (wenn du es begründen kannst), mit Sicherheit tun. Wen du dann gleichzeitig schon eine gute Beziehung zu deinem Schützling hast, dann kann es sein, dass er dir gegenüber das Gefühl erlebt, endlich in einen sicheren Hafen einzulaufen.

Mache von Anfang an deutlich, dass dein Schützling nicht „jede Woche zur selben Zeit" kommen muss, so nach dem Motto: „Mittwoch Mittag kann ich nicht, da habe ich Thera". Ihm soll klar sein, dass er nur kommen muss, wenn es sinnvoll ist. Das gibt ihm das Gefühl, keine unnütze Zeit zu verbringen.
Arbeite auch wirklich. Das soll keine Unterstellung sein, dass du nicht arbeitest. Ich sage es nur sicherheitshalber. Eine Sitzung, in der dein Schützling das Gefühl bekommt, dass sie unnötig gewesen ist, ist schlimmer als keine Sitzung.

4.4 Wie bekommst du die einzelnen Schwächen in der Schule heraus?

Ich benutze hierzu eine von mir angefertigte Übersetzung des Fragekataloges von Robin [6]. Sie hilft dir, die einzelnen Bereiche, in denen möglicherweise Schulschwierigkeiten deines Schützlings vorliegen, genauer zu identifizieren:

---

6 Robin, A.L.: *Training Families with ADHD Adolescents.* In: Barkley, R.A. (Hg.) (1998): *Attention Deficit Hyperactivity Disorder.* New York (Guilford), 428ff.

Name des Schülers

____

Klasse:________ Datum: ____________ Auswerter: ____________

Der Auswerter soll jede der folgenden Fragen gemeinsam mit Eltern und Jugendlichen bearbeiten und mit den hierfür vorgesehenen Bewertungen versehen.

1=nie 2=selten 3=manchmal 4=oft 5=immer

Hausaufgaben

____1. Benutzt ein Aufgabenheft

____2. Macht Hausaufgaben in ungestörter, ruhiger Atmosphäre

____3. Geht planvoll und gezielt die Hausaufgaben an

____4. Erfüllt Hausaufgaben innerhalb der eingeplanten Zeit

____5. Erfüllt Hausaufgaben in der vom Lehrer angegebenen Zeit

____6. Verbringt ausreichend Zeit bei den Hausaufgaben

____7. Kann auch langfristig gestellte Hausaufgaben erledigen

____8. Hat unerledigte Hausaufgaben

Struktur

____1. Hat die notwendigen Unterrichtsmaterialien bei sich

____2. Hält seine Hefte, Bücher usw. in ordentlichem Zustand

____3. Benutzt einen Stundenplan und Kalender

____4. Kennt die Anforderungen zur Versetzung

____5. Bringt Hilfsmaterialien für Hausaufgaben nach Hause

Klassenarbeiten

____1. Bereitet sich ausreichend vor

_____2. Passt seine Vorbereitung an den Inhalt der Prüfung an

_____3. Benutzt vergangene Klassenarbeiten zur Vorbereitung

_____4. Lernt strukturiert

_____5. Bearbeitet Klassenarbeiten strukturiert

_____6. Beantwortet die Testfragen gewissenhaft

_____7. Schreibt leserlich

_____8. Ist während des Klassenarbeit konzentriert

_____9. Erhält ausreichende oder bessere Noten

_____10. Benutzt keine unerlaubten Hilfsmittel, „spickt" nicht

_____11. Kann während der Klassenarbeit das Gelernte erinnern

_____12. Beendet die Klassenarbeit innerhalb des Zeitrahmens

_____13. Kann die Prüfungsangst meistern

Aufmerksamkeit während des Unterrichts

_____1. Ist während des Unterrichts aufmerksam

_____2. Kann Kerninhalte selbständig zusammenfassen

_____3. Mitschrift ist leserlich

_____4. Benutzt Mitschrift zum Lernen

_____5. Mitschrift ist vollständig

Aufmerksamkeit in der Stillarbeit

_____1. Geht gezielt an Buchinhalte heran

_____2. Erkennt Thema, Hauptinhalt und Detailinhalte

_____3. Versteht das Gelesene

_____4. Macht sinnvolle Unterstreichungen

_____5. Beantwortet Fragen zum Text korrekt

____6. Kann das Gelesene zusammenfassen

____7. Kann die Bedeutung fremdartiger Worte selbst erschließen

____8. Ist während des Lesens aufmerksam

Auswendiglernen

____1. Plant Strategien zum Auswendiglernen

____2. Kann selbständig wichtige Fakten zusammensuchen

____3. Kennt den eigenen Lernstil (auditiv, visuell usw.)

____4. Passt Lerntechniken dem eigenen Lernstil an

____5. Wiederholt in ausreichendem Maße das Gelernte

____6. Teilt sich die Lerneinheiten selbständig ein

____7. Benutzt „Eselsbrücken"

____8. Baut Akronyme („NATO, Geh Du Alter Esel..."")

____9. Strukturiert Gelerntes grafisch (eigene Schaubilder ...)

____10. Benutzt Satzerinnerungshilfen („333, bei Issos Keilerei.")

____11. Kann sich an Gelerntes zum rechten Zeitpunkt erinnern

Klassenzimmer

____1. Findet unterschiedliche Klassenzimmer

____2. Kommt rechtzeitig ins Klassenzimmer

____3. Nimmt an Diskussionen teil

____4. Meldet sich freiwillig

____5. Folgt dem Unterrichtsverlauf

____6. Arbeitet mit dem Lehrer zusammen

____7. Schreit nicht unaufgefordert heraus

____8. Befolgt Verhaltensregeln

____9. Spricht mit Lehrern respektvoll

____10. Hat angemessenes Sozialverhalten zu Mitschülern

____11. Bittet bei Bedarf um Hilfe

Verständnis

____1. Versteht den Stoff

____2. Versteht Gelesenes

____3. Schreibt leserlich

____4. Kann Gedanken schriftlich ausdrücken

____5. Kann Gedanken mündlich ausdrücken

____6. Versteht mathematische Formeln

____7. Rechnet richtig

Sozialverhalten

____1. Hat gute Schulkameraden

____2. Kameraden sind konstruktiv gegenüber Erfolg

____3. Kameraden unterstützen sozial angemessenes Verhalten

____4. Schüler ist mit seinen sozialen Kontakten zufrieden

Schulische Pflichten

____1. In Elternabenden wird ausreichend informiert

____2. Der Lehrplan wird fristgerecht befolgt

____3. Lehrer kennen Lehrinhalte

____4. Die Befolgung des Lehrplans wird kontrolliert

____5. Lehrer kooperieren bereitwillig

____6. Eltern werden in ausreichendem Maß informiert

Du müsstest anhand dieses Fragebogens relativ deutlich herausfinden können, wo die konkreten Schwächen deines Schützlings liegen. Für mich war es sehr hilfreich, in meiner Erinnerung zu kramen und mich selbst auf diesem Bogen einzuschätzen. Wenn du das auch tust, erkennst du recht schnell den quantitativen Unterschied zwischen „normal" und „ADHS-Fall": ADHS ist nicht, wenn in ein paar der Fragen nur „4" steht. Deshalb ist dieser Fragebogen ***kein*** Diagnosematerial für ADHS, sondern eine Einschätzhilfe für konkrete schulische Schwierigkeiten.

Wir gehen jetzt die einzelnen Punkte durch und fragen uns, was du in deiner Beratungsarbeit zur Verbesserung dieser Punkte leisten kannst.

4.4.1 Hausaufgaben

Zunächst geht es um den Zeitpunkt der Hausaufgaben. Lege eine Zeit fest, in der diese *regelmäßig* durchgeführt werden. Bedenke, dass der Jugendliche gerade aus der Schule kam und ein Mittagessen reingeschlungen hat. Danach ist er meist ein bisschen schläfrig. Kein geeigneter Zeitpunkt also. Lege den Rahmen so, dass nach Beendigung der Hausaufgaben eine kleine Belohnung stattfindet (z.B. gemeinsamer Fünfuhrtee o.ä. - dort können die Eltern auch ihre Erziehungsauszeit nehmen, s. vorangegangenes Kapitel). Sollte dein Schützling früher fertig werden, ist er nach Kontrolle der Eltern frei.
Wichtig ist, dass die Jugendlichen einen *festen Ort* haben, wo sie ihre Hausaufgaben machen können. Der Ort soll möglichst ablenkungsfrei sein, still, gut belüftet und hell. Ein aufgeräumter Schreibtisch ist die erste Herausforderung, die du im später festgelegten Verhaltensvertrag gewährleisten solltest. Vor den Hausaufgaben gilt es, den Schreibtisch aufzuräumen und „bereit" zu machen.

Lehre danach dem Jugendlichen eine *Arbeitsregel*. Er sollte sich das vorliegende Pensum in geeigneter Weise einteilen. Diese Einteilung erfolgt zunächst unter der Hilfe der Eltern und soll sukzessive selbständig erfolgen. Zwischen den einzelnen Einheiten sollte eine kleine Pause von 5 Minuten eingelegt werden, in der der Jugendliche bei geöffnetem Fenster ein bisschen Entspannungsgymnastik macht.
Jedes einzelne Pensum sollte entweder schriftlich oder mündlich strukturiert werden. Folgende Fragen können hierbei helfen:
1. Was muss ich erledigen?
2. Wie erledige ich es / welche Arbeitshilfen benötige ich?
3. Wann bin ich fertig?
4. Wohin kommt das Erledigte? usw.
Diese Aufgabe können die Eltern unterstützend begleiten.

Sollte dein Schützling einmal *verpasst* haben, was genau zu machen ist, so müsst ihr einen Mitschüler benennen, den er anrufen kann, ohne dass dieser ihn am nächsten Tag hänselt.
Wenn es nicht möglich ist, eine ganze Einheit zu strukturieren (weil der Jugendliche einfach dazu noch nicht in der Lage ist), dann geht es daran, die *einzelnen Einheiten* (Mathe, Deutsch, Geschichte usw.) weiter zu *untergliedern*. Irgendwann schafft selbst der „schlimmste ADHS-Fall" eine Minimini-Einheit, und auf die gilt es dann größere Einheitsgefüge aufzubauen.

Das ist nicht ganz einfach, weil der Kommunikationsstil zwischen Eltern und Kind manchmal völlig zerrüttet ist. Hier gilt es deshalb auch, einen speziellen *Kommunikationsstil* aufzubauen. Der Jugendliche muss darin übereinstimmen, dass er bereit ist, sich während der Hausaufgaben kontrollieren zu lassen, ohne gleich aufzubrausen. Die Eltern (meist die Mutter) müssen im

Gegenzug bereit sein, ihre Fragen höflich und freundlich zu stellen.
Manchmal ist die Situation so verfahren, dass die Eltern die Hausaufgaben einfach deshalb nicht mehr begleiten können, weil praktisch keine vernünftige Kommunikation möglich ist. Dann solltest du darauf bestehen, dass ein unabhängiger *Hausaufgabenbegleiter* angeheuert wird. Die Hausaufgabenzeit soll von nun an keine Streitzeit mehr sein, sondern eine Schaffzeit, das entlastet auch die Eltern.
Natürlich sollte der Jugendliche auch tatsächlich genau darüber informiert sein, was denn Hausaufgabe ist. Hier sind die Lehrer gefragt. Lehrer müssen darauf achten, dass die Schüler wissen, was die jeweilige Hausaufgabe ist, und zwar so, dass es wirklich jeder Schüler weiß. U.U. gehört hierzu die Kontrolle des Hausaufgabenheftes.

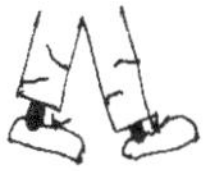

Bekommt dein Schützling *Medikamente*, so kann es notwendig sein, dass er vor den Hausaufgaben diese nehmen muss. Um hier das endlose Gezeter zu beenden, würde ich den Zeitpunkt der Medikamenteneinnahme ebenfalls festlegen.
Nun, zum Schluss: jeder Arbeiter ist seines Lohnes wert. Die *Belohnungen* sind wichtig. Verknüpfe die Dinge, die dein Schützling gerne tut, unmittelbar mit dem Maß, wie er seine Hausaufgaben macht, und lege auch dies schriftlich fest.

Zwar klingt das Ganze ein bisschen nach Kadettenschule und Kasernendisziplin, aber bedenke, dass du dadurch deinem Schützling und seinen Eltern hilfst. Diese Strategie ist nach wissenschaftlichen Gesichtspunkten einfach die beste. Also verfolge sie frohgemut.

Ich schreibe dir im Folgenden eine Art Mustervertrag hin, den kannst du gerne übernehmen und modifizieren.

Verhaltensvertrag

Hiermit erklären die Unterzeichnenden, dass sie nach bestem Vermögen folgende Paragraphen zu erfüllen beabsichtigen und diesen Verhaltensvertrag als bindend ansehen.

Zeit und Umgebung

§1 Die Hausaufgabenzeit wird auf den Zeitraum zwischen 15.00 und 17.00 Uhr festgelegt. Die Hausaufgaben werden am Schreibtisch von N.N. erledigt.

§2 Vor den Hausaufgaben ist der Schreibtisch so aufzuräumen, dass er den Vorgaben der Eltern entspricht. Diese kontrollieren den ordentlichen Zustand des Schreibtisches regelmäßig.

§3 Die Eltern sorgen dafür, dass N.N. während der Hausaufgabenzeit von niemand gestört wird. Sie notieren gfls. Telefonanrufe etc. gewissenhaft und teilen diese N.N. nach Beendigung der Hausaufgaben mit.

§4 Sollten die Hausaufgaben vor der festgesetzten Zeit beendet sein, so legt N.N. diese zur Kontrolle den Eltern vor und bekommt nach deren Zustimmung frei, zu tun was er möchte.

Sollten die Hausaufgaben innerhalb der festgelegten Zeit nicht erledigt werden, so überprüfen die Eltern, ob dies im Verschulden von N.N. liegt, oder ob das zu erledigende Pensum zu groß war. Im ersten Fall wird N.N. seine Arbeit so lange fortsetzen, bis sie ordnungsgemäß erledigt ist. Im zweiten Fall werden sich die Eltern dafür einsetzen, dass das Pensum erniedrigt wird.

Struktur des Pensums

§5 N.N. ordnet die vorliegenden Aufgaben der Schwere gemäß. Die schwierigsten Aufgaben werden zuerst erledigt.

§6 Die Aufgaben werden gemäss folgender Richtlinien strukturiert:

1. Was muss ich erledigen?
2. Wie erledige ich es / welche Arbeitshilfen benötige ich?
3. Wann bin ich fertig?
4. Wohin kommt das Erledigte?

§7 N.N. erklärt sich bereit, diese Strukturierung gfls. unter Mithilfe eines Elternteils / Hausaufgabenhelfers durchzuführen.

§8 Ist es N.N. unmöglich, eine Einheit ohne fremde Hilfe zu bearbeiten, so erklärt sich N.N. bereit, die Einheit unter fremder Hilfe detaillierter zu strukturieren, bis eine selbständige Erledigung des Strukturelements möglich ist.

§9 Zwischen den einzelnen Einheiten wird eine Pause von fünf Minuten eingelegt, in der N.N. bei frischer Luft gymnastische Übungen durchführt.
§10 Sollten die Hausaufgaben nicht genau bekannt sein, so wird M.M. bestimmt, den man zur genaueren Orientierung anrufen darf. Dieser erklärt, N.N. zu keiner Zeit in der Öffentlichkeit damit zu hänseln.

Kommunikationsstil
§11 Die Eltern erklären sich bereit, die zur Erledigung der Hausaufgaben notwendigen Gespräche in freundlichem und höflichem Tonfall zu führen.
§12 N.N. erklärt sich bereit, auf diesen Tonfall ebenso höflich und freundlich zu reagieren.
§13 Sollte dieser Kommunikationsstil nicht möglich sein, so wird eine Hausaufgabenbetreuung eingestellt.

Medikament
§14 N.N. nimmt sein Medikament um 14.00 Uhr ein.

Lehreraufgaben
§15 Der Lehrer X erklärt sich bereit, die Hausaufgaben täglich an der Tafel zu notieren und so lange zu erklären, bis jeder seiner Schüler die Intention der Hausaufgaben verinnerlicht hat.
§16 Der Lehrer X erklärt sich bereit, das Hausaufgabenheft nach Aufforderung der Eltern so lange zu kontrollieren, bis diese die Aufforderung nicht mehr stellen.

Erfüllung
§17 Jeder Tag der Erfüllung dieses Vertrages wird mit ... honoriert.
§18 Gelingt eine Erfüllung von 5 Tagen hintereinander, so wird diese mit ... honoriert.

Nichterfüllung
§ 19 Jeder Tag der Nichterfüllung hat ... zur Folge
§ 20 Eine Nichterfüllung von 5 Tagen hintereinander hat ... zur Folge

Unterschriften:
Eltern, N.N., Schuldirektor, Fachlehrer, Therapeut, M.M.

4.4.2 Klassenarbeiten usw.

Ein Lamento über unsere Welt zu Anfang

Weißt du, lass mich mal lamentieren: ich finde eine Welt furchtbar, in der Jugendliche jemanden brauchen, der ihnen hilft, bessere Leistung zu bringen. Vor rund 60 Jahren hat ein Pädagoge, den ich sehr schätze, noch ein Buch geschrieben: „Wie man ein Kind lieben soll"[7] - der ist dann im KZ gelandet. Als ob unser Jahrhundert dazu bestimmt sei, alles Gute und Schöne, alles Liebreiche in Kommerz und Leistung und Erfolg umzumodeln.

Da komme ich mir als Berater manchmal vor wie eine Putzfrau, die einen Saustall aufputzen muss, der eigentlich gar nicht sein müsste - ein denkbar unangenehmes Geschäft. Wenn du Christ bist, wirst du dieses Problem kennen: wir sehnen uns nach einer besseren Welt, unserer Heimat, in der es auch so etwas Bescheuertes wie Klassenarbeiten und Tests nicht mehr geben wird, weil es nämlich keine Angst mehr geben wird. Hast du mal gesehen, wie einem Kind vor einer Klassenarbeit buchstäblich die Zähne klappern? Und es dann in die Psychiatrie muss, dort mit Beruhigungsmitteln und Antidepressiva so „eingestellt" (was für ein schreckliches Wort) wird, dass es wieder ruhig wird, und danach drei Klassenarbeiten nachschreiben muss? Und darauf - konsequenterweise! - einen noch schlimmeren Anfall bekommt?

Wenn du so etwas erlebt hast, dann liest du Fachpublikationen und „Tippbücher", die dich lehren, wie man einen Jugendlichen zur Klassenarbeit „hincoacht", mit ganz anderen Augen: es sind die Augen des Mitleids, die auch Jesus hatte, als er die Kinder herzte. Und so gesehen bin ich dann froh über solche Erfahrungen mit Kindern und Jugendlichen, auch wenn sie schrecklich traurig sind. Weil sie mich lehren, die Kinder mit neuen Augen zu sehen. Es geht nicht darum, die Kinder zu Leistungsmaschinen zu machen, sondern darum, ihnen das Leben auf dieser Welt vor Augen zu malen und ihnen zu helfen, hier zurecht zu kommen.

Deshalb - finde ich - ist die Frage, wie ein ADHS-Jugendlicher

---

7 Korczak, J. (1973): *Wie man ein Kind lieben soll.* Göttingen (Vandenhoeck & Ruprecht).

eine Klassenarbeit managt, zunächst einmal eine Frage, die vom Grunde her nur von einem Christen angegangen werden kann. Denn man muss diesem Jugendlichen das Wesen der Welt und den Sinn von Klassenarbeiten erklären. Man muss dem Jugendlichen die „Warum-das-alles-Frage" lösen helfen. Und zur Frage, warum diese Welt ist, wie sie ist, kann überhaupt nur ein Christ durch Gottes Wort eine Antwort geben, die zwar vielleicht nicht befriedigt, aber beruhigt.

Wir sind hier nämlich nicht dazu da, das Leben zu genießen, sondern um uns auf unser künftiges Leben vorzubereiten. Zur Vorbereitung darauf ist die Bibel das erste Lehrbuch und kein SQ4R-Programm, wie die Amerikaner das durchziehen [8]. Zumindest nicht zu Beginn deiner Arbeit.

Der Beginn deiner Arbeit zur Vorbereitung auf Tests ist die Lösung der Frage „Warum das alles"? Du kannst keine Blumen auf magerer Erde ziehen und erwarten, dass sie schön blühen. Du musst erst den Boden bearbeiten. Du musst dem Jugendliche klar machen, warum es in unserer Welt, und für Christen allzumal, notwendig ist, Klassenarbeiten zu schreiben. Ja, warum sind Klassenarbeiten ein notwendiges Übel? Vor metapädagogisch-christlichem Hintergrund würde ich sagen: weil sie den Jugendlichen lehren, dass diese Welt überwiegend aus Mühsal besteht und Klassenarbeiten so gesehen eine Lektion im Mühsal-ertragen-lernen darstellen. Das ist vielleicht ein bisschen philosophisch und abstrakt, aber sicherlich nicht pessimistisch gezeichnet.

Etwas konkreter würde ich sagen, dass im Leben eines jeden Jugendlichen die Prüfungen nicht mehr aufhören werden und dass es deshalb sinnvoll ist, sich möglichst früh an diesen Mist zu gewöhnen, statt sinnlos Kraft auf Protest gegen diese schlechte Welt mit ihren Klassenarbeiten zu verschwenden. Du kannst einem Jugendlichen kein Trainingsprogramm auf's Auge drücken, wenn der Boden noch nicht bereitet ist, auf dem dieses Früchte tragen kann. Lass dir also Zeit zur Bodenbereitung. Lehre deinen Schütz-

---

8 Ich meine mal wieder... Robin, a.a.O., 433.

ling erst dann, wie er sich auf Klassenarbeiten vorbereiten kann, wenn er weiß, warum er sich auf Klassenarbeiten vorbereiten muss. Sonst wird dein Trainingsprogramm nämlich in die Hose gehen.

Jetzt kannst du anfangen mit deinem Programm.

Beginne *zeitig* mit den *Vorbereitungen* für eine Klassenarbeit. Als Berater solltest du dir eine Übersicht darüber verschaffen, wann Klassenarbeiten kommen und dementsprechend mit diesem Programm beginnen. Du kannst diesen und die nächsten Schritte auch den Eltern beibringen, dann bist du selber nicht so gestresst.

Es ist wie beim Puzzle. *Irgendwo* muss man mal *beginnen.* Erfahrene Puzzler haben mir gesagt, dass man am Rand beginnt (weil man den Rand als solchen erkennen kann). Genauso auch bei der Testvorbereitung. Man muss den Rahmen der Erfordernisse kennen lernen. Ganz klar wissen, was in der Klassenarbeit abgefragt werden soll (hier könntest du auch mal beim Lehrer nachfragen...).

Wenn du den Rahmen hast, kannst du danach schauen, aus welchen *Elementen* die Einzelteile bestehen. Finde heraus, welche Unterthemen es gibt und welche Einzelanforderungen in ihnen gestellt sind.

Ich erinnere mich noch, wie schwierig es war, unseren Lehrern eine Beispielfrage für die Klassenarbeit aus der Nase zu ziehen. In deinem Fall hast du das Recht darauf, den Lehrer um eine typische *Beispielfrage* zu bitten, damit du und dein Schützling eine Orientierung darüber haben, wie die Testfragen aussehen werden. Das nimmt die Angst und hilft, sich effektiv vorzubereiten. Ihr könntet euch dann ja auch noch ähnliche Zusatzfragen ausdenken, so dass da eine Art Probeklassenarbeit entsteht.

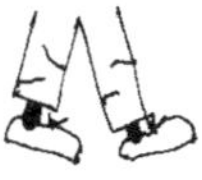 Dein Schützling sollte mit dir gemeinsam langsam, gaaanz langsam herausfinden, was in den einzelnen Fragen denn eigentlich gewollt wird. Diesen Vorgang gilt es zu *automatisieren*. So dasst dein Schützling in der KA (ich kürze Klassenarbeit jetzt auf althergebrachte Weise ab) nicht in Panik verfällt. Er soll sich das Ergebnis seiner Erwägungen aufschreiben. „Was will die Aufgabe von mir?"; „In welchen Schritten löse ich die Aufgabe" usw.

 Jetzt geht's ans eigentliche *Beantworten* der Fragen. Üben soll er's. Innerhalb des in der KA vorgegebenen Zeitrahmens. Also so eine Art ProbeKA.

 Mache deinem Schützling klar, dass er mit dieser Strategie nicht in der nächsten Mathearbeit plötzlich einen Einser daherbringen wird. Um das geht's auch gar nicht. Es geht darum, möglichst viele der gestellten Aufgaben in der vorgeschriebenen Weise zu lösen. Es geht also darum, in das KA-Verhalten deines Schützlings *Struktur* hineinzubringen. In solchen Situationen haben sich die sog. „Einreden" gut bewährt. Panikgedanken des Jugendlichen werden im Gespräch vorweggenommen. Z.B.: „Weia, ich schaffe diese Aufgabe nicht, ich werde auch die anderen Aufgaben nicht schaffen". Und nun: „Wenn ich nach ruhiger Überlegung feststelle, dass ich die erste Aufgabe nicht gelöst bekomme, dann werde ich genauso ruhig über die zweite Aufgabe nachdenken".

4.5 Was man zu Hause verbessern kann.

4.5.1 Vom rechten Umgang mit den „jungen Pferden“

Wir waren ja bei der Beschreibung der einzelnen Schritte im großen Flussdiagramm zu Beginn dieses Kapitels. Irgendwann kommst du dabei auch auf die Frage der Verbesserung des Familienklimas. Was können Eltern zu Hause tun, damit sie ihrem jugendlichen Kind möglichst effektive Hilfen geben können und sich selbst dabei möglichst weitgehend schonen? Diese Frage entspringt nicht etwa aus der Faulheit der Eltern, sondern alle Eltern wissen das: erst in einer entspannten Atmosphäre kann so etwas wie Liebe gedeihen. Deshalb sollte es nicht nur oberstes Ziel der Eltern sein, eine entspannte Atmosphäre zu schaffen, sondern auch deines.

Mir selbst hilft hier der Gedanke an junge Pferdchen. Hast du schon mal auf einem Pferd gesessen? Ich habe früher viel Reitsport betrieben und dort auch mit jungen Pferden zu tun gehabt. Wenn du ein junges Pferdchen reitest, merkst du das ganz schnell. Es zappelt rum, lässt sich von allem ablenken und ist schnell missmutig, wenn es nicht nach seinem Willen geht. Klingt doch recht ähnlich wie die Beschreibung der ADHS, oder? Keine Angst, ich will Jugendliche jetzt nicht jungen Pferdchen gleichsetzen, aber man kann von deren Behandlung viel lernen, was einem in der Behandlung von Jugendlichen weiterhilft [9].

 Du solltest dir klarmachen, dass die <u>*Aufmerksamkeit*</u> deines Schützlings ein flatterhafter Schmetterling ist. Die Richtung ist nicht so einheitlich festzumachen wie die Richtung einer Dampflokomotive auf Schienen. Wenn du beitragen willst, die Richtung deines Schmetterlings ein wenig stringenter zu gestalten, dann gib häufigere und zartere <u>*Kurskorrekturen*</u>. Ein erfahrener

[9] Ich benutze hier Teile der 10 goldenen Regeln von Barkley, allerdings in eigener Interpretation und verdeutschter Sichtweise. Vgl. Barkley, R.A. (1995): *Taking charge of ADHD: The complete, authoritative guide for parents*. New York (Guilford).

Kapitän dreht die ganze Zeit minimal am Steuerrad seines Schiffes. Er ahnt den Kurswechsel bereits, bevor die Kompassnadel ausschlägt, und steuert minimal dagegen. Auf diese Weise schafft er einen schnurgeraden Kurs. So auch du.
Versuche, deine Kurskorrekturen immer kleiner und öfter durchzuführen. Denke dran: nicht nur öfter, sondern vor allem auch kleiner!! 5 klitzekleine „Löble" während der Hausaufgaben sind sinnvoller als ein großes Lob nach den Hausaufgaben, das dann doch nicht kommt, weil die Hausaufgaben schlechtgemacht sind. Genauso auch beim Tadel. Denke an ein Pferdchen: dem reißt du auch nicht mit der Kandare im Maul herum und piekst es mit dem Sporn. Sanft muss der Tadel kommen, sonst geht er in die falsche Richtung und dein Schützling verbraucht seine Kraft dadurch, dass er sich gegen dich wehrt.

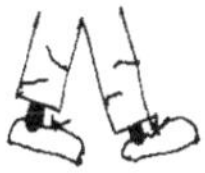

Immer noch beim Pferdchen: Wenn du auf einem Gaul hockst und bist stumm wie ein Fisch, dann kannst du mal sehen, was schlechtes Reiten heißt. Du musst alle *Kommunikationskanäle* aufmachen, nicht nur Schenkel, Rücken und Hände. Rede mit deinem Pferdchen, streichele es auch mal zwischen den Ohren. Das heißt für unsere jugendlichen Schützlinge: du solltest möglichst viele unterschiedliche Formen von Verstärkern entwickeln, positive und negative.
Nicht nur „Fernsehverbot" und „danach-geh'n-wir-in's-Schwimmbad"! Das ist öde und verpufft. Denk' dir was aus. Gute positive und negative *Verstärker* sind die halbe Miete. Warum ich dir hier keine konkreten Verstärker nenne? Naja, weil ich deinen Schützling nicht kenne. Das muss man nämlich individuell abstimmen.

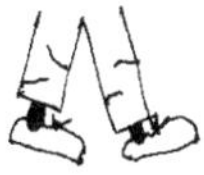

Klar, *Lob* zieht beim Pferdchen mehr als Tadel. Bei Lob beginnt es, dich zu lieben, bei Tadel wird es misstrauisch und sperrig. Nein, zart wie ein junges Kätzele soll der Reiter zu seinem Pferdchen sein. Natürlich kann er auch seine Krallen zeigen, aber

meistens schnurrt er wohlig. Für deinen Schützling: Wenn du etwas im Alltag zu Hause verändern willst, gib dir die Mühe und denke dir aus, wie das neue Verhalten sein soll.
Du wirst sehen, Ansätze dieses positiven Verhaltens stecken in deinem Schützling bereits drin. Warum diese *Ansätze* nicht *verstärken* anstatt zu strafen, wenn es nicht funktioniert? Aus der Lernpsychologie (aber auch aus unserem gesunden Menschenverstand) wissen wir, dass positive Verstärker einen viel stärkeren Lerneffekt bringen als negative Verstärker. In den allermeisten Fällen ist physische Gewalt nur ein Zeugnis der Hilflosigkeit. Sie bewirkt tiefe seelische Wunden im Kind und bringt eigentlich keinen Effekt. Also lass das.

Versuche mal, einem Pferdchen Rückwärtsrichten beizubringen. Da machst du als Reiter alles richtig, aber das Pferdchen reagiert nicht, spielt nur mit den Ohren und wird zappelig. Als Reiter kennt man das, als Eltern will man es manchmal nicht akzeptieren: manche Übungen brauchen eben lange, bis sie sitzen. Für deinen Schützling und seine Behandlung heißt das: Achte darauf, dass die *Behandlungsweise*, wenn sie als richtig erachtet wurde, durchgehend und *konsequent* auch dann angewendet werden soll, wenn der Erfolg sich nicht gleich einstellt.
Bedenke, dass dein Schützling ein natürliches Bedürfnis hat, sich in Regeln eher nicht zu fügen und dass er alles (auch sehr Kreatives!) versuchen wird, sich nicht in die neuen Regeln einzufügen. Er spielt u.U. die Eltern gegeneinander aus, sät Zwietracht in der Familie, indem er die Geschwister auf die Palme bringt usw. Da ist ein ruhiger Reiter gefragt, der souverän bleibt und sich nicht aus dem Konzept bringen lässt.

Wenn du ein Pferdchen erziehen willst, solltest du darauf achten, dass deine Handlungen in konsequentem Zusammenhang stehen. Die *Reaktion* muss *prompt* kommen, Lob wie

Tadel. Für deinen Schützling bedeutet das, dass du entweder gleich reagierst oder sonst gar nicht. Es hat keinen Sinn, einen Jugendlichen am Wochenende für begangene Untaten zu bestrafen, die er vergangenen Mittwoch angerichtet hat. Sei schnell und reagiere konsequent. Das bedeutet auch, dass du deinen Worten Taten folgen lassen solltest. „Rede nicht, handle lieber" könnte die goldene Regel hier lauten. Besser: Lass die in deinen Reden angedeuteten *Konsequenzen* (Belohnung und Bestrafung) auch folgen, sonst kannst du deinen Einfluss auf den Jugendlichen gleich in der Pfeife rauchen.

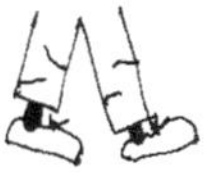

Lerne antizipieren (vorwegnehmen)! Wenn du auf einem jungen Pferdchen sitzt, ahnst du schon ca. 0.3 sek. bevor es ausbüchsen will, dass es das tun möchte. Es geht da so eine Art Zittern durch den Leib. Bei deinem Schützling hast du mehr Zeit. Denke nach, was passieren könnte und entwickle Strategien für die Schublade. Also Strategien, die du nicht unbedingt gleich benötigst, aber irgendwann einmal dringend. Und dann hast du keine Zeit, sie zu entwickeln. *Denke* also *im Voraus*.

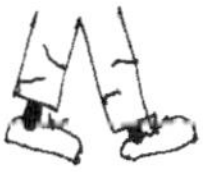

Sei gnädig mit deinem Pferdchen. Es ist noch jung und macht einfach Fehler. So geht es Gott doch auch mit uns. Wie oft sind wir trotzig und töricht. Denke daran, dass dein Schützling ein Problem hat, was man immer wieder als Krankheit bezeichnet. Auch wenn du noch so gut mit ihm umgehst: Fehler wird er immer machen, so wie du. *Sei also gnädig und vergib*, wie dir vergeben wird.

So wertvoll, wie du von Gott gesehen wirst, bist du auch. Vergiss das nie. Du machst einen harten Kampf, du bist wertvoll auch bei Rückschlägen. Und lass diese Gnadensonne auch über deinem Schützling leuchten. Denke auch daran: deine Arbeit an deinem Schützling generiert nicht deinen Wert bei Gott. Bei Gott bist du an sich wertvoll, wie dein Schützling.

Diese ganzen Schritte, ja die gesamte Behandlung von ADHS-Problemen klingt in Büchern immer so einfach und praktikabel. In der Wirklichkeit ist es oft so, dass man über die großen Linien durchaus bei allen Parteien Klarheit und Übereinkunft hat. Aber die kleinen Füchse im Weinberg, die Dinge, die alltäglich zu Konflikten und Missstimmungen führen, die verderben oftmals die besten Absichten. Deshalb will ich hier einen für mich sehr wichtigen Abschnitt einfügen, in dem ich schildern möchte, auf welche Weise man den Alltagsfrust und die damit verbundenen Ärgernisse besser in den Griff bekommt.

4.5.2 Wie man Probleme in der Familie lösen kann - das biblische Problemlösungsstrategiepowerpapier

Du wirst bei der Lektüre dieses Abschnittes merken (wie wohl überhaupt im ganzen Buch): ohne Arbeit geht es nicht ab. Der Umgang mit ADHS-Leutchen ist nicht einfach, aber manchmal wird er durch solche Regeln und Arbeitsschritte überhaupt erst möglich. Man kann das aber auch anders herum als etwas Positives sehen:

ADHS-Familien lernen innerfamiliäre Verhaltensweisen, die in jeder anderen Familie genauso wünschenswert sind.

Doch dort fehlt oft der nötige Leidensdruck zur Veränderung. So könnte man sagen, dass das Arbeitspensum einer ADHS-Familie langfristig zu einer besseren Familienstruktur führen wird, als sie in den meisten „normalen" Familien zu finden ist. Und das, finde ich, klingt doch ziemlich hoffnungsvoll. Du wirst dich wundern, wie hilfreich bei dieser Arbeit Bibelworte sein können! Ich schlage zur Erlernung einer effektiven Problemlösungsstrategie wieder mein Programm in Einzelschritten vor (das man übrigens zum Leitfaden kurzer und knackiger Gemeinderatssitzungen machen könnte...) und beginne mit dem ersten:

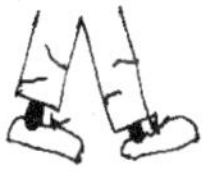

„Eure Rede sei allezeit freundlich und mit Salz gewürzt, dass ihr wisst, wie ihr einem jeden antworten sollt."
Kol 4,6

In praktisch jeder Familie sind die Kommunikationsstrukturen ein relativ wunder Punkt. Man redet mindestens doppeldeutig miteinander, man schimpft schnell und brubbelt in einer Art und Weise, die man sonst nicht pflegt. Wenn ihr Probleme lösen wollt, so muss euer erster Schritt sein, die *Kommunikationsweise* zu *ändern*. Das muss nicht die ganze Zeit und von jetzt auf nachher geschehen, aber zumindest dann, wenn ihr darüber redet, was ihr verändern wollt.

Versucht das, was ihr gegeneinander habt, in ruhigen Worten und deutlich vorzutragen. Vermeidet dabei indirekte Reden wie: „man sollte" oder „es wäre schön". Stattdessen steht zu euch und sagt: „ICH meine, dass...". Einigt euch, bevor ihr anfangt miteinander zu diskutieren, darauf, dass keiner der Beteiligten den anderen absichtlich angreifen darf.

Das ist wichtig. Deshalb nochmal:

1. Versucht, niemand bewusst und mit Absicht anzugreifen oder zu verletzen.
2. Steht zu euren Vorbehalten, in dem ihr eure Sätze mit „Ich" beginnt.

Der Spruch von Paulus ist schon sagenhaft. Er bringt es auf den Punkt. Freundlich und gesalzen soll die Rede sein. Und nicht unüberlegt: man soll wissen, was man antwortet. Also lasst euch dabei auch Zeit. Es ist nicht schlimm, wenn einer das, was er gegen den anderen vorbringen möchte, sich vorher schriftlich notiert.

Auf jeden Fall ist wichtig, dass die anderen das, was jemand sagt, auch wirklich verstanden haben, denn sonst diskutiert ihr die ganze Zeit nur die Missverständnisse. Es schadet also nicht, wenn jeder der Beteiligten das, was einer vorbrachte, mit seinen eigenen Worten nachformuliert und der Ankläger daran erkennen kann, ob seine Klage korrekt ‘rüberkam. Und diese Klage wird dann aufgeschrieben. Dasselbe Problem aus dem Munde aller Beteiligten kommt als Erstes auf unser Problemlösungsstrategiepowerpapier.

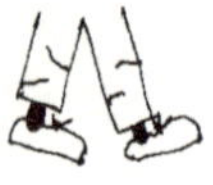

„Ändert euch durch die Erneuerung eures Sinns.“
Röm 12,2

Wenn ihr soweit seid, ist eine wichtige Kreuzung erreicht. Ihr könnt jetzt entweder so weitermachen wie bisher, oder ihr könnt euch ändern. In den meisten Fällen wird den Beteiligten eine Klage bereits in groben Umrissen bekannt sein und sie wird auch schon häufig erfolglos bestritten worden sein. Die Lösungen, die in solchen Streitgesprächen herauskamen, waren, wenn es überhaupt welche gab, überhaupt nichts wert, weil sie aus Frust und Aggression heraus entstanden. Normalerweise enden Anklage-Auseinandersetzungen jedoch mit dem resignierten „Ich hab’s ja gewusst, es ist immer dasselbe”. Diesen Weg wollen wir jetzt nicht gehen.
Auch auf diese Situation bezogen kann man die Bibel einsetzen. Ändert euren Sinn! Denkt Neues! Seid bereit, von eurem Sohn einmal *etwas ganz Neues* zu *denken*, unterstellt ihm nicht immer die alten Allüren. Und du, Sohn, denke Gutes über deine Eltern, unterstelle ihnen gute Absichten. Ändert euren Sinn. (Ich wollte, diesen Satz würden nicht nur ADHS-Betroffene, sondern auch „normale” Familien lesen!)
Erst wenn ihr beschlossen habt, neu zu denken, kann es euch gelingen, Alternativen zu den bisherigen „Miss-Handlungen” zu finden. Seid dabei zuerst einmal kreativ bei den Lösungen. Schreibt alle Lösungsvorschläge auf, die euch einfallen. Wirklich jeden einigermaßen vernünftigen. Während die Lösungen vorgetragen werden, dürfen die anderen Beteiligten *nicht* (!!!) *motzen*. Lösungsvorschläge werden aufgeschrieben und nicht angemotzt, klaro?!
Das Zweite, was auf unser Problemlösungsstrategiepowerpapier

draufkommt, sind alle Lösungsvorschläge, die vorgebracht wurden.

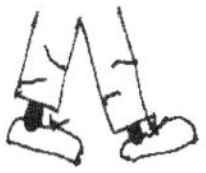

„Prüft aber alles und das Gute behaltet."
1. Thess 5,21

Zunächst mal: wirklich prüfen! Beginnt nicht, schon wieder in alten Geleisen zu denken, sondern prüft wirklich ALLES, auch die Vorschläge deiner „total altmodischen unmöglichen und eh nicht zuhörenden Mutter" und die Vorschläge deines „verbiesterten eigensinnigen trotzigen Sohnemanns". Haltet euch an Paulus, *prüft alles*. Hilfreich kann dabei das Prüfkriterium sein, das lautet: „Was würde geschehen, wenn wir diese Lösung einführen würden?"
Danach würde ich vorschlagen, die einzelnen Vorschläge von den Beteiligten bewerten zu lassen, am besten mit Noten zwischen 1 und 6. Danach könnt ihr dann auf rechnerischem Wege feststellen, welches die beste Idee war. Darüber kann man dann natürlich auch noch ein bisschen diskutieren, die einzelnen guten Ideen miteinander kombinieren, aber an die Bewertung sollte man sich dann schon halten.
Das Dritte, was auf unser Problemlösungsstrategiepowerpapier draufkommt, sind also Bewertungen und Rangliste der Vorschläge.

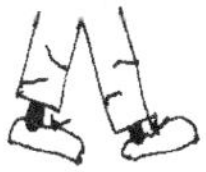

„Der Herr lässt es den Aufrichtigen gelingen."
Spr 2,7

Jetzt geht es daran, die besten Ideen in die Konkretion umzusetzen. Wer wird was wie wann wo tun? Das muss ausgemacht und klar besprochen sein. Außerdem ist wichtig, dass irgendeiner bestimmt wird, der von allen Personen autorisiert ist, die korrekte Erfüllung der einzelnen Handlungen zu beurteilen und evtl. Unerfülltes offiziell einzuklagen. Außerdem würde ich Belohnungen für das Erfüllen der Vereinbarung ausloben und Strafen bei Nichterfüllung einsetzen. Das ist dann das Vierte, was auf unser Problemlösungsstrategiepowerpapier draufkommt: die *konkrete Umsetzung* sowie Belohnung und Strafen.

Und jetzt unterzeichnet ihr dieses Papier. Dieses Papier ist einzuhalten! Durchschläge sind auf Anforderung herzustellen und auszuteilen, behufs Befestigung des Papiers auf zimmereigener Dartscheibe. Du kannst deine Pfeile draufwummern, aber du musst das Papier einhalten, das ist Teil der Abmachung.

Wenn sowohl die Abmachung nicht erfüllt als auch die vorgesehene Strafe nicht angetreten wird, so führt ihr dieses Papier dennoch bis zur nächsten Therapiesitzung weiter. Diese Situation zu lösen ist dann Aufgabe eines Profis (hoffentlich fällt dem dann auch etwas ein...).

4.5.3 Verbesserung der Problemlöse- und Kommunikations-Strukturen

Am Anfang dieses Abschnitts noch ein Bibelwort:

„Tut Buße, denn das Reich Gottes ist nahe herbeigekommen." Mt 3, 2

Buße ist ein Vorgang, der im eigentlichen Sinne bedeutet, dass mir klar wird, wo ich falsch gehandelt oder gedacht habe, und ich daraufhin den richtigen Weg einschlage. Ich persönlich muss sagen, dass Busse etwas ist, was mir sehr schwer fällt, aber ich stelle fest: es tut gut. Gott ist nicht ein Gott der Unordnung, sondern des Friedens. Es kehrt Frieden ein, und Frieden tut Not!
Deshalb geht es jetzt darum, wie man die Problemlösungs- und Kommunikationsstrukturen innerhalb der Familie verbessert. Das ist ja in vielen Familien ein echter Klotz am Bein. Denn manchmal sind die Jugendlichen so betroffen, dass auch in der Therapiesitzung keine vernünftige Kommunikation möglich ist. Oder sie sehen nicht ein, warum sie jetzt Problemlösungs- und Kommunikationsverhalten lernen sollen. Oder die gesamte Familie ist so dünnhäutig, dass bei jeder Gelegenheit irgendein Mitglied aus-

rastet. Oder die Eltern sehen vor lauter Wald die Bäume nicht mehr und kritteln an allem rum, als ob alles von ADHS verursacht worden wäre.

Was kann man da tun?

(1) Wenn dein Schützling in der Sitzung überhaupt nicht „dabei“ ist, dann reduziere deine Satzlängen. Mache *kurze Äußerungen* im Sinne von positiven Kommandos.

(2) Wenn dein Schützling den Sinn einer Verbesserung der Kommunikationsstrukturen nicht einsieht, dann solltest du das Gewicht von der Seite der Einsicht weg hin auf *Belohnung und Strafe* verlegen.

(3) Wenn die Belastbarkeit der einzelnen Familienmitglieder an der Grenze angelangt ist, führe Wege ein, wie sie sich innerlich möglichst rasch auf eine *Erholungsinsel* „beamen" können. Das kann durch ein stilles Gebet geschehen, durch Entspannungsübungen (drei mal durchatmen...), von 10 rückwärts auf 1 zählen, einen Choralvers still aufsagen...

(4) Wenn die Eltern nicht mehr wissen, wo sie erzieherisch arbeiten sollen und wo eher nicht, dann solltest du sie um die Führung eines *Erziehungstagebuchs* bitten, in dem sie die wichtigen Situationen und die jeweilige Reaktion notieren. Du kannst ihnen dann unangemessenes Verhalten am konkreten Beispiel aufzeigen und Handlungsalternativen ausarbeiten.

Robin hat eine gute Liste entwickelt, anhand derer man falsche Kommunikationsweisen abchecken kann. Ich bringe sie hier mal in deutscher Übersetzung [10]:

10 Robin, a.a.O., 448.

Habt ihr dieses schlechte Verhalten?	**Probiert's doch mal damit**
1.____ Wir beschimpfen uns mit Schimpfwörtern	Wir drücken unsern Ärger in unverletzenden Worten aus
2.____ Wir machen uns gegenseitig nieder	Wir sagen ganz konkret und unmittelbar, was uns stört
3.____ Wir unterbrechen uns gegenseitig	Wir lassen uns ausreden und halten uns kurz und bündig
4.____ Wir nörgeln die ganze Zeit	Wir weisen auf das Gute und das Schlechte hin
5.____ Wir verteidigen uns, wenn wir angegriffen werden	Wir hören genau zu und verstehen erst - danach reden wir ruhig darüber
6.____ Wir halten "Predigten"	Wir fassen uns kurz
7.____ Wir schauen am Redenden vorbei	Wir haben engen Augenkontakt
8.____ Wir hängen im Stuhl oder lümmeln auf dem Boden rum	Wir sitzen aufrecht und sind aufmerksam
9.____ Wir sind zynisch und sarkastisch	Wir reden normal
10.___ Wir bringen kein Thema zuende, fallen von einem ins andere	Wir bringen ein Thema zuende und danach gehen wir weiter
11.___ Das Glas ist halb leer	Das Glas ist halb voll
12.___ Es war schon immer so und wird immer so bleiben	Heute ist der erste Tag deines neuen Lebens
13.___ Wir hören gar nicht mehr zu, weil wir sowieso schon alles wissen	Wir suchen die Meinung des anderen zu erfahren
14.___ Wir befehlen und instruieren	Wir fassen uns kurz und bitten freundlich
15.___ Wir haben verdeckte Kommunikation	Wir üben Metakommunikation
16.___ Wir rasten sofort aus	Wir üben innere Fluchtwege und kehren danach entspannt wieder zurück
17.___ Wir achten uns gegenseitig nicht wert	Wir nehmen uns gegenseitig in unseren Gedanken ernst
18.___ Wir streiten ab	Wir stehen zu unseren Taten und zu unserer Würde
19.___ Wir sind überkritisch	Nur Gott ist vollkommen, jeder macht mal einen Fehler
_____ Wieviel Punkte habt ihr angekreuzt?	Vergleicht die Liste mit einer in einem halben Jahr!

Diese Liste ist insofern besonders hilfreich, weil sie den einzelnen Familienmitgliedern zeigt, was man besser machen könnte, wenn man nur wollte. Außerdem können sie anhand dieser Liste Verbesserungen im Kommunikationsstil innerhalb bestimmter Zeitspannen feststellen oder herausfinden, wo bisherige Bemühungen nicht besonders erfolgreich waren.

4.6 Schwertfischfangen [11]

„Schwertfische", so nennen wir sie in unserer Beratungsstelle. Schwertfische, das sind junge Leute, die in ihrer Verhaltensweise so abgebrüht sind, dass sie sich jeglicher Kontrolle durch die Eltern entziehen. Sie sind dermaßen stark, dass es dir als Therapeut die Schuhe auszieht. Sie haben Verhaltensweisen entwickelt, die dich in der Sitzung sprachlos machen. Ihre Eloquenz ist von einer beeindruckenden Schönheit, die reden dich glatt unter den Tisch. Meistens bist du auch nicht der erste Fachmann, der mit ihnen zu tun hat. Die Schwertfische hatten oft schon eine ganze Reihe von Psychotherapeuten an der Leine und sind ihnen allen vom Haken gesprungen. Die Eltern kommen zu dir und sagen, du seist ihre letzte Hoffnung, denn in einem Jahr ist ihr Sohn 18 und macht dann auf jeden Fall, was er will. Kennst du solche Jugendlichen? Sie sind stark und bockig, sie sind allen überlegen, Gleichaltrigen, Lehrern, dem Jugendamt usw.[12]. Wenn du zum ersten Mal mit so jemand konfrontiert wirst, kommst du dir hinterher vor, als ob ein D-Zug über dich drübergerattert wäre. Wie kannst du mit so jemand umgehen?

---

11 Warum Schwertfische? Weil der Umgang mit diesen Jugendlichen überaus große Ähnlichkeit hat mit dem Angeln von Schwertfischen. Ich kenne zwei hervorragende Beschreibungen der Hochseeangelei. Wenn man vom Umgang mit Hochseefischen auf den Umgang mit Früchtchen schließen kann, lehren sie einen alles, was man braucht, und das auch noch auf ausgesprochen packende, nobelpreisverdiente Weise. Beide stammen vom Meister des amerikanischen Realismus: Ernest Hemingway. Zunächst empfehle ich das ganze Buch „Der alte Mann und das Meer". Wer es etwas kürzer haben möchte, sei auf die „Inseln im Strom" verwiesen. Vgl. Hemingway, E. (1977): *Inseln im Strom.* Reinbek (Rowohlt), Kapitel 9 (91-124).

12 Mir hat mal einer vom Jugendamt im Vorgespräch von einem dieser Jugendlichen gesagt, das Beste sei, man werfe ihn von einer Brücke runter, denn anders bekommt man den auch nicht mehr hin...

Du bist der *Boss*. Das ist meiner Meinung nach der erste wichtige Schritt. Du musst dir das klarmachen. Es hilft nichts, hier „therapeutische Milde" zu zeigen, sondern du musst *mit aller Härte* vorgehen. Die Autorität muss dir zu den Augen rausblitzen. Die Grundhaltung, die mir hier weiterhilft, ist die Vorstellung, ich sei Menschenfischer und hätte es mit einem großen Raubfisch an der Hochseeangel zu tun. Kennst du diese Fischerboote? Sie haben einen Kampfstuhl, in dem sich der Fischer festschnallt und die Angel steckt in einem schweren Metallschuh. Auf diese Weise muss der Fischer seine Kraft nicht zum Sitzenbleiben und Angelhalten verbraten, sondern sie dient dem eigentlichen Fischen.
Was könnte dein Kampfstuhl und Angelschuh sein? Ich meine: auf jeden Fall Jesus. Jesus, der dir in solchen Situationen Halt gibt, der dir den Auftrag gibt, knallhart zu sein, so hart, dass du das in eigener Verantwortung überhaupt nicht hinbekommst. Jesus ist dein Gurt und dein Angelschuh. Das ist die Haltung, in der du solche Schwertfische angeln kannst.

So, jetzt musst du ihn erst mal *ködern*. Du musst ihm den Gedanken schmackhaft machen, von dir geködert zu werden. Was könnte solch ein Köder sein? Ich glaube, dass in jedem Menschen irgendwelche tiefen Wünsche stecken. *Kriege diese Wünsche raus*. Schicke zu diesem Zweck die Eltern aus deinem Beratungszimmer, sonst teilt er dir diese Wünsche wahrscheinlich nicht mit. Sie sind sein privates Refugium, zu dem niemand Zutritt hat. Vergiss nicht, ohne Köder fängst du keinen Schwertfisch.
Du brauchst Geduld, er beißt nicht sofort an, er zupft ganz leise am Köder, du merkst es kaum. Du musst dir in dieser Phase so lange Zeit lassen, bis du den Köder hast und dieser angebissen wurde. Lasse also bei der Suche nach den geheimen Wünschen nicht locker. Ich kenne keinen besseren Köder. Finde die geheimen

Wünsche. Was bedeutet „Anbeißen" in deiner Beratung? Es ist der Gedanke, dass du ihm vielleicht Wege zeigen kannst, wie er diese Wünsche tatsächlich erfüllen könnte, wenn er denn mitmacht. Vorsicht: Locke *nicht* mit *zwei Ködern gleichzeitig*. Benutze den Wunsch, der dir den besten Kompromiss zwischen Realisierbarkeit und Großartigkeit darstellt. Wenn er angebissen hat, dann bedeutet das, dass er sein grundsätzliches „Ja" zur Kooperation mit dir gegeben hat. Achte darauf: du musst einem Schwertfisch den Haken richtig hineinschlagen, sonst spuckt er ihn aus. Du musst ihn locken und dann den Haken tief in seine Seele treiben. Du musst ihm die Hoffnung, es vielleicht irgendwann mal zu etwas zu bringen, ganz tief in seine Seele treiben (diese Sprache klingt vielleicht brutal, aber sie ist eher hart gemeint, auch in der Härte kann viel Liebe stecken).

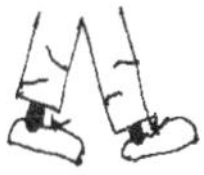

Beginne langsam. Wenn du einen großen Schwertfisch fangen willst, darfst du nicht ziehen. Der taucht ab und dann kannst du mal versuchen, tausend Meter Leine samt einem Fisch von einer Tonne aus dem Wasser zu ziehen, das kannst du vergessen! Du musst ihn sich müde kämpfen lassen. Du kannst einen Schwertfisch nicht mit Kraft besiegen, sondern du musst ihn sich *mit seiner eigenen Kraft besiegen* lassen. Wie machst du das? Zunächst musst du deinem Fisch einen Raum geben, innerhalb dessen er sich noch relativ ungestört bewegen kann. Regeln, die er relativ leicht einhalten kann, die aber doch schon eine *feste Grenze* setzen. Hält er diese Grenze nicht ein, so gib ihm noch einmal ein bisschen Leine, aber nicht zu viel, sonst taucht er dir ganz weg und du musst die Leine kappen (d.h. du hast dann keinen Einfluss mehr und musst ihn dem Jugendamt übergeben). Gib nie schnell Raum, gebe jeden Zentimeter Leine nur unter großen Kämpfen auf. Du musst deinem Schwertfisch die *Grundregeln des Kampfes* beibringen, bei dem er schließlich erliegen wird.

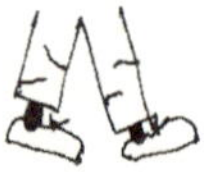 Nun beginnt die Arbeit des Leineeinholens und -wiedernachgebens. Du kannst einen großen Fisch nie auf einmal an Land ziehen, du musst *Leine einholen und wieder ausschießen* lassen. Der Trick dabei ist, dass du immer ein wenig mehr Leine einholst, als du hinterher wieder ausschießen lässt. Was heißt das in der Beratung?
Du solltest darauf verzichten, deinem „Fisch" gute Ratschläge zu geben. Den Raum, den er dir gibt, muss er dir freiwillig geben. Das machst du durch sogenannte *sokratische Dialoge*. Das ist eine Gesprächsform, die der Sage nach Sokrates entwickelt hat. Er hat behauptet, er könne seinem Sklaven (der kaum rechnen konnte) durch einfaches Fragen komplizierte mathematische Formeln beibringen. Das hat er dann dadurch fertiggekriegt, dass er die großen *Gedanken in kleine Schritte zerlegt* hat und dem Sklaven durch geschicktes Fragen die Antwort gewissermaßen aus der Nase gezogen hat.
So auch in der Beratung. Diskutiere mit deinem Früchtchen so, dass er dir Schritt für Schritt *aufgrund seiner eigenen Denkarbeit* entgegenkommt. Wenn er dann wieder ausbüchsen will, musst du ihn bei dem festhalten, was er dir selbst durch die Diskussion eingeräumt hat. Du wirst es in aller Regel kaum schaffen, dabei das ganze Ergebnis deiner Arbeit beizubehalten: er wird dir, wie der große Fisch, meistens wieder ganz schön abhauen. Dann geht die Arbeit - fast, aber nur fast! - wieder von vorne los. Mit jeder Kampfattacke holst du den Fisch ein bisschen enger ran und er wird dadurch immer müder.

 Zu diesem Zeitpunkt fängt dein Fisch das Kreisen an. Ich bin kein Angler, weiß also nicht, warum er zu kreisen beginnt, aber es entspricht genau dem, was wir in unserer Beratungsarbeit die „Menschwerdung" nennen. *Menschwerdung* ist ein Programm, in dem sich unser Schwertfisch bilden muss, in dem er durch das

ihm von uns gegebene Revier kreisen soll. Wodurch geschieht das? Ein paar Beispiele: Durch *Bücher*, die er zu lesen hat und darüber Aufsätze schreiben muss, die er in die nächste Sitzung mitbringt. Solche Aufsätze werden auf Inhalt, Stil und Rechtschreibung kontrolliert. Schreibfehler muss er korrigieren. Wenn seine Argumentation stimmt, darf er das Buch auch schlecht finden[13]. Wenn nicht, muss er sich eine schlüssige Argumentation ausdenken.
Oder durch *Musik*, mit der er sich auseinandersetzen muss. Über den Text nachdenken, oder die Musik anhören und sein Urteil darüber (wieder schriftlich) abgeben[14]. Oder er muss regelmäßig anstrengenden *Sport* treiben und seine Gedanken darüber äußern[15]. Oder er muss sich ein schweres *Hobby*[16] ausdenken. Alle Dinge, die zur „Bildung" gehören, können hier eingesetzt werden. Wichtig ist, dass sich das Früchtchen damit auseinandersetzen muss. Damit du sicher bist, dass er das tut, benötigst du die schriftlichen Aufsätze.

Irgendwann kommt ein Schwertfisch hoch und springt. Zu diesem Zeitpunkt brauchst du dann Helfer, die mit der Harpune den Fisch heranholen. Solche *Helfer* sind in deinem therapeutischen Prozess *die Eltern*. Jetzt brauchst du sie. Klar, sie müssen die ganze Zeit deine Arbeit in dem Sinne unterstützen, dass sie sie nicht boykottieren (etwa, weil sie ihnen zu hart erscheint). Aber nun sind sie selbst gefragt.
Jetzt geht es darum, die Eltern die Richtlinien zu lehren, an die sie sich halten müssen.
(1) Als Erstes ist hier absolut voraussehbare Konsequenz gefragt.

---

[13] Als Bücher empfehle ich: Walther Scott: Ivanhoe, John Steinbeck: Früchte des Zorns, Adalbert Stifter: Der Nachsommer, Theodor Fontane: Vor dem Sturm, Karl May: Durch die Wüste (1-6) usw.

[14] Ich verwende dazu beispielsweise Pop: Runrig: In Search of Angels, Jethro Tull: Roots to Branches. Klassik: Joh. Seb. Bach: Motetten, Ludwig v. Beethoven: Frühlingssonate, Hildegard von Bingen: Himmlische Offenbarungen. Usw.

[15] Gut ist hier Jogging (8 km), Radfahren (30 km), Schwimmen (20 Runden) – eben alles, was anstrengt.

[16] Z.B. Kunsttischlerei, Ölmalerei usw.

Der Fisch muss wissen, dass auf ein bestimmtes Verhalten hundertprozentig die entsprechende Reaktion erfolgt.
(2) Als Zweites ist hier Zusammenhalt gefragt: Die Eltern müssen an einem Strang ziehen. Sie müssen nach außen absolute Geschlossenheit und keinerlei Uneinigkeit demonstrieren. Zu diesem Zweck hat es sich als sinnvoll gezeigt, einen „Erziehungsboss" zu ernennen, der sogar über das andere Elternteil die Oberherrschaft hat (was Erziehungsaktionen angeht).
(3) Danach sind Belohnungen wichtig. Die Eltern sollten gemeinsam mit ihrem Kind Erfolge richtig feiern (zum Beispiel mit Sekt anstoßen).
(4) Dann ist die Bereitschaft wichtig, dass die Eltern merken, dass ihr Kind älter wird und deshalb mehr Rechte eingeräumt bekommen sollte.
(5) Und außerdem ist die weitere Kooperation mit dir als Berater wichtig. Die Eltern müssen bereit sein, bei ersten Zeichen von Gefahren sofort wieder mit dir zusammenzuarbeiten.

Genauso wie beim Hochseefischen (und bei den zwei vorgeschlagenen Büchern Hemingways erschütternd geschildert) ist der Erfolg dieses Kampfes nicht unbedingt ausgemacht. Es kann sein, dass du deinen Fisch bis dahin bringst, wo man ihn eigentlich nur noch harpunieren müsste, er aber den Haken... Nein, das verrate ich nicht, du sollst ja schließlich die Bücher lesen. Ich verrate nur: es kann auch schief gehen. Selbst wenn du alles gemacht hast, was nötig war, selbst wenn du denkst, du seist zu hart gewesen oder zu weich, hast du vielleicht alles richtig gemacht, und doch ist er dir entwischt.
Eins glaube ich wirklich: ich kenne kein besseres Programm zum Umgang mit solchen „Schwertfischen". Und was die Liebe zu ihnen angeht... da lasse ich am besten David, den jungen Sportfischer in „Inseln im Strom" sprechen:
„'Als es am schlimmsten war, und ich kaum noch konnte, hätte ich nicht sagen können, wer wer von uns beiden war.' 'Das glaube

ich', sagte Roger. 'Da habe ich ihn geliebt. Mehr als irgend etwas in der Welt'.
'Du meinst, du hast ihn richtig geliebt?' fragte Andrew. 'Ja, ich habe ihn richtig geliebt.' Andrew sagte: 'Das verstehe ich nicht.'
'Ich habe ihn so sehr geliebt, als er heraufkam, dass ich's fast nicht aushalten konnte', sagte David. Er hatte seine Augen nicht aufgemacht. 'Ich wollte ihn nur sehen, näher, das war alles, was ich wollte.' 'Ich weiß schon', sagte Roger.
David sagte: 'Jetzt ist mir's egal, dass ich ihn nicht gekriegt habe. Ich will gar keinen Rekord, ich hab bloß gedacht, ich müsste einen haben. Ich bin froh, dass es ihm gutgeht, und mir geht's auch gut. Wir sind keine Feinde'. 'Das ist gut, dass du das gesagt hast', sagte Thomas Hudson"[17].

Nicht so wie bei Hochseefischen ist es, wenn du Erfolg hast. Dann ist deine Freude zugleich die deines Schwertfisches. Er wird nicht ausgestopft, sondern jetzt erst richtig schwimmen können, und das wird er selbst feststellen - und die Eltern auch. Ich habe kaum beglückendere Erlebnisse in meiner Arbeit erlebt als solche, wenn man einen dieser „Schwertfische" zu rechter Freiheit gezähmt hat.

4.7 Wie Schlichter in der Schule helfen können

Die Idee ist spitze, aber, so leid es mir tut, sie stammt nicht von den Cunninghams und ihren Kollegen[18], sondern zumindest ein Pädagoge war schon früher da: Makarenko[19] (ein großartiger Mann, der in den Wirren des nachzaristischen Russland obdachlose, verwahrloste Kinder und Jugendliche von der Straße holte). Um was handelt es sich? Die Cunninghams nennen es das Mediatoren-Programm. Mediator ist ein lateinisches Wort und bedeutet soviel wie „Einer, der mäßigt".

---

17 Hemingway, E. (1977): *Inseln im Strom.* Reinbek (Rowohlt), 124.

18 Das „vermeintliche" Standardwerk der Psychologen: Cunningham, C.E.; Cunningham, J.L.; Martorelli, V. (1998): *Coping with conflict at school: The Student-mediated conflict resolution programm.* Hamilton, Ontario (COPE Works).

19 Das sagenhafte Gegenwerk der Pädagogen: Prosa vom Feinsten! Makarenko, A.S. (1977): *Flaggen auf den Türmen.* Berlin, Weimar (Aufbau).

Wir haben im Deutschen ein wunderschönes Wort, das hierfür eigentlich noch besser passt, ich werde es zumindest im Folgenden benutzen: *Schlichter*. Dieses Wort hat eine ganz eigentümliche Bedeutung, die uns bereits viel über die Aufgaben eines Schlichters verrät. „Schlicht" ist gewissermaßen der positive Bruder zu „schlecht" [20]; wenn du Tischler bist, kennst du das Wort „schlichten" auch aus deinem Beruf: man schlichtet Bretter, d.h., man hobelt sie glatt. Man macht etwas Raues eben. „Schlicht" bedeutet aber zusätzlich auch noch „einfach". Eine Zeit lang war „schlicht" ein Modewort zur Beschreibung schöner Wohnungs-Einrichtungen.
Fassen wir zusammen, was ein Schlichter tut:

Ein Schlichter hat was mit *Schlechtem* zu tun. Er kommt aus der gleichen Ecke, ist aber der positive Gegenpart zu dem, was man mit einem „Schlechter" meinen würde, wenn es dieses Wort gäbe. Er kennt also das Schlechte, *macht es aber gut.*

Ein Schlichter macht sägeraues Holz glatt oder im übertragenen Sinne bringt er raues, unangemessenes, widerspenstiges Verhalten in ein Ebenmass. Schlichter machen *raue Menschen glatt.*

Ein Schlichter ist einer, der etwas *einfach* macht. Etwas, das zuvor fürchterlich kompliziert war, wird durch den Schlichter vereinfacht.

---

20 Das stammt nicht von mir, sondern aus dem Etymologischen Duden. Vgl.: *Das Herkunftswörterbuch* (1989). Mannheim (Dudenverlag), 637.

Jungendliche als Schlichter

Wenn wir solche Leute in der Schule hätten, wäre das ziemlich klasse. Aber woher nehmen (wenn nicht bezahlen)? Nun, ganz einfach, oder auch nicht so ganz einfach. Makarenko hat uns das Prinzip gelehrt, setzen wir es doch in für uns realistische Bedingungen um. Im Prinzip hat Makarenko so eine Art militärischer Rangordnung in seinen Kolonien[21] eingeführt. Je nach Rang durfte (oder musste) man unterschiedliche Abzeichen tragen. Man konnte im Rang nur aufsteigen, wenn der - jetzt kommt ein Pädagogenwort - „Bildungsprozess" es zuließ.

Bildung meint hier nicht, wie irrtümlich angenommen, Schulbildung, also Noten. Das vielleicht auch. Aber Bildung meint etwas viel Schwereres, eine Mixtur aus Reife, Verantwortungsbewusstsein, Humor, Redegewandtheit oder Wortschwere, Fertigkeiten, Selbstbewusstsein, Selbstkritik, Denkbereitschaft usw. Je „reifer" also ein Kolonist war, umso höher stieg er im Rang auf. Der Rang war nicht altersabhängig und es gab keinen Proporz. Wenn ein Vorgesetzter einen Untergebenen in höflichem Ton bat, so musste dieser gehorchen. Tat er dies nicht, so wurde er u.U. vor das Schülergericht gebracht.

So, das war vor rund achtzig Jahren. Wie könnte ein Konzept heute aussehen?

(1) Warum nicht auch mit *Rangabzeichen*? Rangabzeichen, die nur sehr bedingt auf die schulischen Leistungen des Schülers hinweisen, sondern die Kennzeichen seiner Bildung sind. Rangabzeichen, die gemeinsam von Schülern und Lehrern verliehen werden. „Untergebene" müssen sich den Anordnungen der „Höhergestellten" fügen, sonst drohen unterschiedlich schwere Folgen. Gleichzeitig beweisen Untergebene durch ihre Bereitschaft, vernünftigen Anordnungen Folge zu leisten, selbst bereits gesteigerte Bildung und schaffen dadurch Voraussetzungen zum Rangaufstieg.

---

21 Das waren ähnliche Einrichtungen wie Internate, die Schüler hießen Kolonisten.

(2) Vorgesetzte sind also keine „Hilfssheriffs" oder die Schleimlecker der Lehrer, sondern sie werden *gemeinsam von Schülern und Lehrern befördert.* Und sie besitzen Macht. Sie nehmen an Schulbesprechungen teil, haben das Recht der freien Meinungsäußerung im Lehrerkollegium und bestimmen dadurch über das Wohl und Wehe ihrer Mitschüler mit.
Sie bekommen eine Art „Offizierskasino", das ist aber kein Spielraum, sondern ein Raum, in dem sie durch ruhiges Gespräch und längere Diskussion widerspenstige Mitschüler zu Folgebereitschaft anregen können.
(3) Vorgesetzte können durch ihre Urteil sogar *Versetzungen beeinflussen.* Angenommen, ein ADHS-betroffener Jugendlicher ist aufgrund seiner Problematik schulisch sehr schwach, zeigt aber nach der Einschätzung eines Vorgesetzten die Bereitschaft, Mühe und Aussicht auf Besserung (auch der schulischen Leistungen), nur eben nicht schon zum Zeitpunkt der Notenkonferenz, sondern erst zwei Monate später, so sollte sein Urteil dazu führen können, dass der betreffende Schüler auf Hoffnung und durch Fürsprache des Vorgesetzten dennoch versetzt wird. Das nur als Beispiel.
(4) Vorgesetzte haben unmittelbare Befehlsgewalt. Sie können jederzeit (innerhalb der schulischen Sphäre) unangemessenes Verhalten Untergebener *mit* vorgeschriebenen *Strafen sanktionieren.* Sie haben also Macht (versteht du, warum man die Rangordnung nach der Bildung orientieren muss?). Außerdem unterstehen sie gleichzeitig selbst einer höheren Charge und müssen schon deshalb auf Selbstbeherrschung achten.
(5) Vorgesetzte erleichtern den Lehrern die Arbeit enorm. Sie *übernehmen* die gesamten *Disziplinierungsbereiche.* Sie organisieren geregelten Unterricht, haben aber auch das Recht, Belohnungen für gutes Verhalten (z.B. außerordentliche Schulfeste) anzufordern usw.

Nun, ich glaube, du hast das Prinzip verstanden. Es ist nicht meine Idee, aber ich finde sie sagenhaft. Ich hätte sehr große Lust, das mal gemeinsam mit einer Schule in realisierbare Konkretionen umzusetzen und eine Studie darüber zu veröffentlichen. Ich bin sehr sicher, dass man damit nicht nur ADHS-betroffene Jugendliche, sondern noch ganz andere Kaliber in den Griff bekäme. Es kommt eben auf die Umsetzung an. Hast du Interesse, mit mir gemeinsam einmal solch ein Projekt in einer Schule durchzuziehen, dann melde dich bei mir. Gemeinsam müssten wir doch da etwas auf die Reihe bekommen. Die Umsetzung eines solchen Konzepts bedeutet mir persönlich einen Silberstreif am Horizont der Nacht der buchstäblich langen Messer in unseren Schulen (allenthalben sind die Zeitungen voll, aber vernünftige Konzepte zu realisieren, daran denkt keiner). Also, ich hoffe auf Zusammenarbeit. Ich würde so gerne den Unken beweisen, dass unsere jungen Leutchen nicht die asozialen Glatzköpfe sind, als die man sie hinstellt.

Um dieses Programm aufzubauen, benötigen unsere Vorgesetzten natürlich auch die entsprechende theoretische und praktische Zurüstung von außen. Woher soll denn ein Jugendlicher wissen, wie er mit ADHS-Betroffenen richtig umgeht, wenn nicht einmal die Erwachsenen das so genau wissen. Nein, man dürfte sie hier nicht alleine lassen. Doch bevor man so ein Programm auf die Beine stellt, müssten zunächst von Seiten der Schulen die entsprechenden wohlwollenden Zustimmungen kommen.

Hier sind die einzelnen ADHS-Initiativen gefragt, die Selbsthilfegruppen der Eltern. Ihr ahnt nicht, was ihr alles auf die Beine stellen könnt, wenn ihr nur richtig wollt. Die Ausbildungskonzepte für Vorgesetzte könnten wir gemeinsam liefern. Natürlich liegen bei mir auch bereits einige konkrete Ideen auf der Pfanne. Es hat nur keinen Sinn, hier damit Seiten zu füllen, weil man an dieser Stelle erst eine gemeinsame Stossrichtung entwickeln muss. Die Lehrer dürften diesbezüglich wohl die Ersten sein, die hier mitziehen, ersparen sie sich doch durch solche Programme ein gut Teil ihrer sonst zwar nötigen, aber sehr unwillkommenen disziplinarischen Maßnahmen.

Ein kleiner Bonus für die Zweifler: In den Vereinigten Staaten haben sie bereits etwas Ähnliches auf Stapel gelegt. Dort liegen auch erste Ergebnisse über die Wirksamkeit dieser sog. Mediatoren-Programme vor. Ich zitiere hier eine Grafik von Cunningham[22]:

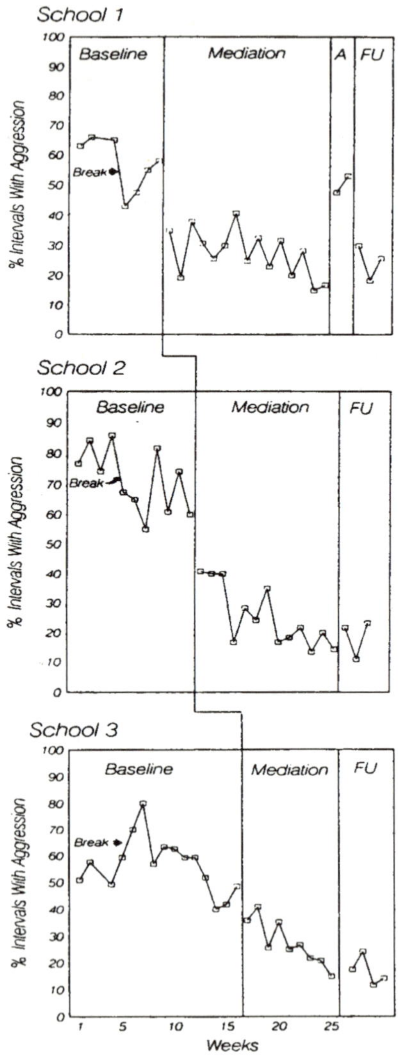

Abb. 18

[22] Cunningham, C.E. (1998): *The effects of a primary division student mediation programm on playground agression.* Journal of Child Psychology and Psychiatry.

Diese Grafik zeigt Beobachtungen aggressiven Verhaltens an drei Schulen, die jede Woche stattfanden. Und zwar vor der Mediation („Baseline"), während der Mediation („Mediation"), in einer Phase, als die Mediatoren von 8 auf zwei Leute herabgesetzt wurden („A") und in einer Nachfolgeuntersuchung („FU"= Follow Up).
Die dramatische Abnahme aggressiven Verhaltens durch Mediation spricht für sich, und ich finde, wir sollten uns an diesem Programm ein Beispiel nehmen.

Kapitel 8

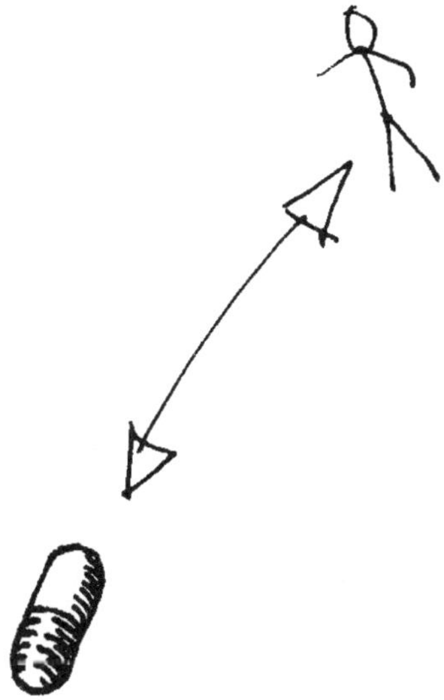

Kausalistische Behandlungsmöglichkeiten

Wenn eine Störung im Leben eines Menschen besteht, kann man versuchen, die Welt dieses Menschen zu ändern, um so die Störung zu beseitigen, oder den Menschen zu ändern, um so die Störung zu beseitigen. Welche der beiden Möglichkeiten ist die bessere? Erinnerst du dich? Wir haben das bereits ausführlich bedacht und sind zum Schluss gekommen, dass es hier kein „besser" oder „schlechter" gibt, sondern dass beiden Auffassungen (und möglichen Mischformen) jeweils unterschiedliche Anthropologien zugrunde liegen, die ihrerseits absolut evident sind.

Kannst du dich noch an die anthropologische Argumentation der Kausalisten erinnern? Wenn nicht, schlage im Kapitel 5 (Anthropologie) nach und rekapituliere das dort Geschriebene.

Die Feststellung, dass es beim Vergleich unterschiedlicher Positionen gegenüber der ADHS kein „besser" oder „schlechter" gibt, ist insofern extrem wichtig, weil man sich dann weniger die Köpfe blutig schlägt. Die Diskussion um die medikamentöse Behandlung ist nur dann sinnvoll, wenn man die medikamentöse Behandlung prinzipiell anerkennt. Tut man dies nicht, so ist man intolerant und das auch noch aus Glaubensgründen. Möchtest du das sein? Ich halte es für ziemlich unklug.
Das Gleiche gilt aber auch andersrum: Gegner einer dialektisch-systemischen Behandlung, die konsequent auf medikamentöse Behandlung verzichtet, sind nur dann zu akzeptieren, wenn sie diese Behandlungsform dennoch prinzipiell anerkennen. Es stehen zwei unterschiedliche anthropologische Konzepte hinter diesen beiden Auffassungen (im letzten Kapitel bringe ich noch eine Art „biblisches Konzept", das noch mal einen anderen Aspekt reinbringt, ohne die anderen Konzepte allerdings abzulehnen). Lernen wir deshalb nun das kausalistische Behandlungskonzept vorurteilslos kennen.

1. Das Krankheitsverständnis: etwas „stimmt nicht“ im Gehirn

Innerhalb der kausalistischen Auffassung geht es darum, die vermeintlichen Ursachen im Unterschied zum dialektischen Krankheitsverständnis möglichst auf einzelne Aspekte einzugrenzen. Man vermutet nicht: „Die Welt ist die Ursache”, sondern dass im Gehirn derjenigen, die von ADHS betroffen sind, bestimmte Areale anders organisiert oder versorgt werden als bei den meisten anderen Menschen („es ist was faul im Oberstübchen”). Angenommen man könnte diese Areale so beeinflussen, dass sie dem Normalmaß angeglichen werden, und das Verhalten der Betroffenen würde sich signifikant ändern, so bedeutete dies für die Kausalisten eine Bestätigung ihres Kalküls.

Anders würden die Dialektiker argumentieren. Sie würden sich beispielsweise am Begriff „normal” reiben. Kann es nicht auch „normal” sein, wenn nicht jeder Mensch eine gleichartige Versorgung des Hirns besitzt, müssen wir nicht unsere Gesellschaft den darin lebenden Menschen anpassen, anstatt die Menschen der existierenden Gesellschaft?

Beide Argumentationen besitzen ihre Schlagkraft und ich finde, wir müssen uns nicht auf die Seite einer oder der anderen Argumentation schlagen, sondern beide Seiten zunächst erst gut kennen lernen. Die Kausalisten haben insofern eine ganz schön starke Position, weil sie enorme Erfolge vorweisen können. Nämlich eben über die medikamentöse Therapie. Wir haben im ersten Teil dieses Buches schon einiges über die Medikamente und deren Funktionsweise gelernt. Ich habe nicht vor, diese Abschnitte hier mit anderen Worten zu wiederholen, sondern schlage stattdessen vor:

Rekapituliere das im Kapitel 3 über die Medikamente Geschriebene zur Vorbereitung auf die nun folgenden Textabschnitte.

Steigen wir gleich in die Frage ein, wie man herausfindet, wann ein Medikament, und hier zunächst eines aus der Gruppe der Stimulantien, günstigerweise eingesetzt werden kann.

2. Wann man Medikamente sinnvoll einsetzen kann

Du weißt ja, ADHS ist ein weites Feld. Es gibt die drei Hauptgruppen der reinen ADS und der reinen HKS sowie die Mischform der ADHS. Stimulantien haben die beste Wirkung bei HKS und bei ADHS. Sie wirken in der Regel nicht so stark bei reiner ADS, hingegen stärker bei HKS und ADHS [1].

Stimulantien kann man sich vorstellen wie ein Treibstoffadditiv für den hochgetunten Golf GTI mit Breitreifen: Er läuft zwar dann wie ein geölter Blitz, aber immer noch nicht wie ein geölter Porsche, er bleibt ein Golf.

Stimulantien machen den Motor nicht stärker, sie helfen nicht denken, sondern sie ermöglichen gewissermaßen ungestörteres Denken - aber immer auf dem Niveau der intellektuellen Fähigkeiten des Kindes. Je besser die Ausgangssituation, je höher die intellektuellen Fähigkeiten des Kindes (ich meine im Folgenden mit Kindern immer auch Jugendliche), desto besser auch die Wirkung von Stimulantien.

So weit mal ein paar generelle Informationen. Aber jetzt wird's ernst: wann setzt man Stimulantien konkret ein und wann nicht? Das ist eine Frage, die vor allem viele Ärzte beschäftigt, die zwar Ritalin verschreiben dürften (das darf nicht jeder), aber nicht wissen, wann sie es verschreiben sollen, und wenn, dann: wie viel sie geben sollen.

Die folgenden Schritte dienen also vor allem für Ärzte zur Orientierung. Wenn du kein Arzt bist, kannst du einem vernünftigen Arzt aber diese Schritte mitteilen. Vielleicht nicht gerade so, dass er sich geschulmeistert vorkommt (das mögen Ärzte im Besonderen und Erwachsene im Allgemeinen überhaupt nicht gerne).

---

1 Man geht beim HKS und ADHS Typus von einer Wirkung bei 70 - 90 % der Betroffenen aus, bei reiner ADS hingegen „nur" von 55 - 65%. Vgl. hierzu am besten Barkley, R.A.; Du Paul, G.J.;

2.1 Hat das Kind überhaupt ADHS?

Der erste Schritt ist:

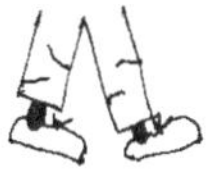

Kriege raus, ob das Kind ADHS hat!

Nein, das ist kein Witz, sondern bitterer Ernst. ADHS und seine Symptome sind derart verwaschen und mit vielen anderen Dingen „verwandt", dass du dir viel (mit „viel" meine ich mindestens 1-2 Stunden) Zeit lassen solltest, um herauszufinden, ob das Kind tatsächlich ADHS „hat". Dabei würde ich zunächst mal nach dem Alter schauen. Bei einem Alter unter vier Jahren würde ich persönlich keinerlei Diagnose wagen, die mit einer Medikamentenverschreibung einhergeht. Ich würde diesbezüglich etwa im Grundschulalter des Kindes beginnen. Und dort untersuche ich zunächst einmal das *Konzentrationsvermögen* des Kindes.

Eines der häufigsten Probleme, die auftauchen, ist die Frage, ob ein Kind beispielsweise nicht aufpassen *will* oder nicht aufpassen *kann*. Ein weiteres Problem ist, ob das Kind deshalb rappelt, weil es sich beispielsweise gegen irgendeinen Stressor wehrt (dann wäre das keine ADHS), oder ob es rappelt, weil seine Motordrehzahl unkontrollierbar ist. Ein weiteres Problem ist beispielsweise, ob ein Kind deshalb nicht aufpasst, weil es unterfordert ist, weil es Sorgen hat, weil es traurig ist usw., oder weil es nicht aufpassen *kann*. Lieber Freund, pass bei der Diagnose auf: es gibt so viele Stolpersteine dabei. Lass dich auch nicht von irgendwelchen Urteilen andere Kapazitäten beirren. Du musst dir dein eigenes Urteil bilden.

Übrigens: aufgrund der Beschaffenheit der ADHS als hypothetisches Konstrukt gibt es auch ***keinen Test*** zur Messung von ADHS und wird es auch nie geben. Es wird bestenfalls irgendwann einmal ein Manual geben, mit dessen Hilfe man besser einschätzen kann, wie weit ein Kind vom Normalmaß weg ist, aber das sagt eben nur etwas über die Einschätzung der ADHS aus und nichts

---

1 u.a.(1991): *Attention deficit disorder with and without Hyperactivity: Clinical response to three dose levels of Methylphenidate*. Pediatrics 87, 519-531.

über das Phänomen an sich (vgl. noch mal das erste Kapitel hierzu).
Es gibt Hilfsmittel, mit denen du u.U. leichter einschätzen kannst, wie es um das Kind bestellt ist. Ich betrachte diese Hilfsmittel aber eher als Gedankenstütze bzw. Erinnerungshilfe dafür, dass ich wirklich auch alle Fragen stelle, die mir wichtig sind.
Das beste Verfahren zur Einschätzung einer ADHS ist meiner Meinung nach immer noch das hermeneutische oder das phänomenologische [2] und zwar im kritisch rationalen Sinne. Huh, das klingt kompliziert. Ist es aber eigentlich gar nicht. Man nehme hierzu:
Viel *Wissen* darüber, was man mit ADHS meint. Die Leute, die die Kriterien dafür formulierten, sind die besten Leute, die wir zur Verfügung haben. Sie werden das Phänomen mit großer Wahrscheinlichkeit auch am besten beschrieben haben. Lerne also das DSM IV und ICD 10 richtig verstehen. Wisse und habe verstanden, um was es bei ADHS geht.
Lass dir zunächst *beschreiben* und stelle keine Fragen. Höre zu und bilde dir vor allem **keine Vorabhypothese**.
Wenn bei dir trotz des Versuches, keine Vorabhypothese zu bilden, dennoch der *Eindruck* entsteht, das Kind habe ADHS, dann darfst du diesen Eindruck behalten, aber nur unter folgender Bedingung:
Versuche nicht, deine Hypothese zu verifizieren, also deinen Eindruck zu bestätigen, sondern versuche, deine Hypothese zu *falsifizieren*, also deinen Eindruck zu widerlegen. Wie widerlegt man?
Wenn deine Hypothese stimmt, so müsste sie mit allen Konsequenzen stimmen. Du musst also die *Konsequenzen überprüfen*, nach dem Motto: „Wenn N. ADHS hat, dann müsste er auch folgendes Verhalten zeigen". Tut er dies nicht, so solltest du zunehmend davon ausgehen, dass dein Schützling keine ADHS hat, sondern etwas anderes, meist nicht medikamentös Behandelbares.

---

2 Vgl. hierzu beispielsweise Dieterich, J. (1999): *Streiflichter zur Wissenschaftstheorie*. Freudenstadt (IPS).

Die Versuchung ist (zumindest für mich) groß, eher nach Hinweisen *für* ADHS zu suchen als nach Hinweisen *dagegen*, dass ADHS vorliegt. Ich sehe die Blicke der Eltern, die gerne wüssten, was mit ihrem Kind los ist. Es ist leichter zu sagen: „Ihr Kind hat eine Krankheit namens ADHS und gegen die gibt es eine Medizin", als zu sagen: „Ich vermute, dass ihr Kind keine ADHS hat, sondern einen Mischmasch aus verschiedenen Problemen, die zu einem ähnlichen Erscheinungsbild führen, das man aber nicht medikamentös behandeln kann". Mir ist es passiert, dass Eltern aufgrund meiner Entscheidung gegen ADHS zu einem anderen Therapeuten gegangen sind, der ihnen ADHS diagnostizierte. Wir wollen eben wissen, was los ist, und wir sollen schnell wissen, wie man es ändern kann... Wir sind eben alle mehr oder weniger Kausalisten...

2.2 ... und wenn ja, wie stark?

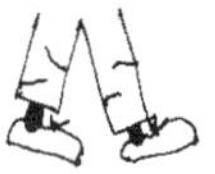

Wie sieht die Nutzen-Aufwand-Relation aus?

Das kannst du halten, wie du persönlich es willst, hier erzähle ich nur meine Meinung, und die ist subjektiv. Ich finde, dass selbst dann, wenn du sicher bist, dass ein Kind ADHS „hat", du immer noch fragen solltest, wie stark diese Problematik das Umfeld und insbesondere die Familie belastet. Ich bin nicht der Meinung, dass in jedem Fall die Verschreibung eines Medikamentes notwendig ist. Um die Schwere des Gesamtzustandes zu ermessen, benutze ich eigentlich ausschließlich die subjektive Meinung der Eltern und anderer Personen des Umfelds (Lehrer, Jungscharleiter, Klavierlehrer usw.). Ich bin nicht der Meinung, die Schwere des Zustands selbst erfassen zu können, denn die Bewertung von Leid ist ein höchst subjektives Geschehen.

Wenn beispielsweise ein Lehrer sagt, dass der Zustand des Kindes untragbar ist, während andere Lehrer sagen, dass das Kind durchaus tolerierbar ist (wenn es in Zukunft therapeutisch betreut wird), dann folgere ich daraus nicht, dass der betreffende Lehrer eine didaktische Flasche ist (oder sonstwie schlecht) - diese Gefahr liegt sehr nahe (!). Ich frage mich aber trotzdem, ob der Zustand des Kindes insgesamt nicht auch ohne Medikamente tragbar wäre. Wenn du reiner Kausalist bist, dann wirst du hier innehalten und dich fragen: „Moment, wir haben gelernt, dass die Nebenwirkungen von Ritalin und anderen Stimulantien minimal sind, warum soll ich einem Kind mit ADHS nicht generell erst mal ein Medikament verabreichen?" Nun, ich sag mal so: kein Kausalist würde wohl heute noch sagen, dass die medikamentöse Behandlung alleine ausreichend sei. In jedem Fall würde er raten, sie durch begleitende therapeutische Maßnahmen zu unterstützen. Wenn die therapeutischen Maßnahmen alleine ausreichen, warum dann ein Medikament geben?

2.3 Weitere Punkte

Sind die Eltern in der Lage, die Medikamenteneinnahme zu überwachen?

Es ist nicht so, dass man z.B. Ritalin „einmal täglich" nimmt, sondern die Einnahme muss zu einem bestimmten Zeitpunkt erfolgen und eine kontrollierte Menge enthalten. Dies zu kontrollieren obliegt in den meisten Fällen den Eltern. Du solltest überprüfen, ob die Eltern des Kindes dazu in der Lage sind (wir kommen nachher noch zur Frage des Zeitpunkts und der Menge).

Wie ist die Haltung der Eltern / des Kindes gegenüber „Psychodrogen"?

Das Wort macht es deutlich: es gibt weitverbreitete Vorurteile gegenüber Medikamenten, die im Gehirn wirken und dort psychische Veränderungen bewirken. Gerade bei Christen ist das besonders - und vielleicht berechtigt - weit verbreitet. Man hat die Angst, durch die Einnahme von solchen Mitteln sein Ich, seine Seele zu verlieren, nicht mehr richtig beten zu können usw. Ich

halte es bei solchen Ängsten für sinnvoll, dass du, solltest du kein Christ sein, die Finger davon lässt: du verstehst die geistlich begründeten Ängste der Betroffenen wohl nicht (sondern meinst nur, sie zu verstehen). Wenn du Christ bist und gleichzeitig Arzt, der Stimulantien verschreiben darf, dann eine Bitte vorweg: schicke mir deine Adresse.
Ich würde in solchen Fällen versuchen, zunächst möglichst gründlich darüber zu informieren, was das entsprechende Medikament tatsächlich bewirkt und vor allem: was es nicht bewirkt (keine Persönlichkeitsveränderung, keine Halluzinationen, keine Horrortrips, keine Psychosen usw.). Wenn deine Patienten Christen sind und christlich begründete Ängste oder Sorgen haben, würde ich ihnen an deiner Stelle weniger als Arzt denn als Glaubensbruder/schwester begegnen. Ich würde ihnen in aller Sicherheit mitteilen, dass die geistliche Beziehung zu Jesus Christus durch solche Medikamente nicht beeinträchtigt wird.

Wie ist die Vorgeschichte des Kindes?

Man muss mit Medikamenten aufpassen, wenn das Kind zuvor bereits bestimmte Erkrankungen hatte. Nervöse Tics (F95) sind solche, und dann diese umstrittene Geschichte hinsichtlich hyperkinetischer Störungen mit Intelligenzminderung und Bewegungsstereotypien (F84.4). Bei diesen Dingen solltest du mit der Medikamentierung äußerst vorsichtig sein, denn man kennt nicht so ganz genau die Wechselwirkungen, bzw. die Tics können sich wieder verstärken.

Hast du die notwendige Zeit?

Wenn du Arzt bist, kennst du das sicher gut: du stehst im Wettlauf mit der Kassenabrechnung und kannst dir für deine Patienten einfach nicht so viel Zeit nehmen, wie du es gerne tätest. Ich sag's kurz und stechend: wenn du ADHS-Kinder medikamentös behandeln willst, brauchst du viel Zeit. Es ist nicht einfach, die notwendige Menge und die Zeitpunkte der Gabe zu bestimmen und du musst das alles genau managen. Du kannst dir überlegen, ob du ein Stück dieses Zeitmangels durch Kooperation mit einem therapeutischen Fachmann kompensieren willst. Dazu musst du ihm aber tief vertrauen und über seine fachlichen Qualifikationen im Klaren sein.

3. Wie man Medikamente einsetzt

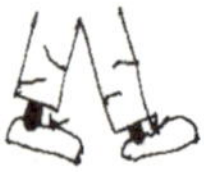

Wirst du dich kundig machen?

Zugegeben: ich will hier schon ein gründliches Buch schreiben, auch gründlich, was die medikamentöse Behandlung von ADHS anbelangt. Aber ich finde persönlich, dass du, bevor du mit der medikamentösen Behandlung beginnst, die weiter unten in den Fußnoten angegebenen Bücher/Artikel lesen solltest. Ein offenes Wort hierzu: ich habe die angegebenen Bücher/Artikel nicht alle gelesen (ich darf ja auch nicht verschreiben), ich habe sie nur als die jeweiligen „black books" kennen gelernt, also als zentrale Informationsquelle für andere Bücher, die diese Ergebnisse wiederholt zitieren. Ich rate dir, lies gründlich, bevor du mit Medikamenten anfängst. Selbst dann, wenn es sich um ein Medikament handelt, das auf seinem Gebiet wohl bald so bekannt ist wie „Nutella", dem

3.1 Methylphenidat, Ritalin®

Normalerweise beginnt eine medikamentöse Behandlung mit Methylphenidat (im Folgenden Ritalin genannt). Man kennt Ritalin schon sehr lange und es ist gut erforscht[3], du bewegst dich hier auf recht festem Boden und kannst im Grunde wenig falsch machen.
Du musst wissen, dass die zu verabreichende Dosis nicht anhand des Körpergewichtes ermittelt werden sollte. Taste dich vielmehr

3 Vgl. hierzu das Standardwerk von Greenhill, L.L.; u.a. (Hg.) (1991): *Ritalin. Theory and patient management.* New York (Liebert).

an den therapeutischen Effekt heran (deshalb brauchst du eben diese viele Zeit). Du solltest zunächst ganz klein mit 2,5 mg am Tag beginnen. Wenn nichts geschieht, kannst du die Dosis auf 2,5 mg zweimal am Tage steigern. Natürlich kannst du nicht hinter dem Kind herrennen und die ganze Zeit fragen: „Und...? Spürst du schon was???". Deshalb solltest du ihm ein kleines Notizbuch verpassen, in dem das Kind (oder die Eltern) den Einnahmezeitpunkt notieren, die Wirkung beschreiben und einschätzen und auftretende Nebenwirkungen sowie deren Zeitpunkt notieren.

Zur Dosis:
Mit Hilfe dieser Notizen müsste es dir gelingen, die Dosis so einzustellen, dass möglichst wenig Nebenwirkungen und möglichst viele Wirkungen eintreten. Die Steigerung der Dosis kannst du in wöchentlichen Abschnitten durchführen (jeweils um 2.5 mg pro Gabe). Wenn du bei 40 mg am Tag angekommen bist und immer noch nichts geschieht, solltest du dich nach einem anderen Medikament umschauen.
Du solltest nicht unbedingt gleich dann die Dosis „einfrieren", wenn eine positive Wirkung eintritt, sondern erst noch ein bisschen weiter hochgehen, vielleicht wird die Wirkung ja noch besser.

3.1.1 Kontrolle der Wirkung

Die Meinung der Amerikaner ist, man sollte die Wirkung der Medikamente durch möglichst umfangreiche Testreihen feststellen[4]. Ich bin nicht so überzeugt davon. Testreihen basieren auf dem wissenschaftstheoretischen Konzept der Empirie und des kritischen Rationalismus. Wissenschaftstheoretisch gesehen sind sie nicht besser, genauer, zutreffender usw. als eine gründliche, wirklich gründliche individuelle Beobachtung auf der Basis des Verstehens.
Wenn es aber egal ist, ob ein guter, wirklich guter Fachmann das Kind und sein Umfeld zu verstehen sucht oder ob gute Tests ge-

[4] Vgl. Du Paul, G.J. , u.a.. *Stimulants*. In. Barkley, R.A. (Hg.) (1998): *Attention Deficit Hyperactivity Disorder*. New York (Guilford), 510ff.

macht werden, dann könnte man doch auch die Vorgehensweise der Amerikaner übernehmen? Schließlich haben die bereits eine ganze Reihe von Manualen entwickelt, mit deren Hilfe man die Wirkungen und Nebenwirkungen einschätzen kann.
Warum ich trotzdem nicht für solche Testreihen bin, hat pädagogische Gründe:
Wir haben es mit betroffenen Kindern und Jugendlichen zu tun, die durch ihre Störung selber und die Einnahme von Medikamenten an sich bereits ziemlich stark verunsichert und wohl auch in psychischem Stress sind. Ich frage mich, welche Haltung dem Kinde gegenüber bereits während der Beobachtung der Wirkungen und Nebenwirkungen nützlicher wäre: ein Haltung des tiefen und innigen Verstehen-Wollens, eine Haltung, die dem Kind die Zeit gibt, die es braucht, oder eine Haltung des möglichst genauen Abtestens? Ich finde, diese Entscheidung ist klar. Deshalb hier meine Meinung in einem kleinen

FAZIT

Da vor wissenschaftstheoretischem Hintergrund hermeneutisch-phänomenologisch-geisteswissenschaftliche Konzepte ebenso erkenntniswirksam sein können wie empirisch-kritischrational-naturwissenschaftliche Konzepte, ist die Wahl des Verfahrens überwiegend pädagogisch zu begründen. Pädagogisch-psychotherapeutisch gesehen ist die verstehende Haltung an sich bereits heilsam, trägt also zum positiven Effekt der Medikamente bei. Hingegen ist anzunehmen, dass testanalytische Verfahren die allgemeine Unruhe des Kindes eher verstärken können und somit bezüglich des Einsatzes von Medikamenten eher kontraproduktiv sind.

3.1.2 Die Wirkung verstehen

Wenn du allerdings bereit bist, verstehen zu wollen, solltest du wissen, wonach du fragen solltest. Verstehen kann man nicht regulieren[5], aber ein grobe Richtung kann man schon vorgeben, finde ich. Deshalb bringe ich hier *grobe Schritte des Verstehens*:

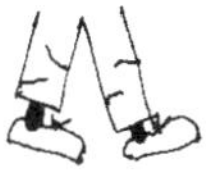

„Wie geht es dir?"

Nein, das ist kein Witz! Für diese Frage solltest du dir Zeit nehmen. Es geht ja nicht um die Antwort: „Gut, danke, und Ihnen?", sondern dann verstehst du, wenn du das Befinden deines Schützlings nachempfinden kannst. Benutzt du Apple-Computer? Das sind die Computer, die nicht mit Windows laufen, sondern ein (viel besseres!!!) Betriebssystem haben (somit weißt du, auf welchem Computer dieses Buch gschrieben wurde...). Was macht ein Appleianer, wenn er dringend ein Windows-Programm laufen lassen will? Er kauft sich eine Emulation, mit deren Hilfe der Apple-Computer so tut, also ob er ein PC wäre. Das Programm läuft dann auf einem Apple (ein bisschen langsamer), obwohl der Apple kein PC ist.

So meine ich *Verstehen*. Du verstehst das Kind dann, wenn du in spezifischen Situationen des Kindes selbst voraussagen kannst, wie sich das Kind wohl verhalten hat. Du emulierst gleichsam das Befinden des Kindes. Du bist zwar nicht ganz so gut wie das Kind selbst, du bist langsamer, aber es geht (ein Argument mehr, einen Apple zu kaufen, statt dieser schnöden „Klick, Quietsch, Rassel, open up, Sie haben Post - , uuups, abgestürzt - PCs").

Wenn du so richtig nachfragst und verstehst, kann es sein, dass dir dein Schützling bereits über einige *Nebenwirkungen* erzählt, die du dir merken solltest. Weil du ja wirklich die (Neben-) Wirkungen verstehen lernen willst, füge ich dir im Anschluss eine Liste an, anhand derer du weiter geschickt fragen kannst, ohne deinem Schützling das Gefühl zu geben, du seist nur an den Wirkungen und Nebenwirkungen des Medikamentes interessiert.

---

5 Eine hervorragende Einführung in die Methode findet sich bei Lassahn, R. (1999): *Einführung in die Pädagogik*. Heidelberg (Quelle&Meyer).

„Was ist eigentlich dein Lieblingsessen?"

Du solltest u.U. damit rechnen, dass der *Appetit* deines Schützlings *nachlässt* bei Einnahme von Ritalin. Ich finde es nicht besonders höflich den Kindern gegenüber, wenn man ihnen das Gefühl gibt, als sei man nur an den (Neben-)Wirkungen interessiert. Ein guter Anknüpfungspunkt an die Essproblematik ist die Frage nach dem Lieblingsessen. „Und wann hat es dir zum letzten Mal so richtig geschmeckt?" wäre dann ein weiterer Punkt.

Übrigens: Essstörungen sind nicht unbedingt allein darauf zurückzuführen, dass dein Schützling jetzt Ritalin statt Schnitzel isst. Nein, es kann sein, dass die Essproblematik durch den übrigen Stress bedingt ist, dass die viele therapeutische Arbeit dem Kind Mühe macht und es deshalb nicht mehr richtig Appetit hat. Um die Situation zu entkrampfen, würde ich u.U. hin und wieder mal das Kind samt Eltern ins McDonalds oder sonst ein Lieblingslokal des Kindes schicken, wo es so richtig 'reinhauen kann.

„Liest du vor dem Einschlafen?"

Wenn ja: „welches Buch", wenn nein, „wie wär's mal mit ...?"

Einschlafstörungen und Schlaflosigkeit können ein Problem sein, das mit Ritalin zusammenhängt. Ich finde, bestimmte Rituale sind gut. Eines der besten Einschlafrituale, die ich kenne, ist die Lektüre geeigneter Bücher. Lesen macht Spaß (sollte es zumindest) und schläfert abends ungemein wohlig ein.

Du solltest nicht so stark die Schlafstörungen thematisieren, sondern eher, was man dagegen tun kann. Schlafstörungen sind nämlich ein Selbstläufer. Wenn ein Kind denkt „huh, ich werde nicht einschlafen können", dann kannst du davon ausgehen, dass es nachts im Bett steht. Aber wenn du gar nicht groß die Schlafstörungen nachts thematisierst, sondern was man tun kann, damit man gut einschläft und gut durchschläft, dann fixiert sich der Blick des Kindes nicht so sehr auf die Schlafstörungen.

Wenn es nachts aufwacht oder frühmorgens nicht mehr richtig schlafen kann, dann solltest du darauf hinweisen, dass Schlaf ein Vorgang ist, der üblicherweise von selbst gelingt, und zwar dann, wenn man müde ist. Das ist zwar vielleicht nicht ganz richtig, aber es hilft. Und zwar insofern, als du deinem Kind Programme anbieten wirst, was dein Kind stattdessen tun kann: Beten zum Beispiel. Sich in Jesu warmen Schäfermantel kuscheln („Stell dir vor, deine warme Bettdecke ist der Schäfermantel Jesu"), oder nachdenken, welche Belohnung es für bestimmte Therapieabsprachen bekommen möchte. Oder in einem bestimmten Ohrensessel mit Kuscheldecke sitzen und dort ein bisschen Musik hören, bis es wieder müde wird (und dann eben im Sessel weiterschläft). Es gibt viele Ideen, du musst sie dir nur gemeinsam mit dem Kind ausdenken.

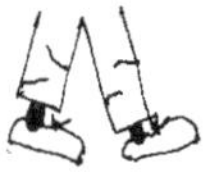

„Bist du gerade traurig?"

Ich habe die persönliche Erfahrung gemacht, dass Kinder, wenn sie depressiv sind, am besten auf diese direkte Frage reagieren. Vielleicht klappt das auch nur bei mir so (weil ich eine eher direkte Art im Gespräch mit Kindern habe), aber ich will es einfach mal vorschlagen. *Traurigkeit und Ängstlichkeit* sind ein Zwillingspaar. Beide können Nebenwirkungen des Ritalins sein.

Das kann schon allein dadurch losgehen, dass Ritalin ein bisschen Herzklopfen machen kann. „Warum bumbert mein Herz so, was ist denn mit mir los, sterbe ich gerade?" - dieser Gedankengang ist nicht unbedingt unwahrscheinlich und es kann geschehen, dass dadurch sich neben der ADHS eine Depression heranbildet. Da solltest du Sorge tragen! Depressionen sind furchtbar! Wir kommen weiter unten auch noch darauf, dass du anstelle von Stimulantien auch Antidepressiva verschreiben kannst, die ähnliche Wirkung entwickeln.

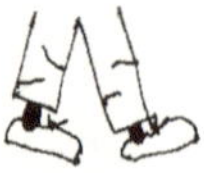

„Was macht deine Pillenfresseritis?"

Wenn du bereits längere Zeit mit dem Kind gesprochen hast, kannst du davon ausgehen, dass eine Beziehung gewachsen ist (wenn du wirklich versucht hast, zu verstehen). Dann mögen Kinder es, wenn man direkt ist. Du darfst das nicht zu früh machen, es könnte sonst als Anbiederei oder Unhöflichkeit gewertet werden. Zum richtigen Zeitpunkt eben. „Pillenfresseritis", naja, kein Wort aus dem Duden und auch nicht salonfähig. Aber es nennt die Sache so beim Namen, wie das Kind sie empfindet: als eine *unangenehme Last*, die man halt ertragen muss. Kein Mensch isst gerne Pillen, am wenigsten Kinder. Es hat keinen Sinn, da drumrum zu reden. Und wissen solltest du wirklich, ob das Kind regelmäßig die Pillen futtert. Das kannst du dann am besten erfahren, wenn das Kind zu dir Vertrauen hat und du die Einsicht beim Kind bewirkt hast, dass es tatsächlich Ritalin einnehmen sollte.

„Hilft sie denn was?"

Die beste Information darüber, wie die Pillen wirken, bekommst du vom Kind selbst. Unglücklicherweise kannst du die *Wirkung der Pillen* nicht am eigenen Leibe erleben (es sei denn, du wärst selbst betroffen). So weißt du wirklich nicht, wie diese Pillen wirken. Klar, du erhoffst, dass das Kind dadurch sich besser konzentrieren kann oder seine Impulsivität besser unter Kontrolle hat und so etwas Ähnliches erwartest du auch.

Mein eigener Eindruck war bisher: wenn die Pillen wirken, dann merkt das Kind, dass sie wirken (und die Umgebung auch). Und zwar deutlich. Etwas überspitzt, aber sicherlich recht nahe an der Wahrheit: Ritalin wirkt entweder, oder es wirkt nicht. Und wenn es wirkt, dann merkt man das.

Zwischendurch zur Kontrolle zwei Fragen an dich:

(1) Woran erkennst du am Kind, dass du (noch) nicht verstanden hast?

Klar, dann, wenn eine Korrektur kommt oder ein klares „Nein, so meine ich es nicht".
Aber auch dann, wenn beispielsweise ein gedehntes „jaaaa, schon", oder „najaaa, jaaa" kommt.
Sogar dann, wenn ein teilnahmsloses „Ja" kommt, solltest du vorsichtig sein. Viele ADHS-Betroffene waren schon in vielen (weniger guten) Händen und haben gelernt, dass wenn man zustimmt, man in Ruhe gelassen wird.

(2) Woran erkennst du am Kind, dass du verstehst?
Ich nenne es für mich immer das „Glücksgluckern", das ist so ein leises Gekichere, verbunden mit „Ja! Genau! (glucksendes, glukkerndes, strahlendes Lächeln)".
An der Gestik merkst du, wenn ein Kind beginnt, Interesse zu gewinnen an dir und deiner Art, verstehen zu wollen: sie wird offener, der Oberkörper beugt sich vor, die Hände gestikulieren[6].

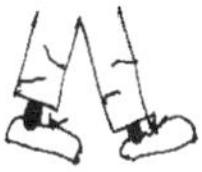

„Hast du eigentlich noch Lust auf Ritalin?"

Irgendwann liegt es in der Luft: du und dein Schützling gewinnen langsam das Gefühl, dass die Verbindung aus Therapie und Medikamenten dazu geführt hat, ganz neue Verhaltensmuster zu entwickeln, die geeignet sind, die *Medikamenteneinnahme unnötig* zu machen.
Ich finde, diesem Eindruck solltet ihr bereits *nach etwa einem Jahr* der Einnahme ruhig Beachtung schenken. Davor halte ich es für unwahrscheinlich, dass die vielen notwendigen und wichtigen Veränderungen im Leben des Kindes und seines Umfelds durchgeführt wurden. Zuvor ist wohl eher der Wunsch nach „Pillenlosigkeit" der Vater des Gedankens.
Wenn ihr beide den Eindruck habt, das Medikament werde nicht mehr benötigt, so könntet ihr einen *Probedurchlauf* machen. Das Medikament muss nicht ausgeschlichen werden, man kann es

---

6 Wieder kann ich nur die Bücher von Samy Molcho zum Studium empfehlen.

absetzen. Setzt es am besten in einer Phase ab, wo sich im sonstigen Umfeld nichts Bedeutendes ändern wird, (nicht gerade zu Beginn der Sommerferien oder eines neuen Schuljahres, sondern) während einer ganz normalen Alltagsperiode. Probiert einmal zwei Wochen, ob es auch ohne Medikament geht. Wenn ihr keinen Unterschied feststellt, so könnt ihr das Medikament auch vollständig absetzen.
Man muss Ritalin nicht den Rest seines Lebens essen, wenn es gelingt, unter der Wirkung von Ritalin neue Verhaltensweisen zu entwickeln. Du kannst dir Ritalin wie Verschlagbretter für Beton vorstellen, die man nur so lange braucht, bis der Beton durchgehärtet ist. Die Therapie funktioniert dabei wie die Luft und die Sonne, die das Trocknen des Betons bewirken. Irgendwann kann der vormals flüssige Beton sich selbst tragen, das ist dann der Zeitpunkt zum Absetzen von Ritalin.

3.1.3 Wenn Ritalin nicht wirkt

Wenn nach vier bis sechs Wochen Einnahme von Ritalin keine Veränderung des Zustands des Kindes eintritt, kannst du davon ausgehen, dass Ritalin nicht das geeignete Medikament ist. Aber eine Warnung:

Abb. 19

Dieses Warnzeichen steht nicht umsonst so fett da! Fange nicht sofort nach Absetzen von Ritalin mit MAO-Hemmern an, du musst **unbedingt die Auswaschzeit abwarten**! Wenn du MAO-Hemmer, z.B. Aurorix®, verwenden willst, warte zuvor etwa zwei, drei Monate ab, sonst kann es zu adrenergen Krisen kommen.

3.2 Andere Medikamente

Ansonsten kannst du ein anderes Medikament ausprobieren, zum Beispiel

3.2.1 Clonidin, Dixarit®

Es ist eine Substanz, die ähnliche Wirkungen wie Ritalin hervorruft, wenn auch offenbar mit mehr Nebenwirkungen[7], mit ziemlich starken Nebenwirkungen. Ich kenne sie aus Studien, die sie empfehlen, wenn gleichzeitig zur ADHS-Symptomatik auch noch Tics auftauchen[8].

3.2.2 Fenetyllin, Captagon®

Im Grunde gilt für dieses Medikament das Gleiche wie bei Ritalin. Es gibt nur Weniges, was anders ist. Man verwendet es, wenn man mit Ritalin keine Wirkung erzielt. Es gilt jedoch Folgendes zu beachten: Eine längere Einnahme von Captagon birgt die Gefahr der psychischen Abhängigkeit in sich, hier musst du als Arzt besonders aufmerksam sein. Das erklärt meiner Meinung nach auch ziemlich deutlich, warum Captagon nicht besonders häufig eingesetzt wird.

Wichtig ist, aber es steht auch auf dem Beipackzettel, dass man Captagon nur einmal am Tag zu schlucken braucht, es wirkt 12 Stunden lang.

Vorsicht aber, wenn du zu einem anderen Präparat übergehen willst, nämlich dem

---

7 Trott, G.E.; u.a. (1995): *Die Pharmakotherapie der hyperkinetischen Störungen*. A.a.O., 218.

8 Leckmann, J.F.; u.a. (1991): *Clonidine treatment of Gilles de la Tourette's syndrome*. Archives of General Psychiatry 48, 324-328; Steingard, R.J.; u.a.: *Adjunctive clonazepam treatment of the symptoms in children with comorbid tic disorders and ADHS*. Journal of the American Academy of Child and Adolescent Psychiatry 33, 394-399.

3.2.3 Monoaminooxidasehemmer, Aurorix®

Abb. 19 Wiederholung

Noch einmal das Warnzeichen – es hat seinen Sinn! Du darfst nicht sofort von Fenetyllin (Captagon) auf MAO-Hemmer (Aurorix) umsteigen. Es gibt offenbar zwischen Fenetyllin und Monoaminooxidasehemmern Wechselwirkungen, die zu adrenergen Krisen führen können. Du musst die **Auswaschzeit beachten**. Ich würde mindestens drei Monate warten, bevor du nach Fenetyllin einen MAO-Hemmer einsetzt. Die Wirkung von MAO-Hemmern müsste eigentlich gemäss dem, was wir bisher über die neuropsychologischen Vorgänge wissen, bei der ADHS-Behandlung eine hervorragende Rolle spielen.

Warum man sie früher nicht einsetzte, lag an den schwerwiegenden Nebenwirkungen, die nicht unbedingt in der rechten Relation zum erwünschten Effekt standen. Mit der Entwicklung von Moclobemid (Aurorix) gelang es, die schweren Nebenwirkungen auf ein offenbar kaum wiegendes Maß zu reduzieren. Studien mit Moclobemid ergaben eine sehr deutliche Wirksamkeit des Medikaments, die nicht auf seine ursprüngliche Zielsetzung (Antidepressivum) zurückzuführen ist, sondern wohl auf die tatsächliche Hemmung der Monoaminooxidase [9].

3.2.4 Tricyklische Antidepressiva, Imipramin, Fluoxetin, Fluctin®

Wie der Name sagt, sind das Medikamente gegen Depression. Nun gibt es die Nebenwirkung bei Ritalin, dass Depressionen entstehen können. Woher diese Depressionen stammen, darüber möchte ich hier nicht spekulieren. Ob sie entstehen als direkte Nebenwirkung oder als Folge der plötzlich positiven Wirkung („was habe ich bisher alles verpasst!") oder als Folge anderer Nebenwirkungen („wieso klopft mein Herz so stark, ich werde doch nicht krank werden?") usw., lasse ich offen.

Formulieren wir also vorsichtig: es kommt vor, dass im Zusammenhang mit der Einnahme von Ritalin Depressionen entstehen können. Die Amis waren da ziemlich pragmatisch und kamen auf die (vielleicht hier etwas lässig formulierte) Vermutung: „Naja, Antidepressiva greifen auch in den Katecholaminstoffwechsel ein, sie gehören also zur selben Großfamilie, warum probieren wir nicht einmal vorsichtig Kombinationen aus". Und siehe da: es wirkte. Kombinationen von Methylphenidat (keine MAO-Hemmer!) und einem der beiden obigen Antidepressiva bewirken oft eine Linderung der Depression und darüber hinaus sogar noch eine weitere Verbesserung der ursprünglichen ADHS-Symptomatik. Man hat auch mit selektiven Serotonin-Wiederaufnahme Hemmern kombiniert (Floxetin/Fluctin) und auch damit gute Erfolge erzielen können[10].

---

9 Vgl. Trott, G.E. (1995): *Die Pharmakotherapie der hyperkinetischen Störungen.* in: Steinhausen, H.-C.: *Hyperkinetische Störungen im Kindes- und Jugendalter.* Stuttgart (Kohlhammer), 217f.

10 Vgl. Gammon, B.D.; u.a. (1993): *Fluoxetine and methylphenidate in combination for treatment of attention deficit disorder and comorbid depressive disorder.* Journal of Child and Adolescent Psychopharmacology 3, 1-10.

Abb. 19 Wiederholung

Wieder siehst du das Warnungszeichen. Du kombinierst: „Aha, es geht wieder um MAO-Hemmer!" Richtig! Egal, wie herum du tricyklische Antidepressiva (Fluctin®, Gladem®, Zoloft® usw.) mit Monoaminooxidasehemmern abwechseln willst (zuerst MAO-Hemmer, dann tricykl. Antidepr. oder *erst recht* zuerst tricykl. Antidepr. und dann MAO-Hemmer), du musst **die Auswaschzeit einhalten**! Sonst kann das tödlich ausgehen! Man spricht von 5 Wochen, ich sage: mache drei Monate daraus!

Zum Schluss: Erinnere dich, was ist der vermutete wirksame Aspekt von Ritalin bei ADHS? Wozu wurde Ritalin entwickelt und wie kam man auf die Idee, es bei ADHS-Betroffenen zu verwenden?

4. Nachwort

Vielleicht geht es dir so wie mir, jetzt, wo ich mich durch diesen Wust von Büchern und Zeitschriftenartikeln durchgewühlt habe: ich habe ein schlechtes Gefühl dabei, wenn man Kindern, die unter der ADHS leiden, die ganze Tonleiter der eben genannten Medikamente rauf und runterspielt. Natürlich, Gefühle haben innerhalb der Wissenschaft wenig Platz, aber gerade deshalb bin ich ja so

froh, dass ich mit diesem Buch nicht unbedingt den wissenschaftlichen Standards (zumindest was die gewählte Ausdrucksweise anbelangt) genüge. Ich darf auch mal sagen, wo mich der Schuh drückt. Und zwar bei dem Gedanken, dass man an Kindern mehrere Medikamente ausprobiert und das vielleicht auch noch ohne Erfolg. Das ist jetzt natürlich nur in Einzelfällen so, aber warnen möchte ich schon davor.
Normalerweise wirken Stimulantien in 70-80% der Fälle positiv auf die Symptomatik der ADHS ein [11], normalerweise helfen also Medikamente in sehr deutlicher Weise. Ich finde, aber das ist meine persönliche Meinung: wenn die Einnahme von Ritalin nichts hilft, sollte man eher im Umfeld des Kindes und auf psychotherapeutischem Wege nach anderen möglichen Ursachen suchen. Vielleicht hat das Kind keine ADHS, sondern entwickelt aufgrund anderer Umstände eine sehr ähnliche Symptomatik.
Als Kausalist müsstest du eigentlich aufgrund dieser Daten davon ausgehen, dass - wenn Ritalin nicht hilft - die Wahrscheinlichkeit groß ist, dass andere Ursachen zu einer der ADHS sehr ähnlichen Symptomatik führen und müsstest demzufolge zunächst nach diesen anderen Ursachen suchen. Vielleicht wirst du feststellen, dass es eine Vielzahl unterschiedlicher Ursachen gibt, die wiederum in gegenseitiger Abhängigkeit stehen.
Höchstwahrscheinlich wirst du aber selbst dann, wenn Medikamente wirken, feststellen, dass die Medikamente allein nicht ausreichen. Du Paul schreibt schön: „Medications do not teach the child anything" [12] und das sollte man sich zu Herzen nehmen. Ohne Therapie helfen Medikamente relativ wenig. Das ist so ähnlich wie mit Zweikomponentenklebern: zusammen halten sie bombensicher, getrennt sind sie jeweils nur eine klebrige Masse.
Ich wünsche mir, dass in Zukunft die Fachleute für die zwei Komponenten, Psychiater und Kinder- und Jugendlichen-Psychotherapeuten, wesentlich besser zusammenarbeiten, als sie dies

---

11 Du Paul, G.J.; u.a.: *Stimulants*. In: Barkley, R.A. (Hg.) (1998): *Attention Deficit Hyperactivity Disorder*. New York (Guilford), 542.

12 ebd.

bisher tun. Ich will kein Kind zum Psychiater schicken, damit es Ritalin bekommt, und hinterher lässt der Psychiater das Kind nicht mehr in meine Behandlung, weil dies „kontraproduktiv" sei (so geschehen...). Ich wünsche mir gute Zusammenarbeit. Also, auf gute Zusammenarbeit...?!

Kapitel 9

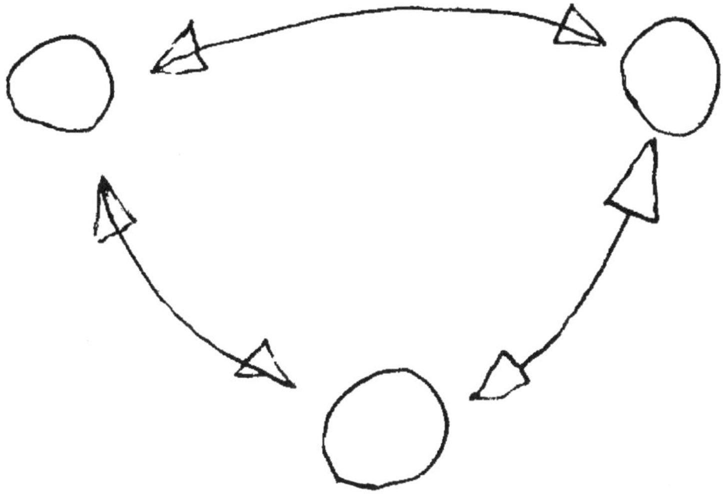

EIN CHRISTLICHER ANSATZ ZUM UMGANG MIT ADHS

1. Warum ein besonderer christlicher Ansatz?

Wie geht man als Christ mit ADHS um? Wenn du selber ein Christ bist, so wirst du diese Frage auf der einen Seite verständlich finden, denn es ist Christen wesenseigen, nach der christlichen Dimension all ihren Handelns zu fragen und deshalb auch beim Handeln innerhalb der ADHS-Problematik nach christlichen Impulsen zu suchen. Auf der anderen Seite wirst du dich vielleicht wundern, warum denn ein explizit christlicher Ansatz gesucht werden soll, denn schließlich sind die bisher vorgestellten Handlungsweisen durchaus für Christen akzeptabel. Warum also ein „eigener" Weg?

Ich sag's mal ganz pragmatisch: weil es offenbar Not tut, zumindest lehrt mich das meine eigene Erfahrung. So oft schon wurde ich gefragt, ob man ADHS nicht „irgendwie christlich" behandeln könne. Also: die Not ist die Mutter der Frage und nicht ein christliches Feigenblatt, weil das Buch in einem christlichen Verlag erscheint und ich als Verfasser Christ bin.

Aber was kann besonders christlich sein im Umgang mit ADHS? Diese Frage schien mir zu heikel, um sie alleine zu untersuchen. Ich habe sie vielen Christen in meinen Seminaren gestellt und möchte hier den Versuch einer Zusammenfassung dieser Diskussionen liefern.

Wir haben herausgefunden, dass die christliche Dimension im Umgang mit ADHS vor allem auf zwei Gebieten bedeutungsvoll wird, nämlich einerseits dann, wenn es darum geht, die ADHS konventionell zu behandeln: dort bewirkt die christliche Dimension einen Standortwechsel, der eine ganz andere Sicht der Dinge ermöglicht. Und andrerseits dann, wenn es tatsächlich daran geht, eine eigenständige Behandlungsweise zu entwickeln. Dort bewirkt sie eine Änderung der Richtung des therapeutischen Krafteinsatzes.

In den Seminaren fanden wir beide Bereiche so spannend und - naja, zugegeben - provokativ, dass ich dir unbedingt die Ergebnisse aus den Diskussionen genauer schildern möchte. Dazu ist allerdings zunächst eine Vorbemerkung notwendig:

Vorbemerkung:

Abgesehen von wenigen Texten haben wir kaum Bibelstellen gefunden, die explizit einen Hinweis auf eine spezifische Aussage der Bibel zu so etwas wie ADHS geben. Es ging uns aber allen so, wie Paulus das im Korintherbrief ausdrückt: „[Christus], der uns tüchtig gemacht hat zu Dienern des neuen Bundes, nicht des Buchstabens, sondern des Geistes. Denn der Buchstabe tötet, aber der Geist macht lebendig" (2. Kor 3,6).

Wir haben uns in unseren Diskussionen wenig in theologischen Spitzfindigkeiten wiedergefunden, bei denen es um die „Urtext-aussage-des-Codex-Sinaiticus-und-wie-man-das-jetzt-auslegen-darf" geht, sondern haben festgestellt, dass der Heilige Geist eine einhellige Atmosphäre der Diskussion schuf, die sehr deutlich in die im Folgenden dargestellte Richtung tendierte. Also, solltest du Theologe sein, dann lass dich auf das Folgende ein, oder lass es aus.

2. Wie der christliche Glaube einen Perspektivenwechsel bewirkt

2.1 Leben in Gottes Hand und Gemeinschaft

Wer Christ ist, der bekommt eine andere Einstellung zum Leben eingebimst. Es ist Jesus offenbar wichtig und gehört zu seinem erzieherischen Programm, dass er uns die Wichtigkeit des hiesigen Lebens relativiert oder gar unwichtig erscheinen lässt. Nicht umsonst sagt Jesus: „Wer sein Leben findet, der wird's verlieren; und wer sein Leben verliert um meinetwillen, der wird's finden" (Mt 10, 39). Es liegt ihm also daran, da er unser Freund und Bruder geworden ist, uns diese - für Nichtchristen nicht nachvollziehbare - Einstellung zum Leben zu vermitteln. Jesus will uns dazu locken, nach dem Reich Gottes zu trachten, nach seiner Art der Gerechtigkeit (Mt 6, 33); dadurch wird uns das Leben hier und dort erst ermöglicht.

Ja, Miesmacher können das eine Art von Lebensverachtung nennen, das steckt da schon mit drin. Und natürlich verändert diese Einstellung auch die Einstellung zur notwendigen Lebensfreude, die Einstellung zur Pflicht, die Einstellung zur Erziehung und die Einstellung zu ADHS speziell.

Du wirst gelassener.

Ein Christ lernt als Erstes mal, dass sein Leben in Gottes Hand steht. Alles, was er tut, tut er durch Gottes Fügung. Wie das mit den Nichtchristen ist, braucht hier nicht erörtert zu werden, aber bei den Christen stimmt's auf jeden Fall: Wer Gott sein Leben übergibt, braucht sich nicht zu wundern, wenn Gott sein Leben übernimmt. Dann macht Gott was mit einem, dann gibt Gott plötzlich die Freuden und Leiden des Lebens und dann bekommt das Leben einen Sinn, der nicht unserem Zeitgeist entspricht. Es dient nicht mehr dazu, es auszukosten und den Freudengehalt herauszupressen wie aus einer Orange, sondern es geht darum, sich auf das Leben in der Ewigkeit vorzubereiten. Dort steht Ewigkeit, hier stehen 70, 80 Jahre. Das ist schon ein Unterschied.
Wer Gott vertraut, dem werden diese paar Jährchen zunehmend aus dem Blickfeld gerückt. Nicht dass man dann wie ein Säulenheiliger auf den Tod wartet, sondern dass man eher zu jeder Zeit bereit ist, ein neues Apfelbäumchen zu pflanzen, aber - und das ist das Wichtige - das Wachsen und Gedeihen dieses Bäumchens in Gottes Hand zu legen.
Du wirst auf jeden Fall weiter das Leben leben. Aber du wirst es nicht leben wie einer, der jeden Tropfen aus der Tube quetscht, so wie es bei Jeremia steht: „Mein Volk tut eine zwiefache Sünde: mich, die lebendige Quelle, verlassen sie und machen sich Zisternen, die doch rissig sind und kein Wasser geben" (Jer 2,13).

Wer an der Quelle wohnt, macht sich über das Wasser keine Gedanken. Wer Christ ist, macht sich keine übergroßen Sorgen. Tust du es doch, so ruht Gott nicht, sondern schnitzt die Sorgen etwa dadurch weg, dass er dir immer mehr Sorgen zulässt, bis du endlich des Schleppens müde bist und ihm die Sorgen übergibst. Natürlich, dieser Prozess kann schwerfallen und sehr weh tun, aber

Gott will diesen Prozess um seiner Liebe zu seinen Kindern willen, und deshalb mutet er ihn uns u.U. zu.
Hast du dann aber deine Sorgen an Gott abgegeben, so wird dein Handeln auch in der ADHS-Problematik gelassener, weil du weißt, dass es nicht mehr deine Sorgen sind, sondern Gott dafür zuständig ist.

Du bist weniger einsam.
Selbst der beste Therapeut ist oft ratlos und selbst im Team weiß man oft nicht weiter. Christen lernen hier etwas Besonderes. Ihnen steht Gott bei. Jesaja hat dies in seinen unnachahmlich kraftvollen Worten wunderbar ausgedrückt. Gott sagt durch ihn: „Fürchte dich nicht, ich bin mit dir; weiche nicht, denn ich bin dein Gott. Ich stärke dich, ich helfe dir auch, ich halte dich durch die rechte Hand meiner Gerechtigkeit" (Jes 41,10).
Das ist ein Verheißung, wie sie mutvoller nicht sein kann: unser Gott beschließt in seiner rätselhaften Größe, sich jedem Einzelnen von uns zum großen Freund, Ratgeber und Fürsprech zu machen. Gott, der Schöpfer des Universums und der Stiller des Sturmes. Wir dürfen für wahr nehmen, dass unser Boot im Sturm nicht untergeht, weil wir jemand dabei haben, der Wind und Wellen gebieten kann. In dieser Gewissheit kann dann auch der Gedanke keimen, dass Gott unsere existentiellen Fehler liebevoll abwendet. Wir lernen, dass wir geborgen sind und unsere Entscheidungen, so sie gefährlich wären, berichtigt werden.
Das Bild des Hirten macht es deutlich. Jesus, der gute Hirte, lässt seinen Schafen viel Freiheit zum Grasen. Aber sein Auge wacht, dass wir uns nicht in Gefahrenzonen begeben. Das ist der Trost in der ADHS, aber auch der Trost in allen Lebenslagen. Der Trost, der durch Trauer trägt und der Trost, der neuen Mut schenkt.
Du wirst, wenn du diese Lektion lernst, erkennen, dass deine Entscheidungen, dein Handeln und Erziehen nicht mehr in Einsamkeit geschehen und vor allem: deine Gemeinschaft ist die Gemeinschaft mit einem Stärkeren als du. Er vergleicht sich mit dem Fels, auf den man ein Haus bauen kann, und es bricht bei

keinem Unwetter ein. Ein Lebenshaus, das steht, weil es auf Gott gegründet ist.

2.2 Leben unter Gottes Führung

Du siehst das Ganze als Lektion und positiv.

Wer einen solchen Gott hat, einen Gott, den Christen ihren Freund nennen dürfen, der lernt, dass Gott ihn nicht im Stich lässt. Wo gibt es einen Vater auf der Welt, der seinen Kindern, wenn sie ihn um ein Ei bitten, einen Skorpion darreicht? Und wenn schon wir Menschen so etwas hinbekommen, obwohl wir zu viel Bösem fähig sind, wie viel mehr wird unser guter Vater im Himmel, der der Ursprung alles Guten und Schönen ist, seinen Kindern Gutes tun (Lk 11,11ff.).

Wenn man sich diese Haltung als Lektion auferlegt und sie lernt, dann wird man erfahren, dass hier plötzlich ein Wunsch entsteht, tatsächlich *jeden* Weg mit Gott gemeinsam zu gehen. Auch wenn die Wege schwer erscheinen, ändert dies an dem Wunsch nichts. Und merkwürdigerweise fällt uns nun die früher so oft gefragte Frage, warum Gott so schwere Wege geht, überhaupt nicht mehr in dem Maß ein wie bisher.

Statt der Warum-Frage: Leben in der Schule Gottes.

Wir achten weniger auf die Schwere des Weges als auf die geistliche Nähe zu Gott. Das ist Bestandteil dieser Lektion und sehr hilfreich. Wir reiben uns weniger in „Warum-Fragen" auf, sondern verwenden unsere Kraft zunehmend dazu, von Gott zu lernen.

Wer an die Existenz des Teufels glaubt, für den ist leicht nachzuvollziehen, wo dieser einem solchen Christen besonders zusetzen wird (und so kann man sich wappnen). Der Teufel wird möglichst versuchen, die alte „Warum-lässt-Gott-das-zu?"-Frage zu formulieren. In dem Moment, wo wir in Zweifel an Gottes wunderbarer Führung geraten, taucht diese Frage urplötzlich wieder auf. Ich halte sie für eine schwere Versuchung, der es durch Gebet zu begegnen gilt.

Die Geschichte von Petrus hilft hier weiter. Als Jesus auf dem Wasser wandelte, wollte Petrus zu ihm gelangen (Mt 14,22ff.). Er hielt Jesus für so mächtig, dass er ihm gebieten könne, auf dem Wasser zu laufen, und es würde gelingen. Und tatsächlich, Jesus sprach „komm her" und dann stieg Petrus aus dem Boot und ging auf dem Wasser und kam auf Jesus zu. Als er dann aber die Wogen und den Wirbelwind sah, als ihm klar wurde, auf was er sich da eingelassen hatte, bekam er Panik, und in dem Moment begann er zu sinken und das erhöhte seine Panik ins Unermessliche: „Herr, hilf mir!!!". Da streckte Jesus seine Hand sogleich (!) aus und ergriff ihn und sprach: „Du Kleingläubiger, warum hast du gezweifelt". Und Petrus lernte mal wieder, dass er eben ein Lernender ist, ein Lehrling, der nicht alles so hinbekommt, wie es sein sollte.
Wie lange braucht ein Mensch, um ein Jünger zu werden, wie lange braucht ein Mensch, um im Glauben zu steh'n? Aber, wenn wir tatsächlich lernen wollen, dann geht es prinzipiell vorwärts. Einem Christen in Bewegung geht es prinzipiell und zwingend immer besser, denn er wandert auf Gottes Reich zu. Vorwärts kommt man nur, wenn man weitergeht. Wer sich in die Schule Gottes begibt, der lernt. Und solch ein Schüler lernt gewiss auch am Beispiel der ADHS: Alle guten Gaben, alles, was wir haben, kommt o Gott von dir: wir danken dir dafür.

2.3 Leben in den guten Geboten und Möglichkeiten Gottes

Du sollst nicht töten!

Dieses Gebot spricht in dramatischer Form aus, welcher Gefahr Menschen ausgesetzt sind, die mit ADHS irgendwie betroffen sind: es ist die Gefahr der Gewaltanwendung. Jesus hat dieses Gebot in pädagogisch erschütternder Weise ausgelegt: „Ich aber sage euch: wer mit seinem Bruder zürnt, der ist des Gerichts schuldig; wer aber seinem Bruder sagt: Du Nichtsnutz!, der ist des hohen Rates schuldig; wer aber sagt: Du Narr!, der ist des höllischen Feuers schuldig." (Mt 5,22)

Das sind Worte, die eine Riesenschuld anmahnen. Gäbe es unsere Leistungsgesellschaft nicht, so würden wir anders mit ADHS umgehen. Der häufigste Auslöser dafür, dass ADHS behandelt werden soll, sind nachlassende Schulleistungen. Da geht's um die Wurst, unsere Kinder sollen sich qualifizieren. Lassen sie in ihren Leistungen nach, so ist das der Grund für eine Behandlung und nicht irgendein subjektiv empfundenes Leiden. Und dann gibt man ihnen Medikamente und dreht sie durch therapeutische Mühlen, nur damit sie in der Schule wieder die altgewohnten oder erwünschten Leistungen bringen.

Und um all das zu bewirken, setzen wir eine Gewalt ein, die geradezu menschenunwürdig ist. Wir schimpfen auf die Kinder („du Nichtsnutz..."), wir verachten ihre geringe Leistungskraft („du Narr...") und treiben sie unbarmherzig in die Tretmühle hinein, ohne uns nach unseren Beweggründen zu fragen, ohne uns selbst einmal genauer unter die Lupe zu nehmen. Diese Sicht der Dinge, male ich sie zu kontrastreich? Mag sein, aber sieh den Kern der Wahrheit darin!

Lasse dich hinterfragen, so wie ich mich hinterfragen muss. Wenn ein Christ sich hinterfragt, dann lernt er, was Barmherzigkeit bedeutet. Dass Jesus für uns wilde und unbarmherzige Menschen gestorben ist, das lehrt Barmherzigkeit zu üben. Mir wird's richtig beklommen, wenn ich feststelle, wie oft ich hier schon gefehlt habe.

Ich denke an die Geschichte vom Splitter und dem Balken (Mt 7): „Richtet nicht, damit ihr nicht gerichtet werdet!" Wenn wir hier nicht lernen, steht's übel um uns. Und das gilt nicht nur für den Umgang mit ADHS-Betroffenen, wahrlich nicht nur hierfür. Was gilt es zu lernen? Jesus sagt es so: „Wenn du deine Gabe auf dem Altar opferst und dort kommt dir in den Sinn, dass dein Bruder etwas gegen dich hat, so lass dort vor dem Altar deine Gabe und geh zuerst hin und versöhne dich mit deinem Bruder und dann komm und opfere deine Gabe" (Mt. 5,23f.).

Was heißt das? Wir sind nicht die Herren unserer Kinder, sondern sie sind uns von Gott in Obhut gegeben worden, dass wir sie

großziehen in seinem Sinne. Dazu gehört keine Gewaltanwendung, die aus Ohnmacht heraus entsteht; dazu gehören keine Verachtung oder Unwillen, die aus Ohnmacht heraus entstehen; dazu gehört keine Ungeduld, kein Geschimpfe, kein unnützes hartes Wort aus unserer Ohnmacht heraus.
Und schon gar nicht, wenn uns diese Ohnmacht nur deshalb überfällt, weil die Welt an uns Anforderungen stellt, die wir als Christen zu halten eigentlich nicht gewillt sind. Da sollen wir uns nicht klein kriegen lassen, sondern von Jesus lernen. Immer daran denken: wir sind Lehrlinge und machen Fehler, aber wir wollen lernen, wie man's anders macht, als es in der Welt gemacht wird.

Du wirst nicht mehr sorgen müssen.

„Niemand kann zwei Herren dienen: entweder er wird den einen hassen und den anderen lieben, oder er wird an dem einen hängen und den anderen verachten. Ihr könnt nicht Gott dienen und dem Mammon" (Mt. 6,24)
Es heißt nicht: Ihr *sollt* nicht Gott und dem Mammon dienen, sondern: ihr *könnt* es nicht. Es geht nicht! Mammon ist für mich der Weltgott. Der Gott, der verehrt wird, wenn man an die Welt glaubt. Die Welt mit ihrer Karriere, die Welt mit Qualifikationen, die Welt mit Klavierunterricht, Turnverein, Hausaufgaben und dann auch noch ... Therapie!
Diesem Gott können wir dienen - können, noch mal: *können* dann aber nicht Gott dienen. Das ist das Dilemma, in dem wir uns alle befinden. Entweder wir machen mit und dienen der Welt, oder wir machen eben nicht mit, haben dann aber keine Gewähr dafür, wie es denn weitergehen soll. Im Grunde ist dieses Dilemma (so weiß es der willige Geist und zweifelt das schwache Fleisch) aber eigentlich keins: denn egal wie wir uns abstrampeln, egal wie umsichtig wir unsere Kinder erziehen, wie vorsichtig wir unsere Altersvorsorge planen: eine Gewähr auf Erfolg haben wir nicht, wenn wir selbst strampeln. Ich denke da immer: es kann mir jederzeit, trotz bester Vorsorge, ein Ziegelstein auf den Kopf fallen und dann hat mir meine Vorsorge auch nichts geholfen.

Nicht sorgen, sondern vertrauen!

Das Dilemma ist eine Schimäre, die uns der Satan vorgaukelt: dadurch, dass er uns den „Glauben" gibt, dass man, wenn man nur kräftig genug sorgt, Erfolg haben muss, macht er uns zu seinen Dienern. Dann dienen wir ihm, dem Fürsten der Welt. Er trickst uns aus, indem er uns suggeriert, dass wir in die Zukunft planen sollen, dass wir Vorsorge treffen sollen. Dadurch nimmt er uns für sich gefangen. So soll es aber nicht sein! Wir sollen und wollen doch Gott dienen.

Wie aber geht das? Hier eine eigene Antwort zu geben, wäre Torheit: Jesus hat sie uns unvergleichlich gut gegeben:

„Darum sage ich euch: Sorgt nicht um euer Leben, was ihr essen und trinken werdet; auch nicht um euren Leib, was ihr anziehen werdet. Ist nicht das Leben mehr als die Nahrung und der Leib mehr als die Kleidung? Seht die Vögel unter dem Himmel an: sie säen nicht, sie ernten nicht, sie sammeln nicht in Scheunen; und euer himmlischer Vater ernährt sie doch. Seid ihr denn nicht viel mehr als sie? Wer ist unter euch, der seines Lebens Länge eine Spanne zusetzen könnte, wie sehr er sich auch darum sorgt? Und warum sorgt ihr euch um die Kleidung? Schaut die Lilien auf dem Feld an, wie sie wachsen: sie arbeiten nicht, auch spinnen sie nicht. Ich sage euch, dass auch Salomo in aller seiner Herrlichkeit nicht gekleidet gewesen ist wie eine von ihnen. Wenn nun Gott das Gras auf dem Feld so kleidet, das doch heute steht und morgen in den Ofen geworfen wird: sollte er das nicht viel mehr für euch tun, ihr Kleingläubigen? Darum sollt ihr nicht sorgen und sagen: Was werden wir essen? Was werden wir trinken? Womit werden wir uns kleiden? Nach dem allem trachten die Heiden. Denn euer himmlischer Vater weiß, dass ihr all dessen bedürft. Trachtet zuerst nach dem Reich Gottes und nach seiner Gerechtigkeit, so wird euch das alles zufallen. Darum sorgt nicht für morgen, denn der morgige Tag wird für das seine sorgen. Es ist genug, dass jeder Tag seine eigene Plage hat" (Mt 6,24ff).

Zu einer solchen Antwort bedarf es der Göttlichkeit Jesu. Wenn ich mir diese Antwort anhöre, dann erkenne ich, wie sehr mein Glaube

klein ist und wie sehr ich seiner liebevollen Lehre bedarf. Vielleicht geht es dir auch so. In dir krümmt sich etwas und windet sich: „aber ich kann doch nicht einfach alles laufen lassen, ich muss doch...". Lieber Freund, lass uns gemeinsam lernen, dass uns unser himmlischer Vater wohl versorgt.
Gerade dann, wenn du in schweren Zeiten bist (und wer ist das heute nicht?), wenn dein Kind ADHS hat oder du deinen Arbeitsplatz verloren hast oder du hinten und vorne nicht mehr weißt, woher du dir Zeit nehmen kannst, gerade dann ist Jesus uns als Lehrmeister besonders nah und erinnert dich daran: nimm mein Joch auf und lerne von mir.
Tue heute, was dran ist, und dann mach Feierabend. Morgen tue dasselbe und unser himmlischer Vater wird (mannomann, es fällt mir schwer, dieses 'wird' zu schreiben), er *wird* für uns sorgen.

Du wirst lieben können.

Wer so geliebt wird von einem himmlischen Vater, erst der kann Liebe geben. Nur wer geliebt wird, kann andere lieben. Deine ADHS-Kinder scheinen dich manchmal nicht zu lieben, und du kannst deine Kinder manchmal nicht lieben. Es ist furchtbar! Unsere Welt ist so lieblos geworden. Woher auch nehmen? Jeder ist mit sich selbst beschäftigt und sorgt sich. Aber wir, wir haben die Chance, das aufzubrechen. „Wenn ihr bleiben werdet an meinem Wort, so seid ihr wahrhaftig meine Jünger und werdet die Wahrheit erkennen, und die Wahrheit wird euch frei machen" (Jh 8,31). Frei sein. Frei, jemand zu lieben; frei, Liebe zu geben, ohne sich selbst auszubluten. Das ist so unglaublich schön, dass es uns angesichts dieser Welt aus den Augen gerät.

Gottes Wort macht frei!

Die Welt droht und geifert, sie nimmt die Menschen in Zwänge ohne Ende. Wer an Jesu Wort bleiben wird, den wird Jesus frei machen. Ich empfinde diese Zusage so unglaublich, ja, befreiend, dass mir eigentlich die Worte fehlen. Wenn du vom christlichen Standpunkt aus die ADHS betrachtest, dann lehrt dich Jesus hier:

nimm dir Zeit, sein Wort zu studieren. Auch wenn du keine Zeit hast für gar nichts: für Bibellese sollte immer Zeit sein. Ich habe mir hier eine kleine Stütze gebaut: ich lese die Bibel ein paar Mal am Tag. Wenn das eine Mal wegfällt, dann habe ich immer noch Reserve.

Außerdem habe ich mir eine kleine Minibibel zugelegt. Es gibt so viel Zeit, die wir nutzlos verbringen: im Wartezimmer eines Arztes, im Zug oder Bus, selbst vor dem Kochtopf muss man manchmal warten (bis die Spätzle weichgekocht sind, bis der Spinat im Topf entfroren ist usw.), du kannst immer mal wieder schnell dein Bibelchen zücken und ein paar Verse weiterlesen.

Das Verrückte daran ist (zumindest nach meiner Erfahrung): auch kürzeste Zeiten des Lesens der Bibel schwingen unheimlich lange nach. Geschweige denn, wenn du dir tatsächlich Zeit nimmst, deine Bibel stationär zu lesen. Das bringt Freude und Frieden! Mit dieser Freude im Herzen kannst du deine Kinder lieben und durch diese echte Freude machst du die scheinbar verloren geglaubte Zeit mehr als wett.

Probier's doch mal. Sage nicht, dass du das nicht schaffst, denke es gleich gar nicht erst, sondern fange an. Es ist schon verrückt: eine der Antworten darauf, was Christen im Umgang mit ADHS anders machen können ist: die Zeit mit Bibellesen und Gebet zu verbringen. Das steht garantiert nicht in irgendeinem Lehrbuch drin! Jesus verspricht uns, dass er lebendiges Wasser ist, Wasser, das nachfließt und das man nicht leer trinken kann. Lebendiges Wasser als Quell der Liebe, die nicht nachlässt, weil sie nicht aus uns selber stammt. Stelle dir vor, welch großen Garten der Liebe du mitten in unserer Wüste der Gleichgültigkeit anlegen könntest, wenn du die Quelle zur Bewässerung der Pflänzchen und Pflanzen benutzt und nicht deine eigene Spucke.

Du wirst vergeben können.

Kennst du die Geschichte vom Schalksknecht? Das war einer, der hatte bei seinem Herrn Riesenschulden und es war Zahltag und der Mann hatte das Geld nicht beisammen. Der Herr sagt, naja, dann

bleibt nur die Liquidation: ich verkaufe dich samt deiner Frau, deinen Kindern und allem was du hast, um wenigstens einigermaßen ins Reine zu kommen. Der Mann fällt dem Herrn zu Füßen und bettelt und was tut der Herr angesichts dieser Verzweiflung? Er stundet die Schulden nicht, nein - er erlässt sie ihm!
Überglücklich verlässt der Mann den Raum - und trifft einen seiner eigenen kleinen Schuldner. Er denkt nicht mehr an das, was ihm erlassen wurde, sondern prügelt auf den Schuldner los, um von ihm das Geld zu bekommen. Das wird dem Herrn hinterbracht und er lässt den Mann sofort zu sich kommen, weil er so zornig ist und wirft ihn hinaus und überlässt ihn den Liquidatoren.
Das ist die Geschichte, die Jesus über das Vergeben erzählt (Mt 18, 21ff.). Hier geht es um die Frage der Relationen. Schau dir ein kleines Kind an, das ADHS hat und den Mist, den es baut und den Ärger, den es dir verursacht: es ist natürlich dein kleiner Schuldner, aber, was soll das denn? Wir wollen doch lernen! Gott hat uns, die wir arg sind, unsere Schuld erlassen, sollten wir unseren Kindern die ihre nicht auch erlassen? Und zwar siebzigmal siebenmal (wenn du so oft vergeben hast, hast du von Gott schon so viel gelernt, dass du zu zählen aufgehört hast). Vergib, wie dir vergeben wurde. Mache die Vergebung nicht zu einer verhaltenstherapeutischen Kunstform, sondern sei echt und vergib. Rede nicht 'rum, diskutiere nicht groß, kläre nicht alle Details, wenn dir die Sache an sich klar ist, sondern vergib.

Was meint vergeben oder verzeihen eigentlich?

Die Wurzel der Worte stecken in ganz eigenartiger Erde: vergeben stammt vom althochdeutschen fargeban und hat etwas mit austeilen und verschenken zu tun. Sein Wortgebrauch im Sinne von „verzeihen" geht von der Vorstellung aus, dass man jemandem etwas schenkt, das man von ihm zu beanspruchen hat [1]. Und auch das Wort verzeihen hat einiges zu erzählen: es hat indogermanische Wurzeln und hat sowohl etwas mit „Zehe" (im Schwä-

1 Duden Bd. 7 (1989): *Das Herkunftswörterbuch.* Mannheim (Brockhaus), 220f.

bischen sagt man Zaea) als auch mit „Zeichen" zu tun. Es meint im Neuhochdeutschen „einen Anspruch aufgeben" und im Mittelhochdeutschen „versagen, abschlagen, sich lossagen"[2].

Beide Worte haben also die Bedeutung, dass man Besitzansprüche, die man zu Recht hat, aufgibt. Das Aufgeben meint dabei tatsächlich das Weggeben: es ist dann nicht mehr da, man hat es verschenkt, es gehört einem nicht mehr.
Wenn wir verzeihen oder vergeben, dann geben wir etwas, das uns gehört, an jemand ab oder geben etwas auf. Alles das tun wir endgültig, wir holen es nicht mehr hervor, denn wir haben es nicht mehr. Wenn wir jemand vergeben, dann ist der Anspruch, den wir eigentlich zu Recht führten, endgültig weg.
Wir können das tun, weil Jesus uns lehrt, wie er selbst uns vergibt. Wenn er unsere Schuld nicht in diesem Sinne tatsächlich „austilgen" (nein, diese Etymologie verrate ich jetzt nicht mehr, das ist einfach zu spannend...) würde, könnten wir selbstverständlich nicht etwas tun, das uns niemand gelehrt hat.

2.4 Leben in einem neuen Verhältnis zu deinem Kind und mit deinem Kind zu Gott

Du siehst in deinem Kind ein Geschöpf Gottes.

„Siehe, schau hin, erkenne: Kinder sind eine Gabe des Herrn!" (Ps 127,3) Das Kind, das du großziehst, ist ein Geschöpf, das Gott zubereitet hat. Gottes Augen sahen dieses Kind, als es noch nicht bereitet war (Ps 139,16). Es ist nicht dein Kind, das du großziehst, sondern es ist sein Kind, das er dir anvertraut hat zur Erziehung. Gott als Herrscher über alles kann es sich auch leisten, Menschen entstehen zu lassen, die uns Menschen nach unseren Maßstäben wenig gelten. Aber warum, was ist der Sinn einer Krankheit, wer hat Schuld? Wieso lässt Gott das zu? „Meister, wer hat gesündigt, dieser oder seine Eltern, dass er blind geboren ist? Jesus ant-

2 Ebd., 826.

wortete: Es hat weder dieser gesündigt noch seine Eltern, sondern es sollen die Werke Gottes offenbar werden an ihm" (Jh 9,1ff.).

Im Leiden werden Gottes Werke offenbar.
Das ist eine für uns Menschen sicherlich besonders schwere Lektion: zu lernen, dass Leid einen Sinn darin hat, dass die Werke Gottes offenbar werden sollen. Ein Nichtchrist langt sich an den Kopf, einem Christen ist es als Lektion aufgegeben. Er soll lernen, dass Gott seine Werke offenbaren will. Dieser Lernvorgang fällt uns üblicherweise leicht, wenn dies Werke sind, die auch uns selbst behagen. Aber solche Werke sind nicht unbedingt das, was Gott uns offenbaren will, sondern vielleicht die tiefen Geheimnisse der Werke Gottes im Leid, in der Frustration, im Zweifel, in der Müdigkeit, in der Resignation.
Wer weiß das schon? „Seine Jünger traten zu ihm und sprachen: Deute uns das Gleichnis" (Mt 13,36). Wer kann schon sagen, was uns Jesus lehren will, wenn er es uns vielleicht erst irgendwann deuten wird? Wer weiß, ob die Dinge in deinem Leben nur zum Gleichnis geschehen, nur als Beispiel, um etwas anderes, viel Wichtigeres zu lernen?
Ich bin nicht so vermessen, hier salbungsvoll zu predigen, aber ich will dir und mir solche Fragen stellen, um unseren Standpunkt zu verändern. Kinder sind Geschöpfe Gottes, sie gehören uns nicht, sie sind wunderbar, und wenn Gott es gnädig meint, lässt er uns an unseren eigenen Kindern lernen. Ob dieser Lernstoff behagt oder nicht, ist unwichtig - gelernt werden soll er. Und ganz besonders die Jünger Jesu, wir Christen, sollen lernen.

Du wirst durch dein Kind geadelt.
Man fragt sich ja schon: „Warum gerade ich?", „Warum bin ich mit diesem schweren Kind zusammengekettet?" Naja, wenn du davon ausgehst, dass das Kind, das dir anvertraut ist, von Gott wohlüberlegt an dich geschickt wurde, weil du die beste Mutter, der beste Vater bist, die/der mit diesem Kind zurande kommt, dann ist das natürlich - so gesehen - eine Riesenauszeichnung. Gott traut

es dir zu, nicht ein Kind großzuziehen, das wunderbar brav, fleißig, folgsam, kreativ, sensibel, selbstsicher, künstlerisch-naturwissenschaftlich-sprachbegabt, „Jugend musiziert" gewinnend und gleichzeitig Turnfestsieger ist, sondern ein Kind, das manchmal einfach bloß entsetzlich schwierig ist.

Du bist Gottes Mitarbeiter.
So ein Superkind zu erziehen, das geht ja im Grunde genommen von selbst, dazu braucht es keine Spitzenleute. Ich habe in meiner Beratungsarbeit noch kein gesundes Kind mit gleichzeitig gesunden Eltern getroffen. Nein, die schwierigen Leute brauchen die guten Erzieher. Dass Gott in dir solch einen guten Erzieher sieht, hättest du vielleicht nicht gedacht, aber ich frage dich: würde Gott einer Flasche ein schwieriges Kind anvertrauen? Nein, dazu braucht er seine Christen, denn die sind besonders fähig dazu, schwierige Kinder großzuziehen, denn schließlich erleben sie selber, wie Gott sie großzieht und haben deshalb Erfahrung. Ich glaube, dass es keine besseren Erzieher gibt als die dazu ausersehenen und dass unter Christen die fähigsten aller Erzieher sitzen.
Deshalb musst du dein jetzt neuerworbenes Selbstbewusstsein nicht in die Welt hinausposaunen. Denn erstens ist es gar kein Selbst-Bewusstsein mehr, sondern ein Bewusstsein um deinen „neuen Adam", der schrittweise in dir zutage tritt, und zweitens ist es überhaupt nicht Mode, in Adelskreisen zu protzen. Adel verpflichtet. Erst recht, wenn es himmlischer Adel ist.
Also freue dich, aber verzehre die Früchte deiner Freude in stiller Beschaulichkeit. Kreische nicht wie der Gockel auf dem Mist deine Besonderheit in die Welt hinaus, aber freue dich wie die glucksende Henne an jedem Körnlein deiner Freude, roohdodoooodohdoooooh!

Du wirst getragen sein.
Wer fühlt sich auf dieser Welt schon für die Müdigkeit von Eltern eines ADHS-betroffenen Kindes zuständig? Und sich selbst moti-

vieren ist manchmal so wie sich selbst aus dem Sumpf ziehen. Nein, einen Träger brauchen wir dringend. Jemand, der uns trägt, wenn wir müde sind, wenn wir verzagt sind. Einer, der so stark ist, wie wir uns das nicht vorstellen können, aber ersehnen. Jesaja bezeugt von Gott dem Herrn, dass er so einer ist: „Er wird seine Herde weiden wie ein Hirte. Er wird die Lämmer in seinen Arm sammeln und im Bausch seines Gewandes tragen und die Mutterschafe führen" (Jes 40, 11).
Ich war dieses Frühjahr in Irland, zu einer Zeit, in der die Touristen die Insel noch nicht überschwemmen. Da hat es Schafe, die sind halbwild. Wenn ich als Fremder mich annähere, rennen sie unweigerlich weg. Du hast keine Chance, an ein irisches Schaf heranzukommen, es sei denn, du wärst der Hirte. Das hab ich nämlich auch gesehen. Da kommt so ein irischer Farmer in seinem Auto, steigt aus und stößt so ein seltsames Geräusch aus und dann rappelt und trappelt und hopst es plötzlich von überall her. Die Schafe kennen die Stimme des Hirten. Und weil mich das so interessiert hat, habe ich diesen Sommer mit einem deutschen Hirten gesprochen (versuche mal mit einem irischen Hirten zu sprechen, der hat eine sehr merkwürdige Aussprache, kein Gälisch, kein Englisch, vielleicht Hirtisch?), wie das so geht mit den Schafen.

Irgendwie sind sie alle recht wortkarg, die Hirten, aber ein bisschen was hat er mir erzählt. Zum Beispiel, dass sein Hund eine imaginäre Grenzlinie zieht, die er patrouilliert. Hinter der Grenzlinie wird es gefährlich und dort darf niemand hin, auch kein neugieriges Lämmlein. Geschieht es doch, so wird der Hund zum Bewachen der Herde abgestellt und der Hirte geht suchen. „Und tragen Sie das Lämmchen dann auch?", frage ich. „Ja, soll ich es denn hinter mir herziehen, wenn's verletzt ist?" brummt er und schaut mich mit seinen blauen Augen an.

Gott ist unser Hirte.

Das macht unser Hirte gerne, uns tragen, wenn wir mal wieder in die Irre gingen, denn für einen Hirten ist klar, wem seine Liebe

gilt: zuerst den Schafen, dann dem Schäferhund, und dann kommt sehr, sehr lange nichts mehr...
Und dass Gott uns im Bausch seines Gewandes tragen wird, wenn wir schwächlich sind, ist eine solch schöne Vorstellung, dass ich am liebsten nie mehr selbst laufen wollte. „Solltest du aber, schließlich muss ich doch irgendwann auch ein paar Mutterschafe anführen...!" Wenn ich dann viel gelernt habe und vernünftig geworden bin, dann möchte ich auch gerne als Mutterschaf hinter meinem Hirten hertrotten. Aber ich weiß, ein Hirte kann im Notfall auch ein Mutterschaf tragen und lieben tut er es sowieso.

Du kannst gemeinsam mit deinem Kind beten.

A propos Schafe. Meine Mutter hat mir als Kind ein Lied beigebracht, das ich nie vergessen werde und das wunderschön ist. Weil es (leider!) nicht mehr im Gesangbuch drin ist, schreibe ich es hier aus dem Kopf mal hin:

Weil ich Jesu Schäflein bin
Freu ich mich doch immerhin
Über meinen guten Hirten
Der mich wohl weiß zu bewirten
Der mich liebet, der mich kennt
Und bei meinem Namen nennt.

Unter seinem sanften Stab
Geh ich aus und ein und hab
Unaussprechlich süße Weide
Dass ich keinen Hunger leide
Und sooft ich durstig bin
Führt er mich zum Brunnquell hin.

Sollt ich da nicht fröhlich sein
Ich beglücktes Schäfelein
Denn nach diesen schönen Tagen
Werd' ich endlich heimgetragen

In des Hirten Arm und Schoß
Amen, ja, mein Glück ist groß.

Was ich mit diesem zauberhaften Lied ausdrücken will, ist das, dass du dieses Lied gemeinsam mit deinem Kind in der Ich-Form singen und beten kannst. Du und dein Kind, in Jesu Augen seid ihr beide Schafe. Beide schwach und des Schutzes bedürftig. Gemeinsam mit einem Kind zu beten versöhnt am Ende eines Tages über die Lasten hinweg. Man hat Gemeinschaft mit dem Kind und zwar eine Gemeinschaft, die sonst zwar immer gewünscht wird, aber nie im echt pädagogischen Sinne zu verwirklichen ist: die Gemeinschaft auf Augenhöhe.

Wie oft habe ich das schon gehört, diesen Schmu von wegen seinem Kind auf Augenhöhe zu begegnen. Selbst wenn du dich hinkniest und du denkst „jetzt bin ich Augenhöhe", bist du eigentlich nur ein knieender Erwachsener auf Augenhöhe. Und wenn du mit deinem Kind in kindgerechter Sprache sprechen möchtest, benutzt du eigentlich nur eine Art „Übersetzungsprogramm" und entsprechend schlecht kann das Ergebnis sein (zumindest wenn du einen PC besitzt. Bei Apple-Computern passiert so etwas ... aber sagte ich das nicht irgendwo bereits?).

Kind und Erwachsener – beide kindlich Hilfe suchend bei Jesus.

Du kannst deinem Kind in der Welt nicht auf Augenhöhe begegnen. Das, was du tust, wird immer eine mehr oder weniger gute Kompromisslösung sein. Das liegt einfach daran, dass du, egal wie du es machst, kein Kind mehr bist. Du hast eine viel längere Geschichte. Dieses Hindernis zu einem pädagogischen Mittel umzuwandeln ist vielleicht die große Gabe der großen Pädagogen. Aber uns Durchschnittsmenschen gelingt das oft nur sehr mangelhaft. Schlimm, wenn du da kein Christ bist. Gut, wenn du einer bist. Jesus macht dich zu einem Kind, dann bist du plötzlich als Erwachsener auf Augenhöhe.

„Kinder, habt ihr nichts zu essen? Sie antworteten ihm: Nein" (Jh 21,5).
Was für ein Vers: welch grandiose Kommunikation. So geht Beten als Kind. Und in dieser hilflosen Haltung gemeinsam mit seinem Kind zu beten, da findet man plötzlich Leben:
„Als sie nun an Land stiegen, sahen sie ein Kohlenfeuer und Fische darauf und Brot" (Jh 21,9).
Hast du schon mal ausgehungert am Morgen gegrillte Fische und ofenfrisches Brot gegessen, so mit Basilikum bestreut und knusprig? Mmmmh (au weia, es ist erst elf Uhr und ich bekomme schon Hunger).
Im gemeinsamen Gebet mit deinem Kind kannst du gleichzeitig auf Augenhöhe euren gemeinsamen Heiland anrufen und trotzdem du selbst bleiben. Das ist köstlich!

2.5 Leben in einer geschwisterlichen Gemeinde und mit einer ewigen Hoffnung

Du hast Geschwister.

In unserer Gesellschaft individualisiert und vereinsamt sich das Leben immer mehr. Gerade die Möglichkeit, so viel zu tun, so individuell zu sein und so viele Wege gehen zu können, führt dazu, dass Menschen vereinsamen. Wenn es nicht mehr eine Hauptstrasse gibt, sondern zehntausend kleine Wege, dann braucht man sich nicht zu wundern, wenn einem auf diesen Wegen nicht besonders viele Gefährten begegnen. Der Mensch ist aber (und dazu komme ich später noch genauer) auf Gemeinschaft ausgelegt. Menschen sind hierin wie Ameisen: in der Gemeinschaft können sie Dinge bewegen, die schwerer wiegen als ihr eigenes Leben. Alleine stehen sie da und krampfen.
Nur, die Richtung, in die gezogen wird, sollte auch stimmen. Wenn jeder in eine andere Richtung zieht, verbraucht man nur Kraft und bleibt auf der Stelle. Jetzt hat wir aber eine pluralistische Gesellschaft und jeder weiß eine bessere Richtung. Deshalb würden dir Freunde unter Pluralisten selbst dann nichts helfen, wenn die

Worte „Freundschaft" und „Pluralismus" nicht schon eine Unmöglichkeit in sich trügen. Nein, du brauchst Freunde, die in die selbe Richtung wandern. Die vielleicht nicht immer auf denselben Stein treten wie du, oder in deinen Fußstapfen wandern, aber dieselbe Richtung haben. Denn dann kannst du gemeinsam mit deinen Freunden an der Last eines Kindes mit ADHS nicht nur tragen, sondern mit ihr weiterkommen.
Deshalb ist es so besonders schön, dass uns Christen eine gemeinsame Hoffnung und ein gemeinsames Ziel verbindet: die Hoffnung auf die Wiederkunft unseres Herrn und als Ziel die Verbundenheit mit Jesus durch seinen heiligen Geist. Das ist eine Hoffnung und bewirkt eine Tatkraft, die einem Nichtchristen unfassbar und geradezu lächerlich (wenn auch bitter und neidisch lächelnd) erscheinen mag. Uns Christen fällt es leichter, unsere Kinder zu tragen, weil wir starke Geschwister haben. Wie gerne hätte ich im Kindergarten einen großen Bruder gehabt, der mich abholt und beschützt und für mich sorgt. Jetzt habe ich in meinem Hauskreis ein paar große Brüder und Schwestern, und wie man dort gemeinsam tragen und schleppen und ziehen kann, ist für mich einfach unglaublich schön. So etwas haben Nichtchristen nicht. Aber so etwas steht uns zur Verfügung, wenn wir nur wollen.

Du wirst hoffen können.

Ganz zuletzt, aber umso wichtiger: Wir haben eine unendlich beglückende Hoffnung. „Ererbt das Reich, das euch bereitet ist von Anbeginn der Welt" (Mt 25,34), sagt Jesus als der kommende Herrscher. Wir haben die Hoffnung auf die neue Welt. Eine Welt, die konkret für uns gerade von Jesus vorbereitet wird. Vergiss nicht, Jesus war Zimmermann, das wird etwas Schönes! Ich persönlich glaube auch, dass es etwas sehr Konkretes wird. Mit Tieren und schönen Wäldern und Freunden und Dorfschänken und Abenteuern und fremden Ländern und schönen Palästen und neuen Bekanntschaften und lecker Essen und gutem Bier (oder Wein) und frischem Brot und dem allen.

Ich weiß, darüber kann man streiten. Mit Kindern gemeinsam diese Hoffnung zu genießen, habe ich noch nie Schwierigkeiten gehabt. Die Kinder finden die Vorstellung eines konkreten Himmels wunderbar (Man denke nur an die schöne Beschreibung - nicht die bescheuerte Handlung (!) - der „Brüder Löwenherz" [3]). Und ich selbst belebe mich sehr häufig an dieser Vorstellung und male mir den Himmel richtig schön aus. Wenn ich daneben gelegen habe, was soll's?! Schließlich wird es dann nur noch viel schöner. Aber auf diese Weise versüße ich mir meinen grauen Alltag und den der Kinder.
Ob man solche Gedanken denken darf oder nicht, darüber zu streiten habe ich mir abgewöhnt. Deshalb rate ich dir das auch nicht als Tipp, sondern „stell's mal in'n Raum". Im Himmel wird es Bäume geben, von denen die Menschen essen und gesund werden, und zwar ohne Nebenwirkungen. Selbstverständlich wird ein verhältnismäßig ungefährliches Leiden wie die ADHS dort ebenfalls geheilt. Diese Hoffnung in Verbindung mit den Sonnenflecken auf der Waldlichtung, mit dem Duft des Laubs in einem Herbst, der nicht mehr auf den Lauf der Zeit hinweist, sondern auf die Schönheit der Schöpfung Gottes - all jenen Phantasien, die die Kinder mit mir gemeinsam austüfteln, das gibt uns eine Freude, die wohl nur Christen möglich ist auf dieser Welt. Eines Tages wird Jesus wiederkommen und alle Tränen abwischen und dann wird alles gut.

3. Kann man das auch in die Tat umsetzen? Thesenpapier für eine christliche Behandlung der ADHS

3.1 Ist die christliche Behandlung mit „weltlichen" Konzepten kompatibel?

Das nun Folgende ist nicht gedacht als eine eigenständige und bereits fertige therapeutische Alternative zu den bisher vorge-

---

3 Lindgren, A. (1973): *Die Brüder Löwenherz.* Hamburg (Oettinger).

tragenen Behandlungsmethoden. Denn die jetzt hier vorgetragene ist nicht so deutlich anders als die bisher vorgestellten Methoden (das wirst du nachher noch deutlicher merken). Aber vor allem: Ein „christlicher Behandlungsweg" ist angesichts der vielseitigen Ansichten darüber, was Christentum denn nun eigentlich ist, schwer eindeutig zu formulieren. Auf jeden Fall muss ein „christlicher Behandlungsweg" jedoch eines beherzigen: man darf dort immer mit der souveränen Einwirkungskraft Gottes durch seinen heiligen Geist rechnen.
Du kannst also nicht einen fertigen „christlichen Behandlungsweg" formulieren, denn du weißt nie, ob der heilige Geist nicht noch etwas dazutun oder wegnehmen wird.
Deshalb brauchen wir glücklicherweise gar nicht darüber zu diskutieren, was denn ein christlicher Behandlungsweg sei, denn es kann ihn aus prinzipiellen Gründen überhaupt nicht geben (eben weil der heilige Geist jedem Konzept einen Vorläufigkeitscharakter aufdrückt). Warum also doch so eine Art Versuch zu einem Vorschlag?
Das hat den Grund darin, dass Christen eben die Sehnsucht haben, in allen Bereichen ihres Lebens das Wirken Gottes möglich zu machen. Wir machen uns Sorgen, ob wir, wenn wir nur nach „weltlichen" Behandlungskonzepten arbeiten, nicht eine wesentliche Komponente unseres Daseins „aussperren". Wir sind unsicher, ob der medikamentöse Behandlungsweg mit Jesu Lebenskonzept konform geht. Wir sind misstrauisch den Werten dieser Welt gegenüber und fragen uns, ob wir unsere Kinder tatsächlich diesen Werten konform erziehen und behandeln möchten.

Solche Fragen tragen dazu bei, dass man sich als Christ schon etwas tiefere Gedanken darüber machen sollte, ob es nicht eine Alternative geben könnte. Wir haben uns in meinen Seminaren sehr gründlich mit dieser Frage auseinandergesetzt und ich möchte dir hier das Ergebnis dieser Diskussionen vorstellen. Ich will damit nicht eine Diskussion auf der Ebene eines Glaubenskrieges anzetteln. Wer anderer Meinung ist, ist herzlich eingeladen, sich in geschwisterlicher Weise in den Diskussionsprozess einzuschalten. Wir sind noch nicht fertig, und wir werden es nie sein, einen festen „christlichen Behandlungsweg" zu formulieren, aber das ist kein Grund, ihn nicht wenigstens zu suchen. Nur wer sich bewegt, kommt weiter.

3.2 Die christliche Anthropologie der Gemeinschaft

Erinnerst du dich noch an das fünfte Kapitel dieses Buches? Da ging es um Anthropologie. Darum, dass Menschen in ihrem Handeln von den jeweiligen anthropologischen Grunddimensionen abhängig sind, ob sie sich deren bewusst sind oder nicht. Es gibt unterschiedliche „Quellen" für anthropologische Dimensionen und die allermeisten dieser Quellen sind hinsichtlich ihrer Herkunft nicht eindeutig als „biblisch" oder „nicht-biblisch" einzuordnen [4]. So wird es natürlich schwierig, wenn nicht gar unmöglich, eine explizit „biblische" Anthropologie zu finden, die dann auch zu einem explizit biblischen Behandlungsweg für ADHS führen könnte.

Aber mit einer biblischen Aussage sollten wir uns doch gründlicher beschäftigen. Ich schreibe hier den entsprechenden Text der Bequemlichkeit halber vollständig auf (so brauchst du jetzt keine Bibel heranzuholen):

„Einer von ihnen [ein Pharisäer/JD] versuchte ihn und fragte: Meister, welches ist das höchste Gebot im Gesetz? Jesus antwortete ihm: 'Du sollst den Herrn, deinen Gott, lieben von ganzem Herzen, von ganzer Seele und von ganzem Gemüt' (5. Mose 6,5). Dies ist das höchste und größte Gebot. Das andere aber ist dem gleich: 'Du sollst deinen Nächsten lieben wie dich selbst' (3. Mose 19,18). In diesen beiden Geboten hängt das ganze Gesetz und die Propheten" (Mt 22,35ff.).

---

4 Eine Ausnahme liefert beispielsweise das Menschenbild Nietzsches, aber das braucht hier nicht groß diskutiert zu werden. Lese- und Literaturhinweise findest du beispielsweise in Dieterich, J. (1999): (Hg.): *Streiflichter zur Wissenschaftstheorie*. Freudenstadt (IPS).

Das Wesentliche an dieser Textstelle (vor anthropologischem Hintergrund gesehen) ist die Tatsache, dass Jesus hier offenbar eine *Hierarchie* entwickelt. Dass es also tatsächlich ein Gebot gibt, eine Lebensrichtlinie, eine Anthropologie, die wichtiger ist als die anderen. Ich bin kein Theologieprofessor, deshalb will ich jetzt hier nicht herumdiskutieren, ob Jesus hier nur auf eine „Versuchung" reagiert hat (V. 35), oder ob er tatsächlich eine gültige Hierarchie entwickelte. Ich gehe mal davon aus, dass Jesus in allen Fällen die Wahrheit sagt und zwar die absolute.
Deshalb haben wir hier offenbar tatsächlich eine Hierarchie, die uns einen Anhaltspunkt geben könnte, auf welche anthropologische Dimension wir Christen vielleicht besonderen Wert legen sollten und welche konkreten Handlungsweisen sich im Umgang mit der ADHS daraus entwickeln.
Die Anthropologie, die sich aus diesem dreifach gefächerten Liebesgebot entwickelt, besteht in einer deutlichen Bezugnahme auf *Gemeinschaft*. Der Mensch ist durch das Gebot der Liebe dazu geschaffen und bestimmt zu lieben. Anders herum: wenn er liebt, geht es ihm gut, wenn nicht, verschlechtert sich seine Lebensqualität.
Der Mensch ist also, um gesund zu sein, auf eine dreifach gewendete Gemeinschaft hin ausgerichtet:
Die Gemeinschaft mit Gott,
die Gemeinschaft mit anderen Menschen und
die Gemeinschaft oder vielleicht Versöhnung mit sich selbst.

Gründet der Mensch sein Leben auf diese anthropologische Grunddimension, so erfüllt er im Sinne Jesu das ganze Gesetz und die Propheten. Anscheinend liegt hier also tatsächlich ein Hinweis auf eine explizit christlich/biblische Anthropologie vor.
Ich will das jetzt theologisch nicht ausführlich reflektieren, kann es auch nicht, sondern stelle es mal zur Debatte. In dieser Debatte müsste beispielsweise zur Sprache kommen, ob ein kausalistisches (oder sonst ein) Weltbild nicht ebenso stark biblisch begründet werden könnte wie dieses Gemeinschaftlichkeits-Weltbild. Und

man müsste sich fragen, ob die Bibel, die doch im Geist der Freiheit geschrieben wurde (zumindest das NT), nicht eine deutliche Hierarchisierung aus sich selbst heraus in Frage stellt.
Wenn wir nun einmal annehmen, diese Anthropologie sei in gewisser Weise „christlicher" bzw. „biblischer", dann entwickelt sich aus dieser Anthropologie zunächst eine ganze Anzahl eigenständiger und besonderer Wertekategorien, die ganz anders ausfallen als bei anderen Anthropologien.

3.2.1 Die Beziehung zu Gott

Etwas ist generell dann gut, wenn es dazu beiträgt, dass meine Beziehung zu Gott vertieft wird: **Suche nach dem Sinn.**
Nun, das ist ein abstrakter Wert, denn wer weiß schon, was eine Beziehung zu Gott vertieft? Auf der anderen Seite zeigt uns aber diese Abstraktheit des Wertes in aller Deutlichkeit auch die Möglichkeit auf, dass es tatsächlich Dinge im Leben geben kann, von denen wir nicht der Meinung sind, dass sie unsere Beziehung zu Gott und Jesus vertiefen, und sie tun's effektiv trotzdem. Noch mal anders formuliert: ein Christ kann nicht unbedingt damit rechnen, dass das, was er selbst für wertvoll hält, in den Augen oder Plänen Gottes tatsächlich wertvoll ist.
Das gibt einem Christen eine merkwürdige Art von Unsicherheit: er weiß nicht so recht, was er für wertvoll halten soll, weil er nicht weiß, was imstande ist, seine Beziehung zu Gott zu vertiefen. Stell dir mal Abraham vor: Glaubst du im Ernst, Abraham hätte es für wertvoll gehalten, seinen einzigen, von Gott verheißenen Sohn gleich wieder auf dem Opferaltar zu verbrennen, weil es seine Beziehung zu Gott vertiefen würde? Nein, er tat das sicher in merkwürdiger Unsicherheit und Zweifel. Aber er war bereit, das Unvorstellbare zu wagen. Und tatsächlich vertiefte Gott gerade durch diesen Vorfall seine Beziehung zu ihm und löste nebenbei auch noch das Problem des Menschenopfers.

Gottes Wege sind nicht „unsere“ Wege.

Nein, wir Christen können, wenn wir diese Anthropologie verfolgen, nicht mit Sicherheit sagen, was für uns oder unser Kind tatsächlich wertvoll ist, weil wir nicht genau wissen, was dazu geeignet ist, unsere Liebe zu Gott zu vertiefen und damit dem Gebot gerecht zu werden. Das gilt auch im Hinblick auf mögliches Leid! Auch Leid könnte etwas sein, was unsere Liebe zu Gott durch seine unbegreifliche Führung wesentlich vertiefen würde. Und so bekäme eine christliche Behandlung der ADHS ihren ersten radikalen Unterschied zu den übrigen Behandlungsarten.

In einer christlichen Behandlung müsste eine Frage untersucht werden, die in anderen Behandlungsformen nicht diskutiert wird:

Hat die ADHS meines Kindes einen tieferen Sinn?

Vorsicht: ich sage nicht, dass diese Frage sofort mit „Ja!" beantwortet werden und damit wieder der übliche „schmale" Weg empfohlen werden soll. Aber ich sage mit aller Ausdrücklichkeit (auch im Namen meiner Diskussionspartner): man sollte sich das gründlich überlegen. Die Frage, ob das Leiden an ADHS nicht einen tieferen Sinn haben könnte, der zum Heil führt und dazu, die ADHS bestehen zu lassen, ist genauso überraschend wie die Frage:

Kann es sinnvoll sein, seinen einzigen Sohn opfern zu wollen?

Diese Frage ist doch auch verrückt. Aber Abraham hat diese Frage akzeptiert und das rechnete Gott ihm zur Gerechtigkeit.

Ich kann mir nicht helfen, ich habe das Gefühl, dass wir Christen zunehmend mit demselben Anspruch daherkommen wie die Nichtchristen: für mich auf dieser Erde nur das - meiner Meinung nach - Beste! Dieser Anspruch ist an sich nicht unbiblisch, bis auf dieses „meiner Meinung nach"; um das geht es. Das sollten wir diskutieren und in der christlichen Beratung gründlich erwägen. Hat die ADHS nicht tatsächlich in ihrer Existenz einen besseren Sinn, als wenn man sie versucht auszutreiben? Ich sage noch mal: in diesem Buch findest du dazu keine Antwort. Die Antwort auf diese Frage musst du in deiner Beziehung zu Gott und zu deinem Kind und zu deinem christlichen Berater finden. Aber ich finde es ungeheuer wichtig, diese Frage zunächst einmal zu denken und sie nicht gleich als abstrus und zum christlichen Alteisen gehörend zu verwerfen.

Deshalb entwickelt sich aus dieser Anthropologie ein weiterer Wert: **Das Gebet**.
Beten ist wichtig. Und gerade dann, wenn wir Beten besonders nötig haben, scheint der Teufel alles zu tun, um uns davon abzuhalten. Ich finde, wer solch schwere Fragen bedenken will wie die oben formulierte, der sollte viel und lang beten. Nicht unbedingt nur über diese Frage, aber dazu, um Gott kennen zu lernen.
Im Gebet spricht Gott durch seinen heiligen Geist mit mir und teilt mir seinen Willen mit. Dieses Gebet brauchst du, wenn du nicht die falsche Entscheidung treffen willst. Halte dich nicht, nicht! an der alten Faustregel der Christen fest: „Tue immer das, was dir am meisten schwer fällt, dann wirst du den Willen Gottes tun“. Das ist eine unglaubliche Fehleinschätzung Gottes. Denn Gott ist unser himmlischer Vater und nicht unser Profos (vorgesetzter Offizier). Nein, wir sollten den Willen Gottes im Gebet erfahren.
Und das ist schon wieder ein radikal anderer Aspekt einer christlichen Behandlung von ADHS. In der christlichen Behandlung sollten die Eltern (und wenn möglich auch die Kinder) dazu angehalten werden, besonders intensiv zu beten. Das sieht keine andere Behandlungsform vor. Bei denen ist sichtbare Arbeit angesagt und nicht das Ruhen vor Gott. Verrückt, oder? „ADHS und dann beten. Da hab' ich doch keine Zeit zu!"
Dieses Argument empfinde ich als ein Mensch, der selbst keine ADHS-Kinder hat, immer sehr beklemmend. Ich kann da nicht einfach daherkommen und sagen: „trotzdem, du musst beten" oder so etwas Ähnliches. Trotz dieser Beklemmung, nach dem Motto „ich habe ja gut reden", will ich's sagen: Beten hilft immer und nimmt dir keine Zeit weg.
Auch anderes nimmt die Zeit nicht weg: Bibellesen zum Beispiel.

➳ Wer betet, sollte auch: **die Bibel lesen**.
Bibellesen ist so etwas Ähnliches wie ein kräftiges Vesper auf der Baustelle. Natürlich kannst du als Bauherr sagen, dass du jetzt keine Zeit zum Vespern hast, denn nachher kommt der Glaser und der Zimmermann will morgen die Balken setzen. Aber wenn du etwas Ordentliches im Magen hast, kannst du ruhig und kräftig arbeiten. Das ist besser als mit knurrendem Magen und knurrender Stimmung. Das Wort Gottes ist beste Speise für die Seele. Deshalb nehmen wir es als Therapeutikum in unsere „christliche Behandlung" auf.
Keine andere Behandlungsform benutzt das Bibellesen als tatsächliche Hilfe. Hier ist die christliche Behandlungsform anders. Ich bin der Meinung, dass Menschen, die es mit ADHS-Kindern zu tun haben, unbedingt ein kräftiges Vesper im Bauch haben müssen. Das gilt für Seelsorger und Eltern und eigentlich auch die Betroffenen selbst. Nur ist es den Betroffenen oft (noch) nicht möglich und vielleicht auch nicht sinnvoll.
Was für Bibelstellen? Einfach genauso wie beim Vespern: Zum Vesper isst man eine würzige Wurst, Käse und Brot. Nicht unbedingt nouvelle cuisine. Obwohl dieser Vergleich vielleicht ein wenig hinkt, glaube ich doch, dass es Stellen in der Bibel gibt, die mehr nach Wurst, Schwarzbrot und Käse schmecken als nach Carpaccio an Balsamicodressing (obwohl das auch lecker schmecken kann - nur nicht auf der Baustelle).
Ganz ungeheuer nahrhaft empfinde ich die Evangelien. Auch Jesaja kommt kraftvoll daher, Jeremia ist wie Speckbohnen mit würziger Soße. Die Psalmen sind Energieriegel. Das Hohelied ist etwas Köstliches, aber als Baustellenvesper vielleicht nicht so geeignet.

FAZIT

Drei Dinge halte ich für notwendige Bestandteile einer christlichen Therapie. Sie entwickeln sich aus der ersten anthropologischen

Annahme, nach der ein Mensch dann ein gutes Dasein findet, wenn er Gott liebt.
(1) Wir brauchen zu Gott eine enge Beziehung, um zu erkennen, dass Gott uns führt, auch wenn er Wege geht, die uns weder einsichtig noch unabänderlich erscheinen.
(2) Wir brauchen in der christlichen Behandlung die Option, dass ADHS u.U. kein Schicksalsschlag ist, sondern eine Lernchance Gottes. Das *muss* nicht so sein, aber es sollte in den Bereich des Möglichen gezogen werden.
(3) Dann brauchen wir, um unsere Beziehung tatsächlich entstehen und gedeihen zu lassen, das intensive Gebet und das Lesen in Gottes Wort. Beides sind Elemente, die uns stark machen zu der immer schwierigen Behandlung von ADHS-Betroffenen.

3.2.2 Die Beziehung zum Mitmenschen

Etwas ist dann gut, wenn es die Beziehung und Liebe zum Nächsten ermöglicht.
In dieser Anthropologie geht es nicht nur um die Beziehung zwischen Gott und dem Individuum, sondern auch um die Beziehung zwischen Menschen. Von Liebe geprägt soll sie sein. Lass uns ein Weilchen bei diesem noch abstrakten Gedanken verweilen. Denn auch in der Abstraktion entwickeln sich manchmal wichtige Dinge. Es ist ein fundamentaler therapeutischer Unterschied, ob du versuchst, beispielsweise dein Kind für unsere Gesellschaft leistungsfähig zu machen oder - schwieriges Wort - „liebesfähig". Es führt dich in die schon ein paar Mal gestellte Frage zum Gesundheits- und Krankheitsbegriff hin.
Ist ein Kind dann "gesünder", wenn es liebesfähig ist und nicht optimal gesellschaftsfähig, oder ist es gesünder, wenn es in der Gesellschaft gut zurechtkommt, aber dafür an Ellenbogenverhärtung leidet (vom vielen sich „Durchboxen")? Du siehst, diese Frage kann einen bereits in ihrer Abstraktion ziemlich aufwühlen oder zumindest beschäftigen. Ich will hier auch keine private Antwort geben. Nur, wenn du tatsächlich zur hier vorgetragenen

Anthropologie neigst, dann wirst du dein Handeln danach richten, was du tun kannst, damit dein Kind gemeinschafts- und liebesfähig wird.

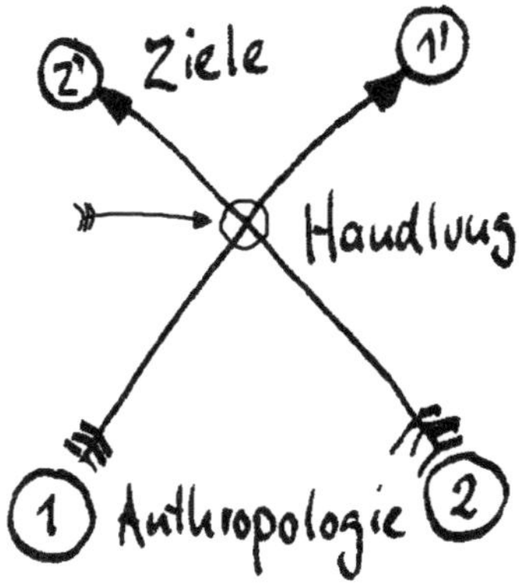

Abb. 20

Du siehst das an diesem Bildchen. Nur deshalb, weil sich die Handlungswege kreuzen und zu einem bestimmten Zeitpunkt geradezu deckungsgleich sein können, bedeutet das noch lange nicht, dass diese Handlungen dem selben Zweck dienen und dieselbe Begründung haben. Deshalb ist es wichtig, dass wir uns zunächst auf der abstrakten Ebene bewegen. Du kannst nicht sagen, dass eine „christliche Behandlung" immer andere Verfahrensweisen benutzt (oft schon, aber nicht immer), und deshalb kann es sein, dass eine christliche Behandlungsweise (ich lasse die „" jetzt mal weg) nach außen genau gleich aussieht wie eine andere Behandlungsweise.

Erziehungsziel: gemeinschaftsfähig und liebesfähig

Aber sie dient einem anderen Zweck und sie begründet sich anders. Deckungsgleichheiten werden zeitlich vorübergehende Phänomene bleiben und die Verschiedenheit wird schrittweise gravierender. Wenn du christliche Behandlungsweisen verwendest, willst du, dass dein Kind (und natürlich auch du selbst) gemeinschaftsfähig und liebesfähig wird. Es geht dir darum, dass Menschen dazu da sind, ihren Nächsten zu lieben und nicht dazu, sich

selbst zu verwirklichen. Um dieses Ziel zu erreichen, kann es sein, dass deine Handlungen nahezu gleich aussehen wie die anderer Behandlungsweisen, aber sie werden zu einem anderen Ziel führen.
Das kann dann konkret beispielsweise darin bestehen, dass man versucht, Familienstrukturen neu zu gestalten. Beispielsweise überlegt man die Frage, ob in Zukunft nur noch ein Elternteil arbeitet. Diese Frage ist in der Behandlung von ADHS-Betroffenen absolut nicht revolutionär, aber sie dient in diesem Kontext einem ganz anderen Zweck. Es geht nicht darum, die Kinder durch die Anwesenheit der Mutter in der Schule leistungsfähiger zu machen oder sozial kompetenter. Sondern es geht darum, ob man nicht in der Familie mehr gegenseitige Liebe üben könnte. Und da Liebe bekanntlich Zeit braucht, ist es vielleicht besser, viel Zeit zu haben als viel Geld. Du kannst dir dieses Beispiel sicherlich selbst variieren und das Prinzip dahinter verstehen.

Wodurch erweise ich meinem ADHS-Kind Liebe?

Zur Liebe kann gehören, dass ich mich erst einmal gründlich frage, wodurch ich meinem betroffenen Kind tatsächlich Liebe erweisen kann. Das erfordert gründliches und individuell orientiertes Nachdenken. Die Liebe kann darin bestehen, dass du deinem Kind durch eine medikamentöse Behandlung aufhilfst und es dann durch die therapeutische Begleitung durchträgst. Dann sieht die Behandlung praktisch genau so aus wie die „Standardbehandlung", aber sie dient wieder einem anderen Zweck und die Anhänger der „Standardbehandlung" würden diesen Zweck aufgrund ihrer andersartigen Anthropologie wohl kaum nachvollziehen. Du willst dein Kind nicht leistungsfähig machen, sondern liebesfähig. Du willst mit dieser konventionellen Therapie die Voraussetzungen schaffen, deinem Kind Liebesfähigkeit zu vermitteln. Das ist ein für die bestehende Gesellschaft zumindest merkwürdiges wenn nicht gar lächerliches Ziel.
Ganz im Gegenteil kann es aber auch sein, dass du deinem Kind gerade keine medikamentöse Behandlung zukommen lassen willst,

vielleicht deshalb, weil du deinem Kind zeigen willst, dass du es auch trotz schlechter Noten und trotz der Schwierigkeit im Umgang mit ihm lieben willst. Vielleicht denkst du an das Gleichnis Jesu vom Splitter und Balken im Auge und willst deinem Kind Liebe dadurch erweisen, dass du tatsächlich erst mal bei dir selbst anfängst, Liebe zu üben (den Balken zu entfernen). Diese Verhaltensweise wäre für einen „normalen" Menschen bereits vollständig abgedreht, für jemanden mit dieser Anthropologie wäre sie zumindest einer gründlichen Überlegung wert.
Umgekehrt kann es aber auch wieder sein, dass du feststellst, dass die Störung deines Kindes eine Vermittlung von hier wichtigen Werten gar nicht möglich macht. Wenn dein Kind so unter der Störung leidet, dass es gar nicht in der Lage ist, Gemeinschaftsfähigkeit, Freundlichkeit, Dienstbereitschaft usw. zu erlernen, einfach weil die Störung alles überdeckt, dann kann es wiederum Liebe sein, die du deinem Kinde erweist, wenn du zum Fachmann gehst und dort auch medikamentös etwas veranlasst.
Wiederum kann es aber auch in deinen Erwägungen auftauchen, dass bestimmte Werte erst durch erlebtes Leid erlernbar sind. Dann würdest du deinem Kind aus Liebe dieses Leid (die Störung und was so dazugehört) zumuten, auch wenn dir das Herz blutet und die Nerven vibrieren.

Wir haben es hier wirklich mit einem komplizierten Element in unserer Anthropologie zu tun. Unsere Entscheidungen werden wir sowohl auf unsere Anthropologie als auch auf das jeweils vorliegende individuelle Umfeld stützen müssen. Deshalb kann man an dieser Stelle keine konkreten Tipps geben. Aber ich finde, das ist auch nicht so wichtig. Wichtig ist das zugrundeliegende Prinzip. Eine christliche Behandlung wird an dieser Stelle immer fragen, was getan werden kann, damit es dem Kind und den übrigen Betroffenen möglich ist, das Prinzip der Nächstenliebe zu verwirklichen. Das ist eine ganz andere Frage, als sie in einer „weltlichen" Therapie gestellt werden würde. Insofern unterscheidet sich zwar die christliche Behandlung nach außen nicht unbedingt von der weltlichen Behandlung. Aber nach innen unterscheidet sie sich fundamental.

FAZIT

Christliche Behandlung wird danach streben, das Prinzip der Nächstenliebe sowohl beim Kind als auch seinem Umfeld zu erfüllen. Dies kann durch äußerlich nahezu gleiche Handlungen geschehen wie in anderen Behandlungsformen. Aber es bedeutet, selbst wenn äußerlich kein deutlicher Unterschied zu sehen ist, u.U. eine andere Zielsetzung der therapeutischen Maßnahmen. Diese Zielsetzung gilt es, im therapeutisch - seelsorgerlichen Gespräch genauestens zu durchleuchten und die jeweiligen Konsequenzen klar zu stellen.

3.2.3 Die Liebe zum eigenen Selbst und die Selbstverleugnung

Etwas ist dann gut, wenn es zur Versöhnung mit mir selbst führt, so dass ich „mich selbst" lieben kann.
Eigenliebe ist ein Wert, der in christlichen Kreisen teilweise mit großer Skepsis betrachtet wird. Was stelle ich mir in anthropologischer Hinsicht unter so etwas wie „Eigenliebe" vor? Es ist etwas, das Jesus in untrennbare Relation zur Nächstenliebe gesetzt hat. „Liebe deinen Nächsten wie dich selbst". Es bedeutet, dass offenbar keine reine Nächstenliebe ohne Eigenliebe möglich ist, aber auch keine echte Eigenliebe ohne Nächstenliebe.
Die zwei hängen sozusagen zusammen wie siamesische Zwillinge. Wenn man sie auftrennt, geht in der Regel einer verloren - in unserem Fall sogar beide. Streiche ich die Nächstenliebe, dann stirbt auch die Eigenliebe - und umgekehrt.

Wie kann eine Eigenliebe beschaffen sein, die Nächstenliebe ermöglicht? Es muss eine Form der Liebe sein, die den anderen im Auge behält. Dabei werden bestimmte Werte deutlich. Eigenliebe bedeutet, dass ich den anderen mit seinen Schwächen in bestimmtem Maße annehmen kann.

Zwei Stufen der Nächstenliebe

Warum schreibe ich: „in bestimmtem Maße"? Weil es meiner Meinung nach zwei Stufen von Nächstenliebe gibt.

(1) Die erste Stufe ist die Nächstenliebe, die ich dann praktiziere, wenn der andere sie ebenfalls praktiziert. Das ist die Form, die Jesus auch „den Heiden" zutraut (Mt 5,47). Es ist eine Form der Nächstenliebe, die quasi offensichtlich ist. Ich finde dennoch, dass sie im Umgang mit ADHS - Betroffenen bereits eine zu übende Form ist.

Das Prinzip des gerechten Gebens und Nehmens ist ein Prinzip, das erst vermittelt werden muss.

Bestandteil einer christlichen Behandlung (wie auch einer weltlichen Behandlung) wäre also zunächst, zu vermitteln, dass es gerecht zugehen muss auf unserer Welt. Dies äußert sich beispielsweise darin, dass ein ADHS-betroffenes Kind erkennen muss, dass es etwas liefern muss, bevor es etwas dafür bekommt, und seien dies auch nur Leistungen mit Symbolcharakter. In einer christlichen Behandlung darf es nicht dazu kommen, dass ADHS-betroffene Kinder irgendwelche Erleichterungen bekommen, die angesichts der Beschaffenheit der Außenwelt unrealistisch sind[5].

Wir haben nichts davon, wenn wir unsere betroffenen Kinder in einem Maße verwöhnen, das langfristig nicht realistisch ist. Deshalb wäre es das Ziel einer christlichen Behandlung, zumindest Gegenleistungen mit Symbolwert zu verlangen, so dass das Kind das *ausgewogene Prinzip der Nächstenliebe* kennt.

Und, so paradox scheinen mag: genau diese Gegenleistungen bewirken dann auch ein gesundes Maß an Eigenliebe. Das Kind lernt dadurch, dass es selbst etwas zum Wohl seines Umfelds beiträgt, in dem es - wenn auch nur symbolische - Leistungen erbringt.

---

5 In den USA geschieht es zum Beispiel, dass „gesunde" Studenten sich gegen unverhältnismäßig „humane" Erleichterungen bei ADHS Betroffenen wehren, weil hier keinerlei Chancengleichheit vorliegt, sondern ADHS-Betroffene allzu deutlich Erleichterungen gewährt bekommen.

Wie gesagt, diesen Schritt werden wir in einer vernünftigen „weltlichen" Therapie auch bemerken.
(2) Anders wird es, wenn es um die zweite Stufe der Nächstenliebe geht: die ist anspruchsvoll und an ihr scheitern oft auch „gesunde" Christen. Es geht hier um die Erweiterungen, die Jesus in der Bergpredigt verkündet, etwa um das Programmatische:
„Liebt eure Feinde und bittet für die, die euch verfolgen" (Mt 5, 44).
Es geht um die Geschichte mit dem die zweite Wange Hinhalten, mit dem zwei Meilen Gehen statt der einen, um das „den Rock geben und den Mantel" (vgl. Mt 5). Hier wird es im wahren Sinne christlich, denn hier hört's bei den „Heiden" auf[6].
Wo soll in diesem Prinzip so etwas wie Eigenliebe entstehen können? Das ist doch nur noch praktizierte Nächstenliebe und *Selbstverleugnung*? Im Grunde stimmt das zunächst auch. Die Eigenliebe entsteht hier nicht mehr aus dem, was mir mein Nächster entgegenbringt, sondern in dem, was ich von Gott als Vergeltung erhoffe:
„Und dein Vater, der in das Verborgene sieht, wird dir's vergelten" (Mt. 6,18 und anderswo).

Das ist einem Nichtchristen - glaube ich - endgültig nicht mehr vermittelbar und wirklich schwer verdauliche Speise. Da erhofft man von Gott einen Lohn, von einem Gott, der uns zumeist unsichtbar ist und oft merkwürdig still erscheint. Ein Gott, der im Alten Testament zwar redete, aber heute eher zu schweigen scheint. Ein Gott, der eifersüchtig darauf achtet, dass wir an ihn glauben und ihn nicht beweisen sollen.
(a) Diese Dimension des Glaubens an Kinder zu vermitteln, halte ich *nur in Ausnahmefällen* für möglich. Ich glaube eher, dass diese Dimension des Glaubens von denkenden Erwachsenen begriffen werden sollte, die durch dieses Begreifen wieder kindlich werden, aber eben „denken"-kindlich.

6 Es sei denn, du heißt Immanuel Kant und formulierst den kategorischen Imperativ, aber das ist lange her...

(b) Ich halte es für wichtig, dass Erwachsene ihren Kindern diese Haltung *vorleben* und von ihr *sprechen*. Schwer Verständliches bleibt bei Kindern trotzdem hängen und bringt Jahre später u.U. reiche Frucht.

Eine „verrückte" Einstellung zur Welt

Noch mal: Ich glaube nicht, dass man diese Glaubenshaltung von Kindern erwarten sollte und schon gar nicht von Kindern, die unter ADHS leiden. Aber vorleben kann man sie ihnen. Das bedeutet von uns, die wir erziehen und behandeln, eine „verrückte" Einstellung der Welt gegenüber. Wir verlassen die Welt und bauen auf Gott, einen unsichtbaren Gott. Wird dieser Schritt bewusst getan, so bedeutet dies ein großes Aufgabenfeld in der christlichen Behandlung.

Es geht zunächst darum, die Eltern und den Therapeuten zu einer Opferbereitschaft aufzurufen, die mit keiner Gegenleistung rechnet. Naja, die Eltern sind mir als „Profi" hier sowieso ein großes Vorbild. Eltern sind manchmal so opferbereit, dass man sie davor schützen muss, dass sie sich nicht völlig im erzieherischen Geschäft und der vorbehaltlosen Liebe aufreiben. Aber trotz dieser scheinbar so vorbildlichen Elternliebe müssen wir darauf achten, aus welcher Kraftquelle sich diese Liebe speist.

Und hier entsteht dann ein Unterschied zur weltlichen Behandlung. Eltern sollten diese Form der Nächstenliebe ihren Kindern gegenüber *nicht aus eigener Kraft* durchziehen. Eltern sollten sich nicht deshalb opfern, weil es sich für gute Eltern so gehört. Sondern die Kraft zur Liebe zum Nächsten, zur Liebe zum schwierigen Kind soll *von Gott* her kommen.

Gott sagt: „Mein Volk tut eine zwiefache Sünde: mich, die lebendige Quelle, verlassen sie und machen sich Zisternen, die doch rissig sind und kein Wasser geben" (Jer 2,13). Das ist dann auch Inhalt einer christlichen Behandlung: ständig darauf hinweisen, dass ohne die Hilfe Gottes diese Form der Behandlung nicht möglich ist. Aber mit ihr - so denke ich - die beste Form der Behandlung.

Wo kommt dann in dieser aufopfernden Form der Nächstenliebe die *Eigenliebe* her? Wie erfüllen Eltern das Gebot des „du sollst dich selbst lieben"? Ich glaube, die Eigenliebe, oder besser: die Selbstannahme entsteht dadurch, dass Gott einem diese Nächstenliebe gerade dann lohnt, wenn man aus Gottes Kraft schöpft.
Er belohnt, dass man ihm glaubt.
Wie er belohnt, darüber möchte ich nicht spekulieren. Aber dass er belohnt, ist einer der zentralen Glaubensinhalte des christlichen Glaubens. Christliche Behandlung besteht deshalb auch darin, den Eltern und denen, die sich so besonders aufopfern, Mut und Vertrauen zuzusprechen. Eine seltsame Aufgabe für einen christlichen Therapeuten? Ich finde, überhaupt nicht. Schließlich ist ein christlicher Therapeut in erster Linie Christ, also Bruder/Schwester im Glauben und erst in zweiter Linie Therapeut, also eine Art Fachmann (der aber vor dem Angesicht Gottes genauso wenig weiß wie alle anderen auch).

FAZIT

Ich glaube, dass das Prinzip der Nächstenliebe in zwei Stufen abfolgt.
(1) Es besteht zunächst in der Annahme der Ausgewogenheit zwischen Geben und Nehmen. Innerhalb dieses Prinzips entsteht die Selbstannahme dadurch, dass man sich als vollwertiges Glied der Gemeinschaft erkennt, ein Glied, das ausgewogen gibt und nimmt und daher seine volle Daseinsberechtigung hat.
(2) Die zweite Stufe dieses Prinzips, die bedingungslose Nächstenliebe, die mit der Vergeltung durch Gott rechnet, ist eine Stufe, die ich eher den Erziehenden und Beratern zumesse. Dort ist sie wesentlicher Bestandteil des christlichen Behandlungswegs. Dem Behandelnden kommt hierbei die Aufgabe zu, Mut und Zuversicht zuzusprechen. Ich glaube, dass Kinder durch das Vorbild ihrer Eltern ebenfalls im Laufe der Zeit zu einer solchen Haltung gelangen können. Ich glaube nicht, dass diese Haltung Ziel einer Behandlung von Kindern sein sollte, die unter ADHS leiden.

3.3 Christlicher Umgang mit dem Leid

Wie ist das mit dem Leid?

So, jetzt habe ich viel darüber geschrieben, wie ich mir eine christliche Behandlung vorstellen könnte. Und du hast wahrscheinlich den Hauptunterschied erkannt: Christen sollten (meiner Meinung nach) in dem hiesigen Leben eher eine Art *Vorschule für das künftige Leben* sehen. Das ganze neue Testament ist von der Erlösung vom Tod und dem ewigen Leben erfüllt. Diese Welt dient wohl eher dazu, sich auf die künftige Herrlichkeit vorzubereiten. Und so verrückt sich die gesamte Wertehierarchie eines Christen im Vergleich zu einem Nichtchristen.

Ein Christ steht den Lebensläufen anders gegenüber als ein Nichtchrist. Ein Christ kann in Geschehnissen einen Sinn suchen und finden, bei denen andere nur noch ungläubig verzweifeln. Ein Christ hat eine ganz andere Grundhaltung zum Leid. Und das gilt eben nicht nur für ADHS, sondern für den gesamten Umgang mit Problemen, Krankheit und Tod. Die christliche Behandlung kann in der ADHS einen Segen erkennen (so provokativ und verrückt das jetzt klingen mag). Das bedeutet nicht, dass sie die ADHS nicht auch zu bekämpfen sucht, aber eben in einer anderen Gelassenheit und in einem anderen Sinnverständnis.

Deshalb komme ich jetzt zum Schluss zu ein paar Fragen, die dir vielleicht im Kopf herum schwirren...:

Darf man in der christlichen Behandlung Medikamente benutzen?

Antwort: ein klares „Ja und Nein"

(1) Ja, natürlich, schließlich nimmt du als Christ ja auch mal Aspirin, wenn du Kopfweh hast. Ich glaube, dass die christliche Behandlung sich vor allem dann von den anderen Behandlungs-weisen unterscheidet, wenn Medikamente eben keine Wirkung erzielen. Dann hilft sie, Sinnstrukturen zu

erkennen, die andere Behandlungswege nicht suchen.
(2) Ich kann mir aber sogar vorstellen, dass manche Christen, die die christliche Behandlung wählen, auf Medikamente selbst dann verzichten, wenn sie vorab wüssten, dass sie helfen. Das liegt dann daran, dass sie einen Weg gehen möchten, der ihnen von Gott vorgezeichnet ist, und dafür sollte man als christlicher Therapeut Verständnis haben.

Wird man in der christlichen Behandlung auch mit „weltlichen" Behandlungsformen konfrontiert?

Klare Antwort: „Ja!"

Aber alle Handlungen stehen ja, wie wir gelernt haben, vor einem speziellen anthropologischen Hintergrund. Deshalb wird eine christliche Behandlung zwar dieselben Methoden verwenden wie die weltliche Behandlung, aber eben mit anderer Begründung und Zielsetzung. Alle therapeutischen Methoden basieren auf dem Grundprinzip des Lernens und Verlernens. Lernen ist eine Fähigkeit, die Gott der Schöpfer uns gab. Deshalb dürfen wir Christen uns aller Methoden bedienen, die mit unserer anthropologischen Begründung konform sind und unseren Zielen dienen.

Ist die christliche Behandlungsform etwas für nichtchristliche Kinder/Jugendliche?

Antwort: „Ich glaube, nein!"

Christlich motivierte Beweggründe sind für Menschen, die den Geist Gottes nicht haben, in aller Regel nicht nachvollziehbar. Wenn ein Mensch beispielsweise nicht an ein ewiges Leben glaubt, dann kann man ihm keinen Sinn irdischen Leides vermitteln.

Wird die christliche Behandlung mein Kind gesund machen?

Antwort: „Ich glaube, sehr!"

Nur müssen wir uns überlegen, dass Gesundheit in der Bibel einen anderen Stellenwert hat als in der Welt: die Gesundheit des „äußeren" Menschen ist der geistlichen Gesundheit (im Sinne von Heil) des „inneren" Menschen nachgeordnet. Für einen Christen ist es wichtiger, dass seine Sünden vergeben sind und er bei Gott sein kann, als dass er physisch und psychisch gesund ist. Deshalb wird die christliche Behandlung ihr erstes Augenmerk darauf legen, dass eine Anthropologie befolgt wird, die aus der Bibel heraus entwickelbar ist (das muss nicht unbedingt die hier vorgetragene sein).

Christen gehen davon aus, dass ein Mensch sowieso nur dann richtig gesund ist, wenn sein Leben mit Gott in Ordnung kommt. Dies ist das wichtigste Moment einer christlichen Behandlung (zumindest meiner Meinung nach). Da aber christliche Behandlung darüber hinaus Methoden verwendet, die von Seiten der Wissenschaft als wirksam erkannt wurden, so kann ich mir nur denken, dass sie besser funktioniert als weltliche Behandlungsformen.

Literaturverzeichnis

Anastopoulos, A.; u.a. (1995): Counseling and Training Parents. In: Barkley, R. A. (1995): Attention Deficit Hyperactivity Disorder. New York (Guilford).

Aristoteles (1983): Physikvorlesung. 2. Buch, 3.-6. Kapitel. Frankfurt (Wissenschaftliche Buchgesellschaft).

Barkley, R.A.; Du Paul, G.J.; u.a. (1991): Attention deficit disorder with and without Hyperactivity: Clinical response to three dose levels of Methylphenidate. Pediatrics 87, 519-531

Barkley, R.A. (1995): Taking charge of ADHD: The complete, authoritative guide for parents. New York (Guilford).

Barkley, R.A. (1998): Attention Deficit Hyperactivity Disorder. A Handbook for Diagnosis and Treatment. New York (Guilford Press).

Bass, A. (1988/28.3): Debate over Ritalin is heating up: Experts say critics are lashing out for all the wrong reasons. Boston Globe, 36-38.

Baughmann, F.A. Jr. (1999): Treatment of Attention Deficit /Hyperactivity Disorder. Archive of General Psychiatry 281, 16.

Baumgaertel, A.; u.a. (1995): Comparison of diagnostic criteria for attention deficit disorder in a German elementary school sample. Journal of American Child and Adolescent Psychiatry 34(5), 629-638.

Benesch, H. (1981): Wörterbuch zur klinischen Psychologie. München (DTV), Bd. 1.

Biedermann, J.; u.a. (1990): Family-genetic and psychosocial risk factors in DSM-III attention deficit disorder. J Amer Acad Child Adoles Psychiat 29, 526-533.

Biedermann, J.; u.a. (1991): Evidence of familial association between attention deficit disorder and major affective disorders. Arch Gen Psychiat 48, 633-642.

Biedermann, J.; u.a. (1992): Further evidence for familiy-genetic risk factors in attention deficit disorder - Patterns of comorbidity in probands and relatives in psychiatrically and pediatrically refferes examples. Arch Gen Psychiat 49, 728-738.

Birbaumer, N.; Schmidt, R.F. (1996): Biologische Psychologie. Berlin (Springer).
Blank, R. (1995): Allergische Diathese bei Kindern mit hyperkinetischen Störungen und hyperaktives Verhalten bei Kindern mit Atopien. In: Steinhausen, H.C. (1995) a.a.O.
Bradley, C. (1937): The behavior of children receiving Benzedrine. Amer J Psychiat 94, 577-585.
Brandeis, D. (1995): Psychophysiologie der hyperkinetischen Störungen. In: Steinhausen, H.C. (1995) a.a.O.
Brasswell, L.; u.a. (1991): Cognitive Behavioral Therapy with ADHD Children. New York.
Breggin, P.R.; u.a. (1995): The Hazards of Treating „Attention Deficit/Hyperactivity Disorder" with Methylphenidat (Ritalin). Journal of College Student Psychotherapy, 10(2), 55-72.
Breggin, P.R. (1998): Report to the plenary session of the NIH Consensus Conference on ADHD and its treatment. www.breggin.com/RitalinNIHSPEECH.html [12.10.99]
Breggin, P.R. (1999): Treatment of AttentionDeficit/Hyperactivity Disorder. Archive of General Psychiatry 281, 16.
Brockhaus Enzyklopädie (1990). Artikel „Krankheit". Mannheim, Band 12, 444.
Cantwell, D. (1975): Genetics of hyperactivity. J Child Psychol Psychiat 16, 261-264.
Cantwell, D. (1997): Attention Deficit Disorder in Children. Psychiatric Times. Vol. XIV, Issue 1. www.mhsource.com/edu/psytimes/p970145.html [13.10.99].
Conners, C.K. (1973): Rating scales for use in drug studies with children. Psychopharmacology Bulletin (Special issue: Pharmacotherapy with children) 9, 24-84.
Corboz, R.J. (1969): Beitrag zur medikamentösen Therapie kindlicher Verhaltensstörungen. Wien (Medizinische Wochenzeitschrift) 119, 540-547.
Cowart, V.S. (1988): The Ritalin controversy: What's made this drugs opponents hyperactive? J Am Med A 259, 2521-2523.

Cunningham, C.E. (1998): The effects of a primary division student mediation programm on playground agression. Journal of Child Psychology and Psychiatry.
Cunningham, C.E.; Cunningham, J.L.; Martorelli, V. (1998): Coping with conflict at school: The Student-mediated conflict resolution programm. Hamilton, Ontario (COPE Works).
Danner, H. (1998): Methoden geisteswissenschaftlicher Pädagogik. München (Reinhardt).
Der große Brockhaus (1959). Artikel „Krankheit". Wiesbaden, Band 3, 212.
Descartes, R.: Discours de la méthode pour bien conduire sa raison et chercher la vérité dans les sciences. Ins Deutsche übertragen von Kuno Fischer (1961): Abhandlung über die Methode des richtigen Vernunftgebrauchs. Stuttgart (Reclam).
Dieterich, J. (1997): Junge Menschen biblisch leiten. Biblische und pädagogische Grundlagen für Gruppenarbeit und Seelsorge. Freudenstadt (IPS).
Dieterich, J. (Hg.)(1999): Streiflichter zur Wissenschaftstheorie. Freudenstadt (IPS).
Dieterich, M.(1997): Persönlichkeitsdiagnostik. Wuppertal (Brockhaus).
Dieterich, M. (2000): Handbuch Psychotherapie und Seelsorge. Giessen (Brunnen).
Diller, L.H. (1999): Running on Ritalin. A Physician Reflects on Children, Society and Performance in a Pill. New York (Bantam).
Dockx, P. (1988, 11.1.): Are schoolchildren getting unnecessary drugs? Woonsocket, RI, Sun Chronicle, 15.
DSM IV = Diagnostisches und Statistisches Manual psychischer Störungen (1996). Göttingen, Bern, Toronto, Seattle (Hogrefe).
Du Paul, G.J.; u.a.: Stimulants. In: Barkley, R.A. (Hg.) (1998): Attention Deficit Hyperactivity Disorder. New York (Guilford).
Duden Bd. 7 (1989): Das Herkunftswörterbuch. Mannheim (Brockhaus).
Eberstadt, M. (1999): Why Ritalin Rules. Policy Review 94. www.policyreview.com/apr99/eberstadt.html [12.10.99].

Efron, D.; u.a. (1997): Side Effects of Methylphenidate and Dexamphetamin in Children With Attention Deficit Hyperactivity Disorder: A Doubleblind, Crossover Trial. Pediatrics 100, 662-666.

Eisenberg, L.; u.a. (1963): A psychopharmacologic experiment in a training school for delinquent boys: Methods, problems, findings. Amer J Orthopsychiat 33, 431-447.

Ernst, M. (1995): Neuroimaging in Attentiondeficit/Hyperactive Disorder. In: Nadeau, K.G. (Hg.): A comprehensive Guide to Attention Deficit Disorder in Adults. New York (Brurmer & Maze Inc.).

Gadow, K.D.; u.a. (1999): Longterm Methylphenidate Therapy in Children With Comorbid Attention Deficit Hyperactivity Disorder and Chronic Multiple Tic Disorder. Archives of General Psychiatry 56 (4), 330-336.

Gammon, B.D.; u.a. (1993): Fluoxetine and methylphenidate in combination for treatment of attention deficit disorder and comorbid depressive disorder. Journal of Child and Adolescent Psychopharmacology 3, 1-10.

Garattini, S.; u.a. (1988): Critical notes on the specify of drugs in the study of metabolism and function of brain monoamines. Int Rev Neurobiol 29, 259-279.

Gillis, J.J.; u.a. (1992): Attention deficit disorder in reading disordered twins: evidence for a genetic etiology. J Abnormal Child Psychol 20, 303-315.

Greenhill, L.L.; u.a. (Hg.) (1991): Ritalin. Theory and patient management. New York (Liebert).

Hartsough, C.S.; u.a. (1985): Medical factors in hyperactive and normal children: Prenatal, developmental, and health history finders. Am Journal Orthopsychiat 55, 190-210.

Hässler, F.; Irmisch, G. (1995): Biochemische Parameter bei Kindern mit hyperkinetischen Störungen. In: Steinhausen, H.C. (Hg.) (1995): Hyperkinetische Störungen im Kindes- und Jugendalter. Stuttgart (Kohlhammer), 90-101

Hegel, G.W.F. (1986): Logik Bd.1. Frankfurt.

Hemingway, E. (1977): Inseln im Strom. Reinbek (Rowohlt).

Holowenko, H. (1999): Das Aufmerksamkeits-Defizit-Syndrom (ADS). Wie Zappelkindern geholfen werden kann. Weinheim (Beltz).
Internationale Klassifikation psychischer Störungen ICD-10 (1993). Bern, Göttingen, Toronto, Seattle (Huber).
Jaspers, K.; u.a. (1961): Die Idee der Universität. Berlin.
Korczak, J. (1973): Wie man ein Kind lieben soll. Göttingen (Vandenhoeck & Ruprecht).
Krause, J. (1996): Leben mit hyperaktiven Kindern. München (Piper).
Lassahn, R. (1999): Einführung in die Pädagogik. Heidelberg (Quelle & Meyer).
Lauth, G.; u.a. (1999): Rastlose Kinder, ratlose Eltern. München (DTV).
Leckmann, J.F.; u.a. (1991): Clonidine treatment of Gilles de la Tourette's syndrome. Archives of General Psychiatry 48, 324-328.
Lemp, R. (1964): Frühkindliche Hirnschädigung und Neurose. Bern (Huber).
Lindgren, A. (1973): Die Brüder Löwenherz. Hamburg (Oettinger).
Lou, H.C.; u.a. (1989): Striatal dysfunction in attention deficit and hyperkinetic disorder. Arch Neurol 46, 48-52.
Makarenko, A.S. (1977): Flaggen auf den Türmen. Berlin Weimar (Aufbau).
Marcus, A. (1995): Einflüsse von Ernährung auf das Verhalten im Kindesalter - Hypothesen und Fakten. In: Steinhausen, H.C. (1995) a.a.O., 112-127.
Martin, G.L. (2000):. Kinder mit Aufmerksamkeitsdefizit und Lernschwäche - Diagnose und Behandlung. In: Dieterich, J. (Hg.)(1999): Streiflichter zur Seelsorge bei Kindern und Jugendlichen. Freudenstadt (IPS).
Melega, W.P. (1997): Recovery of striatal dopamine function after acute amphetamine and methamphetamineinduced neurotoxity in the vervet monkey. Brain Research, 766, 113-120.

Meyerson, A. (1936): Effect of benzedrine sulfate on mood and fatigue in normal and neurotic patients. Arch neurol Psychiat 36, 816-822.
Minde, K.K.; u.a.: Studies on the hyperactive child VI. Prenatal and paranatal factors associated with hyperactivity. Develop Med Child Neurol 10, 355-363.
Müller-Küppers, M. (1969): Das leicht hirngeschädigte Kind. Stuttgart (Hippokrates).
Nadeau, K.G. (Hg.) (1995): A comprehensive Guide to Attention Deficit Disorder in Adults. New York (Brurmer & Maze Inc.).
Neuhaus, C. (1996): Das hyperaktive Kind und seine Probleme. Ravensburg (Ravensburger).
Neuhaus, C. (1999): Praktische Tips für Pädagogen zum Umgang mit hyperaktiven Kindern. www.zappelphilipp.de/gruppe6.htm [8.10.99]
Neukäfer, H.; Götze, H. (1978): Hyperaktives Verhalten im Unterricht. München (Reinhardt).
Nichols, P.L.; u.a. (1981): Minimal brain dysfunction: A prospective study. Hillsdale (Erlbaum).
Oelkers, J. (1992): Pädagogische Ethik. Eine Einführung in Probleme, Paradoxien und Perspektiven. Weinheim (Juventa).
Oerter, R.; Montada, L. (Hg.) (1998): Entwicklungspsychologie. Weinheim (Beltz)
Panizzon, J. (1944): La preparazione di pridile peperidila-rilateconitrile a di alcuni prodotti di transformazione. Helvetica Chimica Acta 27, 1748-1756.
Pelham, W.E.; u.a. (1990): Relative efficacy of long-acting stimulants on children with attention deficit hyperactivity disorders. Pediatrics 98, 2, 226-237.
Pelham, W.E.; u.a. (1999): A Comparison of Ritalin and Adderall: Efficacy and Timecourse in Children With Attentiondeficit /Hyperactivity Disorder. Pediatrics 103 (Nr. 4), e43.
Popper, K.(1994): Logik der Forschung. Tübingen (Mohr).
Prechtl, P.; Burkhard, F.-P. (Hg.): Philosophie Lexikon. Stuttgart, Weimar 1996 (Metzler).

Pschyrembel (1994): Klinisches Wörterbuch. Berlin (de Gruyter).
Rapport, M.D. (1990): Controlled studies of the effect of psychostimulants on children's functioning in clinic and classroom settings. In: Connors, K.; u.a. (Hg.) (1990): Attention deficit hyperactivity disorder. München (MMV).
Robin, A.L. (1998): Training Families with ADHD Adolescents. In: Barkley, R.A. (Hg.) (1998): Attention Deficit Hyperactivity Disorder. New York (Guilford).
Ross, C. (1986): Biological tests for mental illness: their use and misuse. Biological Psychiatry 21, 431-435.
Ryffel, M. (1998): Wann und warum helfen Medikamente? In: Thierstein, C. (Hg.): Unruhige, unkonzentrierte und auffällige Kinder im Alltag. POS, ADS und HKS. Bern (Haupt).
Ryle, G. (1970): Begriffskonflikte. Göttingen (Vandenhoeck & Ruprecht).
Safer, D.J. u.a. (1998): Increased methylphenidate usage for attention deficit disorder in the 1990s. Pediatrics 6, 1084-1088.
Shannon, W.R. (1922!): Neuropathic manifestations in infants and children as a result of anaphylactic reactions in their diet. Amer J Dis Childhood 24, 89-92.
Simon-Schaefer, R. (1989): Dialektik. In: Seiffert, H.; Radnitzky, G. (Hg): Handlexikon zur Wissenschaftstheorie. München (Ehrenwirth).
Sonsalla, P.K.; u.a. (1997): Inhibition of striatal energy metabolism produces cell loss in the ipsilateral substantia nigra. Brain Research 773, 223-226.
Sonuga-Barke, E.; u.a. (1995): The effect of child hyperactivity on mother's expectation for development. Child Care, Health and Development 21, 17-29.
Spaemann, R.: Kausalität. In: Seiffert, H.; u.a. (Hg.) (1989): Handlexikon zur Wissenschaftstheorie. München (Ehrenwirth).
Spencer, T.; u.a. (1998): Growth Deficits in Children With Attention Deficit Hyperactivity Disorder. Pediatrics 102 Nr. 2, 501-506 (Supplement August 1998).

Steingard, R.J.; u.a.: Adjunctive clonazepam treatment of the symptoms in children with comorbid tic disorders and ADHS. Journal of the American Academy of Child and Adolescent Psychiatry 33, 394-399.
Steinhausen, H.-C. (Hg.) (1995): Hyperkinetische Störungen im Kindes- und Jugendalter. Stuttgart, Berlin, Köln (Kohlhammer).
Steward, M.A.; u.a. (1980): Psychiatric disorder in the parents of hyperactive boys and those with conduct disorder. J Child Psychol Psychiat 21, 283-292.
Steward, M.A.; u.a.: The hyperactive child syndrome. Amer Journ Ortopsychiat 36, 861-867.
Taylor, E.; u.a. (1989): The parenting and family function of children with hyperactivity. Journal of Child Psychology and Psychiatry 39, 161-169.
Trott, G.-E.; u.a.(1995): Die Pharmakotherapie der hyperkinetischen Störungen. In: Steinhausen, H.-C. (1995): Hyperkinetische Störungen im Kindes- und Jugendalter. Stuttgart (Kohlhammer).
Tschamler, H. (1996): Wissenschaftstheorie. Bad Heilbrunn (Klinkhardt).
Van der Oord, E.J.; u.a. (1997): Continuity and change in children's social maladjustment: A developmental behavior genetic study. Developmental Psychology 33, 319-337.
Werry, J.S.; u.a. (1986): Studies on the hyperactive child IV. An empirical analysis of the minimal brain dysfunction syndrome. Arch Gen Psychiat 19, 9-16.
Wittgenstein, L. (1993): Tractatus logico-philosophicus. Frankfurt (Suhrkamp).
www.breggin.com/consensusppstmt.html.
www.wish-you-where-here.de/medi/ritalin/ritali09.html
www.Zappelphilipp.de/gruppe1.htm [8.10.99]
Zametkin, A.; u.a. (1990): Cerebral Glucose metabolism in adults with hyperactivity of childhood onset. N Engl J Med 323, 1361-1366.
Zametkin, A.; u.a. (1993): Brain metabolism. Archive of General Psychiatry 50, 333-340.

Anhang

1. Kriterien für die ADHS nach dem DSM IV Aufmerksamkeitsdefizit-/Hyperaktivitätsstörung Diagnostische Merkmale

Das Hauptmerkmal einer Aufmerksamkeitsdefizit-/Hyperaktivitätsstörung ist ein durchgehendes Muster von Unaufmerksamkeit und/oder Hyperaktivität und Impulsivität, das häufiger und schwerwiegender ist, als es bei Personen auf vergleichbarer Entwicklungsstufe typischerweise beobachtet wird (**Kriterium A**).

Einige Symptome von Hyperaktivität und Impulsivität oder Unaufmerksamkeit, die diese Störung verursachen, müssen schon vor dem siebten Lebensjahr auftreten; bei vielen Personen wird die Diagnose jedoch erst gestellt, nachdem die Symptome schon einige Jahre bestehen (**Kriterium B**).

Eine Beeinträchtigung durch diese Symptome muss in mindestens zwei Lebensbereichen auftreten (z.B. zu Hause und in der Schule bzw. am Arbeitsplatz) (**Kriterium C**).

Es müssen eindeutige Anzeichen einer Beeinträchtigung der entwicklungsgemäßen sozialen, schulischen oder beruflichen Leistungsfähigkeit gegeben sein (**Kriterium D**).

Die Störung tritt nicht ausschließlich im Rahmen einer tiefgreifenden Entwicklungsstörung, Schizophrenie oder einer anderen Psychotischen Störung auf und kann nicht durch eine andere psychische Störung besser erklärt werden (wie z.B. durch eine Affektive Störung, Angststörung, Dissoziative Störung oder Persönlichkeitsstörung) (**Kriterium E**).

Die ***Unaufmerksamkeit*** kann sich in schulischen, beruflichen oder sozialen Situationen zeigen. Die Betroffenen können unfähig sein, Einzelheiten zu beachten. Sie machen Flüchtigkeitsfehler bei Schularbeiten oder anderen Aufgaben (**Kriterium A1a**).

Die Arbeit ist häufig unordentlich, nachlässig und ohne Umsicht durchgeführt. Die Betroffenen haben oftmals Schwierigkeiten, bei der Durchführung von Aufgaben oder beim Spielen über längere Zeit

aufmerksam zu sein und ihre Aufgaben zu Ende zu führen (**Kriterium A1b**).
Sie machen häufig einen geistig abwesenden Eindruck. Sie scheinen nicht zuzuhören oder das gerade Gesagte nicht gehört zu haben (**Kriterium A1c**).

Sie wechseln häufig von einer nicht zu Ende geführten Tätigkeit zur nächsten. Personen mit dieser Diagnose beginnen eine Aufgabe, gehen zu einer anderen über, um danach wieder etwas Neues anzufangen, bevor sie eine der Aufgaben beendet haben. Häufig führen sie Bitten oder Anweisungen nicht bis zum Ende durch. Sie erledigen Schularbeiten und andere Arbeiten oder Pflichten nicht vollständig (**Kriterium A1d**).
Die Unfähigkeit, Aufgaben zu Ende zu führen, sollte bei der Diagnosestellung dieser Störung nur dann berücksichtigt werden, wenn sie auf Unaufmerksamkeit und nicht auf andere mögliche Gründe zurückzuführen ist (z.B. Unfähigkeit, Anweisungen zu verstehen).
Die Betroffenen haben häufig Probleme mit der Organisation von Aufgaben und Tätigkeiten (**Kriterium A1e**).
Aufgaben, die längere geistige Anstrengungen erfordern, werden als unangenehm empfunden und sind mit deutlicher Aversion verbunden. Infolgedessen vermeiden die Betroffenen typischerweise Tätigkeiten, die über einen längeren Zeitraum Aufmerksamkeit, geistige Anstrengung, Organisation oder hohe Konzentration erfordern (z.B. Hausaufgaben oder Schreibarbeiten) oder sie führen diese nur sehr widerwillig durch (**Kriterium A1f**).
Dieses Vermeidungsverhalten muss auf Schwierigkeiten mit der Aufmerksamkeit und nicht primär auf eine Oppositionshaltung zurückzuführen sein, wobei letztere zusätzlich auftreten kann. Ihre Arbeitsgewohnheiten sind häufig unorganisiert, das Arbeitsmaterial liegt verstreut herum, ist verlorengegangen oder wird nachlässig behandelt und beschädigt (**Kriterium A1g**).
Die Betroffenen lassen sich leicht durch nebensächliche Reize ablenken. Sie unterbrechen häufig laufende Arbeiten, um unbedeutenden Geräuschen zu lauschen oder belanglose Ereignisse zu

verfolgen, die von anderen gewöhnlich mühelos übergangen werden (z.B. das Hupen eines Autos, Hintergrundgespräche) (**Kriterium A1h**).
Bei Alltagstätigkeiten sind sie häufig vergesslich (z.B. verpassen sie Verabredungen oder vergessen, ihr Essen mitzubringen) (**Kriterium A1i**).
In sozialen Situationen kann sich die Unaufmerksamkeit dadurch ausdrücken, dass der Betroffene häufig das Gesprächsthema wechselt, anderen nicht zuhört, sich nicht auf ein Gespräch konzentrieren kann, nicht auf Einzelheiten achtet und Regeln von Spielen oder Aktivitäten nicht befolgt.

Die ***Hyperaktivität*** zeigt sich durch Herumzappeln und Herumrutschen auf dem Stuhl (**Kriterium A2a**).
Die Betroffenen bleiben nicht ruhig sitzen, wenn sie sollen (**Kriterium A2b**),
klettern oder laufen in unpassenden Situationen übermäßig herum (**Kriterium A2c**),
haben Schwierigkeiten, zu spielen oder ruhig einer Freizeitbeschäftigung nachzugehen (**Kriterium A2d**),
scheinen immer "auf Achse" oder "getrieben" zu sein (**Kriterium A2e**).
Sie reden häufig auch übermäßig viel (**Kriterium A2f**).
Die Hyperaktivität kann je nach Alter und Entwicklungsstufe des Betroffenen unterschiedlich ausgeprägt sein. Bei jüngeren Kindern sollte man mit der Diagnosestellung vorsichtig sein. Kleinkinder und Kinder im Vorschulalter mit dieser Störung unterscheiden sich von normal aktiven jüngeren Kindern dadurch, dass sie ständig unterwegs und überall dabei sind. Sie rasen herum, sind schon zur Tür hinaus, bevor sie die Jacke anhaben, springen oder klettern auf Möbel, laufen durchs Haus und haben Schwierigkeiten, in der Vorschule an sitzenden Gruppenaktivitäten teilzunehmen (z.B. einer Geschichte zuzuhören).
Schulkinder zeigen ähnliche Verhaltensweisen, aber gewöhnlich weniger häufig und ausgeprägt als Klein- und Vorschulkinder. Es

fällt ihnen schwer, ruhig sitzen zu bleiben. Sie stehen häufig auf, rutschen auf dem Stuhl herum oder hängen an der Stuhlkante. Sie spielen nervös an Gegenständen, klopfen mit den Händen und wackeln übermäßig mit Füßen oder Beinen. Sie stehen häufig während der Mahlzeiten vom Tisch auf. Beim Fernsehen oder während der Hausaufgaben reden sie übermäßig viel. Bei ruhigen Tätigkeiten sind sie übermäßig laut.
Bei Jugendlichen und Erwachsenen zeigen sich die Symptome der Hyperaktivität in Gefühlen der Rastlosigkeit oder in der Schwierigkeit, sich mit ruhigen, sitzenden Tätigkeiten zu befassen.

Impulsivität manifestiert sich als Ungeduld, als Schwierigkeit, Reaktionen zurückzuhalten. Die Betroffenen platzen mit den Antworten heraus, bevor die Frage vollständig gestellt ist (**Kriterium A2g**).
Es fällt ihnen schwer, abzuwarten, bis sie an der Reihe sind (**Kriterium A2h**).
Sie unterbrechen oder stören andere häufig so sehr, dass sie Probleme im sozialen, schulischen oder beruflichen Bereich verursachen (**Kriterium A2i**).
Andere beklagen sich häufig, dass sie nicht zu Wort kommen. Personen mit dieser Störung machen Bemerkungen, ohne an der Reihe zu sein, befolgen Anweisungen nicht, fangen zu unpassenden Zeitpunkten Gespräche an. Sie unterbrechen andere übermäßig, stören sie, nehmen ihnen etwas weg, fassen Dinge an, die sie nicht anfassen sollen und kaspern herum. Die Impulsivität kann zu Unfällen führen (z.B. Gegenstände umwerfen, in Leute hineinlaufen, eine heiße Pfanne anfassen) sowie zur Beschäftigung mit potentiell gefährlichen Aktivitäten, ohne auf die möglichen Konsequenzen zu achten (z.B. Skateboard fahren auf extrem rauem Gelände).

Die Verhaltenssymptome treten gewöhnlich in vielen Lebensbereichen auf, wie beispielsweise zu Hause, in der Schule, am Arbeitsplatz und in sozialen Situationen. Um die Diagnose zu stellen, müssen Beeinträchtigungen in mindestens zwei Bereichen vorhan-

den sein (**Kriterium C**). Es ist sehr ungewöhnlich, dass eine Person denselben Störungsgrad in allen Lebensbereichen oder in einem Lebensbereich zu allen Zeiten aufweist. Typischerweise werden die Symptome stärker in Situationen, in denen eine längere Aufmerksamkeitsspanne oder geistige Anstrengung erforderlich ist oder die den eigenen Reiz oder den Reiz des Neuen verloren haben (z.B. dem Lehrer im Unterricht zuhören, Hausaufgaben machen, längeren Vorträgen folgen oder längere Texte lesen, monotone, sich wiederholende Aufgaben durchführen).
Die Anzeichen der Störung können in sehr geringem Maße oder überhaupt nicht auftreten, wenn der Betroffene streng kontrolliert wird, in einer neuen Umgebung ist, besonders interessante Tätigkeiten durchführt, sich in einer Zwiegesprächssituation befindet (z.B. in der ärztlichen Praxis) oder wenn das angemessene Verhalten häufig belohnt wird. Die Symptome scheinen häufiger in Gruppensituationen aufzutreten (z.B. in Spielgruppen, Klassenzimmern oder am Arbeitsplatz). Der Untersucher sollte sich daher nach dem Verhalten einer Person in den verschiedenen Situationen innerhalb jedes Lebensbereiches erkundigen.

Subtypen

Die meisten Betroffenen zeigen Symptome der Unaufmerksamkeit sowie der Hyperaktivität und Impulsivität. Bei einigen ist jedoch nur ein Muster vorherrschend. Der entsprechende Subtypus (für die gegenwärtige Diagnose) sollte auf der Basis des vorherrschenden Symptommusters während der letzten sechs Monate bestimmt werden:

- **314.01 (F90.0) Aufmerksamkeitsdefizit-/Hyperaktivitätsstörung, Mischtypus:**

Dieser Subtypus sollte verwendet werden, wenn sechs (oder mehr) Symptome von Unaufmerksamkeit und sechs (oder mehr) Symptome von Hyperaktivität und Impulsivität in den letzten sechs Monaten beständig vorkamen. Die meisten Kinder und Jugendlichen mit dieser Störung entsprechen dem Mischtypus. Es ist nicht bekannt, ob dies auch für Erwachsene mit dieser Störung gilt.

- **314.00 (F98.8) Aufmerksamkeitsdefizit-/Hyperaktivitätsstörung, Vorwiegend Unaufmerksamer Typus:**
Dieser Subtypus sollte verwendet werden, wenn sechs (oder mehr) Symptome von Unaufmerksamkeit (aber weniger als sechs Symptome von Hyperaktivität und Impulsivität) in den letzten sechs Monaten beständig vorkamen.
- **314.01 (F90.1) Aufmerksamkeitsdefizit-/Hyperaktivitätsstörung, Vorwiegend Hyperaktiv-Impulsiver Typus:**
Dieser Subtypus sollte verwendet werden, wenn sechs (oder mehr) Symptome von Hyperaktivität und Impulsivität (aber weniger als sechs Symptome von Unaufmerksamkeit) in den letzten sechs Monaten beständig vorkamen. Auch in diesen Fällen kann die Unaufmerksamkeit häufig ein bedeutsames klinisches Merkmal sein.

Codierungsregeln

Personen, die in einem früheren Stadium der Störung den Vorwiegend Unaufmerksamen Typus oder den Vorwiegend Hyperaktiv-Impulsiven Typus aufgewiesen haben, können in der Folge den Mischtypus entwickeln oder umgekehrt. Der entsprechende Subtypus (für die laufende Diagnose) sollte auf der Basis des vorherrschenden Symptommusters während der letzten sechs Monate bestimmt werden. Bleiben die klinisch bedeutsamen Symptome bestehen, sind die Kriterien für einen der Subtypen jedoch nicht mehr erfüllt, so lautet die entsprechende Diagnose **Aufmerksamkeitsdefizit-/Hyperaktivitätsstörung, Teilremittiert**.
Erfüllen die Symptome zum gegenwärtigen Zeitpunkt nicht alle Kriterien der Störung und ist unklar, ob die Störungskriterien zuvor erfüllt waren, sollte eine **Nicht Näher Bezeichnete Aufmerksamkeitsdefizit-/Hyperaktivitätsstörung** diagnostiziert werden.

Zugehörige Beschreibungsmerkmale und psychische Störungen.

Die zugehörigen Merkmale unterscheiden sich je nach Alter und Entwicklungsstand. Hierzu zählen geringe Frustrationstoleranz, Wutanfälle, Herrschsucht, Widerspenstigkeit, übermäßiges und häufiges

Bestehen auf Erfüllung der eigenen Forderungen, Stimmungsschwankungen, Demoralisierung, Dysphorie, Ablehnung durch Gleichaltrige und ein geringes Selbstwertgefühl. Die schulischen Leistungen sind häufig beeinträchtigt oder werden abgewertet, was typischerweise zu Konflikten mit der Familie und der Schule führt. Ungenügender Einsatz bei Aufgaben, die anhaltende Anstrengungen erfordern, wird von anderen häufig als Faulheit, schwach ausgeprägtes Verantwortungsbewusstsein und oppositionelles Verhalten gedeutet. Die Familienbeziehungen sind häufig durch Verstimmung und Disharmonie geprägt. Das liegt daran, dass die Variabilität in der Symptomatik die Eltern häufig zu der Annahme verleitet, dass das störende Verhalten absichtlich geschieht.

Personen mit einer Aufmerksamkeitsdefizit-/Hyperaktivitätsstörung erhalten häufig eine weniger gute Schulausbildung als ihre Altersgenossen und haben weniger Erfolg im Beruf. Bei Kindern mit dieser Störung scheint die intellektuelle Entwicklung, gemessen durch individuelle IQ-Tests, etwas schwächer zu sein. In ihrer schweren Ausprägungsform stellt die Störung eine starke Beeinträchtigung dar und stört die soziale, familiäre und schulische Anpassung. Ein wesentlicher Prozentsatz der Kinder, die mit einer Aufmerksamkeitsdefizit-/Hyperaktivitätsstörung klinisch vorgestellt werden, weisen gleichzeitig eine Störung mit Oppositionellem Trotzverhalten oder eine Störung des Sozialverhaltens auf.
Bei Kindern mit einer Aufmerksamkeitsdefizit-/Hyperaktivitätsstörung scheint eine höhere Prävalenz von Affektiven Störungen, Angststörungen, Lernstörungen und Kommunikationsstörungen vorzuliegen. Eine Aufmerksamkeitsdefizit-/Hyperaktivitätsstörung kommt nicht selten auch bei Personen mit einer Tourette-Störung vor. Treten die beiden Störungen gleichzeitig auf, liegt der Beginn der Aufmerksamkeitsdefizit-/Hyperaktivitätsstörung häufig vor dem Beginn der Tourette-Störung.
Es kann eine Vorgeschichte von Kindesmisshandlung oder Vernachlässigung, Unterbringung in verschiedenen Pflegestellen, Aussetzung von Neurotoxinen (z.B. Bleivergiftung), Infektionen (z.B.

Enzephalitis), intrauteriner Drogenexposition, niedrigem Geburtsgewicht sowie Geistige Behinderung vorliegen.

Zugehörige Laborbefunde.

Es gibt keine etablierten Laboruntersuchungen, mit denen eine Aufmerksamkeitsdefizit-/Hyperaktivitätsstörung diagnostiziert werden kann. Bei der Anwendung von Testverfahren, die anstrengende geistige Verarbeitungsprozesse erfassen, ergeben sich Unterschiede im Gruppenvergleich zwischen Kontrollpersonen und Personen mit einer Aufmerksamkeitsdefizit-/Hyperaktivitätsstörung, jedoch ist das zugrundeliegende kognitive Defizit noch nicht völlig geklärt.

Zugehörige körperliche Untersuchungsbefunde und medizinische Krankheitsfaktoren.

Es treten keine spezifischen körperlichen Merkmale in Verbindung mit der Aufmerksamkeitsdefizit-/Hyperaktivitätsstörung auf. Geringfügige körperliche Anomalien (z.B. Hypertelorismus, hoher Gaumenbogen, tieferliegende Ohren) können jedoch häufiger als in der Allgemeinbevölkerung vorkommen. Es kann auch eine höhere Rate von Körperverletzungen auftreten.

Besondere kulturelle, Alters- und Geschlechtsmerkmale.

Die Aufmerksamkeitsdefizit-/Hyperaktivitätsstörung kommt in verschiedenen Kulturkreisen vor. Allerdings werden unterschiedliche Prävalenzen in den westlichen Staaten berichtet, die wahrscheinlich eher in den verschiedenen Diagnosepraktiken als in Unterschieden im klinischen Auftreten begründet liegen.

Besonders schwierig ist die Diagnose bei Kindern unter vier oder fünf Jahren zu stellen, da ihr charakteristisches Verhalten viel variabler ist als das älterer Kinder und Merkmale enthalten kann, die den Symptomen der Aufmerksamkeitsdefizit-/Hyperaktivitätsstörung ähnlich sind. Ferner sind Symptome von Unaufmerksamkeit bei Klein- oder Vorschulkindern nicht ohne Schwierigkeiten zu erkennen, da jüngere Kinder in der Regel selten gefordert sind, über

längere Zeit aufmerksam zu sein. Die Aufmerksamkeit von Kleinkindern lässt sich jedoch auch in vielfältigen Situationen über längere Zeit auf etwas lenken (z.B. kann ein durchschnittliches zwei- oder dreijähriges Kind zusammen mit einem Erwachsenen sitzen und Bilderbücher anschauen). Jüngere Kinder mit einer Aufmerksamkeitsdefizit-/Hyperaktivitätsstörung bewegen sich im Unterschied dazu übermäßig und sind nur schwer an einem Platz zu halten.
Um sicherzustellen, dass das klinische Bild vollständig erfasst wird, kann es hilfreich sein, viele verschiedene Verhaltensweisen eines jüngeren Kindes zu erfragen. Mit dem Alter werden die Symptome gewöhnlich weniger auffällig. In der späten Kindheit oder frühen Adoleszenz kommen Anzeichen ausgeprägter motorischer Aktivität (z.B. übermäßiges Laufen und Klettern, nicht stillsitzen können) seltener vor. Die Symptome der Hyperaktivität können auf Zappeligkeit oder auf ein inneres Gefühl von Aufgeregtsein oder Rastlosigkeit beschränkt sein.
Bei Kindern im Schulalter behindern die Symptome der Unaufmerksamkeit das Arbeiten im Klassenverband und die schulischen Leistungen. Die Symptome der Impulsivität können auch dazu führen, dass, insbesondere in der Adoleszenz, familiäre, zwischenmenschliche und Erziehungsregeln verletzt werden.
Im Erwachsenenalter kann die Rastlosigkeit der Betroffenen zu Schwierigkeiten führen, sich an sitzenden Aktivitäten zu beteiligen. Sie versuchen, Freizeitbeschäftigungen oder berufliche Tätigkeiten zu vermeiden, die nur beschränkte Möglichkeiten von spontaner Bewegung bieten (z.B. Schreibtischberufe).
Die Störung tritt bei Jungen viel häufiger auf als bei Mädchen. Das Verhältnis reicht von 4:1 bis 9:1 je nach Befragungsbereich (z.B. Allgemeinbevölkerung oder Kliniken).

Prävalenz

Die Prävalenz der Aufmerksamkeitsdefizit-/Hyperaktivitätsstörung bei Schulkindern wird auf 3-5 % geschätzt. Daten über Prävalenzraten bei Jugendlichen und Erwachsenen sind nur begrenzt vorhanden.

Verlauf

Die meisten Eltern beobachten übermäßige motorische Aktivität das erste Mal, wenn ihre Kinder noch klein sind und beginnen, sich selbständig fortzubewegen. Da jedoch viele überaktive Kleinkinder keine Aufmerksamkeitsdefizit-/Hyperaktivitätsstörung entwickeln, sollte die Diagnosestellung in der frühen Kindheit sehr vorsichtig vorgenommen werden. Gewöhnlich wird die Störung zum ersten Mal in der Grundschule diagnostiziert, wenn die schulische Anpassung gefährdet ist. In der Mehrzahl der klinischen Fälle ist die Störung bis in die frühe Adoleszenz relativ stabil. Bei den meisten Betroffenen werden die Symptome im Verlauf der späten Adoleszenz oder des Erwachsenenalters schwächer.

Eine Minderheit zeigt jedoch die Symptome der Aufmerksamkeitsdefizit-/Hyperaktivitätsstörung in ihrer vollen Stärke bis zum mittleren Erwachsenenalter. Andere Erwachsene behalten nur einige der Symptome bei. In diesem Falle ist die Diagnose einer Aufmerksamkeitsdefizit-/Hyperaktivitätsstörung, Teilremittiert, angebracht. Diese Diagnose eignet sich für Personen, die nicht mehr die volle Störung zeigen, jedoch einige Symptome beibehalten, die eine funktionale Beeinträchtigung verursachen.

Familiäres Verteilungsmuster

Die Aufmerksamkeitsdefizit-/Hyperaktivitätsstörung kommt häufiger bei biologischen Verwandten ersten Grades von Betroffenen vor. Studien deuten auch darauf hin, dass bei Familienmitgliedern von Personen mit einer Aufmerksamkeitsdefizit-/Hyperaktivitätsstörung eine höhere Prävalenz von Affektiven Störungen und Angststörungen, Lernstörungen, Störungen im Zusammenhang mit Psychotropen Substanzen und der Antisozialen Persönlichkeitsstörung auftritt.

Differentialdiagnose

In der frühen Kindheit kann es schwierig sein, Symptome der Aufmerksamkeitsdefizit-/Hyperaktivitätsstörung von altersgemäßen

Verhaltensweisen aktiver Kinder (z.B. herumlaufen, Lärm machen) zu unterscheiden.

Symptome der Unaufmerksamkeit sind bei Kindern mit niedrigem IQ, die eine für ihre intellektuellen Fähigkeiten ungeeignete Schule besuchen, üblich. Diese Verhaltensweisen sind von ähnlichen Anzeichen bei Kindern mit einer Aufmerksamkeitsdefizit-/Hyperaktivitätsstörung zu unterscheiden. Bei Kindern mit einer Geistigen Behinderung sollte die zusätzliche Diagnose einer Aufmerksamkeitsdefizit-/Hyperaktivitätsstörung nur gestellt werden, wenn die Symptome der Unaufmerksamkeit oder Hyperaktivität für das Intelligenzalter des Kindes übermäßig stark ausgeprägt sind. Unaufmerksamkeit im Schulunterricht kann auch auftreten, wenn Kinder mit hoher Intelligenz Schulen besuchen, die sie zu wenig anregen (unterstimulierendes schulisches Umfeld).

Die Aufmerksamkeitsdefizit-/Hyperaktivitätsstörung muss auch von den Schwierigkeiten mit zielgerichtetem Verhalten unterschieden werden, die bei Kindern aus inadäquatem, unorganisiertem und chaotischem Umfeld vorkommen. Hier sind Berichte aus unterschiedlichen Quellen (z.B. Babysitter, Großeltern oder Eltern von Spielkameraden) hilfreich, um die Beobachtungen bezüglich der Unaufmerksamkeit, Hyperaktivität und Fähigkeit zur entwicklungsgemäßen Selbstregulation des Kindes aus verschiedenen Lebensbereichen zusammenfließen zu lassen.

Personen mit oppositionellem Verhalten können gegen Arbeiten oder schulische Aufgaben, die Anstrengung und Aufmerksamkeit verlangen, Widerstand leisten, da sie nicht gewillt sind, sich den Forderungen anderer anzupassen. Diese Symptome der Vermeidung schulischer Aufgaben sind von den Symptomen bei Personen mit einer Aufmerksamkeitsdefizit-/Hyperaktivitätsstörung zu unterscheiden. Die Differentialdiagnose wird dadurch erschwert, dass einige Personen mit einer Aufmerksamkeitsdefizit-/Hyperaktivitätsstörung sekundäre oppositionelle Verhaltensweisen gegenüber solchen Aufgaben entwickeln und deren Bedeutung, häufig als Rationalisierung für ihr Versagen, abwerten.

Die Aufmerksamkeitsdefizit-/Hyperaktivitätsstörung wird nicht diagnostiziert, wenn die Symptome durch eine andere psychische Störung besser erklärt werden können (z.B. Affektive Störung, Angststörung, Dissoziative Störung, Persönlichkeitsstörung, Persönlichkeitsveränderung Aufgrund eines Medizinischen Krankheitsfaktors oder Störung im Zusammenhang mit Psychotropen Substanzen). Bei all diesen Störungen beginnen die Symptome der Unaufmerksamkeit nach dem siebten Lebensjahr und die schulische Anpassung in der Kindheit ist in der Regel nicht durch Störverhalten oder Beschwerden der Lehrer über unaufmerksames, hyperaktives oder impulsives Verhalten gekennzeichnet. Tritt eine Affektive Störung oder eine Angststörung zusammen mit der Aufmerksamkeitsdefizit-/Hyperaktivitätsstörung auf, sollten beide diagnostiziert werden.
Die Diagnose einer Aufmerksamkeitsdefizit-/Hyperaktivitätsstörung wird nicht gestellt, wenn die Symptome der Unaufmerksamkeit und Hyperaktivität ausschließlich im Verlauf einer Tiefgreifenden Entwicklungsstörung oder einer Psychotischen Störung auftreten. Symptome der Unaufmerksamkeit, Hyperaktivität oder Impulsivität, die mit der Einnahme von Medikamenten in Zusammenhang stehen (z.B. Bronchospasmolytika, Isoniazid, Akathisie durch Neuroleptika) werden bei Kindern vor dem siebten Lebensjahr nicht als Aufmerksamkeitsdefizit-/Hyperaktivitätsstörung diagnostiziert, sondern als andere Nicht Näher Bezeichnete Störung im Zusammenhang mit Psychotropen Substanzen.

A. Entweder Punkt (1) oder Punkt (2) müssen zutreffen:
(1) Sechs (oder mehr) der folgenden Symptome von Unaufmerksamkeit sind während der letzten sechs Monate beständig in einem mit dem Entwicklungsstand des Kindes nicht zu vereinbarenden und unangemessenen Ausmaß vorhanden gewesen:

Unaufmerksamkeit

(a) beachtet häufig Einzelheiten nicht oder macht Flüchtigkeitsfehler bei den Schularbeiten, bei der Arbeit oder bei anderen Tätigkeiten,
(b) hat oft Schwierigkeiten, längere Zeit die Aufmerksamkeit bei Aufgaben oder beim Spielen aufrechtzuerhalten,
(c) scheint häufig nicht zuzuhören, wenn andere ihn/sie ansprechen,
(d) führt häufig Anweisungen anderer nicht vollständig durch und kann Schularbeiten, andere Arbeiten oder Pflichten am Arbeitsplatz nicht zu Ende bringen (nicht aufgrund oppositionellen Verhaltens oder Verständnisschwierigkeiten),
(e) hat häufig Schwierigkeiten, Aufgaben und Aktivitäten zu organisieren,
(f) vermeidet häufig, hat eine Abneigung gegen oder beschäftigt sich häufig nur widerwillig mit Aufgaben, die längerandauernde geistige Anstrengungen erfordern (wie Mitarbeit im Unterricht oder Hausaufgaben),
(g) verliert häufig Gegenstände, die er/sie für Aufgaben oder Aktivitäten benötigt (z.B. Spielsachen, Hausaufgabenhefte, Stifte, Bücher oder Werkzeug),
(h) lässt sich öfter durch äußere Reize leicht ablenken,
(i) ist bei Alltagstätigkeiten häufig vergesslich.

(2) Sechs (oder mehr) der folgenden Symptome der Hyperaktivität und Impulsivität sind während der letzten sechs Monate beständig in einem mit dem Entwicklungsstand des Kindes nicht zu vereinbarenden und unangemessenen Ausmaß vorhanden gewesen.

Hyperaktivität

(a) zappelt häufig mit Händen oder Füßen oder rutscht auf dem Stuhl herum,
(b) steht in der Klasse oder in anderen Situationen, in denen Sitzenbleiben erwartet wird, häufig auf,
(c) läuft häufig herum oder klettert exzessiv in Situationen, in denen dies unpassend ist (bei Jugendlichen oder Erwachsenen kann dies auf ein subjektives Unruhegefühl beschränkt bleiben),

(d) hat häufig Schwierigkeiten, ruhig zu spielen oder sich mit Freizeitaktivitäten ruhig zu beschäftigen,
(e) ist häufig "auf Achse" oder handelt oftmals, als wäre er/sie "getrieben",
(f) redet häufig übermäßig viel;

Impulsivität

(g) platzt häufig mit den Antworten heraus, bevor die Frage zu Ende gestellt ist,
(h) kann nur schwer warten, bis er an der Reihe ist,
(i) unterbricht und stört andere häufig (platzt z.B. in Gespräche oder in Spiele anderer hinein).

B. Einige Symptome der Hyperaktivität-Impulsivität oder Unaufmerksamkeit, die Beeinträchtigungen verursachen, treten bereits vor dem Alter von sieben Jahren auf.

C. Beeinträchtigungen durch diese Symptome zeigen sich in zwei oder mehr Bereichen
(z.B. in der Schule bzw. am Arbeitsplatz und zu Hause).

D. Es müssen deutliche Hinweise auf klinisch bedeutsame Beeinträchtigungen der sozialen, schulischen oder beruflichen Funktionsfähigkeit vorhanden sein.

E. Die Symptome treten nicht ausschließlich im Verlauf einer Tiefgreifenden Entwicklungsstörung, Schizophrenie oder einer anderen Psychotischen Störung auf und können auch nicht durch eine andere psychische Störung besser erklärt werden (z.B. Affektive Störung, Angststörung, Dissoziative Störung oder eine Persönlichkeitsstörung).

(DSM IV (1996), 115-123)

2. Kriterien für die ADHS nach dem ICD 10

F90 hyperkinetische Störungen

Diese Gruppe von Störungen ist charakterisiert durch: einen frühen Beginn, die Kombination von überaktivem, wenig modulierten Verhalten mit deutlicher Unaufmerksamkeit und Mangel an Ausdauer bei Aufgabenstellungen; situationsunabhängige und zeitstabile Verhaltenscharakteristika.
Nach verbreiteter Überzeugung spielen konstitutionelle Faktoren eine entscheidende Rolle in der Genese dieser Störungen, jedoch fehlt zum jetzigen Zeitpunkt Kenntnis über die spezifische Ätiologie. In den letzten Jahren wurde der diagnostische Begriff "Störung mit Aufmerksamkeitsdefizit" (ADD, attention deficit disorder) für diese Syndrome empfohlen. Dieser Terminus wurde hier nicht verwendet, da er die Kenntnis psychologischer Prozesse impliziert, die noch nicht verfügbar ist, und den Einschluss verängstigter oder verträumter, unbeteiligter Kinder nahelegt, die wahrscheinlich andere Schwierigkeiten aufweisen. Gleichwohl ist unter Verhaltensgesichtspunkten klar, dass Aufmerksamkeitsprobleme ein zentrales Merkmal der hyperkinetischen Syndrome sind.

Hyperkinetische Störungen treten immer früh in der Entwicklung auf (gewöhnlich in den ersten fünf Lebensjahren). Ihre Hauptmerkmale sind ein Mangel an Ausdauer bei Beschäftigungen, die einen kognitiven Einsatz verlangen, und eine Tendenz, von einer Tätigkeit zu einer anderen zu wechseln, ohne etwas zu Ende zu bringen; hinzu kommt eine desorganisierte, mangelhaft regulierte und überschießende Aktivität. Diese Schwierigkeiten persistieren gewöhnlich durch die Schulzeit und sogar bis ins Erwachsenenalter; aber viele Betroffene zeigen eine graduelle Besserung bezüglich Aktivität und Aufmerksamkeit.

Verschiedene andere Störungen können zusätzlich vorhanden sein: hyperkinetische Kinder sind oft achtlos und impulsiv, neigen zu Unfällen und - eher aus Unachtsamkeit als vorsätzlich - zu Regelverletzungen, worauf sie mit den disziplinarischen Folgen konfrontiert sind. Ihre Beziehungen zu Erwachsenen sind oft von Distanzlosigkeit und einem Mangel an normaler Vorsicht und Zurückhaltung geprägt; bei anderen Kindern sind sie unbeliebt und können isoliert werden. Eine kognitive Beeinträchtigung ist üblich, spezifische Verzögerungen der motorischen und sprachlichen Entwicklung sind überproportional häufig.

Sekundäre Komplikationen schließen dissoziales Verhalten und ein niedriges Selbstwertgefühl ein. Dementsprechend gibt es eine beträchtliche Überschneidung zwischen hyperkinetischem Verhalten und anderen Mustern störenden Verhaltens wie der Störung des Sozialverhaltens bei fehlenden sozialen Bindungen. Trotzdem legen die gegenwärtigen Befunde eine Abtrennung der Störungsgruppe nahe, bei der das hyperkinetische Verhalten das Hauptproblem darstellt.

Hyperkinetische Störungen treten bei Jungen mehrfach häufiger auf als bei Mädchen.
Begleitende Leseschwierigkeiten oder andere schulische Probleme sind verbreitet.

Diagnostische Leitlinien:

Die Kardinalsymptome sind beeinträchtigte Aufmerksamkeit und Überaktivität. Für die Diagnose sind beide notwendig und beides sollte in mehr als einer Situation (z.B. zu Hause, im Klassenraum, in der Klinik) vorkommen.

Die beeinträchtigte Aufmerksamkeit zeigt sich darin, dass Aufgaben vorzeitig abgebrochen und Tätigkeiten nicht beendet werden. Die Kinder wechseln häufig von einer Aktivität zur anderen, wobei sie anscheinend das Interesse an einer Aufgabe verlieren, weil sie zu einer anderen hin abgelenkt werden (wenn auch Laboruntersuchungen nicht regelmäßig ein ungewöhnliches Ausmaß an sensorischer oder perzeptiver Ablenkbarkeit zeigen). Diese Defizite in

Aufmerksamkeit und Ausdauer sollten nur dann diagnostiziert werden, wenn sie im Verhältnis zum Alter und Intelligenzniveau des Kindes sehr stark ausgeprägt sind.

Überaktivität bedeutet exzessive Ruhelosigkeit, besonders in Situationen, die relative Ruhe verlangen. Situationsabhängig kann sie sich im Herumlaufen oder Herumspringen äußern, im Aufstehen, wenn dazu aufgefordert wurde, sitzen zu bleiben, in ausgeprägter Redseligkeit und Lärmen oder im Wackeln und Zappeln. Beurteilungsmaßstab sollte sein, dass die Aktivität im Verhältnis zu dem, was in der gleichen Situation von gleichaltrigen Kindern mit gleicher Intelligenz zu erwarten wäre, extrem ausgeprägt ist. Dieses Verhaltensmerkmal zeigt sich am deutlichsten in strukturierten und organisierten Situationen, die ein hohes Maß an eigener Verhaltenskontrolle fordern.

Die folgenden Begleitmerkmale sind für die Diagnose nicht notwendig, stützen sie jedoch: Distanzlosigkeit in sozialen Beziehungen, Unbekümmertheit in gefährlichen Situationen und impulsive Missachtung sozialer Regeln (sie äußert sich in Einmischung in oder Unterbrechung von Aktivitäten anderer oder vorschnellem Beantworten noch nicht vollständig gestellter Fragen oder in der Schwierigkeit zu warten, bis man an der Reihe ist).

Lernstörungen und motorische Ungeschicklichkeit treten mit großer Häufigkeit auf und sollten, wenn vorhanden, getrennt verschlüsselt werden. ... Bestandteil der eigentlichen Diagnose der hyperkinetischen Störung sollten sie jedoch nicht sein.

Symptome einer Störung des Sozialverhaltens sind weder Ein- noch Ausschlusskriterien für die Hauptdiagnose. Diese Störung bildet jedoch die Basis für die Hauptunterteilung der hyperkinetischen Störungen (siehe unten).
Die charakteristischen Verhaltensprobleme sollen früh (vor dem 6. Lebensjahr) begonnen haben und von längerer Dauer sein. Wegen der

breiten Variation der Norm ist Hyperaktivität vor dem Schulalter schwierig zu erkennen. Bei Vorschulkindern soll nur ein extremes Ausmaß zu dieser Diagnose führen.

Auch im Erwachsenenalter kann die Diagnose eines hyperkinetischen Syndroms gestellt werden. Die Kriterien sind dieselben, jedoch müssen Aufmerksamkeit und Aktivität anhand entwicklungsmäßig angemessener Normen beurteilt werden. Wenn eine hyperkinetische Störung in der Kindheit bestand, aber nicht mehr nachweisbar ist, ihr jedoch eine andere Störung, wie etwa eine dissoziale Persönlichkeitsstörung oder ein Substanzmissbrauch folgte, dann ist die augenblickliche Störung und nicht die anamnestisch bekannte zu verschlüsseln.

Differentialdiagnose:

Kombinierte Störungen sind verbreitet. Etwa vorhandene tiefgreifende Entwicklungsstörungen sind vorrangig zu diagnostizieren. Die Hauptprobleme bei der Differentialdiagnose liegen in der Unterscheidung von Störungen des Sozialverhaltens. Wenn die Kriterien erfüllt sind, wird eine hyperkinetische Störung vorrangig vor einer Störung des Sozialverhaltens diagnostiziert. Geringere Ausprägungen von Überaktivität und Unaufmerksamkeit sind bei Störungen des Sozialverhaltens aber üblich. Sind Merkmale sowohl von Hyperaktivität wie auch einer Störung des Sozialverhaltens vorhanden, und ist die Hyperaktivität umfassend und schwerwiegend, sollte die Diagnose „hyperkinetische Störung mit Störung des Sozialverhaltens" ... gestellt werden. Ein weiteres Problem rührt daher, dass Überaktivität und Unaufmerksamkeit, in ganz anderer Ausprägung, als es für die hyperkinetische Störung charakteristisch ist, Symptome von Angstzuständen oder einer depressiven Störung sein können.
Die typische Unruhe der agitierten Depression sollte also nicht zur Diagnose einer hyperkinetischen Störung führen. In gleicher Weise sollte auch die Unruhe, die Ausdruck großer Angst ist, nicht zu der Diagnose einer hyperkinetischen Störung führen. Sind die Kriterien für eine Angststörung (F40, F41, F43 oder F93) erfüllt, haben diese

Vorrang gegenüber der hyperkinetischen Störung, außer es liegt offensichtlich zusätzlich eine hyperkinetische Störung vor, die durch andere Symptome auffällt als durch die bei Angst vorkommende Unruhe. In ähnlicher Weise ist auch keine hyperkinetische Störung zu diagnostizieren, wenn Konzentrationsstörungen und psychomotorische Unruhe vorliegen und die Kriterien für ein schwere depressive Störung ... erfüllt sind. Doppeldiagnosen sind nur dann zu stellen, wenn eine hyperkinetische Störung vorliegt, die durch Symptome auffällt, die nicht einfach Ausdruck der effektiven Störung sind.

Ein akut einsetzendes hyperaktives Verhalten bei einem Kind im Schulalter ist wahrscheinlicher auf eine reaktive Störung (psychogen oder organisch), einen manischen Zustand, eine Schizophrenie oder eine neurologische Krankheit (zum Beispiel rheumatisches Fieber) zurückzuführen.

Einfache Aktivitäts- und Aufmerksamkeitsstörung

Es herrscht weiterhin Unsicherheit über die befriedigendste Untergliederung hyperkinetischer Störungen. Untersuchungen zeigen, dass der Verlauf bis ins Adoleszenz- und Erwachsenenalter stark davon beeinflusst wird, ob Aggressivität, Delinquenz oder dissoziales Verhalten begleitend vorhanden sind oder nicht. Dementsprechend wird die Hauptuntergliederung nach dem Vorkommen dieser Begleitmerkmale vorgenommen.

F90.0 soll verwendet werden, wenn die allgemeinen Kriterien für eine hyperkinetische Störung (F90) erfüllt sind, die Kriterien für F91 (Störung des Sozialverhaltens) jedoch nicht.

Dazugehörige Begriffe:

- Aufmerksamkeitsstörung(-syndrom) mit Hyperaktivität
- Aufmerksamkeitsstörung(-defizit) mit Hyperaktivitätsstörung

Ausschluss:
- hyperkinetische Störung des Sozialverhaltens (F90.1)

F90.1 hyperkinetische Störung des Sozialverhaltens
Diese Kodierung ist zu wählen, wenn die Kriterien für eine hyperkinetische Störung (F90) und die Kriterien für eine Störung des Sozialverhaltens (F91) erfüllt sind.

F90.8 sonstige hyperkinetische Störungen

F90.9 nicht näher bezeichnete hyperkinetische Störung
Eine nicht zu empfehlende Restkategorie, die nur verwendet werden soll, wenn die Differenzierung zwischen F90.0 und F90.1 nicht möglich ist, die allgemeinen Kriterien für F90 aber erfüllt sind.

(ICD 10 (1993), 293-297)